[松林书院文化丛书]

SONGLIN SHUYUAN SHILUE

松林书院史略

魏兆生题

王 岩 编著

中国文史出版社

CHINA CULTURAL AND HISTORICAL PRESS

图书在版编目（CIP）数据

松林书院史略／王岩编著． － － 北京：中国文史出
版社，2021.9

ISBN 978 - 7 - 5205 - 3169 - 6

Ⅰ．①松… Ⅱ．①王… Ⅲ．①书院 - 教育史 - 青州市
Ⅳ．①G649.299.524

中国版本图书馆 CIP 数据核字（2021）第 181143 号

责任编辑：高　贝

出版发行：中国文史出版社

社　　址：北京市海淀区西八里庄 69 号院　邮编：100142
电　　话：010 - 81136606　81136602　81136603（发行部）
传　　真：010 - 81136655
印　　装：北京荣泰印刷有限公司
经　　销：全国新华书店
开　　本：1/16
印　　张：25.25
字　　数：400 千字
版　　次：2021 年 9 月第 1 版
印　　次：2021 年 9 月第 1 次印刷
定　　价：76.50 元

序言一

◇ 史振平

这是一处最适于士子修身治学的绝佳福地。她位于"信美东方第一州"青州西南部，南眺巍巍云门，北临潺潺阳河，东有汤汤弥水，西有明清时期著名的瀑水涧，西北有历史悠久的龙兴寺、范公亭，西南有闻名遐迩的驼山。山水形胜，风景秀美。明清时此处有松柏数百株，古木参天，郁郁森森，长风吹过，有万马奔腾、巨浪喷壑之势，煞是壮观。学子陈经曾写诗赞道："长风夜撼千虬动，巨浪时喷万壑来。"明嘉靖《青州府志》载"青州有八景，而书院松涛居其一"。在古老的青州府，此处可谓士子修身治学的绝佳福地。

这里就是松林书院。

这是一所历史悠久的书院。她的历史可以追溯到一千多年前的北宋王朝，时称矮松园，因培养了三元及第的一代名相王曾而名声大振。后来的王曾在家乡大办青州州学，成为宋明理学的滥觞。与著名的岳麓书院修复同一年，明成化五年（1469 年），青州知府李昂正式改办为松林书院。可惜万历八年（1580 年），松林书院在一场毁天下书院的运动中难逃劫难，直到清康熙三十年（1691 年）书院重建，办学几度达于鼎盛。光绪二十八年（1902 年），随着清廷"废科举、兴学堂"诏书的下达，松林书院改办为青州府官立中学堂。书院教育走入历史，现代教育拉开大幕。从宋真宗咸平五年（1002 年）王曾中状元算起，松林书院历经沧桑，已经走过了一千零二十年。

这是一所崇儒重道的书院。敬道崇德、知行合一一直是其文化的精髓。书院教育历来把对道德的追求作为首要使命。从松林书院对范仲淹、欧阳修、富弼等十三贤的祭祀，到对房玄龄、刘珝、赵秉忠等乡贤的尊崇和对书院名儒的敬重；从青州州学"得天下英才而教育之"，到清乾隆年间山东按察使沈廷芳说"兴贤育材而佐郡县所不逮也"，到青州知府裴宗锡教育书院生徒"必先德行，而后文艺"，无一不体现出敬道崇德的人文精神，这与今日所倡导的立德树人这一教育的根本宗旨高度一致。王阳明知行合一的思想也是书院教育的又一特征，山东学政黄崑圃曾说"教诲之于兹书院，皆能有所成就"，希冀多出庙堂所重的栋梁之材，"莅政如沂公（王曾）者"。读书为了成才，成才的标准是服务于国家和社会，方能体现学有所为，学以致用，达到"知行合一、躬行践履"的为学要求。

这是一所英才辈出的书院，一处哺育名儒的摇篮。培养的名生除去宋代三元宰相王曾，明代有：正德三年（1508年）进士、江西左布政使黄卿，正德六年（1511年）进士、南阳知府杨应奎，正德九年（1514年）进士、户部尚书、礼部尚书、兵部尚书陈经等。清代有：江苏巡抚徐士林，湖南粮储道董思恭，藏书家、目录学家、继李清照、赵明诚之后的又一金石学大家李文藻。名师有：明代山东督学邹善，清代山东学政黄崑圃，著名诗人赵执信，一代"通儒"杨峒，培养了"三进士六举人"的张云会，等等。自书院肇始至今日之一中，这方圣土成为四方英才汇聚之地，为国家培养了大批栋梁之材。十数万学子，可谓俊采星驰，英才辈出，近代以来更有叱咤风云的共和国将军，著作等身的文学巨擘，驰骋商海的企业巨子，熠熠生辉的演艺明星，技艺精湛的大国工匠。

这里不仅是治学的圣地，还是红色革命的摇篮。党的一大代表王尽美，多次来此宣传革命，指导成立了青州一带第一个共青团支部和中共党支部；李殿龙，潍坊第一名共青团员，早期中共党员，曾任中共南京特委书记，在南京雨花台英勇就义；王翔千，山东最早的中共党员之一，同王尽美、邓恩铭等一起发起成立"马克思学说研究会"，以省立十中教员身份发展党员扩大革命力量；革命烈士赵文秀，早期中共党员，曾任共青团南京地委委员，在与军阀的战斗中英勇牺牲；金明，曾任中共河北省委第一书记、国务院秘书长；刘子久，曾任中共河南省委书记、劳动部副部长；刘顺元，曾任江苏省委第一书记、中纪委副书记……这一批批令人高山仰止的革命家、英烈前辈，在这块光荣的土地上，谱写了一曲曲反抗压迫、争取独立、追求解放的革命赞歌。他们的业绩彪炳千秋，其精神可昭日月，永远砥砺今日一中之莘莘学子！

松林遗风，世代传承。书院文化自宋代矮松园肇始，经明清松林书院，直到今天的青州一中，虽历经千年沧桑，始终薪火相传，已成为今天学校教育思想和治理理念的源头活水，是我校的一笔宝贵的精神财富。如今，学校依托百年办学传统，汲取书院文化营养，传承书院文化，发展现代教育，遵循"有教无类，教学相长"的核心教育价值观，牢记我们办学的初心使命"为学生谋幸福未来，为国家育卓越人才"，要培养敬道崇德、知行合一，全面发展、特长突出，具有家国情怀、全球视野，能够适应和推动未来社会发展的卓越人才；要让每一名教师和书院大儒一样，都成为专家学者，都得到尊重与关爱，都享有职业尊严与幸福，都实现人生价值与意义。

今天，千年书院早已实现华丽的转身，成为一所人文气息浓厚的充满魅力的现代化中学。由书院教育到现代教育，我们一路走来。我们谨遵"敬道崇德、知行合一"的书院文化精髓和大半个世纪之前蔡元培和何思源先生为我们题写的"勤朴公勇、敬业乐群"八字校训精神，培养品格高尚、志向高远、习惯优秀、视野开阔、体验丰富、思想深刻、素养全面、毅力顽强、语言能力出色、领导能力卓越的优秀学子，为建设一所充满人文关怀、涌动青春活力、具有卓越品质，学生喜欢、教师幸福、社会尊敬的新时代全国知名品牌学校而努力奋斗！

鉴古方能知今，读史才能明智。相信《松林书院史略》的出版，是对我校教育史的重大贡献，也是对古青州灿烂文明的重要贡献。

（作者系山东省青州第一中学党委书记、校长）

序言二

◇ 赵法生

　　七八年前，我回青州推广儒学教育时，有幸认识了青州一中的王岩老师，知道他于繁忙的任课之余，正在稽古钩沉，搜罗碑刻，研究松林书院的历史，不禁肃然起敬。一位在重点中学执教的在职教师，要从事这种耗费大量精力的研究，其艰难可想而知。

　　青州为古九州之一，曾有"面山负海古诸侯，信美东方第一州"的美誉。松林书院在历史上广有影响，曾经培养了三元及第的北宋宰相王曾等大批栋梁之材，在中国教育史上写下了灿烂的篇章。青州一中由松林书院于晚清改制而成，我于"文革"结束后的1979年，有幸考到一中读书，文科班的宿舍一度就设在松林书院内。当时，经过破"四旧"的毁坏，里面关于书院的遗迹已荡然无存，只剩下几棵参天古柏顽强屹立于院中，诉说着这里难以泯灭的沧桑和梦想。后来研究儒学，对书院的历史地位了解渐多，对于松林书院的兴趣也渐浓，可是，要想一睹其究竟，却只能望洋兴叹，因为松林书院虽然历史悠久，人才辈出，在历史的变迁动荡中，今天却找不到一部留存下来的院志。由于时间久远，文献无征，千年书院的真面目，看来注定要沉入历史幽暗之中了。可是，在拜读了王老师花费十年心血撰写而成的《松林书院史略》之后，心中的遗憾一扫而光，有一种喜出望外的感觉，因为本书通过翔实的考证和丰富的文献，已经将松林书院的历史发展图景清晰地呈现于世人面前，对于中国书院史和古青州文化史的研究，这都是一份沉甸甸的奉献。

　　本书考证谨严，史料翔实，在吸收同时代人研究成果的基础上，参阅了

《山东省志》《青州府志》《益都县志》等方志资料，历代文化名人文集，各种书院碑刻等。为了查找一本青州历史人物的文集，王老师曾多次托北京的同学朋友到国家图书馆等检索，对于书院碑刻的搜罗不遗余力，并从碑文中发现了书院发展演变的一些重要信息，将它们与各种传世的书面文献结合起来，才逐渐揭开了松林书院的历史奥秘。

全书主要沿着宋代、明代、清代和近代的时间序列展开，对于每一朝代书院发展与沿革进行仔细叙述分析。宋代书院的创立，明代张居正的毁学以及恢复，清初书院的废弛与复兴，晚清的废书院改学堂，这些重大历史变迁，在书中都得到了较为全面的展现。中华传统文化儒道释三教合一而以儒为主，青州历史上的儒道佛文化都很发达，但儒家文化同样是主流与根本，而青州儒家文化的代表无疑是松林书院，它是青州文脉所在，是儒门传道的千年杏坛，书院的兴衰也代表着传统文化在这片古老土地上的兴衰。

孔子说："人能弘道，非道弘人。"除了宏观历史叙述外，人物志是本书的重要内容，宋代的王曾，明朝的李昂、赵秉忠、钟羽正，清代的黄崑圃、李南涧，近代的包天笑等，对书院的贡献与生平事迹，在书中都有详细记载，再加上各朝代的书院名人生平录，使得本书成为一部生动的人物史。

本书还收录了书院不同时期的相关诗文与掌故，反映了各个时期儒家士人的情感世界。其中对乾隆年间的书院进士、清代著名藏书家、目录学家、金石学家、方志学家李南涧，与号称"清代儒宗"的大学问家钱大昕的友情与往来，清代著名小说家蒲松龄七十二岁时在青州试院考取岁贡生的经历，都生动记录，披露出传统儒家士大夫别样的生活世界与精神追求，读来意趣盎然，虽古犹新。书中还对于书院的教学制度做了考证，其中关于清代松林书院的教学制度的记述尤为系统，包括学田的赠予，山长的聘任，学生的挑选，课程的安排，考试考卷等，都有一手资料，颇有历史价值。在全书的最后部分，还收录了与松林书院相关的历史古迹、碑刻遗文、方志记载、书院课卷，书院珍藏的部分古籍以及松林书院大事记。以上多方面内容，对书院的发展做了全方位、多角度的呈现，足以使我们掌握书院的历史发展全貌。

祭祀是书院的三大功能之一，松林书院一向重视祭祀，除了祭祀先圣孔子外，还建有名贤祠和乡贤祠，祭祀在青州为官的著名士大夫范仲淹、欧阳修、富弼、寇准等，以及青州本地乡贤名士，这在古代书院中颇具特色。本书记载明儒陈梦鹤在松林书院读书时，参加书院祭祀，说自己每一瞻拜，常喟然叹曰："诸先哲没世而名不朽者，意在斯乎？意在斯乎？学问之道，舍是，吾谁与归？"反映了祭祀活动对于书院学子人格精神的巨大影响。

在历史之外，本书还浸透着作者对于书院的价值关怀，本书通过对于古代书院学制与课程的分析，指出书院教育的灵魂是道德养成和人格塑造，培养修齐治平的士大夫，他们在朝则美政，在野则美俗，以天下为己任，是道统的传承者，也是传统中国社会的脊梁。书中所收录的众多乡贤名宦，表明书院在人才培养方面的杰出成就。余英时先生指出，中国近代社会的最大变化，就是士大夫阶层的集体消亡，这当然与晚清废书院私塾密切相关，但初期的学堂改制还为传统教育保留了一席之地。此后，大陆的反传统运动一浪高过一浪，最终使得学校尊孔读经沦为非法之举，使几代人与传统文化彻底绝缘，教育本身日趋知识化和功利化，价值迷失导致青少年心理问题日益严重，中国教育客观上也孕育着一场深刻的变革。

八十多年前，被称为大陆最后的儒家梁漱溟先生就发出警告，认为中国教育已经出了严重问题，已经变成了不中不西的教育。所谓不中就是丧失了传统儒家教育情感教育和人格培养的长处，所谓不西就是它只学了西方学校的皮毛而没有学到它的灵魂，就是不注重培养学生的创造力，教育因此陷入了邯郸学步困局。梁先生的看法，可以说是提前回答了钱学森之问。清华大学教授钱颖一断言：中国教育的当务之急不是培养人才，而是培养正常的人，这可谓是当代教育的警世恒言。严峻的挑战使得挖掘传统书院的优良育人传统成为当务之急，它将为今天的中国教育走出困境提供重要的精神借鉴。

因此，对于书院教育理念的挖掘，构成了本身思想内容方面的一大亮点，也彰显了这部院史的现实意义。法国思想家托克维尔说过："当过去不再照亮未来时，人心将在黑暗中摸索！"中国教育无疑要走向现代化，但所谓现代化绝不意味着抛弃本民族文化的优良传统，中西合璧才是中国教育的出路所在，是到了正视并吸取古代书院办学思想精华的时候了。

2014 年，我曾致函当时青州市领导，建议恢复松林书院的讲学传统，助力青州的优秀传统文化复兴，并得到了领导的积极回应。从那时开始，在各界支持下，逐渐组织了一支松林书院义工讲师团队，先后开办了青州松林国学公益课堂，松林国学夏令营，建设了六个乡村社区儒学讲堂，又在市图书馆和文化馆开办了两个国学少年周末班与家长班，以知行合一的精神，寓教于乐的方法，深入学校、乡村和社区，向社会各阶层推广儒家经典教育，取得了较为可喜的成果，证明儒家传统思想中的精华部分，依然在当代具有强大的生命力，是哺育当代中国人的重要精神资粮。因此，读完本书，喜不自胜，又感慨系之，钦佩王老师的执着与奉献，庆幸松林书院的精神重光，也深感弘扬优秀传统文化责任重大，我辈当须效仿前贤，发愤而起，接续文脉，传承道统，方无愧于松林书院的后人学子。

2021 年 1 月 11 日书于北京清河乐忧斋

（作者系中国社会科学院世界宗教研究所研究员、儒教研究室主任、儒教研究中心秘书长）

前言

　　书院，是中国古代特有的一种教育组织形式，是封建社会后期出现的以新儒学为核心的民族文化载体。唐朝始有书院之名，唐中叶官方设立丽正书院和集贤殿书院，其职责为收集整理、校勘修订图书，供朝廷咨询，兼作皇帝侍读、侍讲，类似宫廷图书馆。五代以来，战争频仍，官学衰废，一些笃学之士仿效佛教禅林做法，选择山林名胜之地，建屋立舍，藏书授书，读书治学，有的还聚徒讲学，书院遂演化为一种教育组织形式。

　　宋初，久乱初平，长期被战乱压抑的教育诉求开始喷发。政府无力兴复旧有的官学系统，历史赋予了书院替代官学的角色。一些有识之士沿袭前代的做法，聚书山林，建院讲学。正如朱熹在《衡州石鼓书院记》描绘的情形："予惟前代庠序不能，士病无所于学，往往相与择胜地，立精舍，以为群居讲习之所。"

　　大宋名城青州城西南隅有一处私塾，名曰"矮松园"，它有着宽广的馆舍，因奇诡二松而得名，又因宋代三元宰相王曾青少年时在此读书而名声大振。矮松园是私塾，实为私塾性质的书院。明人李南素在《重修莲溪书院记》中说："书院即家塾也，古无是名，至宋始盛。"①

　　北宋政府重视文教，一方面大力提倡科举，成倍地增加取士名额，另一方面大力支持渐兴的书院，不断地通过赐田、赐额、赐书、召见山长等一系列措施对书院加以褒扬。天圣七年（1029年），王曾罢相知青州，改办青州州学，其规模之大，办学之盛，前所未有。九年（1031年），仁宗皇帝颁赐《九

---

① ［明］李南素：《重修莲溪书院记》，转引自邹友兴：《丰城书院研究》，第162页。

经》，更是大大激励了青州教育的发展。此时，全国各地形成了一批颇有影响的书院，如白鹿洞、岳麓、睢阳（即应天府）、嵩阳、石鼓、茅山等书院，矮松园和青州州学也因三元宰相王曾而名扬天下。

宋元战争中，不少书院毁于兵燹。元明之际，矮松园因"衲子窜入而为佛刹"。明初百年之内，官学兴，书院衰。至成化朝，各地官学如府学、县学以及社学，也因吏治腐败和士子惟务科举而逐渐流于形式。有鉴于此，一些地方官员开始将目光投向书院，明朝中央政府也一改原来对书院的压制态度，转而表示积极支持，最高统治者还以书匾赐额甚至敕建书院以表支持和肯定，各地官员或废除僧寺淫祠，或对社学加以扩建兴办书院，全国书院迅速进入了发展期。成化五年（1469年），青州知府李昂在矮松园处正式创办松林书院，正德、嘉靖朝，官学的进一步腐败刺激了书院的飞速发展。学界泰斗饶宗颐认为："儒学自明而后，但为春秋释奠习礼之地，其考课讲贯之事，悉归书院。"① 松林书院办学也十分兴盛，成为青州府的最高学府，为大明王朝培养了大批栋梁之材，如户部尚书、礼部尚书、兵部尚书加太子少保陈经以及其子诗人、名儒陈梦鹤等。

书院师生多以醉心学术、潜心修炼心性为目的，相对于以科举为目标的官学而言，书院给了文人士子一个说话的空间，一个散播文化与思想的载体。万历八年（1580年），书院被视为旁门左道而被阁臣张居正禁止，松林书院被毁；天启年间，主张"事事关心"的东林书院更因讽议朝政被魏忠贤禁毁并殃及全国书院。

清朝康熙皇帝政治开明，深感儒家经典和历史知识对于管理国家、治理人民的重要性，更加崇儒重道，大力提倡发展书院。康熙朝，全国修复、重建前代书院248所，其中就有康熙三十年（1691年）重建的松林书院。重建后的书院受到山东巡抚、布政使等政要的高度重视，山东学政黄叔琳也亲自抓书院教育，办学十分兴盛，数年间造就了以江苏巡抚徐士林为代表的一大批国家栋梁之材。乾隆朝由于最高统治者的干涉，书院教学内容和治学方向也发生了从

① ［清］周硕勋《潮州府志》卷24，"学校"，潮州市地方志办公室2001年刊印，第420页。

教授程朱理学到讲授汉学、博习经史辞章的转变。此时山东学政黄叔琳之子黄登贤等政要也高度重视书院办学，书院发展达到鼎盛。从松林书院走出了大批举人、进士，成长为著名的学者或政治精英，如藏书家、目录学家、方志学家、金石家、桂林府同知李文藻，曾受到其座师、著名学者钱大昕，其房师、大学士纪晓岚的高度评价。

经过同治、光绪朝书院的短暂复兴，1902 年，清廷一纸诏令"废科举，兴学堂"。随着近代新式学堂——青州府官立中学堂的诞生，标志着千年书院淡出历史舞台。

纵观松林书院的发展史，千年以来，"崇儒重道"一直是书院文化的核心，对道德的重视和对儒家文化的尊崇贯穿了书院办学的始终：一方面书院教育者教育生徒"必先德行，而后文艺"（《青州太守裴公遗爱碑记》），把道德培养放在首位；另一方面，培养儒学人才、研究与传播儒家文化一直是松林书院的重要职能。

儒学在松林书院的发展大致经历了以下几个阶段：一、从北宋矮松园培养了三元及第的宰相王曾，到王曾大力创办青州州学，获皇帝颁赐《九经》，为儒学的滥觞；二、明代成化年间青州知府李昂创办书院时尊崇程朱理学；三、明代隆庆年间山东督学邹善改办凝道书院后传授阳明心学；四、清康熙朝陈斌如重建书院至黄崑圃、黄登贤父子相继出任山东学政时尊崇程朱理学；五、乾隆、嘉庆年间以李文藻、杨峒为代表的经史考据之汉学流行；六、咸丰后重尊程朱理学。儒学与书院的发展一直密不可分：一方面书院为儒学的演进提供了舞台；另一方面儒学的发展也创造了书院教育的鼎盛局面。

松林书院的办学一直受到山东学政、按察使、布政使乃至巡抚的高度重视和大力支持。松林书院在古青州乃至山东全省地位非同一般，其办学之盛、培养人才之众，非一般官学所能比肩。

今日的松林书院，成为山东省重点中学青州一中的发祥地，为山东省重点文物保护单位，占地 2940 平方米，粉墙黛瓦，古色古香，古柏参天，庭院幽雅。其格局为我国古代标准的以南北为中轴、左右作对称式的配列建筑。大门坐北面南，石砌台阶，配左右耳房；二门为垂花门。大门至二门间长方形院内，有十字交叉甬道，东、西院墙各开小拱门，西门外建有书斋五排，东门外

"松林书院"四字由山东省委原书记苏毅然题写

原建有文昌阁、四照亭、十三贤祠、遗爱堂、乡贤祠和社稷坛等，现已不存。二门以里，为南北二进大院，前院正房是前讲堂，后院正房为后讲堂。前后讲堂前均筑条石砌边的青砖铺面台墀，均配建带有前廊的东西厢房。后讲堂西山墙外筑有"王沂公读书台"，为纪念宋代名相王曾所建。后讲堂与东厢房之间有连山游廊，藏历代碑碣。大门南有牌坊一座，正面书"敬道崇德"，背面书"知行合一"，共同构成了松林书院文化的精髓。

本书前四章以时间线索梳理了从矮松园到松林书院创建与变迁的清晰脉络，发现了众多名人在书院读书或讲学的史实，对书院的办学历史和教育教学状况进行了较为完整的阐述。第五章对松林书院丰厚的历史文化遗产进行了盘点，力图使广大读者对松林书院文化有更清晰深刻的认识。

下面就让我们一起走进历史，走进这所有着深厚文化底蕴的千年书院。

目录

第一章
北宋矮松园和青州州学的辉煌

北宋时的青州历为京东路、京东东路首府，国家一级政区和军区的治所所在地，号曰"东夏都会""海岱名都""两京通衢""三齐重镇"。矮松园位于大宋青州城西南，是松林书院的前身，著名的三元宰相王曾青少年就读于此，后官至宰相，矮松园遂名声大振，1031 年，罢相知青州的王曾在家乡大办州学，得到了从中央到地方各级政府的大力支持，办学十分兴盛。

第一节　从矮松园到青州州学

一、矮松园因三元宰相名载四海

松林书院的前身名曰矮松园，其历史可追溯到一千多年前的北宋。宋初，宋太祖以武力夺得天下后，希望偃武兴文，巩固统治，因而大大增加科举取士的名额。然而，在宋初八十年间，除国子监和太学外，作为养士之所的官学却基本处于废弛状态，士无所养，这就为书院的兴盛提供了契机。书院成为解决官学不兴与士有所学矛盾的关键。南宋著名的理学大家吕祖谦在《白鹿洞书院记》中说："国初斯民，新脱五季锋镝之厄，学者尚寡，海内向平，文风日起，儒先往往依山林，即闲旷以讲授，人师多至数十百人。"① 明代李南素在

---

① ［宋］吕祖谦：《东莱集》卷六，见陈谷嘉、邓洪波编：《中国书院史资料》第 72 页。

《重修莲溪书院记》中说:"书院即家塾也,古无是名,至宋始盛。"正是在这种背景下,民间的书院特别是满足私人教育需求的家塾性书院应运而生,矮松园便是这样一所书院。

矮松园位于大宋青州城的西南隅,园因奇诡二松而得名,有着宽广的馆舍,是一处著名的书塾。著名宰相王曾晚年曾来此当年读书处故地重游,感慨万千,所作《矮松赋并序》开头说:

"齐城西南隅矮松园,自昔之闲馆,此邦之胜概。二松对植,卑枝四出,高不倍寻,周且百尺,轮囷偃亚,观者骇目,盖莫知其年祀,亦靡记夫本源,真造化奇诡之绝品也。"

矮松园究竟建于何年,因史料缺乏无具体考证。但有记载的是,王曾青少年时就读于此,于咸平四年(1001 年)秋参加了青州的州试,高中榜首,夺得"解元"①;咸平五年(1002 年)春,参加了礼部主持的省试,成为"会元";是年三月,参加了由皇帝亲自主持的殿试,一举夺得"状元"。王曾连中三元,官至宰相,清正廉洁,政绩卓著,封沂国公,时人遂于园中筑"王沂公读书台"以志纪念。今人用公元 1002 年作为矮松园办学之始,是为纪念王曾中状元这一颇富历史意义的时间节点,其实矮松园作为书塾存在的时间当在公元 1001 年王曾中举之前若干年。

二、王曾创办青州州学

王曾 39 岁以右谏议大夫参知政事,为副宰相。45 岁加封中书侍郎、同中书门下平章事,即宰相,成为朝廷倚重的社稷重臣。天圣七年(1029 年),52 岁的王曾因主管的玉清昭应宫失火得罪太后而罢相知青州。王曾清明治政,敦励教化,尤重倾力兴学;他捐薪助学,把家中大量藏书捐献给自己的母校。据《厚德录》引王子融《沂公言行录》载:"凡四镇所至,悉兴学校,辍奉钱以助其费。青州仍出家藏书篇卷甚广,以助习读。"任职青州期间,他最大的功

---

① 关于王曾考取解元的时间:据 2007 年河南大学研究生硕士论文董学连《王曾年谱》和 2017 年中华书局出版的张其凡校注《王文正公笔录》考证为咸平四年(1001 年),另据 1994 年《昌潍师专学报》刘保富《王曾年谱略》和 2010 年青岛出版社房永江编著《状元宰相王曾》认为在咸平元年(998 年)。

绩莫过于创办青州州学。王曾去世后，泰山书院的创建者、宋理学先驱石介有《青州州学公田记》一文记载如下：

青州州学公田记①

石　介

故仆射相国沂公，初作青州学成，奏天子，天子赐学名，且颁公田三十顷以入于学。公患田少不足，又旁学作屋百二十间，岁入于学钱三十一万。逮今十稔，学益兴而士倍多。太守赵集贤广公之意，取南城隙地，又作屋八十三间，别为旁舍六十二间，岁入于学，通六十七万。学之公用于是大充，而养士之道称矣。

学官与诸弟子侈之，请记于壁曰：立其法万物不改者，道之本也；通其变使民不倦者，道之中也。本故万世不改也，中故万世可行也。若伏羲、神农、黄帝、尧舜氏，树君臣、父子、上下之制，立其法，万世不改者也，是之谓本焉。服牛乘马，上栋下宇，弧矢纲罟之宜，舟楫耒耜之利，棺椁之便，臼杵之用，通其变，使民不倦也，是之谓中焉。相国沿三代明王之制，取古者家有塾、党有庠、术有序、国有学之制，建学于青，立本也。集贤申《易》"大畜"养贤、"颐"养正、"需"饮食晏乐、"兑"朋友讲习之义，推广于学制其中也。大凡舒则人暇，局则人困，故善教者优游而至道，不善教者急速而强人，其要在酌夫劳逸之节焉。《礼》曰："张而不弛，文武不为也；一弛一张，文武之道也。"今夫学者六艺经传千万言，以时而讽之，其为功博矣。仁义礼智、忠信孝悌之道，天地阴阳、星辰灾变之动，以时而求之，其为业广矣。广博而难卒，勤苦而后能成。蚤起夜诵，寒暑不废，衣冠不解，则是常张之矣。岁有田，日有饩，劳有休，急有养，所以息焉、游焉，是一张一弛之道也。君子谓相国、集贤善教矣，张而不急，弛而不废。

初，集贤乐学之经始甚亟，乃择材吏，得节度推官蔡君亶，用董其役，作屋舍几一百四十五间，而但取材于县官之余，藉力于公家之隙，不烦于府，不

---

①　本文以中华书局 1984 年 7 月版《徂徕石先生文集》（宋·石介著）为底本，一说为"青州州学公用记"。

扰于民，和悦而以成。予谓相国善作也，集贤善述也，蔡君善卒相国、集贤之志也。见托斯文，既不得让，因记其岁月云。

这篇文章是北宋庆历元年（1041 年）理学先驱石介受青州知州赵概之托，为青州州学扩建成功而作的一篇纪念性文章。文章叙述了宰相王曾当初创办青州州学成功，十年后知州赵概在青州南阳城选取空地扩建州学，推择青州推官蔡宣监督工程，最终"不烦于府，不扰于民，和悦而以成"。州学公田经费非常充足，办学兴盛，育人之道备受赞誉。文章赞扬王曾建州学是立本之大事，并对州学办学理念、教学内容、学习方法等多有阐述。

作者石介（1005—1045）：字守道，一字公操，兖州奉符（今山东省泰安市岱岳区徂徕镇桥沟村）人。北宋初学者，思想家，宋理学先驱。曾创建泰山书院、徂徕书院，以《易》《春秋》教授诸生，"重义理，不由注疏之说"，开宋明理学之先声，世称徂徕先生，"泰山学派"创始人。关于"理""气""道统""文道"等论对"二程"、朱熹等影响甚大。天圣八年（1030 年）进士，曾任国子监直讲，"从之者甚众，太学之盛，自先生始。"官至太子中允。同孙复、胡瑗提倡"以仁义礼乐为学"，并称"宋初三先生"。著有《徂徕集》二十卷。故仆射相国沂公：指已经去世的宰相王沂公。仆射相国，指宰相；沂公，王曾晚年封号沂国公，1038 年去世。赵集贤：姓赵名概，字叔平，南京虞城人，官至吏部尚书，谥康靖；仁宗时，以直集贤院、知青州，故称赵集贤。蔡宣：字诚之，时任青州推官，后迁虞部员外郎。文末称"予谓相国善作也，集贤善述也，蔡君善卒相国、集贤之志也"，石介认为王曾善于创办青州州学，赵概善于遵循育人理念，蔡宣善于最终完成相国和集贤之志愿。

文章记录了青州州学的几点很重要的信息，具有非常重要的史料价值。

第一，青州州学办学规模之大，前所未有。宋代的青州为国家一级行政区，京东路（后为京东东路）中心所在，而青州州学具备了省级最高学府的规模。"故仆射相国沂公"指已故的宰相沂国公王曾，当初建成州学，天子亲赐学名"青州州学"，建房 120 间，每年收入学钱 31 万。"逮今十稔"，到现在已经十年了，"学益兴而士倍多"，青州知州赵集贤"取南城隙地又作屋八十三间，别为旁舍六十二间"。可见，十年间青州州学仅房舍就达 265 间，这些房舍除去学习、生活场所，还有出租之用，加上学田，每年收入达 67 万。从其建筑规模及收入看，其办学规模之大，远非明清时期青州府学和县学等一般学校所能比。

第二，朝廷赐学田并形成制度。州学规模大，办学经费自然巨大，朝廷划拨土地 30 顷（据查，宋时 1 公顷折合 16.6 亩，30 公顷当为 498 亩）作为公田，即学田，这些学田一般用出租给佃户以收取地租的方法维持学计，当然也出租一些房舍收取租金，这些都是学校的主要经济支柱，对州学发展提供了可靠的保证。学田是中国教育史上的创举，直接影响了书院及官学学田制度的建立。

第三，王曾把教育当成根本的大事来抓。百年大计，教育为本。纵观历史，凡是政绩突出的官员没有不重教育的。石介认为，古代圣君树立的"君臣父子上下之制"，万世不改，因为这是道之根本。相国沿袭"三代明王之制"，自古"家有塾、党有庠、术有序、国有学之制"，"建学于青，立本也"，在青州建州学，这是根本的大事。不仅在青州，他每到一处做地方长官，便在那里兴办州学，并拿出薪俸捐资助学。明道二年（1033 年），王曾任河南府通判时，在河南建起了府学，深受当地民众称赞。景祐二年（1035 年），朝廷敕西京重修河南"太室书院"并赐额改称"嵩阳书院"，"王曾奏置院长，给田一顷供膳食"[1]。四年（1037 年），60 岁的王曾到了郓州，建起了郓州州学，就是在病中，也不忘学校建设。石介在《题郓州学壁》一文中写道："沂公之贤，人不可及。初罢相，知青州，为青立学。移魏（指河南府），为魏立学。再罢相知郓州，为郓立学。而罢相为三郡建三学。沂公之贤，人不可及！"[2]

第四，教化有方，理念先进。知州赵集贤善用《易经》的卦象反复教导学生："大畜养贤"是说"大畜"卦教人蓄德养贤；"颐养正"，是说"颐"卦教人颐养正气；"需饮食晏乐"，是说"需"卦指导弟子饮食修养，不陷入饮食的诱惑；"兑朋友讲习之义"，"兑"卦象征喜悦，是说君子应当乐于跟志同道合的朋友一道研讨学业，讲习道义，这是人生最大的乐趣。"大凡舒则人

---

① 王炳照：《中国古代书院》，中国国际广播出版社 2009 年版，第 35 页。

② ［宋］石介：《徂徕石先生文集》，中华书局 1984 年 7 月版。

暇，局则人困"，要舒展张扬人的个性，而不能压抑个性陷入困境；要做"善教者"，方能"优游而至道"，而"不善教者"性情急躁强人所难，其要领贵在"劳逸之节"；教育师生"一弛一张，文武之道"。石介反复强调"君子谓相国、集贤善教矣"，君子认为相国王曾和知州集贤善于教化，能做到"张而不急，弛而不废"。"岁有田，日有饩，劳有休，怠有养"，每年都有学田收入，每天都能吃上公家供给的食物，劳累了就休息，疲倦了就休养，"息焉游焉"，适度的休闲和休憩，才是"一张一弛之道"，等等，这些都很好地体现了青州州学办学者的先进的教育理念。

第五，学习内容文道兼修，学习方法强调勤奋。青州州学学习内容是广博的，既要修习儒家"六艺经传千万言"，又要修习儒家"仁义礼智、忠信孝悌"的伦常之道，还要探求"天地阴阳、星辰灾变之动"，这与后来松林书院教育的核心精神"崇儒重道"一脉相承。学习方法上突出强调勤奋：要按时诵读，才能有大的功效；按时探求，学业才能广博。要"夙（通"早"）起夜诵，寒暑不废，衣冠不解"，"勤苦而后能成"。这些至今都有很好的借鉴意义。

另据清光绪《益都县图志》记载："宋仁宗初立州学，而青、兖为最先。天圣九年，从知州事王曾之请，颁州学九经，濂洛关闽之渊源，有来矣。"[①]青州和兖州最先创办州学，天圣九年（1031年），应知州王曾的请求，皇帝颁赐青州州学《九经》，自此，凡州郡立学者帝赐《九经》遂成制度。仁宗下诏，全国各州要以青州为榜样，大力兴办州学。"濂洛关闽"分别指宋代理学的四个学派——指濂溪先生周敦颐、家居洛阳的程颐程颢兄弟、家居关中的横渠先生张载和讲学于福建的朱熹。从记载看，皇帝颁赐《九经》，青州州学用《周易》《尚书》等儒家经典来教化诸生，成为宋代理学的滥觞，对于理学的发展具有标志性的意义。

景祐二年（1035年），石介创建泰山书院，被学界尊为理学的源头。实际上，作为"宋初三先生"之一的石介对王曾极为尊崇，从他跟王曾的交往看，其理学思想在一定程度上受到了王曾思想以及他创办的青州州学办学理念的影

---

① ［清］法伟堂：《益都县图志》，中国文史出版社2006年版，第367页。

响。安作璋先生主编的《山东通史》也认为：王曾、范仲淹、李迪等人的"学术观点与书院诸人相近"，是泰山学派的"外围人员"①，这一评价是客观的。

从矮松园到青州州学，教育趋于规模化、官学化，极大促进了青州地区乃至整个山东教育的发展。其实，几乎在同时期，全国不少书院改办州学。如景祐二年（1035 年），著名的应天府书院改为应天府学，赐田十顷，又于庆历三年（1043 年）改为南京国子监，地位更高于一般官学；宋至道三年（997 年）、同矮松园创办时间几乎一致的湖南衡州石鼓书院，于景祐三年（1036 年）改为衡州州学。书院研究者邓洪波认为，当时"州学和书院的称呼不是很严，抑或二者混用"。因此南宋乾道年间范成大游石鼓书院时称"谒石鼓书院，实州学也"。② 庆历四年（1044 年）后，宋王朝开展了三次兴办官学的运动，诏令各州县皆立学，建立从中央到地方的完整的学校教育系统。宋人洪迈在《容斋随笔》中说："及庆历中，诏诸路、州、郡皆立学，设官教授，则所谓书院者尝合二为一。"③ 据此推测，宋朝名相王曾少年读书时的矮松园，在后来官学运动的历史大潮的裹挟之下，或许被其晚年创办的青州州学也合二为一了，只是称呼不同罢了。

三、黄庶的感慨和赵抃的劝学

皇祐五年（1053 年），著名书法家、诗人黄庭坚之父黄庶始任青州通判，他在携妻子和年幼的黄庭坚游览矮松园后写诗《携家游矮松园》④ 感慨道：

矮松名载四海耳，百怪老笔不可传。

左妻右儿醉树下，安得白首巢其巅。

可见矮松园在王曾中状元 50 多年后仍然名闻天下，令人流连向往。

熙宁四年（1071 年），参知政事、资政殿学士、著名的"十三贤"之一

---

① 安作璋主编：《山东通史》，人民出版社 2009 年版，第 288 页。
② 邓洪波：《中国书院史》，东方出版中心 2004 年版，第 92 页。
③ 《容斋随笔》三笔，见陈谷嘉、邓洪波编，《中国书院史资料》第 48 页。
④ 夏永军、王岩：《松林书院及其文化传承》社会科学文献出版社 2015 年版，第 96 页。

的赵抃出任青州知州，视察王曾的母校，写《青州劝学》① 一诗，鼓励州学的学子们下苦功勤奋攻读：

> 学欲精勤志欲专，鲁门高第美渊骞。
>
> 文章行业初由己，富贵荣华只自天。
>
> 一篑为山先圣戒，寸阴轻璧古人贤。
>
> 沂公庠序亲模范，今日诸生为勉旃。

"渊"指颜回（字子渊），"骞"指闵子（字子骞），两人都是孔子弟子。"沂公"是三元宰相王曾的晚年封号沂国公，"庠序"指古代的学校，"沂公庠序"既可理解为王曾昔日的母校矮松园，也可理解为后来由王曾亲自创办的青州州学。诗歌勉励年轻人要追随孔门圣贤，精勤志专，珍惜光阴，以王曾为榜样，勤于积累，淡泊名利，刻苦攻读，修身养性，努力完成学业；也能从侧面看出当年的"沂公庠序"矮松园，在王曾中状元 69 年后的青州州学，办学一直兴盛不衰。

关于青州州学的记载，除上文中所录庆历元年（1041 年）石介的《青州州学公田记》外，早在景祐元年（1034 年）即王曾建州学后的第三年，夏竦出任青州知州，写有《青州州学后记》一文，盛赞王曾"恢教化之源，崇学校之美"，"以平章庶务之心、斟酌元化之手，裁量一郡，丰功懿迹"，忠诚有德，"出私俸，起官学""明大道之本，观三千之奥，将欲佐人主，庇生民，经纬天地，制作礼乐"等等，文末引用古语"君子能长育人才""得天下英才而教育之"，是对青州州学办学宗旨很好的概括。现摘录并点逗全文如下：

青州州学后记

夏　竦[1]

国家制天下，肇有十八路，京东首焉。西起甸服，东渐淮海，南略洙泗，北际河濮，关防之要，控制之重，城阃之大，室居之盛，青复首焉。

---

① 夏永军、王岩：《松林书院及其文化传承》，社会科学文献出版社 2015 年版，第 227 页。

建隆距明道继政四十有二，皆岩庙勋旧，台阁材彦，方重镇俗，严明驭下，信孚惠洽，吏端刑清，润金石，蔼谣诵，固亦多矣。若夫恢教化之源、崇学校之美，唯丞相太原公⁽²⁾有焉。

天圣七载，公委远时柄来牧故乡，以平章庶务之心、斟酌元化之手，裁量一郡，丰功懿迹不容谈矣。其最为荐绅所称道者，以公顷奉乡书，偕郡计，冠多士，长百工。泊偃息作藩，雍容立政，事必敦本，仁不遗旧，忠也；欲报朝廷而不已，德也。将流里闬而不竭，于是出私俸，起官学，天子赐图籍，掾属制油素，三齐怀笔，千里担簦鼓箧，于朝占毕⁽³⁾，于夕教学在焉。若夫明大道之本，观三千之奥，将欲佐人主，庇生民，经纬天地，制作礼乐，划百代之弊、定一王之法者，可以谓之文矣。骋六艺之精，练当时之务，将欲对清闲之问，广镂刻之听，高议云台以决安危，约史金匮以定褒贬者，可以谓之学矣。博贯百氏并授五业，将欲藻润谟训，劝讲帷幄，主文以陈谏道，讬寓以达下情，箴规庶官粉泽时政者，可以谓之材矣。记问之师，句读之学，饰小辨，事空言，诮噪相高，篆刻自嘉，白首弗底于道、盈编无益于世者，丞相耻之，予亦耻之。

东秦奥区，全齐盛府，俗渐邹鲁之教，人多海岱之灵。朝家好文，辅臣善诱，而不能宝寸阴、刻素志、扶名教、训孝悌，建希世之策，敷及物之德，彼维师赐履于周⁽⁴⁾，平津始封于汉⁽⁵⁾，果何人哉？游于斯者，无自局焉。

建学后三载，东土荐饥⁽⁶⁾，予猥奉使指，谬踵前良，且以畴昔政司陪贰台鼎⁽⁷⁾，敢勒余颂以永德音。《诗》云："君子能长育人才。"⁽⁸⁾《传》云："得天下英才而教育之。"⁽⁹⁾兹学之谓欤？堂皇之建，职次之设，皆备前记，此不复书。时景祐元年正月朔日记。

【注释】

(1) 本文选自《钦定四库全书·文庄集》卷二十一。夏竦（985—1051），字子乔，江州德安县人。北宋文学家，世称夏文庄公、夏英公、夏郑公。景祐元年出知青州，支持守城卒子修建青州南阳桥（一般认为是中国最早出现的虹桥）。庆历七年（1047年）入朝拜相，皇祐三年（1051年）病逝，获赠太师、中书令兼尚书令，谥文庄。(2) 太原公：即王曾。《王文正公曾行状》（富弼）云："王氏以爵祖于周，至东汉霸，始居太原，别族支居琅琊及祁，皆为望姓。而太原者尤著，世世有子不绝。公即太原人也。其先旅于无棣，唐末屡徙，晋避地青社，遂家。"（3）谓经师不解经义，但视简上文字诵读以教人，后亦泛称诵读。（4）周王朝赐给齐国疆土。（5）公孙弘为汉丞相，封平津侯。（6）东土：指青州；荐饥：连年灾荒。（7）陪贰，指副手、助手；台鼎，古称三公为台鼎，此指丞相王曾。青州知州夏竦谦称自己为丞相副手。（8）宋·朱熹《诗经·小雅·菁菁者莪序》："君子能长育人才，则天下喜乐之矣。"（9）出自《孟子·尽心章句上·第二十节》："得天下英才而教育之，三乐也。"意思是"得到天下优秀的人才进行教育，这是第三大快乐"。

第二节 "三元宰相"王曾

王曾（977—1038）：字孝先，青州郑母人。八岁而孤，由叔父宗元抚养长大，从学于里人张震。张震乃当世有道之士，观小王曾"识致宏远，终任将相"。少年时代王曾就读于青州著名的书塾矮松园，科举考试中连中三元，官至宰相。他品性端厚，为政清廉，敢于直谏；注重选拔人才，又不徇私情；为政严谨持重，疾恶如仇，又极为大度，宽以待人。欧阳修说他"为人方正持重，最为贤相"，著名学者石介说他"人不能及，人不可及"。京剧包公戏中那位善良智慧的王延龄老丞相的原型就是王曾。

年少聪慧，连中三元志存高远

王曾的出生充满了神奇色彩。出生之前，他的父亲王兼做了一个奇怪的梦，梦见孔子抚其背说："你崇拜儒教诚心已久，但你已年老，无甚作为，我特派曾参托生你家。"曾参，是孔子的得意门生。故王兼就给新生的儿子起名王曾。少年王曾在矮松园读书，聪明伶俐，智慧过人。富弼《王文正公曾行状》记载了少年王曾的两个故事，其一曰："（曾）十五岁，时郡有田讼久不质，将佐患之，公偶与典校者坐，亟闻其昧语，谓不可白，公立为发其奸隐，

王曾汉白玉雕像及读书台

讼者气索，狱遂判，里人服其幼悟。"① 文中说王曾十五岁时，当地有一田产官司久拖不决，主管官员甚为忧虑。少年王曾偶与办案官吏坐，多次听到办案者不分是非的糊涂话，他立即揭开其中奸恶隐情，原告理亏气馁，案件遂判，乡里人都佩服王曾少有大志、颖悟过人。

　　王曾在矮松园读书勤奋，善为文辞，远近闻名。曾写有《早梅》一诗："雪压乔林冻欲摧，始知天意欲春回。雪中未问和羹事，且向百花头上开。""和羹"，本是配以不同调味品而制成的羹汤，后用以比喻大臣辅助君主综理国政，又喻宰辅之职。"百花头上开"是独占鳌头的意思。诗中赞颂傲雪凌霜、芳冠百花的早梅，表现了自己不畏艰苦、进取争先的雄心壮志，也流露出科举当状元、入仕为宰相的远大志向。当时素有文名的大臣薛奎阅罢此诗后说："足下看来不但要中状元，还要做宰相呢！"

　　宋真宗咸平四年（1001 年）秋，二十四岁的王曾参加了青州的州试，以第一名的成绩中举，夺得了"解元"。咸平五年（1002 年）春，王曾来到京师

---

① 青州古籍文献编委会：《王曾笔录及诗文资料》隋同文点校，2008 年版，第 52 页。

汴京（今开封），参加了礼部主持的省试，以一篇《有教无类赋》① 技压群雄，一举夺冠，成为"会元"，他在赋中写道："神龙异禀，犹嗜欲之何求；仙草何知，尚薰获而相假。"此赋一时盛行于世。这一年的三月，杏花盛开的季节，王曾又参加了由皇帝亲自主持的殿试，高中第一甲第一名，一举夺得"状元"。他的殿试答卷《有物混成赋》② 写得气势恢宏，志趣不凡，赢得了阅卷官的青睐，名臣杨亿拊掌叹曰："真乃王佐之器也！"

王曾果然成为状元宰相。有学者考证，王曾为北宋第 27 名状元，第二位三元状元，科举制度推行 1300 多年，连中三元者仅十多人，而官至宰相者仅两人，王曾占其一，实乃凤毛麟角，佼佼不群！王曾中状元后，翰林学士刘子仪跟他开玩笑说："状元试三场，一生吃着不尽。"他正色作答："平生之志，不在温饱！"此后，"曾辞温饱"的故事被传为佳话，并被收入我国明代享有盛名的儿童启蒙读物《龙文鞭影》中。王曾在给叔父报喜信中说："曾今日殿前，唱名忝为第一，此乃先世积德，大人不必过喜。"王曾不但视叔父为父，还将自己中状元的荣耀归功于叔父的教诲，不但体现了王曾的谦虚、对叔父的感激，更表现出他宠辱不惊的平和心态和他志存高远的宽广胸怀。

按照宋代习俗，新科状元，朝廷会给予特别的假期，让他们衣锦荣归，光耀乡里。家乡官员要组织隆重的迎接仪式，举行盛大的鹿鸣宴，还要在其门庭悬"状元坊"匾额，以示旌表。状元郎荣归故里，青州知州得知，派全城官绅百姓出郊鼓乐相迎。正当大家翘首以待之时，王曾却悄悄地着便服，骑毛驴，走便道，来到州衙谒见。知州惊奇地问："听说状元荣归，已派人迎接，如何门吏不报，您就到了！"王曾答道："不才侥幸考中，岂敢烦劳郡守父老迎迓？"知州大人感叹说："君真状元公矣！"时至今日，状元郎便装归乡的故事仍被广为流传。

直言敢谏，为国尽忠勇斗奸佞

状元王曾初任济州通判，任满后回至都城汴京，按惯例，应去学士院接受

---

① 夏永军、王岩：《松林书院及其文化传承》，社会科学文献出版社 2015 年，第 339 页。

② 同上，第 211 页。

考察。时任宰相寇准并不认识王曾，便向杨文公打听王曾的才学。杨文公说："我与他也素不相识，只看到他两篇文章，志业非常宏远。"随即背诵了《有物混成赋》和《有教无类赋》，不遗一字。寇准大惊说："有这样的人吗?"就在政事堂当面测试，王曾侃侃而谈，以广博的知识和深刻的见解获得寇准的赏识。随后被委以重任，做秘书省著作郎、知制诰兼国史馆修撰、翰林学士等职，担负起草皇帝诏令等工作。

祥符五年（1012 年），王曾奉旨出使契丹，他不卑不亢，维护了朝廷的尊严。契丹善骑射，认为王曾是文弱书生，不会射箭，就想难为他，要与他比试。结果，王曾一箭中的，契丹君臣大为惊奇，十分佩服。契丹国安排善辩的皇亲耶律祥陪同，此人傲气凌人，在王曾面前大肆炫耀，并拿出契丹国主赐给他的铁券，显示自己的地位。王曾道："勋臣有功高不赏之惧，所以赐给铁券以示安抚，防止造反。怎么能说是国主的亲近与信任呢?"耶律祥闻言大为丧气，在王曾面前再也不敢目中无人。

真宗时，为掩饰耻辱，粉饰太平，大搞迎天书、行封禅等迷信活动。善于投机的人就投其所好，上报许多所谓"天降祥瑞"的无稽之谈。所谓的"天书""祥瑞"内容往往是褒扬真宗皇帝，保佑大宋国运昌盛，其实是奸臣王钦若、丁谓之流导演的把戏，以骗取皇上信任。不明真相的皇上真以为都是天意，当然高兴，要庆贺一番。王曾却劝告皇上："这都是国家承平所致，但望陛下不居功自傲。他日若有灾异，也可免遭非议。"真宗不听，仍大兴土木，修建迎天书的玉清昭应宫，众官无敢言者，唯独王曾上书《乞罢玉清昭应宫疏》，力陈伤人力、耗资财、激事变、违时令、犯天意，以"五害"讽谏真宗。其奏议虽然没有能够改变真宗之决策，但让皇帝看到了他的忠心，不久升迁翰林学士。一次，曾经在承明殿召对很久，退下后，皇上派内侍谕曰："刚才我非常想念爱卿，故来不及穿好朝服见你，爱卿勿以我为怠慢啊。"其颇受皇帝器重可见一斑。为加强案狱的审判，朝廷任命王曾判大理寺，39 岁以政绩突出提升为右谏议大夫、参知政事，成为副宰相。

真宗初崩，刘太后与十三岁的仁宗同听政，王曾奉遗诏入殿庐起草诏书，命"皇太后权处分军国事，辅太子听政"，"权"为"暂时代理"之意，也就是说，刘太后暂时辅政，将来等皇上成年要还政；若无"权"字，等于法定刘太后可以终身与皇帝分享皇权，甚至可能成为拥有实权的武则天，一字之差，天壤之别。宰相丁谓谄媚太后，欲去"权"字，独王沂公坚持说："皇帝年幼，太后临朝，此非国家常典，称'权'犹足示后。况言犹在耳，何可改也？"丁谓虽深恨其言，然"权"字终不敢去。年幼的仁宗继位，太后垂帘听政，朝廷内外骚动不宁，王曾正色独立，朝廷倚以为重。奸臣丁谓专权，勾结宦官雷允恭，结党弄权，飞扬跋扈，极力打击寇准、李迪等一班老臣，引起朝野上下的愤慨。王曾为国事尽忠，勇于与权奸斗争，瞅准时机，上奏太后，赶走丁谓，杖杀雷允恭，劾奸除恶，终使"帝室尊荣，祸乱不作"，此事以"曾除丁谓"成语被载入史册。此后王曾被任命为中书侍郎、同中书门下平章事，即宰相一职，时年45岁。

不树私恩，奉身俭约待客至厚

身为宰相，王曾为人端厚持重，办事果敢，坚持不徇私情，公事公办，不在私宅泄密公事，对那些靠讲情、姻亲、裙带关系升迁的人，一旦发现，立即惩治。其待人又极为大度，知人善任，注重选拔人才，曾力荐范仲淹、包拯等人，并委以重任。《儒林公议》载："王曾仆射有台宰之量。每进擢时材，不欲人归恩在己。"每次选拔官员，也不让本人和外人知道。范仲淹蒙受恩遇甚厚，曾不解地问："公开地任用贤人名士是宰相的职责，您德高望重，惟有缺乏这一点。"王曾回答说："作为执政大臣，如果把恩赏都揽在自己身上，那怨恨归谁呢？"范仲淹服其言，感叹道："久当朝柄，从未树立私恩，这是别人很难做到的啊！"富弼在《王文正公曾行状》中评论曰："居大位不植私恩，孜孜推进人物，终身使勿知。或有谢者，必正容拒去。惟不引用亲属，有出上意者，亦奏嫌报罢。"可谓中肯之言。

王曾疾恶如仇，勇于直谏。仁宗曾对他说："近来臣僚上疏，大多邀功请赏，该怎么办？"王曾回答："只要陛下贬斥钻营的小人，推重恬淡的贤士，便可让那些小人难以谋私，而易于罢退他们。"他资质端厚，眉目如画。在朝廷，进止皆有常处，平居寡言笑，人们莫敢以私事求他，他与杨亿同朝为官，杨亿喜欢谈谑，经常与同僚开玩笑，可是与王曾交谈，则一本正经。他说："在王曾面前，我不敢随意玩笑。"据《宋贤事汇》载："王沂公奉身俭约。每见家人华衣，即瞑目曰：'吾家素风，一至如此。'故家人衣服稍显华丽，便不敢令公见到。曾经有位老友之子来告别，王曾留下吃饭。饭后，送给他几轴简纸，回去打开一看，皆他人书写后裁剪下来的边纸。平生自奉淡泊，甘于粗茶淡饭，过着清苦的生活，资助亲友却慷慨大方。凡任地方官，先办学校，俸禄都用于助学。其弟王子融在《沂公言行录》中说："沂公执政，外亲戚可任者言之于上，否则厚恤之以金帛。自奉甚薄，待客至厚，薄于滋味，无所偏嗜，庖人请命，未尝改馔。事诸父诸母尽其孝，仅葬外氏十余丧，嫁姻族孤女数人。凡四镇所至，悉兴学校，辍奉钱以助其费。青州仍出家藏书篇卷甚广，以助习读。"①

兴学重教，社稷之臣后世楷模

王曾在朝为相多年，敢作敢为，直言敢谏，对皇室姻亲犯法也绝不容情，因多次惩处太后亲属，遭太后忌恨。天圣七年（1029 年），借口王曾主管的玉清昭应宫遭雷击失火，罢其宰相职务，贬为青州知州。

在家乡任职，他特别重视教育事业。一上任，把家中大量藏书捐赠给曾就读的矮松园。拿出自己的薪俸兴办学校，建起州学，划拨了 30 顷土地给学校，盖了 120 间房舍，每年拨给 31 万钱的经费，还聘请知名学者来做教授。王曾的做法得到朝廷的褒奖。天圣九年（1031 年），宋仁宗曾御赐州学《九经》，并诏示各州以青州为榜样，大办儒学。自此，凡州郡立学者，皇帝皆颁赐《九经》。

王曾罢知青州，曾来当年读书之处——矮松园，故地重游，见园中"二松对植，卑枝四出。高不倍寻，周且百尺。轮囷偃亚，观者骇目"，感慨"真造化奇诡之绝品也"。忆自己"咸平中，忝乡荐，登甲科，蒙被宠灵，践履清显，几三十载"，咸平年间，连中三元，蒙受皇恩，终登宰辅显贵位置，将近三十年了。此时探访闾里故旧，"则曩之耄耋悉沦逝，童冠皆壮老"，幼时亲友，或老或逝，"邑居风物，触目变迁"，只有这两株奇异的矮松，历尽沧桑，

---

① 夏永军、王岩：《松林书院及其文化传承》社会科学文献出版社 2015 年版，第 338 页。

"依然故态"，不禁感慨万千，挥毫泼墨写下了著名的《矮松赋并序》以抒情言志，表达风摧秀林、忠直遭贬的激愤不平，流露出"保其天性、全其生理"但又不甘苟且偷生的矛盾心情。这大概是忠直之士受贬之后的普遍心态，因此它极易得到封建士大夫的共鸣和认可。

晚年的王曾任职数地，始终不忘兴办州学。据刘敞《王沂公祠堂记》载："丞相沂公之初守青也，为齐人建学。其后守郓也，为鲁人建学。由是二国之俗，始益知贵诗书之业，而安其性之所乐。老师宿儒，幼子童乐，粲然自以复见三代之美。礼让日兴，刑罚日衰。呜呼，君子之盛德大业哉！"当时著名学者石介曾反复由衷赞叹："沂公之贤，人不可及！……罢相为三郡建三学。沂公之贤，人不可及！夫水之不涸，以其有源也；木之不拔，以其有本也；学为教化之源，仁义之本矣！为国家浚源而殖本，公之心厚矣！"

景祐二年（1035）王曾复为相，封沂国公。宝应元年（1038）冬病故，享年61岁。富弼评价曰："公在相府……朝廷翕然有风采。上尝亲署'忠亮忠厚'四大字独赐公，用是益自感奋，勤劳王家，知无不为。人望素重，比外迁，天下惜其去，再用乃大喜。及是终也，皆失声，闾巷相市，非德至厚者孰与焉！"《东都事略》评价王曾曰："曾前后辅政十年，处天下事审而中体，性俭，素居，家人不见其喜愠之色。……曾毅然奋忠，临大节而不可夺，卒使帝室尊荣，祸乱不作。可谓社稷之臣矣。"①

王曾去世，朝野震动。诗人宋祁有《王沂公挽词三首》，其一曰："尽瘁辞当国，均劳得偃藩。幄中留秘画，天下满危言。日企还三事，宁图阕九原。谁将河海泪，一洒问乾坤。"仁宗辍朝二日，以示哀悼；为表彰其政绩和操守，赠其谥号"文正"——这是封建王朝对一个大臣的最高褒扬；仁宗又亲自为其撰写了"旌贤碑"的碑额，大臣赐碑篆自王曾始；后又将其乡易名"旌贤乡"，"旌贤乡"即原青州市郑母镇（后并入谭坊镇）；朝廷建立宋仁宗的祭祀庙堂，下诏选择有功将相配享，最后认定王曾为第一人选。

青州人为纪念贤相王曾，在矮松园西北角建高台一座，名曰"王沂公读

---

① 夏永军、王岩：《松林书院及其文化传承》社会科学文献出版社2015年版，第338页。

书台"。虽历经沧桑，读书台时有坍塌，然后人修筑再三，维其大观。至民国时仍保存完好。据民国二十四年周贵德《青州纪游》中云："台在校院中，高约八尺，方广数丈。拾级而登，周围房屋遮蔽，非复旧观。面南有石，题曰：'读书台'，下刻题跋多行，为校墙所掩，惟见有'……王沂公……'数字云云。"可惜"文革"中被毁，刻有"读书台"字样的石碑遗失。1991 年大修松林书院时，读书台得以修复，青石砌成，高约八尺，方广数丈，拾级而上，上有石桌、石凳，后有翠竹簇拥，显得古朴幽静，成为书院中纪念王曾的一处重要的人文景观。

明代郡人将其大名请进青州府十三贤祠，同寇准、范仲淹、欧阳修、富弼等并入名垂千古的"十三贤"之列，同享后人祭拜；又将其大名请进青州府乡贤祠，同唐代房玄龄、明代刘珝、清代冯溥等先贤名宦一起成为历代士子治学、为官、做人的榜样。

书画家刘杰书联：
一代贤相功盖朝野，
三元及第名传古今

附《龙文鞭影》里的王曾故事

《龙文鞭影》是我国享有盛名的儿童启蒙读物。由明代萧良有编辑的《蒙养故事》，复经杨臣诤增订修补而成。"龙文"原来是古代一种千里马的名称，它只要看见鞭子的影子就会奔跑驰骋。作者借龙文鞭影，寓意本书可使青少年尽快掌握知识，成为千里马。书中所选人物、事件、历史典故及自然知识，起于上古，讫于明末，广采博撷，摘英选粹，汇成了我国数千年波澜壮阔、美不胜收的历史画卷。该书所选王曾的两则故事，是"曾辞温饱"和"曾除丁谓"。

"曾辞温饱"：说的是王曾小时候，曾经在咏《梅花》诗中说："雪压乔林冻欲摧，始知天意欲春回。雪中未问和羹事，且向百花头上开。"诗句赞颂傲雪凌霜、芳冠百花的早梅，表现了他卓荦的志向。"和羹"，喻良臣辅君以成治；"百花头上开"是独占鳌头的意思，表现了王曾要科举当状元、入仕为宰相的远大志向。他拿着这首诗拜见当时素有文名的大臣薛奎，薛奎看罢大喜说："足下看来不但要中状元，还要做宰相呢！"

咸平六年，王曾在相继夺得乡试、会试榜首后，又参加殿试。殿试卷考题是《有物混成赋》。在这份状元卷中，王曾提出了"掌握道枢，恢张天纪，将穷理以尽性，思反古而复始"的施政主张，得到皇帝赞赏，在72名应试者中一举夺魁。翰林学士刘子仪戏说："状元试三场，一生吃着不尽。"王曾则正色回答说："曾平生之志，不在温饱。"后来，果为社稷重臣。考中状元后，王曾写信向叔父王宗元报喜，谓"曾今日殿前，唱名忝为第一，此乃先世积德，大人不必过喜。"表现出宠辱不惊、气定神闲的平和心态，更表现了他志存高远、气度非凡的宽广胸怀。

"曾除丁谓"：丁谓（962—1033），字谓之，北宋苏州长洲（今江苏苏州）人。太宗时进士。真宗景德时为右谏议大夫。天禧三年（1019）为参知政事。次年，排挤寇准去位，升为宰相，勾结宦官，独揽朝政。他极力迎合真宗，大兴土木，建造玉清昭应宫，以为迎仙神之用。并怂恿真宗到泰山举行封禅大典，耗费人力财力不可胜计。丁谓与王钦若、林特、陈彭年、刘承珪同恶，时人称为"五鬼"。百姓相戏曰："欲得天下好，莫如招寇老；欲得天下宁，拔去眼前丁。"

仁宗即位后，年纪幼小，刘太后垂帘听政。丁谓勾结宦官雷允恭，结党弄权，谋私害政，飞扬跋扈，朝野上下无不愤慨。就在此时，雷允恭擅自挪移宋真宗陵穴。王曾紧紧抓住这个事件不放，上奏刘太后，禀称丁雷勾结，包藏祸心，欲为不轨。刘太后大怒，命杖杀雷允恭，贬丁谓为崖州司户参军。之后，王曾担任中书侍郎、同中书门下平章事，即担任宰相。《东都事略》评论说：章献太后拥幼君治理天下，大臣乘机弄权，王曾"毅然奋忠，临大节而不可夺。卒使帝宝尊荣，祸乱不作，可谓社稷之臣矣！"

（栾华、刘朝阳）

第三节　史书文献中的王曾

一、宋史·王曾传

王曾，字孝先，青州益都人。少孤，鞠⁽¹⁾于仲父⁽²⁾宗元，从学于里人张震⁽³⁾，善为文辞。咸平中，由乡贡试礼部、廷对，皆第一。杨亿⁽⁴⁾见其赋，叹曰："王佐器⁽⁵⁾也。"以将作监⁽⁶⁾丞通判⁽⁷⁾济州。代还，当召试学士院。宰相寇准奇⁽⁸⁾之，特试政事堂，授秘书省著作郎⁽⁹⁾、直史馆⁽¹⁰⁾、三司户部判官⁽¹¹⁾。

景德初，始通和契丹⁽¹²⁾，岁遣使致书⁽¹³⁾称南朝，以契丹为北朝。曾曰："从其国号足矣。"业已遣使，弗果易⁽¹⁴⁾。迁右正言、知制诰兼史馆修撰。时瑞应⁽¹⁵⁾沓至，曾尝入对，帝语及之。曾奏曰："此诚国家承平⁽¹⁶⁾所致，然愿推而弗居⁽¹⁷⁾，异日或有灾沴⁽¹⁸⁾，则免舆议。"及帝既受符命，大建玉清昭应宫。下莫敢言者，曾陈五害以谏。旧用郎中官判大理寺，帝欲重之，特命曾。且谓曾曰："狱，重典也⁽¹⁹⁾，今以屈卿。"曾顿首谢。仍赐钱三十万，因请自辟⁽²⁰⁾僚属，着为令⁽²¹⁾。迁翰林学士。帝尝晚坐承明殿，召对久之。既退，使内侍谕曰："向思卿甚，故不及朝服见卿，卿勿以我为慢⁽²²⁾也。"其见尊礼如此。

知审刑院。旧违制⁽²³⁾无故失，率坐徒⁽²⁴⁾二年。曾请须亲被旨乃坐。既而⁽²⁵⁾有犯者，曾乃以失论。帝曰："如卿言，是无复有违制者。"曾曰："天下至广，岂人人尽晓制书，如陛下言，亦无复有失者。"帝悟，卒从曾议。再迁尚书主客郎中，知审官院、通进银台司，勾当三班院。遂以右谏议大夫⁽²⁶⁾参知政事。

时宫观皆以辅臣为使。王钦若⁽²⁷⁾方挟符瑞⁽²⁸⁾，傅会帝意⁽²⁹⁾，又阴欲排异己者。曾当使会灵，因以推⁽³⁰⁾钦若，帝始疑曾自异⁽³¹⁾。及钦若相，会曾市⁽³²⁾贺皇后⁽³³⁾家旧第⁽³⁴⁾，其家未徙去，而曾令人舁⁽³⁵⁾土置门外，贺氏诉禁中。明日，帝以语钦若，乃罢曾为尚书礼部侍郎、判都省，出知应天府。天禧中，民间讹言⁽³⁶⁾有妖起，若飞帽，夜搏人⁽³⁷⁾，自京师以南，人皆恐。曾令夜开里门，敢倡言者即捕之，卒⁽³⁸⁾无妖。徙天雄军，复参知政事⁽³⁹⁾，迁吏部侍郎兼太子宾客。

真宗不豫⁽⁴⁰⁾，皇后居中预政，太子虽听事资善堂，然事皆决于后，中外⁽⁴¹⁾以为忧。钱惟演⁽⁴²⁾，后戚也。曾密语惟演曰："太子幼，非宫中不能立。加恩太子，则太子安；太子安，所以⁽⁴³⁾安刘氏也。"惟演以为然，因以白⁽⁴⁴⁾后。帝崩，曾奉命入殿，庐⁽⁴⁵⁾草遗诏："以明肃皇后⁽⁴⁶⁾辅立皇太子，权听断⁽⁴⁷⁾军国大事。"丁谓入，去"权"字。曾曰："皇帝冲年⁽⁴⁸⁾，太后临朝，斯已国家否运⁽⁴⁹⁾。称'权'，犹足示后。且增减制书有法⁽⁵⁰⁾，表则⁽⁵¹⁾之地，先欲乱之邪？"遂不敢去。仁宗立，迁礼部尚书。群臣议太后临朝仪⁽⁵²⁾，曾请如东汉故事⁽⁵³⁾，太后坐帝右，垂帘奏事。丁谓独欲帝朔望⁽⁵⁴⁾见群臣，大事则太后召对辅臣决⁽⁵⁵⁾之，非大事令入内押班⁽⁵⁶⁾雷允恭传奏禁中⁽⁵⁷⁾，画可以下⁽⁵⁸⁾。曾曰："两宫异处，而柄归宦官，祸端兆矣⁽⁵⁹⁾。"谓不听。既而允恭坐诛，谓亦得罪。自是两宫垂帘，辅臣奏事如曾议。

谓初败，任中正⁽⁶⁰⁾言："谓被先帝顾托⁽⁶¹⁾，虽有罪，请如律议功。"曾曰："谓以不忠得罪宗庙，尚何议邪！"时真宗初崩，内外汹汹⁽⁶²⁾，曾正色独立，朝廷倚以为重。拜中书侍郎兼本官、同中书门下平章事⁽⁶³⁾、集贤殿大学士、会灵观使。王钦若卒，曾以门下侍郎兼户部尚书，为昭文馆大学士、监修国史、玉清昭应宫使。曾以帝初即位，宜近师儒⁽⁶⁴⁾，即召孙奭、冯元劝讲⁽⁶⁵⁾崇政殿。天圣四年夏，大雨。传言汴口决，水且⁽⁶⁶⁾大至，都人恐，欲东奔。帝问曾，曾曰："河决奏未至，第⁽⁶⁷⁾民间妖言尔，不足虑也。"已而果然。陕西转过使置醋务，以榷⁽⁶⁸⁾其利，且请推其法天下，曾请罢⁽⁶⁹⁾之。

曾方严持重，每进见，言利害事，审⁽⁷⁰⁾而中理；多所荐拔⁽⁷¹⁾，尤恶侥幸⁽⁷²⁾。帝问曾曰："比⁽⁷³⁾臣僚请对，多求进者⁽⁷⁴⁾。"曾对曰："惟⁽⁷⁵⁾陛下抑奔竞而崇恬静⁽⁷⁶⁾，庶几⁽⁷⁷⁾有难进易退之人矣。"曹利用恶曾班⁽⁷⁸⁾己上，尝怏怏不悦，语在《利用传》。及利用坐事⁽⁷⁹⁾，太后大怒，曾为之解⁽⁸⁰⁾。太后曰："卿尝言利用强横，今何解也？"曾曰："利用素恃恩，臣故尝以理折⁽⁸¹⁾之。今加以大恶，则非臣所知也。"太后意少释⁽⁸²⁾，卒从轻议。

始，太后受册⁽⁸³⁾，将御⁽⁸⁴⁾大安殿，曾执⁽⁸⁵⁾以为不可。及长宁节上寿，止

共张便殿⁽⁸⁶⁾。太后左右姻家稍通请谒⁽⁸⁷⁾，曾多所裁抑⁽⁸⁸⁾，太后滋⁽⁸⁹⁾不悦。会玉清昭应宫灾，乃出知青州。以彰信军节度使复知天雄军。契丹使者往还，敛车徒⁽⁹⁰⁾而后过，无敢哗者。人乐⁽⁹¹⁾其政，为画像而生祠之。改天平军节度使、同中书门下平章事、判河南府。景祐元年，为枢密使。明年，拜右仆射兼门下侍郎、平章事、集贤殿大学士，封沂国公。

曾进退⁽⁹²⁾士人，莫有知者。范仲淹尝问曾曰："明扬⁽⁹³⁾士类，宰相之任也。公之盛德，独少此耳。"曾曰："夫执政者，恩欲归己，怨使谁归⁽⁹⁴⁾？"仲淹服其言。初，吕夷简参知政事，事曾谨甚，曾力荐为相。及夷简位曾上，任事久，多所专决⁽⁹⁵⁾，曾不能堪⁽⁹⁶⁾，论议间有异同，遂求罢。仁宗疑以问曾曰："卿亦有所不足邪？"时外传知秦州王继明纳赂⁽⁹⁷⁾夷简，曾因及之。帝以问夷简，曾与夷简交论⁽⁹⁸⁾帝前。曾言亦有过者，遂与夷简俱罢，以左仆射、资政殿大学士判郓州。宝元元年冬，大星晨坠其寝⁽⁹⁹⁾，左右惊告。曾曰："后一月当知之。"如期而薨⁽¹⁰⁰⁾，年六十一。赠侍中，谥文正。

曾资质端厚，眉目如画。在朝廷，进止皆有常处，平居寡言笑，人莫敢干以私⁽¹⁰¹⁾。少与杨亿同在侍从，亿喜谈谑，凡僚友无不狎侮⁽¹⁰²⁾。至与曾言，则曰："余不敢以戏也。"平生自奉甚俭，有故人⁽¹⁰³⁾子孙京来告别，曾留之具馔。食后，合⁽¹⁰⁴⁾中送数轴简纸，启视之，皆它人书简后裁取者也。皇祐中，仁宗为篆其碑曰"旌贤之碑"，后又改其乡曰"旌贤乡"。大臣赐碑篆自曾始。仁宗既祔庙⁽¹⁰⁵⁾，诏择将相配享⁽¹⁰⁶⁾，以曾为第一。曾无子，养子曰綵。又以弟子融之子绛为后，尚书兵部郎中、秘阁校理致仕⁽¹⁰⁷⁾，卒。

子融字熙仲。初以曾奏，为将作监主簿。祥符进士及第，累迁太常丞、同知礼院。献所为文，召试，直集贤院。尝论次⁽¹⁰⁸⁾国朝以来典礼因革⁽¹⁰⁹⁾，为《礼阁新编》上之。以其书藏太常。

权⁽¹¹⁰⁾三司度支、盐铁判官。任布请铸大钱，行之京城。三司使程琳集官议，子融曰："今军营半在城外，独行大钱城中，可乎？"事遂寝⁽¹¹¹⁾。权同纠察刑狱、知河阳。又集五代事，为《唐余录》六十卷以献。进直龙图阁，累迁太常少卿、权判大理寺。乃取谳狱⁽¹¹²⁾轻重可为准者，类次以为断例⁽¹¹³⁾。

拜天章阁待制、尚书吏部郎中、知荆南。盗张海纵掠襄、邓，至荆门。子融阅州兵，将迎击之，贼引去。迁右谏议大夫、知陕州，徙河中府。既而勾当三班院⁽¹¹⁴⁾，迁给事中，以尚书工部侍郎、集贤院学士知兖州。不赴，改刑部侍郎致仕。英宗即位，进兵部，卒。

本名皞，字子融。元昊反，请以字为名。性俭啬⁽¹¹⁵⁾，街道卒除道，侵子融邸店尺寸地，至自诣开封府诉之。然教饬⁽¹¹⁶⁾子孙，严厉有家法。晚学佛氏，从僧怀琏游。

（本文选自 [元] 脱脱：《宋史》卷三百一十列传第六十九中华书局 1985年版）

【注释】

（1）鞠（jū）：养育。（2）仲父：叔父。古代以"伯仲叔季"排行，仲父为父亲的弟弟中年龄最长者。《释名·释亲属》解释："父之弟曰仲父。仲，平也，位在中也。仲父之弟曰叔父。叔，少也。"（3）张震：宋王偁著《王曾传》说"里人张震有道之士也，曾从学之……"（4）杨亿（974—1020）：北宋文学家，"西昆体"诗歌主要作家。字大年。建州浦城（今属福建浦城县）人。年十一，太宗闻其名，诏送阙下试诗赋，授秘书省正字。淳化中赐进士，曾为翰林学士兼史馆修撰，官至工部侍郎。性耿介，尚气节，在政治上支持丞相寇准抵抗辽兵入侵。又反对宋真宗大兴土木，求仙祀神的迷信活动。卒谥文，人称杨文公。（5）佐器：辅佐皇帝的人才。（6）将作监：古代官署名，掌管宫室建筑，金玉珠翠犀象宝贝器皿的制作和纱罗缎匹的刺绣以及各种异样器用打造的官署，一般设有监二人，从三品；少监二人，从四品下；丞四人，从六品下，等等。（7）通判：官名，在知府下掌管粮运、家田、水利和诉讼等事项。（8）奇：意动用法，认为是奇才。（9）著作郎：官名。三国魏始置，属中书省，为编修国史之任。晋惠帝时起，改属秘书监，称大著作郎。南朝末期为贵族子弟初任之官。至唐代，主管秘书省属下之著作局，高宗龙朔间一度改称司文郎中。其下设著作佐郎、校书郎、正字等官。宋代沿置，掌修篡"日历"。明代废。（10）史馆：官署名。北齐始置，以宰相兼领，称监修国史。唐太宗以史馆为衬衫兼领职务之一，置史馆修撰、直馆等官，掌修国史，后为定帽。宋以史馆与昭文馆、集贤院为三馆，其官员并称馆职，为文臣清要之选。（11）户部判官：史书上大多称"判户部事"，名义上掌理全国的土地、户口、钱谷、财赋等，但当时户部归"三司"管，所以"户部判官"当时并无实权。（12）契丹：出现在中国东北地区的一个民族，契丹的本意是"镔铁"，也就是坚固的意思，这是一个剽悍勇猛的民族。契丹亦指这个民族所建立的政权。公元 916 年，耶律阿保机称帝，国号契丹，后改称辽，统治中国北部，辽朝先与北宋交战，"澶渊之盟"后，双方长期维持平稳关系。（13）致书：送达国书。（14）弗果易：结果没有改成。（15）瑞应：祥瑞的征兆。（16）承平：国家太平。（17）推而弗居：推恩而不要居功自傲。（18）灾沴：灾祸。（19）狱，重典也：诉讼，是重要的法制。（20）辟：征召。（21）着为令：定为法令。（22）慢：怠慢。（23）违制：违反制令。（24）率坐徒：率，一律；坐：获罪；徒：服劳役。（25）既而：不久。（26）右谏议大夫：官名。秦代置谏议大夫之官，专掌议论。北宋前期，为寄禄官。神宗元丰改制，升从四品，复专掌讽喻规谏，左隶门下省，右隶中书省。（27）王钦若（962—1025），中国北宋初期的政治家。字定国，谥文穆，临江军新喻（今江西省新余市东门王家）人，真宗时宰相，属于当时主和派的势力，主张把国都南迁，与当时主战的寇准对立。另外，他亦因为主导编纂《册府元龟》而知名。为人奸邪险伪，善迎合帝意。与丁谓、林特、陈彭年、刘承珪交结，时人谓之五鬼。（28）方挟符瑞：依靠祥瑞符兆。（29）傅会帝意：迎合皇帝的意旨。（30）推：推让。（31）自异：自己制造不和。（32）市：买。（33）贺皇后：指北宋孝惠皇后（929 —958），贺氏，开封（今河南开封）人，宋太祖赵匡胤的第一位妻子。（34）第：府第。（35）舁：抬土。（36）讹言：谣传。（37）搏人：抓人。（38）卒：终于。（38）参知政事：官名。简称"参政"。是唐宋时期最高政务长官之一，与同平章事、枢密使、枢密副使合称"宰执"。唐制以中书令、侍中、尚书仆射之外他官任宰相职，给以"参知政事"等名义。以参知政事为副宰相。（40）豫：舒适，快乐。（41）中外：朝廷内外。（42）钱惟演（962—1034）：北宋诗人。西□诗派代表诗人。字希圣。临安（今浙江杭州）人。他是吴越王钱□的次子，随父降宋。历任右神武军将军、知制诰、翰林学士、工部尚书，官至枢密使。他为人趋炎附势，尤善以联姻手段依附皇族，攫取权利。（43）所以：用来。（44）白：报告。（45）庐：官员值班室。（46）明肃皇后（968—1033）：名刘娥，是宋真宗赵恒的皇后，宋朝第一位摄政的太后，功绩赫赫，常与汉之吕后、唐之武后并称，史书称其"有吕武之才，无吕武之恶"。（47）权听断：暂且听理决断。（48）冲年：幼年。《魏书·李孝伯传》："高宗冲年篡运，未及追叙。"（49）否（pǐ）运：厄运。（50）法：法度。（51）表则：表率，准则。（52）仪：仪式。（53）故事：旧例。（54）朔望：农历每月的初一为"朔"，十五为"望"。（55）决：决断。（56）押班：宋宦官官名。在副都知下，供奉官之上。（57）禁中：指帝王所居宫内，也作"禁内"。（58）画可以下：批画可以这样下达。（59）祸端兆矣：是祸患开始的征兆。（60）任中正：字庆之，曹州济阴人。进士及第，官至工部尚书。素与丁谓善，谓且贬，左右莫敢言者，中正独营救谓，降太子宾客、知郓州。（61）顾托：顾念信托。（62）内外汹汹：朝廷内外骚动不宁。（63）同中书门下平章事：宋朝初年，宰相的官衔沿用唐制，称为同中书门下平章事，简称为同平章事。（64）宜近师儒：应该接近儒者为师。（65）劝讲：劝学讲学。（66）且：将要。（67）第：只是。（68）榷（què）：专卖。（69）罢：废除。（70）审：详细。（71）荐拔：荐举提拔。（72）侥幸：特别厌恶投机成事。（73）比：近来。（74）多求进者：多是谋求晋升的。（75）惟：希望。（76）抑奔竞而崇恬静：抑制奔走竞争而提倡闲适安静。（77）庶几：几乎，差不多。（78）班：位居。（79）坐事：因事获罪。（80）解：辩解。（81）折：使他折服。（82）释：缓解。（83）册：册封。（84）御：驾临。（85）执：坚决。（86）止共张便殿：只在便殿供应设置。（87）谒：拜见。（88）裁抑：裁减抑制。（89）滋：更加。（90）敛车徒：约束车马部属。（91）乐：喜欢。（92）进退：进用斥退。（93）明扬：显扬，多指举用人才。（94）怨使谁归：宾语前置句，即"怨使归谁"，怨恨将归给谁呢？（95）多所专决：多有专权决断。（96）堪：忍受。（97）纳赂：行贿赂。（98）交论：相互辩论。（99）寝：寝室方向。（100）薨：古代称诸侯之死，后世有封爵的大官之死也称薨。（101）干以私：用私事求请。（102）狎侮：戏弄轻侮。（103）故人：老朋友。（104）合：通"盒"，盒子。（105）祔庙：附祭于先帝宗庙。（106）配享：亦作"配飨"，合祭。（107）致仕：古代官员正常退休叫作"致仕"，古人还常用致事、致政、休致等名称，盖指官员辞职归家。（108）次：编写。（109）因革：沿革。（110）权：权摄，暂任官职。（111）寝：停止，平息；其议遂寝：那种议论于是平息。（112）谳狱：讼案。（113）类次以为断例：类编作为断案例则。（114）三班院：宋官署名。北宋前期特有的人事管理机构，其职事继承于宣徽院。（115）俭啬：俭朴吝啬。（116）教饬：教育，教导。

二、其他文献所录王曾事迹

《原隰杂志》载：王沂公父虽不学，而雅重儒道。每遇敝纸必掇，洗涤以香水，收之。尝曰："愿我子孙以文学显。"一夕，梦宣圣抚其背曰："汝敬吾教甚勤恳，汝已老无可成就，当遣曾参来生汝家。"晚年得一子，乃沂公也，因名曾。

《续通鉴长编》载：天僖五年秋七月，参知政事王曾自言幼孤，育于季父故太子中舍致仕宗元及世母严氏，及是改葬，请追赠官封，诏从之。又乾兴元年夏四月，封参知政事王曾乳母朱氏为福昌县太君。

《宋朝事实类苑》载：王沂公为布衣时，以所业赞吕文穆（蒙正），中有早梅诗，其警句云："雪中未论和羹事，且向百花头上开。"文穆云："此生次第，已安排作状元宰相矣。"已而果然。

《青箱杂记》载：王沂公《有物混成赋》云："不缩不盈，赋象宁穷于广狭；非雕非研，流形罔滞于盈虚。"则宰相陶钧运用之意，已见于此赋矣。又云："得我之小者，散而为草木；得我之大者，聚而为山川。"则宰相择任群才，使大小各得其所，又见于此赋矣。

《陈恕传》载：咸平五年，恕知贡举，自以洪人避嫌。凡江南贡士悉被黜退，而所取以王曾为首。及廷试糊名考校，曾复得甲科，时议称之。恕每叹曰："吾得曾，名世才也，不愧于知人矣。"

《东轩笔录》载：王沂公曾青州发解及南省廷试，皆为首冠。中山刘子仪为翰林学士，戏语之曰："状元试三场，一生吃着不尽。"沂公正色答曰："曾平生之志，不在温饱。"

《归田录》载：咸平五年，南省试进士，《有教无类赋》，王沂公为第一。赋盛行于世，其警句有云："神龙异禀，犹嗜欲之可求；纤草何知，尚熏莸而相假。"又用钱之法，自五代以来以七十七为百，谓之"省陌"。今市井交易，又克其五，谓之"依除"。咸平五年，陈恕知贡举，选士最精。所解七十二人，王沂公曾为第一。御试又落其半，而及第者三十八人，沂公又为第一。故京师为语曰："南省解一百，'依除'；殿前放五十，'省陌'也。"是岁取人虽少，得士最多。

《石林燕语》载：王沂公初就殿试时，固已有盛名。李文靖公沆为相，适求婿，语其夫人曰："吾得婿矣！"乃举公姓名曰："此人今次不第，后亦当为公辅。"是时，吕文穆公家亦求姻于公。公闻文靖言，曰："李公知我。"遂从李氏。唱名果为第一。

《宋景文笔记》云：莒公尝言王沂公所试"有教无类""有物混成"赋二篇，在生平论著绝出，有若神助。云杨亿大年亦云："自古文章立名不必多，如王君二赋，一生衣之食之不能尽。"

《宋稗类钞》载：王沂公状元及第，还青州故郡。府帅闻其归，乃命父老倡乐迎于郊。公乃易服乘小驷，由他门入。遽谒守，守惊曰："闻君来，已遣人奉迓。门司未报君至，何为抵此？"王曰："不才幸忝科第，岂敢烦郡守父老致迓？是重其过也。故变姓名，诳迎者与门司而上谒。"守叹曰："君真所谓状元矣。"遂卜其远大。

《石林燕语》载：寇莱公初入相，王沂公时登第，后为济州通判，满岁，当召试馆职。莱公犹为识之，以问杨文公曰："王公何如人？"文公曰："与之亦无素，但见其两赋，志业实宏远。"因为莱公诵之，不遗一字。莱公大惊曰："有此人乎？"即召之。故事馆职者，皆试于学士院或舍人院，是岁，沂公特试于中书。

《续通鉴长编》载：知制诰王曾，有从妹适孔冕家，而闺门不睦。曾从东封，因至冕家，啜茗中毒，得良药，乃解。事已暴露，曾密疏，言方行大礼，愿罢推究。宰相亦以冕先师之裔，将有褒擢，遂隐其事。而嗣宗独谓曾诬陷冕，惧反坐乃求寝息。会愆雨，嗣宗请对，言："孔冕为王曾所讼，傥朝旨鞫问，加之锻炼，则冕终负冤枉。……"上亟召王旦等诘其事，旦曰："孔冕之罪，朝议特为容隐，不令按问，诚非冤枉也。"

《宋朝事实类苑》载：王沂公、李观察维、薛尚书映，一日谒公（指王旦）。公托病，薛有不平之色。公婿韩亿时在门下，见之。一日，以此启白公，公曰："韩郎未之思耳？王、薛皆李之婿，相率而来，恐有所干于朝廷事。果不可，沮之无害。若可行，答以何辞？执政之大忌也。"韩乃谢曰："非亿所知。"后果李文靖有所请。

《宋朝事实类苑》载：韩魏公言：王沂公德器深厚而寡言，当时有得其品题一两句者，人皆以来荣。某为谏官时，因纳扎子，忽云："近日频见章疏，甚好，只如此可矣。向来如高若讷辈，多是择利。范希文，亦未逸近名。要须纯意于国家事尔。"公闻此言，益自信也。

《渑水燕谈录》载：景德中，朝廷始与北虏通好，诏遣使将以"北朝"呼之。王沂公以为太重，请但称"契丹"本号可也。真宗激赏再三，朝论韪之。

《东都事略》载：契丹始修好，所致书以"南、北朝"冠国号之上。曾言："春秋外夷狄爵不过子，今与抗称两朝，非外夷狄之意。"真宗嘉之。

《儒林公议》载：真宗与北戎修好，遣使称北朝，公卿以下适然无异论。时王曾为著作郎直史馆，独抗章曰："古者尊中国、贱夷狄，直若首足。二汉虽议和亲，然体亦不至均。今若是与之抗立，首足并处，失孰甚焉。臣恐久之非但并处，又病倒置。顾其国号契丹足矣。"真宗深所激赏。然使者已往，遂已。识者是之。

《沂公言行录》载：祥符中，公在掖垣，时瑞应沓臻。公尝对上语及之。公奏曰："斯诚国家承平所感而致，然愿推而勿居。异日或有灾沴，则免夫舆议。"退又白于执政。及后飞蝗旱暵，乃亟被擢用焉。

《渑水燕谈录》载：祥符中，王沂公奉赐契丹，馆伴耶律祥颇肆谈辩，深自炫鬻，且矜新赐铁券。沂公答以"勋臣有功高不赏之惧，故赐铁券，以安反侧耳。何为辄及亲贤？"祥大沮。按：据云，亲贤则此作耶律祥，是也。

《涑水纪闻》载：祥符中，王沂公奉使契丹，馆使邢祥颇谈辩，且矜其国中有赐铁券者。公曰："铁券者，勋臣有功高不赏之惧，赐之以安反侧耳，何为辄及亲贤？"

《续通鉴长编》载：八年冬十月，以翰林学士晁迥权判吏部流内铨，迥以父名佺为辞，乃命与知通进银台司盛度两换其任。时曾亦领银台司，宰相议令迥代曾，上曰："朕闻外议谓曾尝封驳诏敕，自是中书衔之，多沮曾所奏，今若罢去，是符外议矣。"且曰："臣等本无忌曾之意，今圣慈宣谕为宰司避谤，请迥与度相易，曾如旧。"上可之。

《东都事略》载：九年，以右谏议大夫参知政事时，王钦若挟祥瑞迎合人主意，阴排异己者。真宗怒责大臣当傅会国事，何遽自异耶！曾曰："君从谏谓明，臣尽忠谓义。陛下不知臣不肖，使待罪政府，臣知义而已，不知异也。"

《宋人轶事汇编》载：祥符末，王沂公知制诰。一日见王文正公，问："君识吕夷简否？"沂公曰："不识。"退而访之。吕公时为太常博士，通判滨州，人多称其才。他日复见文正，问如初，沂公具所闻以对。文正曰："此人异日与舍人对秉钧轴。"沂公曰："何以知之？"文正曰："吾亦不识，但以奏请得之。"沂公曰："奏请何事?"文正曰："如不税农器等事。"沂公姑应之。及丁晋公败，沂公引为执政，从容道文正语，二公嗟叹。

《续通鉴长编》载：天僖元年春三月，以枢密使王钦若为会灵观使。初置使，命参知政事兼领，于是曾次为之。钦若方挟符瑞固恩宠，意得此。曾因恳辞焉，上颇不怿。

《续通鉴长编》载：曾既罢，往谒王旦，旦疾甚，辞弗见。既而语其家人曰："王君介然，他日德望勋业甚大，顾余不得见尔。"旦曰："王君昨让会灵观使，颇拂上旨，而进对祥雅，词直气和，了无所慑。且王君始被进用，已能若是。我自循任政事几二十年，每进对，上意稍忤，即踧踖不能自容，以是知其伟度矣。"

《续通鉴长编》载：天僖三年上言："府民五户共扑买酒场岁课三万余缗，逋欠积久，其两户已破产，三户累尝披诉，而计司虑亏岁课，不肯与夺。乞赐蠲减。"上谓辅臣曰："南京，太祖兴王之地，比他处尤当优恤，岂可靳兹小利，重困吾民。"乃诏依东、西京例，令民取便买曲酝酒，其三户逋欠悉除之。

《儒林公议》载：真宗疾革，留皇太子决政资善堂。刘太后讽宰相丁谓谋临朝。物议忧疑。王曾说皇后戚钱惟演曰："帝仁孝结于民心深矣，今适不豫且大渐，天下莫不属于储君，而皇后遂欲称制以疑百姓。公不见吕、武之事乎? 谁肯附者? 必如所谋，刘氏无处矣! 公实后肺腑，何不入白，即帝不讳，立储为君，后辅政以居，此万世之福也。"后悟，不复有他志。

《东轩笔录》载：真宗初上仙，丁晋公、王沂公同在中书，沂公独入劄子，乞于山陵以前一切内降文字，中外并不得施行。又乞今后凡两府行下文字，中书须宰臣、参政，密院枢密使副签。书员方许中外承受。两宫可其奏。晋公闻之愕然自失，由是深惮沂公矣。

《宋人轶事汇编》载：真宗上仙，明肃召两府入谕之，一时号泣。明肃曰："有日哭在，且听处分。"议毕，王曾参政，当秉笔，至云淑妃为皇太妃。曾卓笔云："适来不闻此。"丁崖州曰："遗诏可改耶?"众皆不敢言，明肃亦知之，始恶丁而嘉王之直。

《宋朝事实类苑》载：真宗初上仙，丁晋公，王沂公同在中书，沂公独入扎子，乞于山陵已前，一切内降文字，中外并不得施行。又乞今后凡两府行下文字，中书侯宰相参政，密院枢密使副签书员，方许中外承受。两宫可其奏。晋公闻之，愕然自失，由是深惮沂公矣。

《宋朝事实类苑》载：真宗晏驾，二府同受遗诏，辅立仁宗及皇太后权听断军国事。宰相丁谓欲去"权"字，王沂公时参大政，独执之曰："皇帝冲年，太后临朝，斯非国家常典，称'权'犹足示后。况言犹在耳，何可改也？"谓虽深憾其言，然"权"字遂不敢去。

《儒林公议》载：皇储践阼，遗诏军国事权听后旨，议久未决。丁谓迎合后意，乃上议太后朝近臣处大政，皇帝朝朔望，独见群臣，余日庶务令入内押班雷允恭传奏禁中，取可否即下中书复。谓党皆附和，以为便。曾对曰："天下公器，岂可两宫异位，又政出宵人，乱之本也，不可。"乃引后汉马、邓故事奏：凡御朝，帝坐左，母后坐右，而加帘焉，奏事以次如常仪。纳之。

《宋人轶事汇编》载：丁谓当国，权势震主，引王沂公为参知，谄事谓甚至。既登政府，每因暇闻上谓言，必涕泣作可怜之色，晋公问之数矣。一日又问，对曰："曾有一私家不幸事，耻对人言。曾少孤，惟老姊同居。一外生不肖，为卒，受杖责多矣。老姊在青州乡里，每以为言。"言讫又涕下。谓亦恻然，因为沂公言："何不入文字乞除军籍？"公曰："曾既污辅臣之列，而外生如此，岂不辱朝廷，自亦惭言于上也。"言毕又涕下。谓再三勉之曰："此亦人家常事，不足为愧。惟早言于上，庶脱其为卒之苦尔。"自后谓数勉之，留身上前奏知。沂公必泣下曰："岂不知军卒一日是一日事，但终自羞赧耳。"晋公每催之，且谓沂公某日可留身奏陈，沂公犹不欲。谓一日且责沂公门户事乃尔缓，谓当奉侯于阁门，沂公乃留身。既留身，逾时至将进膳，犹不退，尽言谓之盗权奸私。且言："丁谓阴谋诡谲多智数，变乱在顷刻。太后、陛下若不亟行，不惟臣身齑粉，恐社稷危矣。"太后大怒，许之，乃退。晋公侯于阁门，一见其甚久，即顿足揿耳云："无及矣！"沂公既出，遇谓于阁门，含怒不揖而出。盖悟见卖，含毒而已不觉也。故知权数在谓之上。

《东轩笔录》载：景德末年，天书降，改元祥符，作玉清昭应宫，建宝符阁，尽衷天书置阁中。虽上意笃信，而臣下或以为非。真宗上仙，王文正公曾当国建议，以为天书本为先帝而降，不当留在人间。于是，尽以葬于永定陵，无一字留者。文正之识虑微密，皆如此也。

《东都事略》载：逾年，进吏部尚书。尝请用孙奭、冯元劝讲殿中，又自采圣贤事迹会解，用为规劝。

《续通鉴长编》载：正月甲辰，上谓辅臣曰："驸马都尉柴宗庆求为使相，如何？"王曾对曰："先朝石保吉、魏咸信皆历行阵有劳，晚年方除使相。且将相之任，岂容私请。"上曰："固也。卿等可召宗庆谕之。"又：二月壬戌，遣官祀九宫贵神。上因谓辅臣曰："祠日适与真宗大忌同，其施乐耶？"王曾曰："但设而不作尔。"又问古今乐之异同，曾曰："古乐用于天地、宗庙、社稷、山川、鬼神，而听者莫不和悦。今乐则不然，徒娱人耳目而荡人心志，自昔人君流连荒亡者，莫不由此。"

《续通鉴长编》载：水之作也，宰执方晨朝未入，俄有旨放朝，王曾亟附中使奏曰："天变甚异，乃臣等燮理无状，岂可退安私室，恬然自处。"亟请入见，陈所以备御之道。同列有先归者，闻曾如是，皆愧服焉。

《续通鉴长编》载：是岁八月，命官考试开封府、国子监举人人。宰臣王曾等因言："自唐以来，遴选儒臣，授以文柄，可否进退，委之攸司，或升黜之间，不副公议，即覆行考试，严加惩责，比来条目繁密，关防周至，善则善矣，然于推心责成、拣贤拔俊之理，恐未允惬。今言事者必曰'此皆先朝旧规，不可轻议改革'。殊不知先帝孜孜选士，务要尽公，思皇之念，本不如此，盖当时近臣不悉渊衷，罔知大体，有此擘画。伏乞圣慈，渐次体当事理，他后别加祥定。"上然之。又九月，命翰林学士夏竦蔡齐、知制诰程琳等重删定编敕。帝问辅臣曰："或谓先朝诏令不可轻改，信然乎？"王曾曰："此憸人惑上之言也。咸平中，删太宗诏令，十存一二。盖去繁密之文以便于民，何为不可。今有司但详具本末，又须臣等审究利害，一一奏禀，然后施行也。"上然之。又十二月，上谓辅臣曰："朕欲元日率百官先上皇太后寿，然后后御天安殿受朝贺，其令太常礼院草具其仪。"皇太后曰："岂可以吾故而后元会之礼哉？"曾对曰："陛下以孝奉母仪，太后以谦全国礼，请如太后命。"因再拜称贺。上固欲先上太后寿，既退，出墨诏付中书。又五年三月，上谓辅臣曰："知州、同判，民之表也。今审官院一以名次用人，可乎？"王曾曰："不次用人，诚足以劝群吏，然须更为选任之法乃可也。"又翰林学士、兼龙图阁学士、权知开封府陈尧咨自负其能，冀速登用，颇不快于执政者，尝有谤言达于上。太后惑焉，他日以问王曾等，曾既具对，且曰："臣等职在弼谐，敢不心存公正，然谗人罔极，亦不可不察也。"太后犹未信，曾曰："是非曲直，在于听断之审，请以药物谕之，医方谓药有相使相反恶者，而甘草为国老，以其性能和众药，故汤剂中不以寒温多用之。而斑猫有毒，若与众药同用，必致杀人。此其验也。"太后大悟。八月，以尧咨为宿州观察使、知天雄军。又六年二月，上谓辅臣曰："登州采金，岁益数千两，其官吏宜降诏褒谕。"王曾对曰："采金既多，则农民皆废业而趋利，不当更诱之。"上曰："诚如所言。"又太后欲擢太常丞、直史馆马季良为侍从，曾难之。会曾移疾，太后谕中书，令亟行除命，季良为充龙图阁待制，执政承顺且遽，故季良止以三丞充待制，盖三丞未有预内阁清职者，朝论哗然，益重曾之守正云。又初，范仲淹遭母丧，上书执政，凡万余言。王曾见而伟之，亦知仲淹乃晏殊客也。于是，殊荐人充馆职，曾谓殊曰："公实知仲淹，舍而荐此人乎？已为公置不行，宜更荐仲淹也。"殊从之。十一月，以仲淹为秘阁校理。又七年二月，户部侍郎、参知政事吕夷简以本官平章事。始，王曾荐夷简可相，久不用。张士逊将免，曾因对言："太后不相夷简，以臣度圣意，不欲其班枢密使张耆上尔。耆一赤脚健儿，岂容妨贤至此！"太后曰："吾无此意，行用之矣。"于是，卒相夷简，以代士逊。《湘山野录》载：胡大监（名旦）丧明岁久，忍襄阳奏人。胡某欲诣阙乞见，真宗许之。既到阙，王沂公谓诸公曰："此老利吻，若获时，必妄讦时政。"因先奏曰："胡某瞀废已久，廷陛舞蹈失容，巩取笑于仗卫，乞令送中书问求见之因。"真宗令阁门传宣："送旦于中书，或有陈叙，具封章奏上。"胡知，甚憾之。至堂，方及席，沂公与诸相具诸生之礼，列拜于前。旦但长揖。方坐，沂公问曰："丈近日目疾增损为何？"胡曰："近亦稍减，见相公参政只可二三分来，人其凉德致此。"再问所来之事，坚云引对。内待再传圣语，既无计，但言襄阳无书，乞赐一监。诸相曰："此必可得。"急具扎子奏，批下，奉圣旨依奏，乞见宜不允。

《宋朝事实类苑》载：明肃太后临朝，一日问宰相："福州陈绛，赃污狼藉，卿等闻否？"王沂公对口："亦颇闻之。"太后曰："既闻而不劾，何也？"沂公曰："外方之事，须本路监司发摘。不然台谏有言，中书方可施行。今事自中出，万一传闻不实，即所损又大也。"太后曰："速选有风力更事，任一人为福建路转运使。"二相禀旨而退。至中书，沂公曰："陈绛，猾吏也，非王耿不足以擒之。"立命进耿。吕许公（夷简）俯首曰："王耿亦可惜也。"沂公不喻，时耿为侍御史，遂以为转运使。

《渑水燕谈录》载：王沂公当轴，以厚重镇天下，尤抑奔竞。张师德久次馆阁，博学有时望而不事造请，最为鲁简肃所知。一日，中书议除知制诰，鲁盛称张才德，沂公以未识为辞。鲁密讽张见沂公，张辞不往。鲁屡讽之，张重违鲁意，始缘职事一往，沂公辞不见，张大悔恨。他日，中书复议，鲁无以易张，曰："向已为公言之矣。"沂公曰："张公器识行义，足以为此，然尚有请谒尔。"逾年，方命掌诰。沂公之取人如此。

《补笔谈》载：有一朝士与王沂公有旧，欲得齐州，已差人，乃与庐州，不就，曰："齐州地望卑于庐州，但于私便尔。相公不使一物失所，改易前命，当亦不难。"公正色曰："不使一物失所，惟是均平。若夺一与一，此一物不失所，彼一物必失所。"其人惭阻而退。

《曹利用传》载：旧制，枢密使虽检校三司兼侍中、尚书令，犹班宰相下。干兴中，王曾由次相为会灵观使，时重宫观使，诏利用班曾上，议者非之。未几，曾进昭文馆大学士、玉清昭应宫使，将告谢，而利用犹欲班曾上，阁门不敢裁。帝与太后坐承明殿久之，遣押班趣班，阁门惶惧莫知所出，曾抗声目吏曰："但奏宰臣王曾等告谢。"班既定，而利用怏怏不平。帝使同列慰晓之，仍诏宰臣、枢密使序班如故事。

《宋贤事汇》载：王沂公当国，一朝士与有旧，欲得齐州。公以齐州已差人，与庐州，不就，曰："齐州地望，卑于庐州，但于私便耳。相公不使一物失所，改易前命，当亦不难。"公正色曰："不使一物失所，惟是均产。若夺一与一，此一物不失所，彼一物必失所。"其人惭沮而退。

《宋贤事汇》载：王沂公当国，进退士人，莫在知者。范文正公乘间讽之，曰："明扬士类，宰相之任，公盛德独少此耳。"沂公曰："夫执政而欲使恩归之。怨将谁归？"范公服其言。

《言行龟鉴卷六》载：干兴元年二月《请太后权临前殿处分军国事宜奏》：天下者，太祖、太宗、先帝之天下也，非陛下之天下也。奈何使两宫异位，不共天下之政？是壅主上之聪明，绝下情而不使通。况宫人专政，乱之始也。

《续通鉴长编》载：天圣七年六月丁未，大雷雨，玉清昭应宫灾。曾以使领不严，累表待罪。甲寅，罢曾为吏部尚书知兖州，寻改青州。

《儒林公议》载：太后即既上尊号，欲御天安殿受册，曾执不从，遂降御文德。由是大失太后意。及玉清宫宫灾，曾为宫使，乃免相，出知青州。知者谓曾之大节，邦家赖焉。

《东原录》载：沂公知大名府。一日，迎赦书，有禁军两指挥相憎嫉，一指挥在左弄门关者，轮其关因击在右一指挥，中两人，皆毙。沂公密令申报判云，令赴市曹处斩讫奏。于时，坐客及人多不知。至来日，其在右指挥一名诉左指挥更有他事，沂公见其有酒，即令验之，决脊配春州。已而两军方宁帖。

《续通鉴长编》载：明道元年十二月，知天雄军、天平节度使王曾加同平章事，知天雄军如故。二年十一月，徙判天雄军王曾判河南府。始，陈尧咨与曾有隙，曾实代尧咨于天雄，政有不便者，徐更之，弥缝不见其迹。及去，尧咨复继曾后，见府署及什器皆因尧咨旧规，但完葺无所改，叹曰："王公宜其为宰相，我度量诚不及也！"

《沂公言行录》载：沂公留守洛师，岁歉，里有囷积者，饥民聚党胁取。临郡以强盗论报，死者甚众。公但重笞而释之，远近闻，以为法，全活者数千计。乃上言，国初淮浙未下之日，尝命陕雍晋绛岁漕粟以赴京师，遂诏给陕粟二十万储廪充，而民息肩，于今赖之。又校书郎张子奭居三川间，尝请见王沂公，延于便坐，屏左右语曰："闻尹阙令刘定基贪虐无状，民将兴讼。"又出书一轴，悉数其罪，且曰："为吏至此，诚不足念。若举以成狱，则平民罹其害者，不啻千人。今将先事除之，如何？"子奭对以汉薛宣故事，公颔之。未几，檄召令至府，面诘之，仍示以乡来书轴，俾自阅之。刘首伏不敢有隐，且求解去。翌日，以疾告自免，由是讼息而民安。

《归田录》载：王文正公曾为人方正持重，在中书最为贤相。尝语："大臣执政不当收恩避怨。"尝谓尹师鲁曰："恩欲归己，怨使谁当？"闻者叹服，以为名言。《儒林公议》载：王曾仆射有台宰之量。每进擢时材，不欲人归恩在己。初参大政，尝荐苏惟甫者可当烦使。惟甫至京师，屡造其门，不敢辄语以私。一日，久奉朝请，资用已乏困。旬浃吉旦，诣公语余，遂及身计，公答以他辞。惟甫退所馆，已有持敕者在门，乃新命江淮都大发运使，实朝行之极选，乃王公日所署敕也。惟甫惭叹久之。其他事多类此。范仲淹被遇极深，尝赞之曰："久当朝柄，未尝树私恩，此人之所难也。"公曰："恩若自树，怨使谁当？"识者以为明理之言。

《龙川别志》载：王沂公复入相，吕文靖专决事，不少让。二公不协，王公复于上前求去。上问所以，乃曰："夷简事多以贿成，臣不能尽记。王博文自陈州入知开封，所入三千缗。"上惊，复召吕公，请付有司治之。乃付御史中丞范讽推治，无之，乃请罪求去。盖吕公族子昌龄以不获用为怨，时有言武臣王博古尝纳贿吕公者。昌龄误以博文告，王不审，遂奏之。上大怒，遂以王公知郓州。吕公亦以节钺知许州。王公虽去位，天下至今以正人许之。

《儒林公议》载：吕夷简、王曾同在相府。曾公忠守道，夷简专用小，数笼引党类，复纵其子公绰交结人士，盛纳货赂，其门如市。曾知而恶之。夷简权宠日盛，范仲淹辈数于上前攻其短，既而言者相继斥逐。曾寝不乐，然曾性醇厚，又不欲有欺于同列。一日，先白夷简欲面启求退，夷简答之曰便。俟旬时，作表章当与公同避贤路耳，既而夷简急拜章求罢，不复，白曾，曾颇后。时上方疑曾不能容夷简。曾怒为所卖，乃密奏夷简赃私，坏公朝纲纪。上乃诘曾实状，曾素不知主名，不能对，遂两罢政柄。

《续通鉴长编》载：初，命曾以左仆射知青州，既入谢，求改郓州，乃加资政殿大学士判郓州。按：景祐五年，郓州新学碑结衔云：推诚保德，崇仁守正，协恭忠亮，翊载功臣。资政殿大学士、开府仪同三司、尚书左仆射判郓州军州事兼管内河堤劝农司群牧使、上柱国、沂国公，食邑一万二千五百户，食实封五千五百户王曾。

《厚德录》引王子融《沂公言行录》载：沂公执政，外亲戚可任者言之于上，否则厚恤之以金帛。自奉甚薄，待客至厚，薄于滋味，无所偏嗜，庖人请命，未尝改馔。事诸父诸母尽其孝，仅葬外氏十余丧，嫁姻族孤女数人。凡四镇所至，悉兴学校，辄奉钱以助其费。青州仍出家藏书篇卷甚广，以助习读。

《东都事略》载：曾前后辅政十年，处天下事审而中体，性俭，素居，家人不见其喜愠之色。在上前，开陈处可，辩博有余，每广朝大会，盛服正色，郎谒者视，进止如有分寸。士大夫服其清修，莫敢干以私者。王称论曰："章献拥幼君、制天下，时大臣怙权，乘之以逞。曾毅然奋忠，临大节而不可夺，卒使帝室尊荣，祸乱不作。可谓社稷之臣矣。夫贤者以身为天下用，而安危系焉。曾佩安危之寄，功烈光明，何愧于古？宜仁宗之旌异"云。

《宋贤事汇》载：王沂公奉身俭约。每见家人华衣，即瞑目曰："吾家素风，一至如此。"故家人一衣稍华，不敢令公见。一日，有同年孙冲子京来辞。公留饭，安排馒头。食后，合中送数轴简纸。开看，皆是他人书简后截下纸。其俭如此。

《宋人轶事汇编》载：钱谪汉东，诸公送别至彭婆镇。钱相置酒作长短句，俾妓歌之，甚悲，钱相泣下，诸公亦泣下。王沂公代为留守，御吏如束湿，讶其多出游，责曰："公等比寇莱公如何？莱公尚坐奢纵取祸，况其下者。"希深而不下敢对。永叔取手板起立曰："以修论之，莱公之祸不在杯酒，在老不知退耳。"时沂公年已高，若为之动。

《东都事略》载：皇佑中，曾弟子融言："臣兄曾事章圣、兴诸生，不十年，总大政；其后拜玉几，下闻顾命，章献厌政。臣兄确然秉正勤翊，王家大业以安。陛下幸诏词臣勒铭隧石，诚得天笔篆额，敷贲前人，死且不朽。"因以唐明皇所题裴耀卿碑额上之。仁宗乃御篆"旌贤碑"三字赐其家，其后踪为故事。

《续通鉴长编》载：皇佑二年，追封曾妻南阳县太君蔡氏为莒国夫人，继室赞皇县太君李氏为沂国夫人。

《续通鉴长编》载：天僖五年，以曾子奉礼郎纲为大理评事。盖曾本有子，而前卒矣。

《续通鉴长编》载：熙宁八年，开封府言："故相王曾子绎等分家财，有赐书及御集等，欲令置曾家庙，毋得借出。宜借差兵三人守视，仍于众分僦。屋钱内割留，充岁时祭享。从之。

《续通鉴长编》载：同知礼院王皡言："谥者行之表也，善行有善谥，恶行有恶谥，盖闻谥知行，以为劝戒。六典：太常博士掌王公以下拟谥，皆堕其功德而为之褒贬。职事官三品以上，散官二品以上，佐吏录行状申考功，下太常拟谥讫，申省拟定闻奏。近日臣僚薨卒，虽官品合该拟谥，其子弟自知父祖别无善状，虑定谥之际，斥其缪戾，皆不请谥。窃以谥法自周公以来，垂为不刊之典，盖以彰善瘅恶，激浊扬清，使其身殁之后，是非较然，用为惩劝。今若任其迁避，则为恶者肆志而不悛。欲乞今后凡有臣僚薨谢，不必候本家请谥，并令有司举行。如此，则隐慝无行之人，有所沮劝。若谓须佐吏录行状申乞，方行拟谥，臣略观方册，别无明证。惟春秋卫公叔文子卒，其子戍请谥于君，曰：'日月有时，将葬矣，请所以易其名者。'臣谓春秋之时，周德下衰，于是礼坏乐缺，公叔之卒，有司不能明举旧典，故至将葬始请谥于君。且周制，太史掌小丧赐谥，小史掌卿大夫之家赐谥读诔。以此知有司之职，自当举行明矣。"又言："兄弟同朝，如遇覃恩，俱该封赠父母。除中书、枢密院外，乞许令列状陈请，仍于告身具列兄弟职位，特比常例优与推恩。"诏并从之。

光绪《益都县图志》：王沂公故宅，在府城东门外棘儿巷。旧有鸭脚树一棵，干甚古。树东南有井，其水甘冽。相传，皆沂公宅中物，今已不存。乾隆二十五年，知县王椿刻石记之，久仆。五十四年，署知府武功张玉树立石于粮食市街，曰"宋宰相王文正公故宅"。

第四节 王曾诗文节选

一、早梅

（宋）王曾

雪压乔林冻欲摧，始知天意欲春回。

雪中未问和羹事，且向百花头上开。

（原载宋《锦绣万花谷》后集卷九）

《石林燕语》载：王文正以行卷见薛简肃公，其首篇《早梅》云："如今未问和羹事，且向白花头上开。"简肃读之，喜曰："足下殆将状元了，做宰相也！"注：和羹，原指配以不同调味品而制成的羹汤，用以比喻大臣辅助君主综理国政，也比喻宰辅之职。也可借喻梅花。

二、矮松赋（并序）

（宋）王曾

齐城西南隅矮松园，自昔之闲馆[1]，此邦之胜概[2]。二松对植，卑枝四出。高不倍寻[3]，周且百尺。轮囷[4]偃亚[5]，观者骇目。盖莫知其年祀[6]，亦靡记夫本源，真造化奇诡之绝品也。曾显平中，忝乡荐[7]，登甲科[8]，蒙被宠灵[9]，践履清显[10]，几三十载。前岁秋，始罢冢司[11]，出守青社[12]。下车之后，省闾里，访故旧，则曩之耆耋[13]悉沦逝[14]，童冠皆壮老。邑居风物，触目变迁。惟彼珍树，依然故态。窃谓是松也，非独以后凋克固[15]岁寒，亦由臃肿支离[16]，不为世用，故能宅兹皋壤[17]，免于斤斧[18]。向若负构厦之材，竦凌云之干，将为梁栋，戕伐无余，又安得保其天年，全其生理[19]哉？感物兴叹，聊为赋曰：

惟中齐之旧国[20]，乃东夏之奥区[21]。有囿游[22]之胜致，直廛闬之坤隅[23]。伟茂松之骈植[24]，轶[25]众木而特殊。上轮囷以夭矫[26]，旁翳荟而纷敷[27]。广庭庑之可蔽，高寻常之不逾。枝拥阏[28]兮横亘，根蹙缩[29]兮盘纡[30]。徒观其前瞻林岭，却枕康衢[31]。宅宝势兮葱郁，据右地兮膏腴[32]。类蟠蛰兮蛟螭[33]，讶腾倚[34]兮虎貙[35]。将挐攫[36]兮未奋，忽伏窜[37]兮争趋。色斗鲜兮欲滴，形诡俗[38]兮难图[39]。远而望之，蔚[40]兮如抟鹏[41]之出沧海；迫而察之，黮[42]兮如方舆[43]之承宝盖。嘒洞口之归云[44]，堆岩阿之宿霭[45]。谈挥麈[46]兮何多？被集翠兮增汰[47]。度朔吹兮飕飔[48]，含阳晖兮晻蔼[49]。吾不知其几千岁，起毫末而硕大。昔去里兮离邦，攀绿条兮彷徨。今剖符[50]兮临郡，识奇树兮青苍。怅光景兮遒迈[51]，嘉岁寒兮益彰。叶鬖鬖[52]兮不改，情惓惓[53]兮难忘。异古人之叹柳[54]，协予志之恭桑[55]。

信矣夫[56]！卑以自牧[57]，终然允臧[58]，效先哲之俯偻[59]，法幽经[60]之伏藏。愿跼影[61]于涧底，厌争荣于豫章[62]。鄙直木兮先伐，惧秀林[63]兮见伤。幸高梧之垂荫[64]，愧修竹之联芳[65]。鸾乍迷于积棘[66]，鹪每误于榆枋[67]。媲周《雅》之"踦地"[68]，符羲《易》之"巽床"[69]。既交让以屈节[70]，复善下而同方[71]。自储精于甘露[72]，不受命于繁霜。

客有系而称⁽⁷³⁾曰：材之良兮，梓匠之攸贵；生之全兮，蒙庄⁽⁷⁴⁾之所美。苟入用于钩绳，宁委迹于尘滓。俾其天性⁽⁷⁵⁾而称珍，曷若存身而受祉⁽⁷⁶⁾。纷异趣兮谁与归⁽⁷⁷⁾？当去彼而取此。

（原载宋·吕祖谦编《宋文鉴》卷一）

【注释】

（1）闲馆：宽广的馆舍。唐柳宗元《桂州裴中丞作訾家洲亭记》："左浮飞阁，右列闲馆。"（2）胜概：美景，名胜。清魏源《武夷九曲诗》之三："精舍第五曲，亦复少胜概。"（3）倍寻：倍，两倍；寻，八尺（或七尺）为一寻。（4）轮囷（qūn）：盘曲，硕大。（5）偃亚：覆压下垂的样子。（6）年祀：年岁，年纪。（7）忝（tiǎn）乡荐：忝，羞辱，有愧于，此处为谦辞；乡荐，唐宋应试进士，由州县荐举，称"乡荐"。（8）甲科：科举考试科目，此处指进士。（9）蒙被宠灵：蒙被，蒙受；宠灵，恩宠光耀。（10）践履清显：践履，登上，担任；清正、显耀的职位。（11）冢司：此指丞相职位。冢，首领。（12）青社：祀东方土神处，借指东方之地，后为青州别称。（13）曩（nǎng）之耆（qí）耋（dié）：曩，从前；耆耋，泛指老人。（14）沦逝：去逝。（15）克固：克，能够，得以；固，坚固。（16）支离：这里形容枝干分散披离的样子。（17）宅兹皋壤：宅，名词作动词用，生长于此地。兹，此；皋壤，泽边之地。皋，水边高地；古时松林书院一带应是高地，周边有水泽。（18）斤斧：借指砍伐。（19）生理：此处指性命。宋曾巩《代太平州知州谢到任表》："方喜便于庭闱，遽已罹于家祸，苟全生理，复齿班荣。"（20）中齐之旧国：中齐，齐国中部，此指青州；旧国，故国、故都，此指青州。（21）东夏之奥区：东夏，华夏东部，此指青州；奥区，腹地、深处，此指青州。（22）囿游：帝王的离宫别院，此处极言矮松园之雄伟宽广。（23）直廛（chán）闬（hàn）之坤隅：直，正对着；廛闬，居民区、闹市区。坤隅，西南角。（24）骈植：对植，相对而栽。（25）轶：超越，超过。（26）轮囷以夭娇：轮囷、夭娇都是形容树枝盘绕蜷曲的样子。以，连词，相当于"而"，表并列。（27）翳（yì）荟（huì）而纷敷（fū）：翳荟，草木茂盛，可为障蔽；纷敷，纷披，四下张开。（28）拥閼（è）：壅塞、阻滞。（29）蹙（cù）缩：退缩、蜷缩。（30）盘纡（yū）：回绕曲折。（31）却枕康衢（qú）：却，后；枕，临，靠近，《宋文鉴》中"枕"作"顾"，与上文"前瞻"相对，也讲得通。康衢，四通八达的大道。（32）宅宝势兮葱郁，据右地兮膏腴：宅，占据；宝势，奇异的地势，宝地；右地，犹要地，南朝梁沈约《齐讴行》："东秦称右地，川隔固夷衻。"
（33）蟠（pán）蛰（zhé）之蛟蜦（lì）：蟠蛰，蛰居，隐居；蛟，蛟龙，蜦，神
蛇。（34）腾倚：或腾越，或倚立。（35）虎貙（chū）：老虎一类的猛兽。（36）
挐（ná）攫（jué）：搏斗。（37）伏窜：藏匿逃窜。（38）诡俗：不同凡俗。（39）
难图：难以描绘。（40）蔚：草木茂盛。（41）抟鹏：盘旋飞翔在高空的鹏鸟。典
故出自庄子《逍遥游》。（42）黕（dǎn）：浓黑色，这里也是形容树木颜色苍翠
（43）方舆：大地。（44）归云：行云，流云。（45）堆岩阿之宿霭：堆，堆集，
聚集；岩阿，山的曲折之处，阿，弯曲；宿霭，长久聚集的云气。（46）谈挥麈
（zhǔ）：麈，兽名，其形似鹿，其尾避尘；此处是麈尾的省称。谈麈，即是晋人清
谈时挥动麈尾以助谈兴。谈挥麈，即"挥谈麈"，此处用以比喻簇簇松针形似麈
尾，风涛中舞动如仙人挥动拂尘。（47）被集翠兮增汏（tài）：说矮松树冠像是覆
盖着翠羽之裘，又像是层层波涛。被，覆盖；集翠，集聚翠鸟的羽毛制成裘衣，
《古文苑·宋玉》："主人之女，翳承日之华，披翠云之裘。"章樵注："辑翠羽为
裘。"增，通"层"；汏，水波。（48）度朔吹兮飕（sōu）飗（liú）：朔风，北风、
寒风；飕飗，风声。 （49）含阳晖兮晻（àn）蔼：阳晖，阳光；晻蔼，昏暗。
（50）剖符：犹剖竹。古代帝王分封诸侯、功臣时，以竹符为信证，剖分为二，君
臣各执其一，后以"剖符""剖竹"为分封授官之称。（51）遄（chuán）迈：疾
逝。（52）毵毵（sān）：枝叶细长的样子。 （53）惓惓（quán）：深情的样子。
（54）叹柳：典故。《晋书·桓温传》《世说新语》中记载，桓温北征，经过金城
地方，看到自己年轻的时候种下的细柳，已经是苍天大树，而自己也从一个雄心
勃勃的青年变成一个白发皓眉的老人的时候，不觉感叹时光的流逝和人生的无常。
（55）协予志之恭桑：协，符合、相同；予志，我的心愿；"恭桑"，敬恭桑梓，
指热爱、尊敬故乡，出自《诗经·小雅·小弁》："维桑与梓，必恭敬止。"（56）
信矣夫：信，确实；矣、夫，语气词，表感叹。（57）自牧：自我修养。（58）允
臧：确实好，完善。《诗·鄘风·定之方中》："卜云其吉，终然允臧。"（59）俯
偻（lǚ）：低头曲背。（60）幽经：指《相鹤经》。传说为神仙的经书。《文选·鲍
照》："散幽经以验物，伟胎化之仙禽。"（61）跼（jú）影：屈缩身影。（62）豫
章：豫樟，神话传说中的名木，喻栋梁之材。（63）秀林："木秀于林"的简称，
出自三国时魏国文学家·李康的《运命论》："故木秀于林，风必摧之；堆出于
岸，流必湍之；行高于人，众必非之。"（64）幸高梧之垂荫：幸，有幸。高梧，

是引用了凤凰高洁非梧桐不栖的典故，表明自己的清高，与"鸾乍迷于枳棘"前后呼应，与后文"鹞每误于榆枋"都是引用了庄子的典故。同时，还有以"梧桐"喻圣主，感谢君王庇护、体恤之意。（65）愧修竹之联芳：愧，愧对，此处应为谦辞；修竹，君子的象征，此处明指松树周边的竹子，也暗指自己的同道之人，或指在朝为官的兄弟王曙。联芳，"双桂联芳"的简称，比喻兄弟二人俱获功名。（66）鸾乍迷于枳棘：此句是以鸾鸟困于荆棘，比喻自己暂时屈居下位。乍迷：暂时迷失。唐孙逖《和左卫武仓曹卫中对雨创韵赠右卫李骑曹》："枳棘鸾无叹，椅梧凤必巢。"枳棘：枳木与棘木，因其多刺而称恶木，常用以比喻恶人或小人。《韩非子·外储说左下》："夫树橘柚者，食之则甘，嗅之则香；树枳棘者，成而刺人，故君子慎所树。"（67）鹞（yàn）每误于榆枋：只有斥鹞鸟才会常常迷失在低矮的灌木之间。每误，常常沉迷。化用了庄子《逍遥游》的典故。（68）娩周《雅》之"蹐（jí）地"：正如《诗经》所言，我要小心谨慎。《诗经·小雅·正月》："谓地盖厚，不敢不蹐。"后以"蹐地"喻谨慎戒惧。（69）符羲《易》之"巽（xùn）床"：符合《周易》卦辞中所讲，我要卑顺谦让。羲易，周易的别称。巽床，爻辞"巽在床下"的简称，喻失位之人要卑顺谦让。巽卦第六爻，爻辞"上九：巽在床下，丧其资斧，贞凶。"从卦象上看，上九属于阳爻居阴位，失位，本来这个位置应该是退休的贤士或在野的能人，不得志。（70）交让以屈节：交让，互相谦让；《晏子春秋·杂上十八》："诸侯相见，交让，争处其卑，礼之文也。"屈节，降低身份。（71）善下而同方：善下，善于放低姿态；同方，同为一体，此指和睦相处。（72）甘露：《四库全书》（影印本）为"甘实"，中华书局版《宋文鉴》为"甘露"，今根据后者改。（73）系而称：系，辞赋末尾，总结全文的词；称，赞颂。（74）蒙庄：庄子。因做过蒙地的官吏，因此称蒙庄。（75）俾（bǐ）其夭性：使动用法，使天性夭折。（76）受祉（zhǐ）：享受福祉。（77）谁与归："吾谁与归"的简称，"有谁与我有相同的志向"；归，同。

【译文】

青州城西南，有矮松园，乃是一处宽广馆舍，自往昔以来，就是此地一处风景名胜。园中有二松，左右对植；树枝低矮，四面伸展。树高虽不过两寻，树冠却将近百尺，盘曲阔大，覆压低垂，观赏者无不为之惊骇赞叹。无人知晓它的年岁，也没有关于它来历的记载。这真是天地间绮丽诡异绝伦的珍品啊！

我于咸平年间乡试中举，继而又中甲科进士，蒙受皇家恩宠，历任清要显达之职近三十年。前年秋天才罢黜相位，出守青州。到任之后，我探视邻里，寻访旧故，却发觉往昔的老人都已去世，而那些青少年也已变成中老年。故土的风光景物也已历经变迁，令人触目惊心。唯有那两株珍异的古松，风貌依然。我猜想啊，这两株古松不只是因为后凋的品格才能屹立于冰雪严寒之中而枝繁叶茂，也是由于它躯干臃肿、枝叶散乱而不能为世人所用的缘故，才得以长久地生长在这泽边高地，免遭砍伐。假若它是建造大厦的良材，有着参天凌云的树干，那它早就被砍伐无存了，又怎么能保全天年而得以旺盛地生长呢？我因此心生感叹，写了下面这篇赋文：

　　这里曾是齐国之旧地，又是华夏东部之大都。此地有处帝王苑囿一般的名胜景致啊，它就坐落在繁华街市西南隅。古松对植有两株，伟岸茂盛，超出它树真特殊。树冠盘旋而蜷曲，侧枝浓密又纷披。偌大的庭院和廊庑都为它所覆盖啊，而它却低矮平常，没有伟岸的身躯。树枝拥挤又横亘，老根蹙缩且盘曲。它前眺连绵密林山岭，后倚热闹富庶街衢。它因生长在这钟灵毓秀之地而葱郁，受滋养于这富饶肥沃的宝地通衢。它既像是蛰居蜷卧的蛟龙，又令人惊讶得像是欲扑还倚的熊罴；既像是将要搏击啊又还未纵身，仿佛既要躲藏而又努力向前趋。树色鲜亮苍翠欲滴啊，树形不同凡俗难描出。远远望去，浓翠色的它就像扶摇而上的大鹏出沧海；迫近观察，墨绿色的它又像一张静静地擎立于大地的伞盖。它既像是凝聚于洞口的行云，又像是堆积在山阿的烟霭。它针叶簇簇，宛如仙人挥动麈尾谈天论道；它绿光闪闪，又仿佛层层碧波奔大海。它曾饱经寒风之凛冽，也曾屡受阳光之昏霾。我不知道它经历了几千年风霜雨雪的岁月啊，才从一株幼苗长得如此硕大而强壮！从前离别故土家邦时，我曾攀住那绿色枝条，流连而彷徨；而今受命回到青州作知州，又见到这奇松啊，郁郁且苍苍。光阴飞逝人易老，风霜摧折松愈壮。针叶密密总不改，真情眷眷终难忘。不同于古人世事沧桑流光逝，我将深爱回报桑梓我家乡。

　　不能不信啊！这古松，谦恭处下自修养，最终完美不受伤。这是效仿先哲屈身俯首低姿态，这是取法仙书将身藏，甘作蛟龙潜涧底，倦与豫樟争荣光。鄙夷直木遭早伐，害怕高树先被伤。幸得梧桐垂阴多庇护，惭愧修竹连翠在身旁；鸾鸟偶尔迷失荆棘里，鹎雀常将灌丛作道场。它既与《诗经》中"谨慎戒惧"的精神相媲美，又以《周易》中"在野贤人"作榜样。它既能屈尊互谦让，又善处下不张扬。唯愿餐风饮露蓄灵气，不肯俯首听命于严霜。

同游的朋友中有人认同我的主张，并接着赞颂这两棵矮松：

那世间的良材啊，为木匠们所珍贵；而那全生之道啊，才为庄周所赞美。与其为刀斧绳墨所摧残，宁愿委身污泥与尘灰。与其扼杀天性称珍奇，何若保全操守享福美？世人纷扰志趣异啊，有谁与我同心轨？我要舍做栋梁材，我与这矮松一起归。

【赏析】

王曾（978—1038），字孝先，北宋青州益都人，早年就读于矮松园，宋真宗咸平五年（1002 年）中状元，官至同中书门下平章事（宰相），封沂国公。

中国历史上的状元，从唐高祖武德五年（622 年）壬午开科选状元，到清末光绪三十年（1905 年）甲辰科止，近 1300 年的历史，共产生 914 名状元。现在能考知姓名的文状元共 596 人，其中有争议的除外，仅有 16 个三元状元，官做到宰相的仅有 45 人，连中三元而且官至宰相的不超过 5 个人，而他就是这 5 个人中的一个，简直就是学霸中的学霸，龙凤中的龙凤！

王曾少年时代就极负文名，诗文画俱佳。《矮松赋（并序）》约写于 1031 年，此时他已经 53 岁了。当时仁宗皇帝年幼，太后摄政。身为宰相的王曾处事坚持原则，敢作敢为，对太后多有触忤。天圣七年（1029 年），太后借故将他罢去相位贬为青州知州。51 岁的王曾回到家乡后故地重游，来到早年读书之地，看到园中那两棵低矮硕大的古松依然繁茂，不禁联想到朝中政治腐败、自己宦海浮沉，顿生无限感慨，一年多之后，写下了这篇托物言志的愤世之作。从这篇赋中，我们可到作者当时心境，也能了解矮松园当年风貌。

序文部分介绍了两株古松的状貌和古老的特点，以及作者的简要经历和对古松的兴叹，揭示了写作的缘由。开头首先说明矮松园的位置在齐城（青州）的西南角，很早以前就是一处宽敞的学馆，是当地的名胜。紧接着描绘了古松的状貌：二松对植，树身低矮，四面伸展；树高不过两寻，树冠却近百尺，盘曲硕大，覆压低垂，令观者惊骇。而树的年岁，无人知晓，也没有记载它的来源。然后文中叙述了自己的简历：咸平年间"忝乡荐"（乡试中举，由州县荐举应试进士）、登甲科（中进士甲科），从而"蒙被宠灵（恩宠）"，历任清要、显达之职近三十年，"前岁秋始罢冢司（相位），出守青社"。最后，又写作者到任之后，探视乡里、寻访故旧的所见所感。他发现往昔的老人都已去世，孩童已成长，青年已成老人，故土的风光景物也历经变迁，触目惊心。唯有那两株珍异的古松风貌依然。他感慨，这两棵古松不只是因为天性耐寒的品格才能固守于冰雪严寒之中，也是由于它躯干臃肿、枝叶散乱而不为世用，才能生长在这皋壤（泽之地，指南阳河畔）而免遭砍伐。假若它是建构大厦的栋梁之材，参天凌云的树干，那就早被砍伐无余，又怎能保其天年全其生理呢？作者由这两株矮松而兴叹，由物及人，写下了这篇脍炙人口的《矮松赋》。

赋的正文部分可分两段。第一段对两株古松进行着力描写和赞美，是主体部分。开头先写它非同寻常："惟中齐之旧国，乃东夏之奥区。有囿游之胜致，直廛闬之坤隅。伟茂松之骈植，轶众木而特殊。"这里先从广大的范围，突出青州的重要——在齐国中部，华夏东部的腹地。就在这青州城的西南角，一处帝王苑囿一般的园林内，左右相对生长着两株伟岸而茂盛的松树，它超出群树而非比寻常。然后具体描写矮松的奇异外形。先看树冠："上轮囷以夭矫，旁翳荟而粉敷……"这里说它的树冠硕大，树枝向四周曲伸，侧枝阴翳而纷披。偌大的庭院廊庑都被它遮蔽，却又低矮而寻常。接下来，进一步描绘它的树枝横亘壅塞而茂密，树根蹙缩而盘错。"枝朣阒兮横亘，根蹙缩兮盘纡。"根深才能叶茂，写树根也是为了写树冠。接下来又写矮松的生长环境：它前瞻林岭，后倚富庶的街衢。它生长在这宝地而葱郁，占据着这青州的膏腴之地。这似说明矮松生长茂盛的原因，其中也流露出作者对家乡养育厚恩的感恩之情。

接下来作者又运用大量生动形象而又极富夸张的比喻，从各个角度对矮松进行了穷形尽相栩栩如生的描写：如蛰居的蛟龙盘曲蜷卧，如虎貙欲伏欲窜，像要凌空而未奋起，又像是伏窜而争相前趋；树色苍翠欲滴，形貌不同凡俗难以描绘，远望如大鹏乘风，近看似伞盖擎地；针叶簇簇，宛如众仙人挥动麈尾（拂尘）谈天论道，绿光闪闪，仿佛大河之波涛汹涌。这些极富想像力的描绘，写出了两株矮松硕大茂盛，生机勃勃的形态。接着又慨叹它的古老和顽强的生命力：它曾经受到凛冽朔风，也承受过阳光雾霭；"合抱之木，起于毫末"，不知它经历了几千年的风霜雨雪，从一棵幼苗长成这粗壮的大树。这一段最后明确表达了作者对古松以及家乡的深厚感情："昔去里兮离邦，攀绿条兮彷徨。"作者当年离别家乡时，面对着自己读书时朝夕相伴的古松，攀着它的绿枝，是那样的留恋难舍。"今剖符兮临郡，识奇树兮青苍。"作者受命回到家乡任职，见到这奇松依然郁郁葱葱，惊叹"光景兮遄迈（疾逝）"，赞美它"岁寒兮益彰"，"叶毿毿（枝叶细长）兮不改"，而"情惓惓兮难忘"。他说，自己不是像东晋桓温那样感慨时光易逝人身易老，而要"协予志之恭桑"，这就是说作者要勤谨地回报家乡。作者在青州任职，确实为家乡做了不少好事，他特别重视教育，拨经费，办州学，聘教授，为家乡的发展呕心沥血。特别值得一提的是，中国历史上，由州郡出资，设立官办书院，是自宋代始，自青州始，自王曾始。这为王曾的政绩添上了浓墨重彩的一笔。

第二段是结尾部分，是由古松地处僻壤、不为世用而得以保全生命而引发的感慨。作者确信，这两株古松，善于谦卑地自我修养，才会获得完美的结局。它仿效先哲曲身低头以自全，取法"幽径"（指《相鹤书》，传说为神仙的经书）而善于隐藏；它像深潜于涧底的蛟龙一样，厌倦与豫章名木们争荣。它鄙视那挺直的树木早被砍，害怕木秀于林而受伤，庆幸于自己身边有梧桐垂荫庇护，旁边还有簇簇修竹为伴。这里流露出作者对官场的厌倦和畏惧，看似消极，实则寄托了深沉的悲愤和忧伤，而绝不是消沉，说自己像一只高贵的鸾鸟，只是暂时迷惑于枳棘丛中，只有鹠雀一类小鸟才沉醉在榆枋间狭小的地方。这里又表现出作者仍希望回到朝廷一展宏图，实现建功立业的愿望，体现出一种矛盾的心理。接着作者极力赞美这古松的风范：能与《诗经·小雅》"蹐地"（喻谨慎戒惧）精神相媲美，又堪称《周易》中的"巽床"（喻卑顺谦让）；既能屈节谦让，又善下而与物和同；唯愿餐风饮露蓄养灵气，又不听命于严霜。这里是对松树的赞扬，更是作者的自况。透过对两株古松的赞美，作者那谦卑勤谨、屈身谦和、敢作敢为、正直无畏的人格形象便跃然纸上。

同游的朋友也表示赞同并称颂：世间的良材为木匠所珍贵，那全生养性之道才为庄子所赞美。最后，作者坚定地表示："纷异趣兮谁与归？当去彼而取此!""赋者,铺也,铺采摛文,体物写志。"大量用典和铺排,并发表一点议论,这是赋体文章的特点。《矮松赋》正是这样,通过对矮松形象的描绘表达对官场的厌倦和对清净无为生活的向往以及报国无门的苦闷。作者的这种思想和托物言志的写法显然受到《庄子》的影响。《庄子·内篇·逍遥游》中写的那棵大而无用的樗树"其大本臃肿而不中绳墨,其小枝卷曲而不中规矩。立之涂,匠者不顾",而树之于广漠之野,人们"逍遥乎寝卧其下",它也得以"不夭斧斤,物无害者"。王曾笔下的这两株矮松与《庄子》中的大樗何其相似。

本文在宋代即为名篇,曾广为流传。不过,历史无情,当一种文体趋向消亡,无论作者写作水平多高,文采多好,也很难对后世形成深远的影响。这对于本文而言,不能不说是一个遗憾。

(点校、注释、翻译、赏析:张国钟 刘方田)

第二章

明代松林书院的发展与繁荣

矮松园和青州州学的办学在宋代达到鼎盛，然至元代，由于统治者带头崇佛，帝室对佛教的多方庇护，使佛教大兴，一些寺院大量兼并土地，甚至公然侵夺公田、民户。大德三年（1299 年）统计，仅江南诸寺即拥佃户 50 余万。"凡天下人迹所至，精兰胜观，栋宇相望。"① 元明之际，办学兴盛的青州矮松园也一度被僧众侵夺，他们不向朝廷请示，不向主管官员报告，构筑宫宇佛像于其中，四周松柏环绕，于是矮松园变为寺庙，读书台上的琅琅书声遂被僧人的诵经声取代，名噪一时的矮松园失去了它昔日的办学辉煌。

第一节 松林书院的创建与崇儒重道的人文精神

一、明初的教育状况：官学兴，书院衰

明初，朱元璋奉行"治国以教化为先，教化以学校为本"的政策，全力发展官学，据《明史·选举志》载："天下府州县卫所皆建儒学，教官四千二百余员，弟子无算，教养之法备矣。……盖无地而不设之学，无人而不纳之教……此明代学校之盛，唐宋以来所不及也。"中央官学规模扩大，地方各级官学普遍设立。据嘉靖《青州府志》卷九"学校"载："明兴学校遍天下，而青

---

① ［清］毕沅：《续资治通鉴》卷一百九十七，中华书局 1957 年版。

郡奄有其履（拥有大明重要领地），为国左辅（京东之地），迪训作人（教诲启迪、培植人才）品式（标准）备具，一变至道（改变为先王最好的学说、道德、制度），其在兹矣。"明洪武五年（1372 年），青州知府李仁移建府学于太虚宫，青州府学和各地县学于是大兴。官学兴，书院衰。明初近百年时间内，各地书院备受冷落，陷入沉寂状态。即使是全国著名的岳麓书院和白鹿洞书院亦如此。近代学者、书院史研究专家柳诒征指出："明初教士，一归学校"，而"讲学书院之风一变，其存者徒以崇祀先儒耳"。清代学者黄以周也曾说过："学校兴，书院自无异教；学校衰，书院所以扶其弊也。"①

　　直至明成化年间，由于宦官势力膨胀，政治日渐腐败，官学教育和科举考试弊端丛生，官学系统渐趋衰败，统治者又开始重视书院的发展。成化元年（1465 年），江西南康太守修复白鹿洞书院，五年（1469 年），湖南长沙知府修复岳麓书院。两座全国著名书院的相继修复，起到了"流声光于天下"（《岳麓志》卷七）的作用，各地书院纷纷修复或创办并恢复讲学。与岳麓书院的修复同一年，山东青州知府李昂顺应形势，将原来的矮松园、此时的寺庙改建为松林书院，书院办学迅速兴盛起来。

二、书院兴起的重要原因：官学教育系统的衰败

　　成化、弘治年间，书院开始复兴，有诸多历史原因，其中一个最重要的原因是官学教育系统的衰败。所谓官学，是指中国封建朝廷直接举办和管辖，以及历代官府按照行政区划在地方所办的学校系统。包括国子监等中央官学和府学、县学等地方官学，共同构成了中国古代最主要的官学教育制度。对于青州府学以及青州府下辖的 10 多个县的县学等官学系统的衰败，我们的地方志的编纂者出于维护封建统治的需要，说得很含蓄，不说青州府乃至国家教育的弊端，而说学校建筑的坍圮。据嘉靖《青州府志》记载：明正统十四年（1449年），青州知府陈勋在任之时，青州府学的建筑"久湮者既就颓毁，而创者又大不足称"②，天顺四年（1460 年），知府赵伟在任之时，府学"历岁滋久，

---

① 王炳照：《中国古代书院》，中国国际广播出版社 2009 年版，第 122、123 页。
② 天一阁藏版嘉靖《青州府志》卷九"人事志·学校"《学士陈循记》。

歆倾弗支，其幸完者亦卑隘不称"①，坍塌得更严重。成化二年（1466 年）知府李昂上任，此时青州府学，"逮今百年，日就颓毁，而文庙尤甚"，"成化丁亥（1467 年）夏，值大雨，东庑复坏"。堂堂青州府府学如此，所辖州县更亦如此。成化己丑（1469 年）益都县县学"历岁既久，倾颓崩圮，腐朽剥落之极"②；成化己亥（1479 年），宰相刘珝在给乐安县（今广饶）写的《乐安县修儒学记》中记载，乐安县庙学"历岁滋久，风雨侵寻，殿庑日就凋敝，且旧基湫隘弗称，圣贤遗像丹青漫灭，诸贤位次亦错综无序，殊无以壮学校之美观，昭吾道之文明也"；莒州（今莒县）庙学"废址在州治东北，栋宇毁于金季之乱，鞠为园蔬者数十年于兹矣"③，早已毁于金末战乱，废址荒凉破败成人家的菜园几十年了。

其实，学校房舍的坍圮根本原因在于人为，在于官学教育系统的衰败，这不是哪一个府、哪一个县的问题，而是整个国家教育出现了巨大的弊端。据时人所见，当时各级官员普遍不重视官学教育，习俗颓弊、科举腐败已成常态。正统初年，浙江副使胡轸上疏言："比来习俗颓弊，不务实德，于己惟记诵旧闻以图侥幸，今宜首革此弊。"④ 据《明史·选举制》载，明中叶以来，科场"贿买钻营，怀挟倩代，割卷传递，顶名冒籍，弊端百出，不可穷究，而关节为甚，事属暧昧，或挟恩仇报复，盖亦有之"⑤。八股功名，引人于利禄之途，使学校变成了科举的附庸，而其腐败更遗害学校教育。明中叶以后，学校诸生认真读书的很少，即使用功，也是津津于八股，因此有了士子"登名前列，不知史册名目、朝代先后、字书偏旁者"⑥ 的极坏记录。大部分人是冲着食廪免役等优待而入学籍的，形成了"各处儒学生员多虚糜廪禄"，"衰老残疾并不堪教养之人滥溶在学"（《明孝宗实录》卷二一二）的局面。正统十三年（1448 年）有十分之七的举人依亲入监，在家游优，连国子监的门都不进，如

---

① 天一阁藏版嘉靖《青州府志》卷九"人事志·学校"《学士刘定之记》。

② 天一阁藏版嘉靖《青州府志》卷九"人事志·学校"，上处和此处引用分别出自学士商辂《重修青州府儒学记》和"益都儒学"条目中中允杨鼎《记略》。

③ ［元］阎复：《莒州修儒学记》，《青州府志》卷二十二。

④ ［明］李宗元《沈丘县志·学校》，上海书店 1990 年版。

⑤ ［清］张廷玉等：《明史》卷七十，选举二。

⑥ 顾炎武：《日知录》卷十六。

此等等，足见当时成为科举附庸的学校教育之败坏。

教育乃治化之本，出现这种情况使很多有识之士忧心忡忡，转而向往古代民间较为灵活自由的书院教育。关于这一点，王守仁在《万公书院记》中有过委婉的表述，他说："我明自国都至于郡邑，咸建庙学，群士之学、专官列职而教育之，其于学校之制，可谓详且备矣。而名区胜地，往往有书院之设，何哉？所以匡翼夫学校之不逮也。"希望以此来纠正学校教育的弊端。青州知府李昂到来，肩负"匡翼夫学校之不逮"的使命，拆毁寺庙，赶走和尚，迁入名宦祠，在矮松园处创办松林书院，企图挽救日渐式微的道统，正适应了国家教育改革的大潮，给青州的教育带来了新的发展契机。

三、青州知府李昂正式创办松林书院

明成化二年（1466年）李昂始任青州知府，五年（1469年）创办松林书院。嘉靖《青州府志》中《祭酒陈鉴纪》[①] 一文记载如下：

明青州知府李昂正式创办松林书院

① 以天一阁藏明代地方选刊嘉靖《青州府志》卷十"人事志""祀典"为底本抄录、点校。

维是北海故郡，旧为齐国，号称大府。我朝法古为治，仍复青州之号，府治益都，统州一，县十有三。东北据海，西南距岱，业务农桑，利擅盐铁，士好经术，习尚豪悍，邦域之东，亦维剧郡。入国初来，逮今百年，为之守者不过薄书稽会之间而已，稍知务民稼穑、拯民疾苦，已如夜光晜采，而况求其能表显先贤、作兴斯道者乎？

成化丙戌，仁和李侯文举始来为守，即能敷德施惠，发奸摘伏，疏弊源而清之，培利本而厚之。未几，政通人和，百废俱举。府旧有祠，祀宋贤守寇忠愍，曹武穆，王范二文正，庞庄敏，李张二文定、富欧二文忠，赵清献，吴文敏，刘忠肃，程文简诸公之有惠爱于青民者。后祠废，祔其主于土神之祠。祠既庳隘，位亦贬损，非所以崇贤报德，侯心歉焉。暇日偶适城坤隅，因得隙地，高亢明爽，面山为屏，清致可爱，已为浮屠所据。不请诸朝，不白于有司，辄构宫宇像佛其中，环树松百章，俨然一兰若矣。侯曰："吾旁求而未得，彼安肆而恣为？是可忍，孰不可忍也！"于是乎撤诸其像，迸诸其徒，尽易旧规，一回新观。乃迁主其中，仍塑诸公之像，衣冠皆如宋制，匾其楣曰："名贤祠"。前为两斋，左曰"思齐"，右曰"仰止"，以为致斋之所。缭以周垣，而门其中。垣之外复为二轩，左曰"藏修"，右曰"游息"。延四方有学行者居之，以为师。檄属邑子弟知乡方而愤孤陋者，教育于兹，馆谷于兹。复垣其外，而统题其门曰"松林书院"。即日，率僚属师生为文以祭之，大归以崇正黜邪为陶人心之具。

祠固不足为诸贤之重轻也，又虑久而或堕，复具颠末入疏之。若曰："准等立朝大节炳然史册，守青伟绩宛在人心，人亡实存，百代攸著。祠之故领之地，不惟起敬守臣，抑且师范承学，所补实大，乞定为著令，载之祀典，以永永无斁。"诏特可之，下礼部定其仪式以行。侯既得旨，欣跃再拜谢恩命。又谓：兹惟盛典，不可无载述以诏诸后属者。书最来京，因予友中书舍人李君应祯谒予成均，请为文识诸石。

表显先贤，作兴斯道，守令分内事也。奈之何人不之为，而为之者斯其难矣，在李侯亦非难事？窃慨夫叔世颠置，蛊蚀心志，虽士大夫未有舍佛而成丧者，盖谓其祸福生死人也。波颓风靡、漫不可救之余，乃有如侯者，断然知佛之不可信、僧之不足恤，一旦扫除之若尘坌。然非真能见理明信道笃，不克臻此，此其所以为尤难也。虽然狄文惠巡抚江南，去吴楚淫祠千七百余所，当时以为难，逮今犹香人齿颊。视侯之为，若合符节。《诗》曰："维今之人，不尚有旧。"亶其然乎？举此以例其余，不必询事考言，然后知其为贤守也。如侯者，焉得百数十，布诸天下四方，宁有不治者乎？惜乎，未之多得也！故特著之于篇。若夫诸贤之良法美政，守土之臣所当模范者，史册具在，愚何庸赘。

此文是青州知府李昂上奏朝廷将原位于府治仪门之左的名贤祠迁于矮松园并建松林书院后，通过中书舍人李应祯请国子监祭酒陈鉴写的一篇纪念文章，原刻于石，现不存，唯余遗文载于嘉靖《府志》，是目前地方志中对松林书院创建过程最早最具权威性的一篇文章。

"仁和李侯"，即松林书院创建者浙江仁和人李昂。李昂，字文举，浙江仁和人，明代甲戌进士，丙戌年（1466 年）李昂始任青州知府。上文说李昂上任"即能敷德施惠，发奸摘伏，疏弊源而清之，培利本而厚之"，不久"政通人和，百废俱举"。又据光绪《益都县图志》记载，当时政弊民疲，加之灾荒连年，百姓纷纷逃难。李昂上任伊始，"问民疾苦，首劾赃吏，量贫富，均徭役"。他招募流民开垦荒地，缓征赋税；见饥民衣食无着，毅然开仓济民，数量不足，就拿出上缴的粮食补充，并动员富户设粥棚，全活灾民甚众。上司追究责任，他说："民既生全，罪复何憾？"便自动上书请罪。朝廷认为李昂动用税粮救灾等同于上缴官府，特加奖励。李昂担心大灾后百姓不能耕种，亲自巡行田间，供给耕牛和种粮；对孤苦无依者，为其盖房居住。他还尽心办学，注重教化，倡导亲仁和睦，民风为之大变。父老叹曰："不图今日复见富公也！"富公，即宋代著名的青州"十三贤"之一的富弼，出任青州知州期间因大力赈灾而深受百姓感念，人们把李昂跟富弼相提并论，可见其关心百姓疾苦，关注民生，深受百姓爱戴。松林书院由青州知府李昂创办，为官办性质，更受到官府的高度重视。

文章有以下几点信息值得关注：
第一，李昂顺应了明代毁淫祠办书院的历史潮流。
青州知府李昂兴办书院，无疑顺应了明代教育机构改革的历史大潮。从全国层面来看，旧的教育机构渐趋腐败，已经严重阻碍了教育的发展，迫使封建统治者不得不改弦易辙，对教育机构进行改革。此时的最高统治者一改明初原来对书院的压制态度，转而表示积极支持，甚至还通过赐额、敕建书院以表对书院的肯定和支持，于是全国各地也纷纷兴办书院，各级官员或废除僧寺淫祠或对社学加以扩建，兴办书院。据统计，仅正统至弘治时期全国新建书院就达154 所①，其中包括松林书院。

另外，李昂拆毁兰若（即寺庙）之举也顺应了明代毁淫祠的历史大潮。元代以来，"淫祠"的盛行已严重阻碍了教育的发展。明初，朱元璋鼎定天下，便开始采取一系列措施整顿国家祭祀政策，洪武元年，命"中书省下郡县访求神祇，名山大川、圣帝明王、忠臣烈士，凡有功于社稷及惠爱在民者具实以闻，著于祀典，令有司岁时致祭"②，之后又规定"天下神祠不应祀典者，即淫祠也，有司毋得致敬"③。明人所认定的"淫祠"包括三种类型。第一种为不属于国家祭祀制度规定的神灵系统的神祠；第二种是民众私自建立和祭祀的、与其社会地位不相称的神祠；第三，不在额设的寺观，明代限制寺观数额。洪武二十四年敕令："各府州县寺观虽多，但存其宽大可容众者一所。"以后虽然放宽了数额，但是寺观定额制度在有明一代始终存在，额外的寺观都是不合法的，被称为"淫寺"。明太祖朱元璋在建国之初，就开始了禁止和取缔"淫祠"的做法，这种政策被延续了下来。在拆毁不属于国家祀典的"淫祠"方面，有几次大规模的行动。如成化元年，巡抚湖广左佥都御史王俭上疏请"凡天下鬼神，不系礼典所载，及当代祀典者，并宜撤其廊宇，毁其象设……"朝廷采纳了这一建议，并加以实施。

而此时的矮松园早已为浮屠（即僧人）所占，这些浮屠独断专行，"不请诸朝，不白于有司"，构筑宫宇，供奉佛像，俨然建成了一座"兰若"。知府李昂正苦于府治仪门之西的名贤祠无处安放，"祠既庳隘，位亦贬损"，不能"崇贤报德"，于是斥责道："众僧怎敢如此大胆？是可忍，孰不可忍也！"于

---

①　白新良：《明清书院研究》，故宫出版社 2012 年版。

②　［清］张廷玉等：《明史》卷 50 "诸神祠"，中华书局 1974 年版。

③　［清］张廷玉等：《明史》卷 50 "诸神祠"，中华书局 1974 年版。

是乎"撤诸其像，进诸其徒，尽易旧规，一回新观"。李昂撤掉佛像、赶走和尚、建名贤祠、创建书院之举勇气可嘉，其实也正是明代毁淫祠的大潮在地方上的具体反映。

明代之前，规模较大的一次毁淫祠事件发生在唐代。史载狄仁杰为江南巡抚时，曾经"毁淫祠千七百所，吴中仅置太伯、伍胥、季紮三祠"（范成大《吴郡志》）。对于狄仁杰的行动，南宋朱熹大加激赏。文中也说"狄文惠巡抚江南，去吴楚淫祠千七百余所，当时以为难，逮今犹香人齿颊"。故文章对李昂拆毁寺庙、祭祀名宦之举大加褒扬。本来弘扬先贤事迹精神，复兴大道，是地方官分内之事，然而在"叔世（末世）颠置，蛊蚀心志"，"波颓风靡、漫不可救"的社会形势下，即使士大夫也没有舍弃信佛而供奉先贤灵位的，否则会招来祸患。而知府李昂"断然知佛之不可信，僧之不足恤，一旦扫除之若尘坌"，其"见理、明信、道笃"，委实难能可贵！文中肯定"视侯之为，若合符节"，李侯之举，与狄仁杰一样相契合，并说"如侯者，焉得百数十，布诸天下四方，宁有不治者乎？"像李侯这样的忠臣，怎能得到更多人，安排到天下，天下怎会不太平呢？

第二，祭祀是书院崇儒重道、化育人生的重要体现。

书院的基本规制通常有研究、讲学、藏书、刻书、祭祀、学田等，而祭祀是重要规制之一。书院的祭祀与宗教性质的祭祀是不同的，它不是信众对某些神灵的祭祀，而是书院对先贤名宦的祭祀，以使师生见贤思齐，即所谓"尊前贤励后学也"，这正是李昂撤佛像、驱僧众的原因。书院设祭有一定的标准，凡"先贤之得祠者"，或乡于斯而"有德"，或仕于斯而"有功"，或隐学于斯而"道成于己"，或阐教于斯而"化及于人"（元唐肃《黄冈书院无垢先生祠堂记》，《丹崖集》卷五）。祠宇中供奉的先贤，实际上就是书院为诸生树立的亲切可学的典型、榜样，尊学术、重教育，从而使书院教育具有化育人生的功能。

知府李昂撤佛像、驱僧众后，奏请朝廷将府治仪门之西的"名宦祠"移建于此，得到朝廷恩准。青州府原名贤祠祭祀战国齐相鲍叔牙直至明朝青州知府等四十七人，后祠废，诸名贤列于土神之祠。祠堂低矮狭窄，名贤地位遭受贬损，无法来"崇贤报德"，教化百姓，李昂深感愧疚。此时将祠中所祀47

位精简为北宋青州知州寇准、曹玮、王曾、庞籍、李迪、范仲淹、富弼、欧阳修、赵抃、张方平、吴奎、程琳、孔道辅（一说"刘挚"）十三位"有惠爱于青民者"，将牌位迁于其中，"塑诸公之像，衣冠皆如宋制"，匾其楣曰"名贤祠"，也称名宦祠，俗称十三贤祠。祭祀的十三位名宦中，官至宰相者5人，副宰相者7人，曹玮为武将，官至彰武军节度使。创建名贤祠及松林书院的当天，李昂即亲率僚属师生写好祭文以祀之，以达"崇正黜邪""陶人心之具"（陶冶培养人才）之目的。李昂"虑久而或堕"，上疏先是赞扬宋代青州知州寇准等的"立朝大节，炳然史册，守青伟绩宛在人心，人亡实存，百代攸著"，然后云"祠之故领之地，不惟起敬守臣，抑且师范承学，所补实大，乞定为著令，载之祀典，以永永无斁（yì，厌弃）"。建祠祭祀十三贤，不仅表达后人对守臣的敬重，还要让先贤名宦成为书院师生学习效法的榜样，大有裨益，并请求定为法令，载之祭祀法典，让后世学子永远效法先贤，修身养性，建功立业。

弘治十八年（1505年），知府彭桓"承乏青州，视事之三日，谒于松林书院，得瞻十三贤之遗像而拜焉"，上任刚三天，就到松林书院拜见十三贤，可见知府对祭祀先贤、崇贤报德之重视。见祠堂"久而败剥，溜穿残壁，藓杂余画，础压断垣，碑横茂草"，十分破败，知府"泚然汗出，不啻芒刺之在背也"，于是与益都知县金禄商量，大修名贤祠，并亲自作《记》。《记》曰："虽一乡一邑之小，苟有贤人君子功业振于当时，而名声垂于后世者，必为之祠庙，修其祭祀，所以劝也（用来勉励后世学子）。""诸贤之德业闻望，炳炳宇宙间，长如日星。"用来"昭前烈之休光而启后学之仰慕者"。又说："十三贤之事业文章，不待祠而存也。然必欲祠之者，仰其德泽，慕其声光。思同其时而不可得，得睹其像设，登其堂阶，而仿佛乎容仪之相接、謦欬（qǐng kài 此指言笑）之若闻，以起其效法之心焉，此祠之所以作也，前之作者太守李公之用心亦勤矣！"对于名宦先哲对后世学子的激励作用以及李昂创立名贤祠的良苦用心，知府彭桓理解是深刻的。

明正德十年（1515年），青州知府朱鉴将府学内的乡贤祠移至松林书院，院内"喜雨亭"改建为"乡贤祠"，"非徒恢广学制，亦使乡邦贤哲各安其位也"。祭祀战国鲁仲连，唐左仆射房玄龄，宋沂国文正公王曾、学士燕肃、状元苏德祥，金尚书张行简，元侍郎于钦，明学士马愉、大学士刘珝、副使冯裕、孝子王让、冀琮、尚书陈经、布政使黄卿等34位品行端方、异地为官或治学、颇有名望的青州府知名人士。"名贤祠""乡贤祠"巍立院中，作为具体而形象的教育资源，供代代诸生敬仰学习，见贤而思齐。

嘉靖四十三年（1564年）知府杜思再修二祠，并重修松林书院，"武川杜郡伯以名进士来牧吾青，心诚而政和，乃以甲子之夏肇修二祠。因其旧而增华，拓其宇而加丽"，"越明年乙丑春落成"，即四十四年（1565年）春落成，副使陈梦鹤为之《记》。陈梦鹤曾在松林书院读书，终成一代名儒，他对名宦乡贤在书院诸生的成长中所起的作用认识是深刻的，他说："予自童子时辄闻吾青有名宦、乡贤二祠，心窃慕之。稍长为诸生，习举子业于松林书院。二祠巍立院中，因见所谓名宦者有若人焉，为乡贤者有若人焉。乃历指而究之。""其宦于斯者（指在青州为官的名宦），为忠为义，为廉为节，政教不必其皆同，而操心则未始有不同者；其生于斯者（指在青州出生有所造就的乡贤），为孝为弟（悌，敬爱兄长），为忠为良，造就不必其皆同，而制行则未始有不同者。"陈梦鹤诵读之余，每一瞻拜，常喟然叹曰："诸先哲没世而名不朽者，意在斯乎？意在斯乎？学问之道，舍是，吾谁与归？"名宦乡贤的政绩成就不一定相同，但他们所追求的忠义廉节、孝悌忠良等高尚的操守美德是相同的，做学问的根本意义就在于此。

南宋朱熹曾说过："熹窃观古昔圣贤所以教人为学之意，莫非使之讲明义理，以修其身，然后推以及人，非徒欲其务记览、为词章，以钓声名取利禄而已也。"（白鹿洞书院学规》揭示）作为教育场所，书院教育虽然也兼顾"举业"，但其根本追求是道德教化。自名贤、乡贤二祠建立之日起，松林书院通过对名宦乡贤的祭祀，达到化育人生的根本目的。谨遵儒家的道德理想来设计人才的培养模式，践行敬道崇德的人文精神，这成为包括松林书院在内的书院教育非常重要的特色之一。

第三，书院的选址与建筑的讲究。

古代的官学往往设在繁华的城市，如青州的府学和县学分别位于府治和县治之侧；而古代的书院，一般选址在环境宁静、绿水近绕、景色秀丽的名胜风景之区，有山川之胜，而无市井尘声，往往自拥学田，富有藏书，能使人远离声利之场，安于学业，静心修身，自然它就成了理学家们所钟情的布道之地。我国古代著名的五大书院都设在依山傍水之地。白鹿洞书院在庐山五老峰下，有林泉之胜；岳麓书院在岳麓山抱黄洞下，背陵向壑，木茂而泉洁；嵩阳书院在太室山南；书鼓书院在回雁峰下；茅山书院在三茅山中。松林书院的选址也有类似特点，它位于青州城西南隅，李昂观矮松园处"高亢明爽，面山为屏，清致可爱"，于是在此建书院。确如所言，此处南眺巍巍云门，北临潺潺阳河，东有汤汤弥水，西有久负盛名的石子涧，西北有历史悠久的龙兴寺、范公亭，西南有闻名遐迩的驼山，山水形胜，风景秀美。在古老的青州府，此处正是士子修身治学的宝地。

书院的建筑讲究中和、平易、含蓄的传统审美情趣，往往蕴含深厚的山水人文的审美特色，足发圣贤玄奥，以利澄心治学。按其性质和用途分为祭祀性建筑、讲学建筑、藏书建筑、生活建筑及供师生游人憩息的园林建筑等类别。松林书院建筑不同于江南传统建筑的玲珑曲奇，曲径通幽，但自有其齐整、对称、简洁的特点。祭祀性建筑除去名贤祠、乡贤祠体现祭祀育人功能的建筑外，后还建有文昌阁，供奉文昌帝君，寄寓书院多出人才的美好愿望，在院东曾建有四书斋，是松林书院藏书之所，学子陈经在《松涛诗》中云："芸阁密围青玉幄，牙签深护翠云隈。""芸阁"即藏书之所，亦称"芸台"，是说松树的枝叶浓密，像青玉色的帷幕，又像绿云缭绕，掩映着书斋，护围着这藏书之所。松林书院还有四照亭，师生游息之所，可惜在现代的校舍改造中都已拆除，留下了永远的遗憾。

李昂创建书院之初，在名贤祠前建有"思齐""仰止"二斋和"藏修""游息"二轩，属于讲学建筑。"思齐"取对古圣先贤见贤思齐之意，"仰止"取高山仰止之意，表达对圣贤之崇拜。"藏修"出自《礼记·学记》："君子之于学也，藏焉，脩焉，息焉，游焉。"郑玄注："藏谓怀抱之；脩，习也。"后以"藏修"指专心学习。游息，既有行止之意，又有游玩与休憩之意。从这些书斋的名字看出书院创建者的用意所在。

第四，院师的聘任及对弟子德行的要求。

古代书院不设门槛户籍限制，多全包学生食宿费用，这正是孔子有教无类思想的体现。但是对院师的学识品行和招生弟子的品行是有着严格要求的。

"延四方有学行者居之，以为师，檄属邑子弟知乡方而愤孤陋者，教育于兹，馆谷于兹。复垣其外，而统题其门曰松林书院。"聘请院师需"四方有学行者"，即天下有学识有良好品行的人，从后来书院的发展看，聘请的山长（书院负责人）多为各地知名进士，院师也多为举人、进士，个别为贡生，往往是取得一定功名、有一定身份地位的人，社会名流或各级官员致仕之后也可返聘到书院教学。松林书院虽为官学化，为政府所管辖，但它与官学还有很大不同，特别是在聘任山长和教习、生徒录取、教学组织等方面有很大的自由度。

书院招生范围及对生徒的要求"属邑子弟知乡方而愤孤陋者"。属邑即属县，青州府在明洪武元年（1368 年）辖潍州、莒州、胶州三个州和益都、临淄、博兴、寿光、昌乐、临朐、安丘、诸城、蒙阴、沂水、日照、昌邑、高密、即墨、高苑、乐安（广饶）16 个县。后将潍州、胶州、高密、昌邑、即墨划归莱州府，即文章开头所说"统州一，县十有三"，清雍正年间，青州府仍辖 11 县。可见招生范围之广。对生徒的要求"知乡方而愤孤陋者"，即那些聪明伶俐、归向仁义之道、端方正直、勤奋刻苦，包括见闻不广的贫寒子弟，俱能读书于此，食宿于此。从对书院师生的要求来看，品行第一，"敬道崇德"即对道德的尊崇成为书院办学者的初心，也成为后来书院教育的核心思想。书院办学更多注重以名宦乡贤为榜样，对诸生进行理想人格的塑造和培养，传播儒家文化，师生关系和谐融洽，办学十分兴旺。

四、"书院松涛"成为青州府八大景之一

明清时候，松林书院及周边有苍松数百株，长风吹过，松涛阵阵，煞有气势。据嘉靖《青州府志》记载：① "青州有八景，而书院松涛居其一。"松林书院学子陈经在诗中形容道："长风夜撼千虬动，巨浪时喷万壑来。"学子黄卿云："山空瀑下千寻急，江转崖高两岸平。"学子杨应奎云："波涛终夜惊成拍，风雨连朝听不休。"从北宋矮松园读书台上少年王曾的琅琅书声，到明代书院学子伴着阵阵松涛传来的琅琅书声，这个书声穿越时空，跨越千年，一直传到了今天。

---

① 以下引用均出自天一阁藏明代地方选刊嘉靖《青州府志》卷九"人事志·学校"。

静谧清幽的治学宝地，特色鲜明的建筑格局，相对宽松的办学环境，崇儒重道的人文精神，温暖和谐的师生关系，质疑问难的思想碰撞，这一切都在阵阵松涛声中酝酿发酵，使松林书院迅速成为古青州府道德教化、科举取士的最高学府和学术思想的创新高地。

书院松涛为青州府八大景之一

第二节　明代松林书院的兴盛与禁毁

松林书院创办后，经过数十年的发展，逐渐走向了兴盛。具体而言，松林书院在明代的办学经历了两座高峰期：一为正德、嘉靖年间，书院诸生科举入仕之多，显赫一时；二为隆庆至万历八年，山东督学邹善对阳明心学的传播使书院办学达于鼎盛。书院教育的兴盛特别是会讲、讲会、文会等活动的盛行同时带动了明朝中期青州文化的繁荣；可惜松林书院在办学正盛时却遭受了禁毁的厄运。

一、明代松林书院办学的第一座高峰

松林书院创建后的近百年时间里，以程朱理学为主要修习内容。书院的理想目标是，不以科举为目的，而以人文教化为旨归。但在科举时代，任何反对科举的教育机构要想长久存在，那几乎是不可能的。因此，书院的大儒们并不泛泛地反对科举，而是将大量精力倾注于讲学事业与学术研究，希望以自己理学的教育理想来化解消融书院生徒的利禄之心，培养传道济民之才。

正德、嘉靖年间，松林书院讲学论辩之风兴盛起来，办学一度达于鼎盛。书院肄业诸生科举入仕之多，显赫一时。据不完全统计，曾在书院习儒学的学子有：黄卿，正德二年（1507 年）举人，三年（1508 年）进士；杨应奎，正德五年（1510 年）举人，六年（1511 年）进士；陈经，正德五年（1510 年）举人，九年（1514 年）进士。由上可知正德朝益都三进士全为松林书院培养。陈经之子陈梦鹤，嘉靖十九年（1540 年）中举，二十六年（1547 年）中进士；嘉靖三十七年（1558 年）张焕中举，四十四年（1565 年）中进士；等等。据光绪《益都县图志》载，河北任邱进士纪资嘉靖十五年（1536 年）知青州，"政暇，进诸生论文，崇雅黜浮，科第自此渐盛。"四十一年（1562年）浙江鄞县人杜思出任青州知府，他"温文好学"，"人称综雅"，修建松林书院，与诸生"谈经课艺"，于是"名士奋起，科第亦自此称盛"。

据统计，有明一代，山东进士分布为：济南府 31 县 562 名，兖州府 29 县 388 名，东昌府 21 县 281 名，青州府 15 县 282 名，莱州府 9 县 185 人，登州 10 县 134 人。从全省各县的进士平均数看，益都县稳居第一，绝对数为 72 人，在明代山东的各州、县中是最高的，若就绝对数量而言，堪称"明代山东进士第一县"[1]。又据光绪《益都县图志》统计：益都县仅嘉靖朝进士 15 人：嘉靖十七年，考中冯惟重、冯惟讷等四进士；嘉靖二十三年，考中冀錬、石鲸、石茂华三进士。当然，这些成就不能尽归书院，但长期以来的官学之弊一直为人诟病，当时书院之盛名是远在府、县学之上是学界公认的。从科举入仕这一办学的重要指标来看，可以说，明代正德、嘉靖年间，是书院办学史上的一座

---

① 刘希伟：《明代山东进士的区域分布研究》，载《教育与考试》，2007 年第 6 期。

高峰。

二、书院教育带动了青州文化的繁荣

书院教育不仅为无数士子开启了仕进的大门，还引领了一个时代的学术风气。明嘉靖年间，青州文化界活跃着一支历史上著名的文学组织，这便是被誉为"诗坛奇葩"的"海岱诗社"。当时，从全国范围来看，各地会讲、讲会活动盛行。江西教育学院李才栋教授认为："会讲"系学术聚会、学术讨论或会同讲学等活动；"讲会"乃学术组织、学术团体，故有"联讲会"之说①。北京师范大学王炳照教授也认为："讲会类似于近代的学会组织，以书院为中心，联合附近社会人士共同组成，书院之间也联合经办，轮流主持，成为一个影响广泛的学术教育活动。"②从这个意义上讲，青州的"海岱诗社"这一文学组织更接近于讲会。

据《四库全书总目·海岱会集》（兵部侍郎纪昀家藏本）记载："嘉靖乙未丙申间，（陈）经以礼部侍郎丁忧里居，（蓝）田除名闲住，（刘）渊甫未仕，（刘）澄甫等五人并致仕，乃结诗社于北郭禅林。"当时诗社成员有石存礼、蓝田、冯裕、刘澄浦、陈经、黄卿、刘渊浦、杨应奎共八人，皆当世社会名流，被称为"海岱八子"，除去蓝田为即墨人，其余七人皆青州府人，被称作"海岱七子"。嘉靖十七年（1538 年），才华横溢、有雄才大略的胡宗宪出任益都知县，他关心文教事业，他任职益都期间，正是"海岱诗社"创作繁荣期。胡宗宪积极支持和参与诗社活动，与刘澄浦、冯裕、杨应奎、陈经等人有诗词唱和。海岱诸子经常举行文会，北郭禅林、云门山、驼山、松林书院等不少地方留下了他们的踪迹，他们以诗词唱和，创作颇丰。后编辑刊印《海岱会集》12 卷，收诗词 749 首，对后世青州文学的创作产生了很大的影响。

海岱诗社活跃时期，恰恰是松林书院办学史上的一个高峰期，书院倡导的自由讲学和人文精神也深深影响了海岱诸子的创作。有据可考的三位——陈经、黄卿、杨应奎，皆肄业于松林书院，后皆中进士，为官一方，政绩显著，

---

① 李才栋：《江西古代书院研究》，江西教育出版社 1993 年版，第 318—319 页。
② 王炳照：《中国古代书院》，中国国际广播出版社 2009 年版，第 132 页。

"皆不以诗名显，而其诗皆清雅可观"。他们当年在书院读书，对"书院松涛"有很深的感受，陈经诗中形容："长风夜撼千虬动，巨浪时喷万壑来。"黄卿道："数楹多士谈经处，满院苍松作雨声。"杨应奎这样描绘："波涛终夜惊成拍，风雨连朝听不休。空斋得此消岑寂，一榻冷然爽若秋。"海岱诸子中的刘澄甫致仕后曾应邀到书院讲学，与同科进士在书院宴集时曾发出"杏苑孤云怜我老，松林明月许谁同"之慨叹。"北海文学世家"始祖冯裕之子冯惟敏曾师从于刘澄甫，于嘉靖十六年（1537 年）中举，后成为著名的散曲大师，被"后七子"领袖王世贞赞为"北调近时冯通判惟敏独为杰出"，而冯裕本人殁祀松林书院乡贤祠，也成为学子学习的榜样。其余三位（石存礼、刘渊甫、蓝田）是否在书院读书或讲学无考，但可以肯定的是，引领青州诗风的海岱诸子，大部分都与书院有很深的渊源关系，从某种程度上讲，是书院敬道崇德、自由讲学之风成就了硕师大儒，同时硕师大儒的诗文著述又深深影响了书院的思想高度和学术氛围，从而带动了明朝中期青州文化的繁荣。

三、明代中期青州读书、文会活动盛行

明代大儒王阳明认为，为学不可离群索居，不可一曝十寒，不可独学无友。固守一地，专从一师难以长进，最好的方式是聚会讲习，师友相观而善，从而诱掖讲劝，砥砺切磋，使道德仁义之习日亲日进，世利纷哗之染日远日疏，才能充分发挥教育的社会功能。明代中期青州读书、文会活动的盛行，正是这一思想的体现。

据明末清初著名文人曹贞孺《云门辑旧》一书记载，"在昔七八十年以前，青州读书之事冠于山左。"从清初前推七八十年，即大约明代嘉靖朝后，青州人读书之事在山东堪称第一。故事记载，当时曾有十数位书生共同组成了一个文会，文会地点位于青州兵备道道衙隔壁，文会由会长主持，有严格的会规。众会友切磋研习主要是围绕科举考试的内容进行，"每月之初旬，即作大场之头场，七篇四书三经；次旬即作大场之二场，论、表一判五；末旬即作大场之三场，策五。"此外，内容广博，"又于诗词杂体以及赋颂四六，无不攻习；又通鉴性理及诸史、诸子，无不演贯。"文会时间，"此三大会者，闰在三六九之外也，而于三旬中三六九日必作"。据回忆，这一年的腊月二十九日

是年除，过年的气氛渐浓，会友们央求会长少写一篇习作，会长起初不允，经众人再三央告，才答应，"众友得宽恕，不胜欣喜"，欢闹声惊动了道衙内的道尊（对兵备道长官的尊称）大人，道尊得知情形，被士子们除夕之日仍在勤奋研习、切磋技艺的精神所感动，连声赞叹，并"即刻赏出每人银两，以为油炭之费"。据文章所记，参与此次文会的会友，仅后来考中进士者就达十三四人，有：石茂华，官至兵部尚书，三边总督，都察院左都御史；其叔弟石□名□，按察副使；蒋春芳，监察御史；张焕，南赣巡抚；冯仰芹，山西按察司佥事；邢玠，兵部尚书；王基，户部尚书；党馨，宁夏巡抚；杨锦，甘肃巡抚，都御史；朱鸿谟，刑部侍郎；刘一孚，江西副使；房如式，陕西按察使；杨应奎，南阳知府。会友中还有多人后来考中举人或贡生，在当时也小有名气。这个文会活动中的会友不少是在松林书院读书，如杨应奎、朱鸿谟、蒋春芳、张焕等；也有在青州府学读书，如邢玠等，总之青州的这些后生学子后来大都成为大明王朝举足轻重的人物，可见曹氏所言"青州读书之事冠于山左"，此言不谬！

值得推究的是，故事未提及青州兵备道长官的姓名，从官员的任职时间和参与文会活动的学子中举人的时间节点看，这位"道尊"大人很可能是当时的文坛盟主王世贞。王世贞，江苏太仓人，嘉靖三十五年（1556年）出任山东按察司副使，兵备青州，在任四年，殚精竭虑，恪尽职守，官声很好，但其主要兴趣和贡献在文学方面，主张"文必秦汉，诗必盛唐"，创作极为丰富，与李攀龙等七人被誉为明代著名的"后七子"。他任职后不几年，学子张焕、蒋春芳、党馨、朱鸿谟等人相继中举。可见，一个地方读书、文会活动盛行，文化事业兴盛，与该地方有所作为的长官大力倡导是截然分不开的。

据钟羽正《青州人物志》载：嘉靖四十一年（1562年）青州知府杜思经常召集诸生吟诗作赋，切磋学问，"群诸生为文会，名士奋起"，"科第盛于昔时，盖有功于文教者"。又据光绪《益都县图志》记载，嘉靖四十四年（1565年）山西蒲州人、进士杨相"以御史出为青州兵备佥事"，他"秉宪体，饬吏治，好士礼贤，以古道自持。遴两学诸生数十人为文社，出俸以给膏火，三日一试，自品其文，因以成就者甚众。"这些记载，也进一步说明地方长官对于文教事业的推动作用。

四、阳明心学的传播使书院办学再次达于高峰

明代中叶以后，从全国范围来看，由于官学和科举的一体化，以程朱理学为代表的官方哲学，被演蜕成科举仕进的敲门砖。《性理大全》《四书五经大全》只成了应付八股文的材料，人们奔竞于科举仕途而不择手段。官学教育的失败，提出了重建新的理论以维系日益涣散和败坏的人心的任务。王守仁的"阳明心学"应运而生，他提出了"破心中贼"的目标和"致良知"的学说。他以书院为阵地，日集诸生，讲学其中，传播心学，力图挽救官学之弊。众多王门弟子、后学对书院讲学事业都十分热衷，兴办讲会、弘扬师说成为贯穿他们一生的事业。讲会的盛行，对书院独特学风的形成产生了重要影响。突出表现为敢于怀疑，注重独立思考。王阳明在《答徐成之书》中说："夫君子之论学，要在得之于心。众皆以为是，苟求之心而未会焉，未敢以为是也；众皆以为非，苟求之心而有契焉，未敢以为非也。"其次是平等论学，求同存异，不株守门户，不以己见强加于人，提倡在学术论证中兼容宽量，具有一种豪杰之气，侠义之气。

阳明弟子、江右王门领军人物邹守益一生各个阶段都讲会不辍，讲学范围遍及江南大部。按照明儒徐阶之说，邹守益一生"凡为会七十余，大会十"（《神道碑铭》），终其一生都与讲会活动联系在一起。这些讲会活动，大都面向平民大众，影响面很广。嘉靖三十六年（1557年），邹守益白鹭洲书院讲会，"生儒以千计听讲"（《邹守益集》），盛况空前。

嘉靖四十三年（1564年），邹守益之子邹善擢山东提学使，负责全省的教育督察，受父亲影响，他也热衷书院办学，发扬光大阳明心学。隆庆元年（1567年）他亲自主持将松林书院易名为"凝道书院"，旨在凝聚人心，传承与发扬儒家文化道统，"时与诸生讲学其中"。凝道书院的办学盛况，在明代状元赵秉忠的《云门书院记》有所记载：

> "青州旧有凝道书院，在郡治西南，堂室严翼，桧柏环拱，每青蘋白龙鳞起，若万壑喷巨浪，题曰'书院松涛'，其创垂题咏载郡志。隆庆丁卯，督学者邹公善，讲明良知，羽翼圣道，设皋比函丈于此。一时贤哲师济景从，造士作人之盛，学士、先生迄今数能言。"

从"郡治西南"和"书院松涛"等表述来看，文中凝道书院就是松林书院。这一记载表明，隆庆丁卯年（1567年），山东督学邹善在松林书院"讲明良知，羽翼圣道"，传授"致良知"的阳明心学，维护儒家圣人之道，"设皋比函丈于此"，即在此设好讲席，亲自讲学，在他的影响下，一时间，贤德士子、院师硕儒，慕名而来，如影随形，汇聚书院，当时育人之盛况，学士、先生迄今有口皆碑。从描述可以看出邹善是深受其父思想的影响，归根结底是深受阳明思想之影响。可以说，邹善在凝道书院对阳明心学的传播起到了很大的推动作用，同时也使书院办学在隆庆年间再次达到高峰。

隆庆年号只存在短短五年，期间益都一县就考中党馨、邢玠、朱鸿谟等七名进士。据钟羽正《青州人物志》记载，隆庆五年（1571年）进士、官至刑部侍郎的朱鸿谟在书院读书期间，邹善向朱鸿谟授"良知之旨"，而鸿谟却"心仪冀端恪公（冀錬）"，"尊濂洛关闽（指宋朝理学的四个重要学派：濂指周敦颐，因其原居道州营道濂溪，世称濂溪先生，为宋代理学之祖；洛指程颐、程颢兄弟，因其家居洛阳，世称其学为洛学；关指张载，因家居关中，世称横渠先生，张载之学称关学；闽指朱熹，朱熹曾讲学于福建考亭，故称闽学）矩旧如护要领"，坚持理学的信念不动摇，可见，朱对冀錬的理学理论非常崇拜。这也正是明代书院教育敢于质疑、不株守门户之见特点的体现。朱鸿谟在吉安府任推官时，洁身持法，风格方峻，杜绝请客迎往，时时与诸生谈经义，所陶冶皆成名。东林党领袖人物、大儒邹元标就是朱鸿谟的门生。邹元标一直称朱为恩师，尺牍往来不断。天启年间，邹元标任左都御史时，曾与冯从吾、高攀龙和青州的曹珖等在北京创办首善书院，讲"致良知"之学。万历八年（1580年）的进士蒋春芳当初也是"从邹颖泉（颖泉为邹善的号）受良知之传"，为从凝道书院走出的一代名儒。从王阳明到邹守益，再到邹善、冀錬、朱鸿谟、蒋春芳，再到邹元标、冯从吾等人，传统儒学以其强大的生命力始终薪火相传。[1]

隆庆元年（1567年）春，邹善曾经带领学生去拜谒青州的范公祠，喝了

---

① 见房崇阳《青州的凝道书院》（夏永军、王岩《松林书院及其文化传承》第88页）。

北宋范仲淹给人治红眼病调制药丸用的"醴泉"（即现在的范公井）之水，有感于范公少年勤奋读书、为官先忧后乐的事迹和精神，当即作诗《谒范文正公祠酌泉有感示诸生》，对诸生进行现场教育，曰："昔闻长白山，清苦无与比。独抱先忧念，推沟同所耻。……嗟予及诸生，黾勉迫芳轨，勿忘千古期，请从长白始。"（石刻今存三贤祠）长白山，指山东邹平的长白山，范仲淹少年读书的地方。范仲淹是经过艰苦奋斗成长起来的伟大的政治家、军事家和文学家。邹善以范公的事迹来激励诸生，足见他用心良苦，也是其弘扬"致良知""知行合一"阳明思想的体现。作为提学使者，负有领导、监督一方教育之责，邹善抓住一切机会，亲自执教，真是一位以育人为己任的实干家。邹善满腔热忱地把凝道书院的讲学活动启动起来，但他还必须在山东全省范围内巡察，书院教学在有序进行，邹善却不得不离开青州。令邹善没有想到的是，十数年后，全国大部分书院在一场浩劫中被毁，而松林书院也难逃厄运。

五、松林书院在一场浩劫中被禁毁

万历七年（1579年）阁臣张居正下令毁天下书院。《明史》称："七年春正月戊辰，诏毁天下书院。"《明纪》记载稍详："七年正月戊辰，诏毁天下书院，自应天府以下，凡六十四处，尽改为公廨。"《明通鉴》更说明了禁毁的缘由。"先是原任常州知府施观民，以科敛民财，私创书院，坐罪褫职。而是时士大夫竞讲学，张居正特恶之，尽改各省书院为公廨，凡先后毁应天等府书院六十四处。"① 松林书院亦未能幸免。张居正禁毁书院的主要目的是整顿和强化思想控制。"科敛民财"只是一个借口，"群聚党徒"，"空谈废业"，"徒侣众盛，异趋为事"，是给书院妄加的罪名，真实原因是担心书院讲学会"大者撼摇朝廷，爽乱名实；小者匿避丑秽，趋利逃名"。在张居正看来，聚众讲学只是夸夸其谈，"虚而无当"，聚众清谈议政可能动摇社稷根本。

其实，从全国来看，明朝后期至少曾经历过四毁书院运动。分别在嘉靖十六年（1537年）、嘉靖十七年（1538年）、万历七年（1579年）和天启五年（1625年）。松林书院在嘉靖朝不但幸运地躲过了两次运动，反而办学十分兴

---

① ［清］夏燮：《明通鉴》，中华书局2009年版。

盛。但最终没逃脱第三次灾难，万历八年（1580年）书院遭厄运，松树被伐，房舍颓坏，"所司奉行太过，遂赭其地而空之"（赵秉忠《云门书院记》）。清初著名文人安致远《青社遗闻》中记此事曰："江陵相（即宰相张居正）时议乡校，贪吏承风，撤祠拉像，伐松柏，货千金入私囊，舆论痛惜不顾也。祠既废，碑碣为人取去作砧石，历代名区，鞠为茂草，君子悯焉。"[1]

直到万历四十一年（1613年），按察司副使高第、青州知府王家宾商议复其旧，而松林书院故址已经破败不堪，无法收拾，遂将原山东布政司衙门改造为书院，名曰"云门书院"，并请状元赵秉忠作《云门书院记》。此后的数十年，云门书院临时取代了几度辉煌的有着数百年历史的松林书院而成为青州府的最高学府。

附：《云门辑旧》（明末清初曹贞孺）昔青读书 [修身类·各乡绅事]

在昔七八十年以前，青州读书之事冠于山左，曾闻有十数位共一会。每月之初旬，即作大场之头场，七篇四书三经；次旬即作大场之二场，论表一判五；末旬即作大场之三场，策五，此三大会者，闰在三六九之外也，而于三旬中三六九日必作。三篇此外，又于诗词杂体，以及赋颂四六，无不攻习；又通鉴性理，及诸史、诸子，无不演贯。其中亦无师范，然有会长规矩严肃，即师范不能过焉。其会在道衙隔壁。

一日系年除，乃十二月廿九日，会友以除日向会长告饶一篇，会长不肯从。再三央突之，乃得许诺。众友得宽恕，不胜欣喜！大笑声闻道衙内。其道尊大骇曰："已除日矣，外面甚人呐喊！"俗语以高声喊叫为呐喊也。急使人询之，乃知为众友得会长饶文一篇也。其道尊乃喜曰："到此除日，尚尔构文，得减一篇，以为异数，甚可敬也。"即刻赏出每人银两，以为油炭之费。其会中则石毅庵，名茂华，甲科为尚书，谥恭襄；其叔弟石□名□（此处与下文几处皆原抄本缺字），甲科为宪副；蒋元轩，名春芳，为侍御，陞少卿；张怀洲，名焕，甲科为山东榜首，为都宪；冯仰芹，名子履，甲科为大条；邢昆田，名玠，甲科为尚书；王对沧，名基，甲科为侍郎；党窗，名馨，甲科为

抚院；杨月川，名锦，甲科为抚院；朱鑑塘，名鸿谟，甲科为少司寇；刘海山，名一孚，甲科为宪司；房吉源，名如式，甲科廉宪文；又有杨滉谷，名应奎，甲科为知府，尚有不知其名姓者，共计甲科一时十三四位。又有乡科张徊岗，名宪翔，为侍御；王惠，名□，曾两捷乡榜，为县令，升□；刘前川，名□，为别驾；王云路，名□，为别驾：共四人。又有明经二人为张见尧，名□；张中岱，名□，兄弟二人。偶朝廷有吉庆事，行选贡之事，此诸公约曰："我等才高学广，一入选贡场，未有不为我之物者。我等期许，大可留此小功名，令寒儒享之。"约既定，而二张违其约而入，诚果一位府贡，一位县贡，而乡、会榜无望焉。乃知儒者，未讲功名，此器量为首务也。

予之将读书作修身类者，丈夫汉修身，莫大于读书，莫急于读书。故凡既读书，即入修身之类也。（以上有嘉靖戊戌科李岐坡为知府，辛丑李云坡为用敬荐光禄正卿，及方伯黄，吏科张选言，皆可称学者，不及细述。）

第三节　明代松林书院名人

李昂（1434—1492）　字文举，浙江仁和人，甲戌（1454 年）进士，松林书院的创建者。成化二年（1466 年）知青州。李昂上任"即能敷德施惠，发奸摘伏，疏弊源而清之，培利本而厚之"，不久"政通人和，百废俱举"。据光绪《益都县图志》记载，当时政弊民疲，加之灾荒连年，百姓纷纷逃难。上任伊始，"问民疾苦，首劾赃吏，量贫富，均徭役"。他招募流民开垦荒地，缓征赋税；见饥民衣食无着，毅然开仓济民，数量不足，就拿出上缴的粮食补充，并动员富户设粥棚，全活灾民甚众。上司追究责任，他说："民既生全，罪复何憾？"便自动上书请罪。朝廷认为李昂动用税粮救灾等同于上缴官府，特加奖励。李昂担心大灾后百姓不能耕种，亲自巡行田间，供给耕牛和种粮；对孤苦无依者，为其盖房居住。父老叹曰："不图今日复见富公也！"富公，即宋代著名的青州"十三贤"之一的富弼，出任青州知州期间因大力赈灾而深受百姓感念，人们把李昂跟富弼相提并论，可见其关心百姓疾苦，关注民生，深受百姓爱戴。明成化五年（1469 年），创办松林书院，大修府学和县学，尽心办学，注重教化，敬道崇德，亲仁和睦，民风为之大变。

陈经（1481—1549） 字伯常，号东渚，明朝青州益都人，故居在今北关大街。曾在松林书院习儒学，正德九年（1514 年）进士，授兵科给事中。谠直敢言，武皇末劾奏宁彬余党，辞涉当路，上览疏，顾左右曰："此髯给事中也?"因陈经多须，故云。累官至户部尚书、礼部尚书、兵部尚书，加太子少保，致仕。在朝谠直敢言，尤恶奸党。嘉靖初，为西北边防事筹划对策，通宵达旦，废寝忘食；上疏防御事，帝皆允行。边臣建议修复河套，陈经力陈其不可，违背宰执意，于是乞骸骨。朝廷诏许致仕。后起复为户部尚书，命下数日而公卒，皇上为之暂停上朝议事，谕葬祭如例。陈经性情方正耿直，为

兵部尚书陈经

官三十年，门无私谒；卒之日，囊橐萧然，有古大臣之风。嘉靖十四年（1536 年），母丧，丁忧居里，与刘澄甫、冯裕等发起成立海岱诗社，期间作品收入《海岱会集》。其诗文草书，并擅其妙，人得其手迹，世多珍之。今青州古街大宗伯（明清时期称礼部尚书为大宗伯，陈经曾任礼部尚书）牌坊即为纪念陈经所立。

陈梦鹤（约 1510—1580） 字子羽，陈经之子。幼年聪敏，读书过目成诵。年十三，随父在京，见宫内张灯，光耀异常，即作《大内灯诗》，其中"愿得光添新蜡烛，不教日月照流亡"佳句，显其年少才高。曾说："闻吾青有名宦、乡贤二祠，心窃慕之。稍长，为诸生，习举子业于松林书院。"庚寅（1530 年），嘉靖皇帝于南郊祭祀，梦鹤随父陈经往观。园丘新制，梦鹤退而撰《大祀园丘礼成赋》，一时传诵，名动京师。遇恩例荫一子，梦鹤让其异母

弟梦草。嘉靖二十六年（1547年）中进士，留京授职。适父陈经告老归里，行前嘱梦鹤："勿亲近执政贵人！"以防卷入朝臣纷争旋涡。时大学士夏言知其才，欲罗致之，梦鹤婉言拒绝。朝廷授工部主事，管理济宁水利，他忠于职守，实地考察，撰写《闸河类考》二卷。旋改兵部选司，撰《武铨邦政》二卷；期满考核，升河南佥事，领民兵入京师护卫，屯兵横岭。敌由怀来袭横岭，梦鹤督官兵御之。捷奏，升俸一级，著《治兵余兴》一卷。时奸相严嵩当道，多次以转任、升迁笼络，陈梦鹤均予谢绝，不与同流合污。寻罢归，虽门第清白，世守琴书图史外，萧然无一长物。闭户吟咏，怡颜自得，与友在香山洛社之间结"翼雅诗社"，其风雅遗风足为表率。嘉靖四十三年（1564年）青州知府杜思修名贤、乡贤二祠及松林书院，四十四年（1565年）落成，陈梦鹤为之作记，全文收入嘉靖《青州府志》，是研究松林书院的重要资料。晚年贫病交加，咯血卒。临终作《薄葬书》遗子孙。又有《雅音萃稿》三十卷、《艺巘山人岁稿》三十卷、《平庄集》一百卷及《西平游览志》诸书。

杨应奎（1486—1542） 字文焕，号渑谷，别号蹇翁，益都东关人，回族。曾在松林书院习儒学，正德六年（1511年）进士，天性孝友，厚重朗豁。授仁和尹，征拜兵部主事，转礼部员外。迎世宗于汤阴，进仪注，赐御膳。擢守临洮，刻祖训以激励百姓。甘肃驿站久疲，杨应奎极力调处，民皆复业。引洮水灌田转磑，民利之。有去思碑。及调任南阳知府，正值荒年，设法赈济，活数万人。又修建陂堰以灌民田，郡民感德，为立生祠祀之。平生博览群籍，精工王羲之书法，其高致雅行，常以范仲淹自我期许。明末清初著名文人安致远曾说："吾郡以书法名家者亦不多见，予尝见杨渑谷墨迹犹有二王遗法。"

南阳知府杨应奎

杨应奎罢归居乡，日与缙绅结洋溪吟社，容与林泉。有《海岱吟稿》并《渑谷文集》藏于家。主编《临洮府志》《南阳府志》。其《书院松涛》诗，抒发了在松林书院读书时的感受。《谒王沂公墓》一诗表达了对五百多年前从书院前身——北宋矮松园走出的三元宰相王曾的仰慕之情。

黄卿（1483—1540） 字时庸，益都人。自幼聪明伶俐，相传有高官见之，问曰："红鞋紫帽谁家子？"小黄卿灵机一动，反问道："锦带乌纱何处人？"高官笑问其姓氏名谁，答曰："名在三公下，姓居五色中。"其自幼聪慧如此。后肄业于松林书院，正德三年（1508年）中进士，历知武进、涉县，迁守应州。所至皆以能称。升南京刑部郎。时有宸濠之变，参赞大司马乔宇筹划，贼赖以平。擢太原知府，修废决滞，经五月而郡大理。汾河决堤，城将垫，具词祭告，水徙三里，百姓认为其神灵。升任浙江右参政，触犯宰执，调任陕西，再迁江西，不久升左布政。黄卿为审权量，宽息耗，吏不能欺，民感其惠。嘉靖庚子岁饥，发帑赈之，全活万众。是岁十月入觐，中道卒。平生嗜学，老而弥笃，虽隆冬盛暑不废览阅。有《海岱会稿》《编苕集》《编苕诗话》《闲抄漫纪》《拟珠集》藏于家。曾作《矮松园》诗。

杨铭 字日新，号浴斋，杨应奎长子，也曾在松林书院习儒学，万历间岁贡生，官至襄垣训导。有《辔线集》。故地重游后作《再游松林书院》一诗，抒发了光阴易逝、人生易老、功业无成的孤寂惆怅之感。

刘澄甫（1482—1546） 字子静，号山泉，青州朱良人，大学士刘珝之孙，正德三年（1508年）进士。历任广西道监察御史、两淮巡盐兼治理河道、宣府大同巡按御史、山西左参议等职。他办事干练，为官清正，不畏权奸。拟升任大理寺丞时，因得罪宦官中贵，被谗言陷害，被迫致仕返乡。归家后曾在松林书院讲学，居青州城南云门山东麓花林疃，建"山泉精舍"，赋诗作画，以文会友，与冯裕、陈经等联手创办海岱诗社。后冯裕三子冯惟敏也从师于刘澄甫，习举子业，并于1537年中举，后成为著名的散曲大师。

冀錬（1513—1587） 字纯夫，号康川，明青州府郑母村人。嘉靖二十三年（1544年）进士，官至兵部右侍郎。为人端庄持重，颇有风骨，治学纯笃，自六经及诸大儒遗书，无不成诵。为官专以孝悌训民，省刑简讼，民化从之。曾曰："一家化，即一家为商周；一邑化，即一邑为唐虞。"闻者以为名言。万历十五年，七十四岁卒于家，祀"乡贤祠"及长安县"名宦祠"，赠工部尚书。钟羽正《青州人物志》中说："公严肃自持，言笑不苟，及接后生晚进，孜孜引诱，盎然坐春风中，忘其为尊宿也。生平以三事自持：不为矫矫之行而苦节闻于海内，居家不问有无，卒之日无以供丧具，子孙售产以办。事闻，赐祭葬，谥端恪。"冀錬不仅是位治世能臣，还是位理学名臣。致仕后，应邀凝道书院（松林书院）讲学，其门生钟羽正，成为一代名臣。冀錬去世时，钟羽正作《祭端恪冀老师文》中赞扬老师的学识："我师纯懿之性，宥密之思，海阔渊澄之度，金相玉润之姿。有茧丝牛毛之功而弗涉于迹，有谈天雕龙之识而不露其奇。精至乎探无极、包太始而非空寂，博至于罗百家、掇诸子而非支离。"回忆老师对自己的谆谆教导："某束发游学，在公炉锤，开我颛蒙，面命耳提，凡以启发其愤悱而鼓舞其意气者，真所谓为视予犹子。""病弗祷，殓弗及，丧不得与哭泣之哀，而葬弗获助执绋也，徒悲良木而莫之追千里驰奠。泛滥涕洟，鸣乎哀哉！"表达了对恩师的痛悼之情。

钟羽正（1554—1637） 字淑濂，号龙渊，明代青州钟家庄人，冀錬门生。出身诗书人家，自幼勤奋好学，少年即有文才。明万历八年（1580）进士，出任河南滑县知县。滑县"素称繁剧"，治理难度大，他一到任，即着手处理积案，"断决如流，三日而毕"。奉调进京，提升为礼科给事中。当时的万历皇帝吸食鸦片，疏于政事，且宠信宦官。钟羽上疏建言"朝讲不宜辍，张鲸不宜赦"，但皇帝不听。不久改任工科给事中，代表朝廷出巡视察宣化府边防事务。他发现当地带兵将领冒领军饷，中饱私囊，坚决予以裁减，并不畏权势，严惩贪官。回京后任吏科都给事中。当时朝政腐败，送礼之风盛行，地方官员进京朝觐时，都要向京官馈赠。对这种不良风气，钟羽正谏言，力陈其弊。皇帝认为他的话很有道理，便敕命阁部大臣，一切公事均在朝房计议，不准在私人宅邸接待宾客。又命外官不得与京官私通，有事照章办理，办完即日出城，不得擅自逗留。万历二十年（1592年），皇长子年11岁，上疏请皇帝"训储"，即允许皇长子接受做皇帝的教育。触怒神宗，被削职为民。

钟羽正罢官后，即日便身着村装野服，骑着毛驴，踏上了返归故里的道路。钟羽正回乡后，闭门读书，地方官员和士大夫争相拜访，皆坚辞不见。万历四十三年（1615年），青州发生大饥荒。钟羽正倾资赈济，救活1500余人。使者核实上奏，朝廷赐给"代天育物"的门匾。朝廷起用钟羽正为光禄寺少卿。神宗死，光宗继位，任用钟羽正为太仆少卿，继而升任太仆正卿，钟羽正未到任，在故乡闲居近30年。

天启二年（1622年），任命为左副都御史，钟羽正谦辞不受，改任佥都御史，后任左副都御史，改任户部右侍郎。天启三年（1623年），官拜工部尚书。这时宦官擅政，太监发难。原定太监冬衣隔年一供给，这年六月，千余名太监要求提前供应冬衣，他们蜂拥入署，砸毁公座，殴打下属，肆意谩骂而去。事后钟羽正上疏说这样大伤国体，要求解任。皇帝诏命司礼太监"杖谪群阉"，命钟羽正照常出班视事。但钟羽正去心已定，连奏三本，乞求引退，终获批准。天启四年（1624年），逆党追理旧案，已引退的钟羽正又以"委身门户"之罪被削职夺官。直到崇祯初才平反复官。崇祯十年（1637年），83岁的钟羽正在故乡去世，朝廷赐官太子太保。墓冢在今青州城区西部，为市重点文物保护单位。著有《崇雅堂集》等，曾主持撰写明万历《青州府志》。其《青州人物志》是研究明朝以前青州名人的重要史料。

邹善 字继甫，号颖泉，明江西安福人。《明史》载："邹善，嘉靖三十五年（1556年）进士，以刑部员外郎到湖广清理冤案，矜释甚多。擢山东提学佥事，时与诸生讲学。万历初，累官广东右布政使，谢病归。久之，以荐即家授太常卿致仕。"嘉靖四十三年（1564年），邹善擢任山东提学使，负责全省的教育督察，隆庆五年（1571年）调往湖广。在山东任上共七年，在济南泺源书院讲学时，培养了许多人才，其中有大书法家邢侗等；在青州凝道书院讲学时，培养了如刑部右侍郎朱鸿谟、监察御史蒋春芳等栋梁之材。山东东部昌邑、即墨等地也留下了邹善的足迹。

状元赵秉忠在《云门书院记》中曾追述凝道书院（即松林书院）办学盛况时写道："青州旧有凝道书院……隆庆丁卯，督学者邹公善，讲明良知，羽翼圣道，设皋比函丈于此。一时贤者师济景从，造士作人之盛，学士、先生讫今数能言。"文中记载"隆庆丁卯"即隆庆元年（1567 年），邹善在凝道书院讲学，讲授王阳明"致良知"之学，书院办学盛况空前。

房如矩　字正甫，号心源，明青州府益都人，万历年贡生，书院名师，祖上世代为农，其兄房如式以科举入仕，官至陕西按察使。房如矩熟读经书，考举人未中，便不再科举，一心攻读，以教学为业，后出仕任褒城知县。清康熙《益都县志·儒林》载："房如矩，如式弟。醇厚端谨，有声庠序。从江右邹氏（即邹善）讲'良知之学'，敝衣不饰，秉礼敷教，出其门多为名士。由岁贡令褒城，恂恂字爱。以引疾归，宦橐萧然，家贫如未官时，真儒之廉慎者。"

曹璜（？—1615）　字于渭，又字见素，青州人，官至通政司左参议。生平豪爽，坚持道义名节，多次受挫而不改。与人交友，诚实守信，不虚情假意。两次入朝觐见，不持一物赠贵人。宦游南北，书箱中除书籍外无余物。当时论清节名臣，首推曹璜。著有《大云集》《治术纲目》《四书遵注纂要》等书。曹璜是房如矩在凝道书院讲学时的门生。其子曹贞孺著作《云门辑旧》中有"举人上学"一则故事，记道："昔我父从学于明经房心源名如矩者，有年矣。"曹璜中举时 21 岁，仍于社会事务中抽身拜望老师房如矩，仍要求老师布置作业，自己去用功完成，第二天一早，再以所读书籍，向老师背诵。此时，书院虽已被毁，但是房如矩依旧在别处教书。如矩是贡生身份，接受举人的参拜有些惶惶不安，但曹璜是出于至诚，此事成为爱生尊师的一段佳话。

朱鸿谟　字文甫，号鉴塘，益都人，钟羽正在《青州人物志》说："公自为诸生，督学邹公善试选，首讲授良知之旨，而心仪冀端恪。公学秉勿欺，自大庭及屋漏无惰容，自公卿至卒隶无饰词，尊濂洛关闽矩旧如护要领，化世之新学如操戈入室。"邹善主讲凝道书院（即松林书院）时，选拔朱鸿谟学习。邹善向朱鸿谟讲明代王守仁提倡的"致良知"的道理，而朱鸿谟却"心仪冀端恪"，心中崇拜冀端恪，即理学名臣冀链，尊崇"濂洛关闽"学问，坚持理学信念不动。隆庆四年（1570 年）中举，五年（1571 年）进士，官至刑部右侍郎，卒赠刑部尚书。宰相张居正之父卒，居正恋权不奔丧，遭到许多官员上疏弹劾。言者施以杖刑，有的遭流放，奉旨有敢救者，重治之。鸿谟闻之，泣曰："天乎，人理尽矣，何用生为？"即上疏救，张居正大怒，朱鸿谟被贬归乡。后又出任应天巡抚，他清田稽诡，惩治豪猾，当地百姓以为可与清官海瑞相媲美。

他在吉安府任推官时，洁身持法，风格方峻，杜绝请客迎往，时时与诸生谈经义，所陶冶皆成名。东林党领袖人物、大儒邹元标就是朱鸿谟的门生。邹元标一直称朱为恩师，尺牍往来不断。天启年间，邹元标任左都御史时，曾与冯从吾、高攀龙、青州的曹珖等在北京办首善书院。邹元标也是讲"致良知"之学。朱鸿谟一生清廉，死后甚至无钱安葬，经故旧僚属筹资，才顺利办完丧事。

附：曹贞孺《云门辑旧》记载朱鸿谟乡试结束仍闭门读书不辍的故事

完场朗诵［修身类·朱鉴塘事］

夫士子于子午卯酉年八月初九日，进本省头场，十一日二场，十五日三场，至十六日三场已毕，到月一十五六或七八日开榜，俗名揭晓，刻士子成名时也。自十六日至二十七八日，此十数日之内，其决科必中者。只作这几日秀才，其必不能中者，亦且做这几日举人，此世间之笑谈也。是故即有勤读书之人，到此数日之内酣酒歌舞、呼朋唤友、耳听捷音，断无在此时用工夫者。

乃里中少司寇朱鉴塘，乡党称为"道学先生"，一生只晓读书一事。既三场后，犹闭门朗诵曾不辍毂。有一交人谓其同列曰："当此三场既毕之后，尚有人读书居。"其同列曰："断无之此友！"云："我则能于此三场之后，寻一不辍毂之人。"两人相争时久，因为之赌赛——如果有其人，即输酒一席。议既定，乃寻得青州朱鑑塘，突入其门，见其诵者不已也。此众友相谓曰："此时谁不在街头耍，而犹然功昔如是？"鑑塘正襟危坐而应之曰："我若今科中得举，不日便当上京会试了；若中不得举，便当伺候学道岁考了，你道那得不当读书？"观此言，虽只寻常，然实士子本分之言，亦宿儒老成之言也。

夫人但有志读书，那得有甚闲工夫玩耍，有甚闲心绪玩耍乎！盖自六七岁入学中，其用功直至中了进士，而后可辍止也。果谁身中，非此职分，而只玩日歇月以废生平？若鑑塘之言，虽似迂阔，而实可述、可传也，故记之。（隆万年事）

蒋春芳 字实伯，号元轩，明青州人，衡府籍，从凝道书院走出的一代名儒。据钟羽正《青州人物志》记载，起初蒋春芳跟从书院名师邹善学习"致良知"的学问，万历八年（1580年）进士。选扬州府推官，清介明决，断案如神，号称"神君"。后官河南道御史，山西巡盐，淮扬巡按，俱有风采。升尚宝卿，主河南乡试，得人为盛。万历二十四年（1596年）作为朝廷委派的监察御史，驻节巡按泗州。在盱眙留下"江北誓辞碑"，其言铮铮，掷地有声，为人称道。还慨捐八百金，修盱眙学宫，写下《盱眙县重修儒学碑记》。钟羽正称蒋"授徒善诱，各因材质所宜而喻之于道，出其门登科贡者不绝"。

大明监察御史蒋春芳

张焕 字懋文，端凝敏悟，博览群书，曾在书院读书，与蒋春芳"居同里，学同术，日夕攻读，更无暇刻"（曹贞孺《云门辑旧》），嘉靖三十七年（1558年），考取举人第一名即解元，四十四年（1565年）进士，授长治知县，行取南京户科给事中。擢尚宝卿，寻掌鸿胪。拜南赣巡抚，以忧归。著《虚白堂诗草》。钟羽正评价说："公省试第一人，学博才富，气粹体充，其诗不为高张急节，舂容温丽，有鸣銮清佩之响，接境而情合焉；不造境以为情，情至而境会焉；不矫情以为境，读之如朗日和风、柳塘花坞中，令人神愉情怡而不自知，真盛世醇儒之度也。"

第四节　明代松林书院名人诗歌（节选）

（注：本节所录诗歌包括明代松林书院院师和学子所写诗歌，以及各级官员或当世文化名人为松林书院所题诗歌。）

松涛诗

（明）陈经

昔人曾筑读书台，台畔苍松次第栽。
芸阁密围青玉幄，牙签深护翠云隈。
长风夜撼千虬动，巨浪时喷万壑来。
雨露尚须滋养力，庙堂今重栋梁材。

诗的首联先写"昔人曾筑读书台"。诗人为什么不写书院中讲堂、藏书阁等建筑，而单写读书台？读书台是为纪念王曾而建的。北宋时青州人王曾年轻时就在这书院中读书，后连中三元，官至宰相。他为官清正廉洁、政绩卓著，封为沂国公，时人遂于书院中筑"王沂公读书台"以志纪念。诗人写读书台，既表明了松林书院曾培育出了王曾这样的国家栋梁，也表达了诗人对王曾的崇敬之情。"台畔苍松次第栽"一句自然地引出所要吟诵的对象。从"次第"一句看，经过几百年的变迁，园中已非宋代的二株矮松，而是成排的苍松翠柏了。

颔联和颈联则着重描写院中苍松浓密、松涛涌动的形象。"芸阁密围青玉幄，牙签深护翠云隈。"古人用芸香除书虫，"芸阁"即藏书之所，亦称"芸台"。牙签，是象牙做的签牌，上写书名篇名，以便于查找书籍，这里借指书籍。这两句是倒装，即"青玉幄密围芸阁，翠云隈深护牙签"；也是互文，即松树的枝叶浓密，像青玉色的帷幕，又像绿云缭绕，掩映着书斋，护围着这藏书之所。诗人用形象的比喻写出了松树的茂密和书院的幽静。冯延登《洮石观》诗："芸窗尽日无人到，坐看玄云吐翠微。"写的正是这种氛围。这是静态的描写，而颈联则从动态写出松涛涌动的声势。"长风夜撼千虬动，巨浪时喷万壑来。"夜里长风吹来，松枝像千条蛟龙翻腾，又像万壑中浪涛滚滚。嘉靖《青州府志》载："青州有八景，而书院松涛居其一。"从这首《松涛诗》的描写看来，确实当之无愧。

尾联"雨露尚须滋养力，庙堂今重栋梁材"，写院中松树如此茂盛而成为栋梁之材，是由于有雨露的滋养。这里实际上是以松树象征人才，赞颂了松林书院这方教育圣地培养出了像王曾一样的一代又一代众多的栋梁之材，而诗人自己也正是松林书院这方沃土培育出的国家栋梁。结尾巧妙地照应了开头，同时也表达了对朝廷和地方重视教育、重视人才的赞许。

这首诗最突出的特点是"对景言情"，情景交融。诗中通过对书院松涛景色进行有声有色、生动形象的描写，表达了诗人对松林书院这一教育圣地的赞颂，体现了诗人对松林书院的深厚感情。其次，这首诗结构非常严谨，开头从王曾读书台写起引出题意，中间两联着重描写书院松涛的景象，结尾照应开头，赞颂书院对于培养人才的重要作用，有力地突出了诗的主题。另外，这首诗运用了动静结合、比喻、象征、倒装、互文等手法，语言苍劲有力，气势恢宏，生动形象地表现出了书院松涛的特点。

（刘方田、张国钟）

矮松园

（明）黄卿

数楹多士谈经处，满院苍松作雨声。
皎皎月华舒鹤步，离离云影偃龙形。
山空瀑下千寻急，江转崖高两岸平。
拱把参天原自养，扶摇飘飒莫相惊。

矮松园

（明）陈梦鹤

森森群玉府，郁郁万松围。

黛色暗团户，涛声府撼扉。

蟠蚪翻陆海，巢鹤湿云衣。

谁识清商调，瑶华试一挥。

书院松涛

（明）杨应奎

精舍荫荫万木稠，隔墙遥望翠云浮。

波涛终夜惊成拍，风雨连朝听不休。

逸韵偶同天籁发，壮声应傍海门悠。

空斋得此消岑寂，一榻泠然爽若秋。

谒王沂公墓

（明）杨应奎

前朝人物系乡思，勋业功名世所希。

下马西风伤往事，卧麟高冢惨当时。

白杨袅袅吟霜叶，苍藓斑斑点旧碑。

立志谁能忘温饱，孤坟瞻拜一凄其。

再游松林书院

（明）杨铭

忆昔读书处，于今再得游。

论文无旧侣，携酒更谁酬。

境静花含露，松寒风度秋。

悠悠百年里，白发上人头。

松林书院

（明）吴宽

宋汴人才无后先，东方作郡总名贤。

朝廷择相多从此，州县劳人岂信然。

隐隐故疆分海岱，堂堂遗像照山川。

至今新庙虚名位，莫道前修美独专。

注：吴宽（1435—1504），字原博，号匏庵、玉亭主，世称匏庵先生。直隶长州（今江苏苏州）人。明代名臣、诗人、散文家、书法家。

松林书院

（明）陈凤梧

万松承露郁森森，精舍门开傍绿荫。

名宦勋华高北斗，乡贤声价重南金。

两祠俎豆方崇德，一郡人文此盍簪。

珍重山川清淑地，诸生他日望为霖。

注：陈凤梧（1475—1541）明江西泰和人，字文鸣，号静斋。弘治九年（1496 年）进士。授刑部主事。历湖广提学金事，河南按察使。中官谷大用迎

世宗于兴邸，所至横暴，凤梧独不屈。累擢右副都御史，巡抚山东。相机镇压矿徒王堂起事。官至南右都御史，巡抚应天十府，罢归卒。

松林书院

（明）翁世资

宋室名臣驾汉唐，数公勋业更殊常。
巍巍庙貌云山耸，耿耿声名日月光。
先后立朝弘大化，联翩作郡盛流芳。
嗟予祠下瞻衡宇，含愧临风酬一觞。

注：翁世资（1415—1483），字资甫，莆田人，正统七年（1442 年）进士，官至户部尚书。

松林书院

（明）江玭

松林庙貌宋名臣，瞻仰多时企慕深。
学力运筹经世略，仁恩推广爱民心。
巍巍勋业光前后，耿耿精忠贯古今。
从此春秋荣祭享，令人感慨动长吟。
为谒贤祠去复来，一瞻神像几徘徊。
生前贯彻天人学，没后追思将相才。
谥号于今昭汗简，勋劳何必写麟台。
英灵时享清时祭，定有文光烛上台。

注：江玭（pín），字用良，钱塘人，景泰年间进士，授礼科给事中，成化中官至山东参政。

松林书院

（明）唐濂

青齐宋代十三贤，道德文章孰可肩。
治郡深思苏困悴，立朝大节拯危颠。
堂堂庙宇千年祀，彪炳功勋万古传。
有志丈夫追往躅，管教声闻与同然。

松林书院

（明）杨琅

庙貌宗先哲，巍巍列缙绅。
青齐联出守，黄阁总名臣。
勋业昭前史，仪刑肃后人。
至今千载下，遗泽尚如新。

注：杨琅，字朝重，莆阳黄石人，天顺三年（1459 年）乡试第一，历任河南道监察御史、山东按察司佥事等职。

松林书院

（明）董琳

诸公今已矣，庙貌俨如生。
此日一瞻拜，令人心自倾。
遗黎犹仰德，汗简盛垂名。
踯躅不能去，夕阳鸦乱鸣。

松林书院

（明）张珩

群公事业垂天地，文武全才孰与俦。
出守青州兼使相，入持邦宪共谋猷。
祠前翠柏四时秀，海内清名万古留。
传与当时奸佞者，九原骨朽也含羞。

松林书院

（明）刘时敦

宋朝三百年天下，皆赖诸公辅导贤。
万里风尘双鬓短，九霄日月寸心悬。
古今名重邦家器，中外才兼将相权。
幸得当时遗像在，几人稽首拜祠前。

松林书院

（明）袁经

宋祚方兴泰运开，群英随世起蒿莱。
民歌一郡循良政，天启三朝将相才。
祠庙乾坤同久远，勋名云汉共昭回。
春风歇马来瞻谒，敬寓松醪酬一杯。

松林书院怀古

（明）牛鸾

黯迳重林西日微，萧城寒角怆孤祠。

蒸尝今古惟精舍，钟鼎乾坤但泪碑。

幻事惊人击鼙鼓，大观何日断机丝。

群公一道怜如意，未忍逢人看弈棋。

倍伤今古若飞弹，谁把金鱼换钓竿。

千树风云犹会合，百年人物已凋残。

芳春聊共花颜破，远嶂虚移月影寒。

重忆旧溪宜小艇，怪来酷似子陵滩。

注：牛鸾，字鸣世，号竹坡，河北献县人，正德三年（1508 年）进士，五年（1510 年）以益都知县升山东佥事、兵备青州。

松林书院

（明）朱鉴

松柏苍苍入望中，岿然庙祀宋诸公。

乾坤无复经纶手，今古空存竹帛功。

洋水潺湲流不返，劈峰苔藓峙无穷。

特来祠下瞻依久，独鹤孤云静晚风。

注：朱鉴：卢龙人，进士，正德七年（1512 年）青州知府，后改任刑部郎中。

松林

（明）吕和

光岳分来士未全，真元再合毓英贤。

一朝将相青齐守，千古功名日月悬。

庙貌森森罗爱地，心神炯炯照旻天。

昭勋崇德今安在，北海松林不记年。

松林宴集

（明）胡缵宗

松林月出海云红，底下云门照雪宫。

银烛金樽今夕共，杏花春雨昔年同。

三龙矫矫惟青社，一凤翩翩自壁空。

千首新诗各乘兴，黄钟逸响思飒飒。

注：胡缵宗（1480—1560），字孝思，又字世甫，号可泉，又别号鸟鼠山人。明巩昌府秦州秦安（今甘肃天水市秦安县）人。正德三年（1508 年）进士，任翰林院检讨。后历任安庆、苏州知府，山东、河南巡抚，足迹遍及江南、中原。为官爱民礼士，抚绥安辑，廉洁辩治，著称大江南北。

松林宴集

（明）冯裕

松林苍翠落霞红，共坐空堂铁笛风。

苦忆曲江三年别，故烧高烛一尊同。

乾坤又见龙门子，蓬荜深惭鹤发翁。

清夜沉沉明月上，来朝怅望海天鸿。

松林宴集

（明）刘澄甫

乘风缥缈自崆峒，北海冬初宴雪宫。
杏苑孤云怜我老，松林明月许谁同。
夜谈尊俎安齐鲁，晓见旛旌动华嵩。
绮席雕觞共流转，不知离合本西东。

松林宴集

（明）黄卿

先朝首榜群英少，北海清樽四士同。
剧语骚玄移鹤月，尽麾丝竹度松风。
浮渐凝溜融融合，炬焙炉熏袅袅重。
知是明朝经略急，迟廻酬酢兴无穷。

谒范文正公祠酌泉有感示诸生

邹善

昔闻长白山，清苦无与比。
独抱先忧念，推沟同所耻。
刻竹守琅琊，敷政资神理。
化迁岁何年，爰遗丹井水。
吊古仰前修，汲福荐籩簋。
试酌远沉疴，重待净余滓。
惟兹百代人，炯炯照青史。
中庸遴士授，边城朝日起。

捐囊育青衿，市田给族里。

江湖与庙堂，分阴敢自弛？

嗟予及诸生，黾勉迫芳轨，

勿忘千古期，请从长白始。

明隆庆元年三夏朔安成邹善书。

注：本诗刻碑在青州市范公亭公园三贤祠后乐亭后墙南侧。撰书者邹善，明代江西安福县人，嘉靖三十五年（1556 年）进士，历任刑部主事、山东督学，官至广东右布政司使。本诗是作者任山东督学时于隆庆元年（1567 年）拜谒范公祠后写给书院诸生的诗作。此时邹善主持修葺松林书院并易名凝道书院，并在书院亲自讲授"致良知"的阳明心学，办学十分兴盛。

第五节　青齐宋代十三贤

北宋时期，青州先后为京东路和京东东路首府，是北宋大郡名城，辖七州三十八县，是名贤会聚之地，也是政治家施政的舞台，先后接纳过十九位宰相、副宰相在此任职。有诗云："宋汴人才无先后，东方作郡总名贤。""朝廷择相多从此"，"青州名宦宋时多"。他们或从青州入仕京城，升入高官乃至宰臣，或从朝廷退居，谪守，外放青州，都在青州留下了深深的历史印迹和不可磨灭的光辉篇章。而名宦重臣十三贤，在史册上犹为千古流传。

明朝，朱元璋重视官吏的清正廉洁，树立榜样，要求各级官吏学习。作为大郡，青州尤重教化，尊崇贤达，始祀"十三贤"。"十三贤"的提法，最早始于成化五年（1469 年），当时，青州知府李昂创立松林书院的同时，奏请将青州府治仪门之西的"名宦祠"移建于书院，祭祀宋朝十三位有惠政的青州知州，即寇准、曹玮、王曾、富弼、庞籍、范仲淹、程琳、李迪、赵抃、欧阳修、吴奎、张方平、刘挚（一说孔道辅）等十三位名人，用来教育学子以圣贤为榜样，修身养性，勤奋读书，建功立业。后人俗称名宦祠（亦称名贤祠）

为"十三贤祠"。

十三位名宦中，官至宰相者 5 人，副宰相者 7 人，曹玮为武将，官至彰武军节度使。其共性是：一、在解决民族矛盾中都尽心竭力，做出过较大贡献。宋朝自建国后与东北的契丹、西北的西夏，民族矛盾时激时缓，未曾间断。十三位名宦，或领兵作战，镇守边境；或代表北宋议和谈判，均有功勋政绩。二、为官清正廉洁，为民众办了许多实事好事，深受百姓爱戴。

明代诗人唐汉有诗道："青齐宋代十三贤，道德文章孰可肩。堂堂庙宇千年祀，炳炳功勋万古传。"对书院中祭祀的宋代十三贤给予了高度评价。清乾隆丙申（1776 年）秋临桂胡德琳奉檄摄青州，作《青州十三贤赞》，由海盐张燕昌书，刘万传刻，碑石现移嵌于书院前讲堂西壁上。2012 年，青州一中 110 周年校庆前夕，校园内竖起 14 块汉白玉石雕，镌刻十三贤的炳炳功勋以及崇高精神，成为后代学子心中永远的丰碑和对十三贤永远的纪念。

现将十三贤按知青州的先后顺序介绍如下：

忧国忧民寇莱公

寇　准（961—1023）　字平仲，华州下邽人。少英迈，十九岁举进士，后授大理评事，知归州巴东、大名府成安县，累迁殿中丞、通判郓州，召试学士院，授右正言，转盐铁判官。每当皇帝诏百官议事，寇准总极陈利害，太宗更加器重之。擢枢密院直学士，判吏部东铨。曾奏事殿中，语不合，帝怒起，寇准就踩着太宗衣服，请太宗坐下，事决乃退。太宗赞之曰："朕得寇准，犹文皇之得魏徵也。"淳化二年（991 年）拜左谏议大夫，枢密副使，改同知院事。

淳化四年（993 年），因与知院张逊数争事，太宗怒，谪逊，寇准亦罢知青州。太宗想到寇准的忠厚，常思念他，问左右说："寇准在青州快乐吗？"答曰："寇准得善藩，当不苦也。"不几天，再问，左右揣测太宗心意要将寇准召回，便对答："陛下思念寇准没有半点忘记他，听说寇准天天纵酒，不知他也想念陛下吗？"太宗默然。翌年召回，拜参知政事。至道二年（996 年）罢知邓州。

真宗即位，迁尚书工部侍郎，又迁兵部，为三司使。真宗久有授寇准为相之意，却担忧他刚直难独任。是时契丹再入侵，寇准力主抗击，并护驾澶州，号令明肃，士卒振奋，大败契丹，致使契丹议和。大中祥符七年（1019 年）以寇准为枢密使，同平章事。八年又以为武胜军节度使，同平章事。天禧三年（1019 年）加右仆射，四年为太子太傅，封莱国公。

寇准在相位，用人不以次，识王曾，奇其才而委以重任。寇准正气凛然，屡遭政敌明枪暗箭，特别澶州抗敌立有战功，朝中与其政见不和者，始扰其谋，终妒其功，诬陷中伤。丁谓等人趁真宗病重，依皇后预政，将寇准贬为道州司马，再贬雷州司户参军。

寇准怀有忧国忧民之心，且恃有济世之才，为人刚直，一生建有功业，遭奸佞暗算，天圣元年（1023 年）卒于雷州。明道二年（1033 年），仁宗为寇准昭雪，恢复太子太傅、寇莱公之职，赠中书令，谥号忠愍，归葬下邽。

一代名将曹武穆

曹 玮（974？—1030） 字宝臣，真定灵寿人，宋开国名将曹彬次子。十九岁同知渭州，真宗即位，改内殿崇班，知渭州。曹玮驭军严明，赏罚立决，犯令者无所贷；而出谋划策，沉稳老练，屡立战功。

真宗认为曹玮熟知河北事，乃以为真定路都钤辖，领高州刺史。天禧三年（1019 年）以华州观察使、鄜延路副都总管、环庆秦等州缘边巡检安抚使，击败德明侵犯，异族归附者甚众。拜宣徽北院使，镇国军节度观察留后，签书枢密院事。

宰相丁谓驱逐寇准，同时怨恨曹玮不依附自己，指其为寇准党人，罢左卫大将军、容州观察使，知莱州。丁谓集团失势后，宋仁宗天圣元年（1023 年）复华州观察使，知青州，勤于政事，廉洁自律，颇有声誉。后拜昭武军节度使，带病守河阳。又为真定府、定州都总管，改彰武军节度使。天圣八年（1030 年）病逝。曹玮用士，得其死力，及师出，多奇计，出入神速不可测。将兵几四十年，未尝少失利，为真宗时一代名将。

状元李迪二知青州

李迪（969—1047） 字复古，濮州鄄城人。景德二年（1005 年）状元。

历通判徐、兖州，知郓州，以尚书吏部员外郎为三司盐铁副使，擢知制诰。真宗驾临亳州，李迪为留守判官，遂知亳州。迁陕西都转运史，入为翰林学士。天禧元年（1017 年），李迪拜给事中，参知政事；赵祯为皇太子，以参知政事李迪兼太子宾客；再拜吏部侍郎兼太子少傅、同中书门下平章事、集贤殿大学士。真宗病重，寇准议皇太子总军国事，李迪赞其策，丁谓以为不便。李迪与丁谓争辩，引手板欲击谓，丁谓逃跑。不久丁谓擅权用事，贬寇准；章献后预政，以李迪朋党傅会，贬衡州团练副使。丁谓派侍禁王仲宣押迪往衡州，仲宣凌侮迫胁无不至，李迪客邓余大怒："竖子欲杀我公以媚丁谓耶？汝杀我公，我必杀汝！"从迪至衡州，不离左右，李迪由是得全。

天圣五年（1027 年），从兖州调任青州，复兵部侍郎、知河南府。出任地方官，为百姓访疾苦，治盗减灾，力保民生。明道元年（1032 年）章献太后病逝，李迪召为资政殿学士，判尚书都省；未几，复拜同中书门下平章事、集贤殿大学士。景祐二年（1035 年）范讽获罪，李迪坐姻党，罢为刑部尚书，知亳州，改相州。康定元年（1040 年）正月元昊侵犯延州，武事久弛，守将或为他名以避兵，李迪奏请自愿守边，诏不许，但甚壮其意。拜彰信军节度、知天雄军，迁知青州。后以太子太傅致仕，归濮州，庆历七年（1047 年）冬十月病逝。李迪二知青州，其次子肃之也以权三司使知青州，三子承之以枢密直学士知青州。王曾、李迪相继状元及第，同践政府，先后任相，皆两次为相，罢相后都知青州，二人有诗唱和，交情甚笃。

持重不扰程文简

程琳（985—1054） 字天球，永宁军博野人。以秘书省著作佐郎，知寿阳县。召试，直集贤殿；改太常博士，权三司户部判官，契丹馆伴使。契丹使者问程琳："先皇帝尝通使承天，太后独无使，何也？"程琳说："南北，兄弟也。先皇帝视承天犹从母，故无嫌；今皇太后乃嫂也，礼不通问。"契丹使者语屈。后修《真宗实录》，而大中祥符以来起居注缺，程琳追述上之，遂修起居注。以右谏议大夫权御史中丞，时岁饥，上疏请罢诸土木营造，免除受灾郡县的租赋。改枢密直学士，知益州。迁给事中，权知开封府。迁工部侍郎，龙图阁学士，复为御史中丞。改三司使，出纳尤谨，禁中有所取，辄奏罢之。内侍言琳专，程琳说："三司财赋，皆朝廷有也。臣为陛下惜，于臣何有？"迁吏部侍郎，景祐四年（1037年）参知政事。为户部侍郎，又以左丞为资政殿学士。迁工部尚书，加大学士，河北安抚使。

宋庆历元年（1041年），由颍州徙知青州，政绩颇佳。改武昌军节度使，知永兴军；以宣徽北院使判延州，为陕西安抚使。庆历八年（1048年）二月元昊卒，其子谅祚立，程琳主张"柔远人"。拜同中书门下平章事，判断大名府。程琳持重不扰，前后守魏地十年，度要害，缮壁垒，增守御备；植树数万，说："异时楼橹之具，可不出于民矣。"改胜武军，又换镇安军节度使。上书曰："臣虽老，尚能为国守边。"未报，得疾卒，谥号文简，欧阳修为之题写碑文。

富弼青州施惠政

富弼（1004—1083）　字彦国，河南洛阳人。少笃学，有大度，范仲淹见而奇之，说："王佐才也。"以其文示王曾、晏殊，晏殊将女儿许配于他。

仁宗天圣初，举茂材异等，授将作监丞，签书河阳判官，迁直集贤院。元昊反，富弼疏陈八事，乞斩其使者；召为开封府推官、知谏院。除盐铁判官，史馆修撰，奉使契丹。庆历二年（1042年）为知制诰，纠察在京刑狱。堂吏有伪造僧牒者，开封府不敢治，富弼则清明执政，请以吏付狱，宰相吕夷简因而不悦。

契丹乘宋王朝受西夏侵犯之机，屯兵境上，派遣大臣向宋朝索要瓦桥关以南十县土地。朝廷选择报聘者，皆以其情叵测，不敢行；吕夷简于是推荐富弼。欧阳修识破吕夷简借刀杀人诡计，欲阻挡，但富弼即刻入对，叩头说："主忧臣辱，臣不敢吝惜生命！"富弼不顾一女病死，毅然北上，直至契丹兵营，见契丹主，据理陈述和与战之利弊，说："今中国提封万里，精兵百万，法令修明，上下一心，北朝欲用兵，能保其必胜乎？"又说："北朝以得地为荣，南朝必以失地为辱。兄弟之国，岂可使一荣一辱哉？"契丹主"意甚感悟"，放弃割地要求。庆历二年（1042年）七月，不顾夫人临产，再使契丹，为一字一词，与契丹主奋力争辩，声色俱厉，终于议和。

庆历三年（1043年）拜枢密副使。富弼与范仲淹、欧阳修等主持"庆历新政"，进行改革，以进贤退不肖为本，澄汰冗庸不才者，触动大官僚集团的利益，屡被流言中伤。庆历七年（1047 年），富弼以资政殿学士，加给事中出知青州，兼京东路安抚使。时黄河以北大水灾，灾民外逃，逃至青州的得到安置，于是相互转告，聚集青州者六七十万人。富弼与下属划出公私房屋十万余间，供灾民寄居；劝说富户捐粮，又动用官仓的储粮，以赈济饥者。组织地方官吏分区管理，约定事后论功行赏。山林陂泽之利可资以生者，任凭流民擅取。第二年青州一带小麦丰收，富弼规定据路程远近发放粮食遣返灾民。共救活 50 余万人，从中招募新兵万人。仁宗得知，遣使臣前来褒奖，拜为礼部侍郎。富弼曾说："在青州二年，偶能全活得数万人，胜二十四考中书令远矣！"（按：二十四考中书令，来源于唐朝郭子仪任中书令时，主持官吏的考绩达二十四次。后遂以借称郭子仪。后用为称颂秉政大臣位高任久的典故。出自《旧唐书·郭子仪传》。）

至和二年（1055 年），宋神宗熙宁二年（1069 年）富弼两次任相，执政以公议为指导，不容私心于其间；并数次上书谏言"远奸佞，近忠良"，"君子小人之进退，系王道之消长，愿深加辩察"。后与王安石政见不合，多称疾求退。元丰六年（1083 年）八月病逝，享年八十。富弼好善疾恶，且性至孝，恭俭好修，与人言必尽敬，虽微官及布衣谒见，皆与之亢礼。

离开青州后，州民在石子涧侧构亭纪念，称"富公亭"。皇祐三年（1051年）范仲淹知青州，至富公亭睹物思人，作诗云："凿开奇胜翠微间，车骑笙歌暮未还。彦国才如谢安石，他时即此是东山。"富公亭后改建为富公祠，明代移建范公祠左侧，连欧阳公祠合称"三贤祠"。

忧乐为民范文正

范仲淹（989—1052）　字希文，苏州吴县人。二岁孤，少有志操，读书于佛寺，昼夜不息，以水沃面；食不给，至以糜粥继之。大中祥符八年（1015年）进士第一名，出仕后由集庆军节度推官累迁大理寺丞，徙监楚州粮料院。母丧丁忧去官。晏殊知应天府，闻仲淹名，召置府学。上书请择郡守、举县令，斥游惰、去冗僭，慎选举、抚将帅，凡万余言。服除，晏殊推荐，为秘阁校理。仲淹泛通《六经》，学者多从质问，为执经讲解；每感激论天下事，奋不顾身，一时士大夫矫厉尚风节，自仲淹倡之。

天圣五年（1027 年）呈万言《上执政书》，力陈当今急务乃"固邦本、厚民力、重名器、备戎狄、杜奸雄、明国听"，期望推行改革，修明政治。天圣七年（1029 年）通判河中府，徙陈州。明道二年（1033 年）为右司谏；岁大蝗、旱，江、淮、京东更加严重，仁宗乃命仲淹安抚江、淮，所至开仓赈之，且禁民淫祀。有诏出知睦州，岁余徙苏州，拜尚书礼部员外郎，天章阁待制，迁吏部员外郎，权知开封府。景祐三年（1036 年）弹劾守旧派宰相吕夷简，结果被扣上"私结朋党"罪名，贬官出朝廷。

康定元年（1040 年）诏为陕西经略安抚副使，主持对西夏的防务。庆历二年（1042 年）复都部署兼招讨使，范仲淹、庞籍、韩琦分领之。仲淹为将，号令明白，爱抚士卒；诸羌来者，推心接之不疑，故敌方也不敢辄犯其境。元昊请和。庆历三年（1043 年）四月，以仲淹为枢密副使；七月，命仲淹宣抚陕西。

宋仁宗为裁救危机，于庆历三年八月将"不更一事以姑息为安"的吕夷简罢免，以范仲淹为参知政事。范仲淹遂上《答手诏条陈十事》，建议从明黜陟、抑侥倖、精贡举、择长官、均公田、厚农桑、修武备、推恩信、重命令、减徭役十个方面进行改革。宋仁宗信任仲淹，悉采用之，以诏书形式颁发全国。此即所谓范仲淹、富弼、欧阳修、蔡襄等主持的"庆历新政"。范仲淹针对官僚制度的改革，主要是限制官僚特权、裁汰冗滥官吏、改进选官办法、提高官员素质、减少政费开支，以缓和日益尖锐的社会矛盾。改革遭到守旧派官僚的反对与破坏，对范仲淹大加谤毁，诬其交结朋党；宋仁宗也很快动摇，"十论"止而不行。

庆历四年（1044 年）六月，范仲淹宣抚陕西、河东，修复故寨，招还流亡三千余户，免其税。而守旧派攻击益急，仲淹也自请罢政事，乃以资政殿学士、陕西四路安抚使知邠州。后知邓州，进给事中，寻徙杭州。皇佑三年（1051 年），再迁户部侍郎，知青州。

知青州期间，时闹粮荒，朝廷令青州的田赋运至博州（今聊城）交纳，仲淹探明博州粮价，下令将田赋粮折价交款，派人携款赴博州购粮，价格优惠，五日内购足，纳毕，将剩下的数千缗钱按比率发还给农户。在青州，则奏请留足一年军需，军仓中余粮全部救济饥民，州民感激。

"皇祐中，范文正公镇青，龙兴僧舍西南洋溪中有醴泉涌出，公构一亭泉上，刻石记之。其后青人思公之德，目之曰范公泉。环泉古木蒙密，尘迹不到，去市廛才数百步而如在深山中。自是，幽人逋客，往往赋诗鸣琴，烹茶其上。日光玲珑，珍禽上下，真物外之游，似非人间世也。欧阳文忠公、刘翰林贡父及诸名公多赋诗刻石。"（《渑水燕谈录》）会病甚，请颍州，皇祐四年（1052年）病逝于赴颍途中。年六十四。赠兵部尚书，谥文正。

范仲淹内刚外和，性至孝，清正廉洁，妻子衣食仅能自充。泛爱乐善，士多出其门下，虽里巷之人，皆能道其名字。为政尚忠厚，所至有恩。邠、庆二州之民与自属羌，皆画像立祠事之；及其病逝，羌酋数百人哭之如父，斋三日而去。范仲淹工于诗、词、散文，有《范文正公集》行世。《岳阳楼记》中"先天下之忧而忧，后天下之乐而乐"，脍炙人口，千秋传诵，成为中国自古以来优秀知识分子理想人格的形象写照，也是应当汲取的人生价值观念。

治民惠爱颍国公

庞籍（986—1063）　字醇之，单州成武人。及进士第，为黄州司理参军，知州夏竦以为有宰相器。迁大理寺丞，知襄邑县。预修《天圣编敕》，擢群牧判官。久之，出知秀州。召为殿中侍御史，景祐元年（1034年）为开封府判官。景祐三年（1036年）为侍御史，改刑部员外郎，判大理寺，进天章阁待制。

宝元元年（1038年）十二月元昊反，既而称帝改元（后称夏国）。庞籍为陕西体量安抚使，安抚陕西、河东。庆历二年（1042年）复都部署兼招讨等使，命韩琦、范仲淹、庞籍分领之。庞籍进龙图阁直学士，知延州，俄兼鄜延都总管，经略安抚缘边招讨使。庆历五年（1045年）召籍为枢密副使。庆历八年（1048年）五月改参知政事，拜工部侍郎，枢密使；皇祐三年（1051年）十月以庞籍同中书门下平章事、昭文馆大学士，监修国史，深受朝廷器重。仁宗有疾，庞籍曾秘密上疏，请择宗室之贤者为皇子，其言甚切。嘉祐二年（1057年）以观文殿大学士、户部侍郎知青州。晓律令，长于吏事，持法深峭，士卒畏服；治民颇有惠爱，时有称颂之。转知定州，召还京师，寻以太子太保致仕，封颖国公。嘉祐八年（1063 年）三月病逝，享年 76 岁。

清正廉洁吴文肃

吴奎（1010—1068）　字长文，潍州北海人。性强记，于书无所不读。举《五经》，至大理丞，监京东排岸。庆历八年（1048 年）再迁殿中丞，策贤良方正等，擢太常博士，通判陈州。后入官右司谏，改起居舍人，同知谏院。每进言，惟劝帝禁束左右奸幸。加直集贤院，徙两浙转运使。回朝判登闻检院、同修起居注、知制诰。至和三年（1056 年）拜翰林学士，权开封府。吴奎达于从政，应事敏捷。除端明殿学士，知郓州。复还翰林，嘉祐七年（1062 年）三月拜枢密副使。治平中，丁父忧去官，庐于墓侧，岁时洁严祭祀。

宋神宗初立，治平四年（1067 年）正月，以吴奎终丧，复授枢密副使，三月参知政事。时已召王安石，辞不至。神宗顾辅臣曰："安石历先帝朝，召不赴，颇以为不恭。"吴奎曰："臣尝与安石同领群牧，见其护前自用，所为迂阔，万一用之，必紊乱纲纪。"乃命知江宁。四月，御史中丞王陶诋韩琦，吴奎状其过，王陶也疏吴奎阿附，诏除王陶翰林学士，出知陈州；吴奎罢，以资政殿大学士知青州。司马光谏曰："奎名望清重，今为陶绌奎，恐大臣皆不自安，各求引去。陛下新即位，于四方观听非宜。"神宗乃召吴奎归中书。九月，韩琦罢相，吴奎再出知青州。熙宁元年（1068 年）病逝。赠兵部尚书，谥文肃。

吴奎喜奖廉善。少时贫甚，既通贵，买田为义庄，以赒族党朋友。殁之日，家无余资，诸子至无屋以居。

宽简不扰欧阳修

欧阳修（1007—1072）　字永叔，号醉翁，又号六一居士，庐陵人，著名文学家，唐宋八大家之一。四岁而孤，母亲郑氏诲之学，家贫，至以荻画地学书；勤奋敏悟，读书辄成诵。及冠，有意变革文风，得唐韩愈遗稿，讲读而心慕焉，苦志探求。

天圣八年（1030 年）举进士，试南宫第一，调西京推官。始从尹洙游，为古文，议论当世事，迭相师友；与梅尧臣游，为诗歌相倡和，遂以文章名冠天下。入朝，为馆阁校勘。

欧阳修论事切直，与人尽言无所隐，以是非诘之，人或视之如仇。景祐三年（1036 年）范仲淹因直言敢谏而遭贬，高若讷身为谏官不为仲淹辩白，反而独以为当黜。欧阳修不顾"戒百官越职言事"的诏令，连夜写出《与高司谏书》，斥责高"不复知人间有羞耻事！"若讷上其书，欧阳修坐贬夷陵令，稍徙乾德令、武成节度判官。仲淹使陕西，征召为掌书记，欧阳修笑而辞曰："昔者之举，岂以为己利哉？同其退不同其进可也。"久之，复校勘，进集贤校理。庆历三年（1043 年）知谏院。

仁宗更用大臣，范仲淹、富弼、韩琦皆在位，增谏官员，用天下名士，欧阳修首在选中。任知制诰后，与范仲淹、富弼等主持"庆历新政"。守旧派官僚集团指责范、富等人为"朋党"，欧阳修写下著名的《朋党论》进行驳斥，并呈进，谏曰："故为君但当退小人之伪朋，用君子之真朋，则天下治矣。"仁宗奖其敢言，面赐五品服。

奉使河东，力排废麟州之议，州得存，河内郡县民皆可安居。又奏曰："忻、代、岢岚多禁地废田，愿令民得耕之，不然，将为敌有。"朝廷下其议，乃行，岁得粟数百万斛。

庆历五年（1045 年），守旧派官僚集团借欧阳修孤甥张氏狱制造冤案，欧阳修左迁知制诰，知滁州，居二年，徙扬州、颍州。复学士，留守南京，以母丧丁忧去官。服除，召判流内铨，时在外十一年，仁宗见其发白，问劳甚至。虽邪党小人畏惧欧阳修复用，再三陷害，仁宗还是采纳忠言，迁翰林学士，使修《唐书》。嘉祐二年（1057 年）欧阳修知礼部贡举，对士子追求的所谓"太学体"痛排抑之，从而变革文风。加龙图阁学士，知开封府，承包拯威严之后，简易循理，不求赫赫名，京师亦治。《唐书》成，拜礼部侍郎兼翰林侍读学士。在翰林八年，知无不言。

嘉祐五年（1060 年）拜枢密副使，六年（1061 年）参知政事。及执政，选拔苏洵、苏轼、苏辙、王安石、曾巩、司马光等人才，并与他们刷新了文风。欧阳修任主考官时，对题为《刑赏忠厚之至论》的考卷击节叹赞，称其脱尽五代宋初以来的浮靡艰涩之风，理应列为第一，又感到此文恐为自己的学生曾巩所作，为避嫌只好将它的名次排后，待到考卷打开，才知道作者是四川的苏轼。欧阳修为此大发感慨："读苏书不觉汗出，快哉！快哉！老夫当避路放他出一头地也！"正是这一放，苏轼后来居上，成为了北宋文坛巨擘。

治平四年（1067年）宋英宗去世，欧阳修在丧服里穿了紫袄，被政敌告发而罢副相，以观文殿学士、刑部尚书知亳州；宋神宗熙宁元年（1068年）迁兵部尚书，知青州，奉行"宽简而不扰"的施政方针。有人问："为政宽简而事不弛废，何也？"欧阳修答曰："以纵为宽，以略为简，则政事弛废，而民受其弊。而吾所谓宽者，不为苛急，简者不为繁碎耳。"居官两年，政绩可观，青州"年时丰稔，盗讼稀少"，在《青州书事》中写道："年丰千里无夜惊。"因擅自在青州废止"青苗法"而获罪，熙宁三年（1070年）徙蔡州。求归愈切，熙宁四年（1071年）六月以太子少师致仕，熙宁五年（1072年）八月病故。赠太子太师，谥文忠。

欧阳修以诗、词、散文闻名天下，并写作《六一诗话》，开创了"诗话"这一新的体裁；同时对金石深有研究，著《集古录》；奉诏修《唐书》外，自撰《五代史》。

铁面御史清献公

赵抃（1007—1084）　字阅道，衢州西安人。进士及第，为武安军节度推官。人有赦前伪造印，更赦而用者，法吏当以死。赵抃说："赦前不用，赦后不造，不当死。"审判定案，未判死刑。知崇安、海陵、江原，通判泗州。迁为殿中侍御史，弹劾不避权幸，声称凛然，京师目为"铁面御史"。其言务欲朝廷明辨君子小人，谓"小人虽小过，当力遏而绝之；君子不幸诖误，当保全爱惜，以成就其德"。言宰相陈执中不学无术，且多过失；宣徽使王拱辰平生所为及奉使不法；枢密使王德用、翰林学士李淑不称职，皆罢去。又奏曰："近日正人端士纷纷引去，侍从之贤如（欧阳）修辈无几，今皆欲去者，以正色立朝，不能谄之权要，伤之者众耳。"因而欧阳修、贾黯等得以留在朝廷，一时名臣，赖以安焉。

知睦州，移梓州转运使，改益州。蜀地远民弱，吏肆为不法，州郡公互相公款吃喝、送礼。赵抃以身帅之，蜀风为变；微服私访，走近民众，父老喜相慰，而奸吏胆战心惊。召为侍御史知杂事，进天章阁待制，河北都转运史。加龙图阁直学士，知成都，以宽为治。

治平四年（1067 年）正月神宗立，四月诏内外所上封事，令司马光，张方平详定以闻；七月，命尚书户部郎中赵抃、刑部郎中陈荐同详定中外封事。九月，赵抃，张方平并参知政事。王安石用事，赵抃屡斥其不便，论其"强辩自用"，"近者台谏侍从，多以言不听而去"。奏入，恳乞去位。熙宁三年（1070 年）四月罢知杭州，十二月改知青州。时京东旱蝗，青州独多麦田。蝗虫及境，遇风退飞，尽堕渤海死。后以大学士复知成都。又知越州，吴、越大饥疫，死者甚众。赵抃尽救灾之术，疗病埋死，而生者以全。以太子少保致仕，元丰七年（1084 年）病逝，年七十七。谥清献。

赵抃长厚清修，平生不治资业，不畜声伎，嫁兄弟之女十数，他孤女二十余人，施德茕贫，不可胜数。

慷慨有节张文定

张方平（1006—1091）　字安道，南京人。少颖悟，凡书皆一阅不再读。举茂材异等，为校书郎，知昆山县。又中贤良方正，选迁著作佐郎，通判睦州。宝元元年（1038 年）十二月元昊反，来信请称帝改元，甚傲慢。朝廷决计用兵，方平上《平戎十策》，以为元昊侵扰延、渭，"巢穴之守必虚。宜屯兵河东，卷甲而趋之，所谓攻其所必救，形格势禁之道也。"宰相吕夷简善其策而不果行。命直集贤院，俄知谏院。元昊侵犯边境，泾原秦凤路经略安抚使夏竦出师迟缓，丰州失陷，方平弹劾夏竦，罢之，而请四路帅臣各自任战守，元昊议和。以修起居注使契丹。还知制诰，权知开封府。进翰林学士，拜御史中丞。以侍讲学士知滑州，徙益州。迁尚书左丞，知南京。英宗立，迁礼部尚书。治平四年（1067 年）九月，拜参知政事。十月，丁父忧去位。服阕，以观文殿学士留守西京，入觐，留判尚书省。

熙宁四年（1071 年）召为宣徽北院使，留京师，因反对王安石新法，出知青州。赴任前，神宗问祖宗御戎之要，对曰："太祖不勤远略，对边防将领皆优其禄赐，宽其文法。诸将财力丰而威令行，间谍精审，吏士用命，故能以十五万人而获百万之用。及太宗谋取燕蓟，又内徙冯晖等，于是朝廷开始心忧事繁而晚食。真宗澶渊之克，与契丹盟，至今人不识兵革。三朝之事如此。"熙宁六年（1073 年），除中太一宫使。八年（1075 年）以宣徽北院使判永兴军。元丰二年（1079 年）七月以太子少师致仕。元祐六年（1091 年）二月病逝，年八十五岁。赠司空，谥文定。

张方平慷慨有气节，平居未尝以言徇物，以色假人。守蜀日，得眉山苏洵与其二子，深器重之。尝荐苏轼为谏官，苏轼下制狱，张方平抗章为请，故苏轼终身敬事之。

注：本文以嘉靖《青州府志》为底本，以青州知府李昂最初拟定的"十三贤"为准，未做改动。实据光绪《益都县图志》载，《张方平本传》及《续通鉴长编》皆云张文定方平知青州未抵任，拟去之，以张文定齐贤代之。

威比包拯忠肃公

刘挚（1029—1097） 字莘老，永静东光人。儿时，父课以书，朝夕不少间。嘉祐中擢甲科，历冀州南宫令。其赋甚重，民多破产，刘挚援例旁郡，条请裁。转运使怒，将劾之，刘挚固请曰；"独一州六邑被此苦，决非法意，但朝廷不知耳！"遂告于朝，三司使包拯奏从其议，自是裁减如旁郡，民众欢呼至泣下，呼曰："刘长官活我！"

熙宁初，用韩琦荐，得馆阁校勘。王安石一见器重之，擢检正中书礼房；月余，为监察御史里行，欣然就职。熙宁四年（1071 年）七月，因上疏议新法之害，谪监衡州盐仓。久之，签书南京通判，回朝知太常礼院。元丰初改集贤校理，为开封府推官。元祐元年（1086 年）哲宗即位，召为吏部郎中，又擢御史中丞。奏请哲宗选忠信孝悌、惇茂老成之人以劝进读之任，执经诵说，以广睿智，善继求治之志。疏蔡确过恶大略有十，论章惇凶悍轻脱，无大臣礼，皆罢去。执宪数月，正色弹劾，多所贬黜，百僚敬惮，时人以比包拯。朝中与地方官吏，推行朝廷政令，或昧者不达，或矫枉过正，迎合争先不计较利害，因而刘挚奏请立监司考绩之制。

元祐元年（1086 年）后历任尚书右丞、尚书左丞、中书侍郎、门下侍郎、尚书右仆射兼中书侍郎。刘挚与同列奏事论人才，曰："人才难得，能否不一。性忠实而才识有余，上也；才识不逮而忠实有余，次也；有才而难保，可藉以集事，又其次也；怀邪观望，随时势改变，此小人也，终不可用！"自初辅政至为相，修严宪法，辩白邪正；不为利怵威诱，不受谒请，子弟亲戚入官，皆令赴铨部以格调选，未尝以干朝廷。后遭人陷害，以观文殿学士知郓州。七年（1092 年）徙知青州。绍圣元年（1094 年）七月再遭蔡确之子蔡硕、蔡渭及章惇等人的报复，贬光禄卿，分司南京；四年（1097 年）又陷诸奸佞诽谤，贬鼎州团练副使，家人涕泣愿侍，皆不听。年终病逝。徽宗立，诏反其家属，得归葬。赠少师，谥忠肃。

刘挚嗜书，自幼至老，未尝释卷。家藏书多自校对并加以考正，得到善本则亲手抄录，孜孜无倦。其子刘跂善为文，政和七年（1117 年）九月，为在青州东阳城归来堂赵明诚、李清照夫妇所撰《金石录》作序，又为赵明诚《古器物铭碑》作序。与赵明诚为忘年之交，有同好。

第六节　青州乡贤

明正德十年（1515 年），青州知府朱鉴将府学内的乡贤祠移至松林书院，将院内喜雨亭改建为乡贤祠，祭祀有所作为、颇有名望的异地为官或治学的青州知名人士，从明代书院始创至清代康熙朝重建，祭祀名单有所增益。明冯琦的《维世教疏》说："祠祀名宦，义在报功；祠祀乡贤，义在崇扬前哲，亦以风励后来。"乡贤祠作为具体而形象的教育资源，供代代诸生敬仰、学习。祠中相继祭祀战国时期鲁仲连，唐代宰相房玄龄，宋代状元苏德祥、王曾，明朝的刘珝、冯裕、陈经、黄卿、冀錬、石茂华、王基、邢玠、朱鸿谟、钟羽正、杨应奎、赵秉忠等，至清代增加冯溥等人，皆青州学子治学、做人、为官的表率。其中王曾、陈经、黄卿、朱鸿谟等人曾在书院读书或讲学，更成为松林学子之骄傲。

唐朝宰相房玄龄

房玄龄（579—648）　别名房乔，字玄龄，齐州临淄（唐朝时隶属青州总管府）人，是唐朝开国宰相。博览经史，工书善文，18 岁时举进士。协助李世民经营四方，削平群雄，夺取皇位，有"筹谋帷幄，定社稷之功"。贞观中，他辅佐太宗，总领百司，掌政务达 20 年；参与制定典章制度，主持律令修订，又曾与魏征同修唐礼；调整政府机构，善于用人，不求备取人，也不问贵贱，随材授任；恪守职责，不自居功。后世以他和杜如晦为良相的典范，合称"房谋杜断"。贞观二十二年病逝，谥号文昭，配享太宗庙廷，陪葬昭陵。松林书院乡贤祠有祭祀。

宋朝状元苏德祥

苏德祥　祖籍密州，家居青州，故清《山东通志》称其为益都人。北宋建隆四年（963 年）应进士第，在所取 8 人中，以上乘佳作一举夺得头名状元。大魁天下后，苏德祥衣锦还乡，时任青州知州的郭崇，曾与其父苏禹珪（五代十国时做过后汉丞相）同朝为官，设宴招待新科状元，使伶人献辞："昔年随侍，尝为宰相郎君；今日登科，又是状元先辈。"累官至右补阙，精通儒学，且工于写诗，但流传下来的极少。殁祀乡贤祠。

元代历史地理学家、文学家于钦

于钦　字思容，益都郑母人，元代著名的历史地理学家、文学家。他天资聪颖，器资宏达，涉猎文史，博学多闻，以文雅之士闻名于当时，精心编纂《齐乘》，为山东现存最早的地方志，也是全国名志，久负盛誉。官至兵部侍郎。殁祀乡贤祠。历代名家对《齐乘》"推挹备至"，清代《四库全书总目提要》指出："是书专记三齐舆地"，"援据经史，考证见闻，较他志之但采舆图，凭空言以论断者，所得究多，故向来推为善本"。清代纪晓岚评价《齐乘》说："叙述简核而淹贯，在元代地理志之中，最有古法。"

明朝宰相刘珝

刘珝（1426—1490）　字叔温，号古直，青州朱良阳河村人。明正统十三年进士，吏部左侍郎，同时天天给皇帝讲课，被称为"讲官第一"。擢吏部尚书，加太子少保、文渊阁大学士，后加太子太保，进谨身殿大学士，位居阁老，即宰相。刘珝号如其人，性疏直。辅政耿直忠介，居官清正，不拘小节。晚年致仕还乡，事亲尽孝。弘治三年（1490 年）病逝，年六十五。著《青宫讲意》《古直文集》等。

弘治皇帝对刘珝尊崇有加，得知刘珝逝世后，亲自撰祭联："忠裨于国，允称一代名臣；孝表于乡，堪为三朝元老。"赠封"太保"，谥名"文和"，赐祠额曰"昭贤"，定期派遣官员祭祀，乡里被命名为仁孝里。解放初期，刘珝墓尚保存完好，占地数十亩，苍松翠柏，浓荫蔽日，石人、石马、石羊等分列两厢，甚为壮观。可惜"文革"中被破坏。现刘珝后裔又搜集被毁坏的文物，对刘珝墓地进行了恢复。今古街上的牌坊柱国坊即为旌表刘珝而重建。

刘珝家教严格，诗书继世，忠厚传家，子孙后裔中人才辈出。刘珝后代在科举中，出了六个进士、七个举人，包括皇帝荫封者，有 25 人在朝廷和地方担任要职，知名者如刘鈗、刘渊甫、刘澄甫等。

明朝"北海文学世家"之祖冯裕

冯裕（1479—1545）　字伯顺，号闾山，祖籍临朐。正德三年（1508 年）进士，累官至贵州按察副使。多在边远地区做官，不便携带家眷。后在青州购地建宅，安置家眷。从贵州退职还乡，闲居青州城区近 20 年。

冯裕退隐后，家居讲学，尤好吟诗。与石存礼、陈经、黄卿、刘澄甫、刘渊甫、杨应奎等人，于青州北郭的禅林，结成"海岱诗社"，作诗唱和，被称为"海岱七子"。创作颇丰，《海岱会集》收其诗 128 首。冯裕以其为官清正和为文质朴而留名于世，同时，也以重视教育和家学相承而惠及子孙。自冯裕始，冯氏家族前后 6 代，出过 9 个进士、4 个举人，被称为"北海文学世家"。跻身文坛最为知名者有冯惟敏、冯惟讷、冯琦、冯溥等人。今古街上的"一门科第坊"即为旌表青州冯氏家族科第连绵而重建。

明朝光禄司卿冯惟讷

冯惟讷　字汝言，号少洲，冯裕第五子。25 岁中进士，官至江西布政使、光禄寺卿。任职之余，潜心于学术创作，编纂有《青州府志》18 卷、《光禄集》10 卷。特别在文学研究和古籍整理方面成果显著，辑录《古诗纪》156 卷、《风雅广韵》8 卷，均收入清代编纂的《四库全书》。此外还著有《楚辞旁注》《诗选约注》《文献通考纂要》和《杜诗删注》等，对中国文学的探索有独到的造诣。殁祀乡贤祠。

明朝礼部尚书冯琦

冯琦 冯裕之重孙，字用韫，号胸南，《明史》有传。他自幼嗜学，山东乡试考中第一，20 岁中进士。官至礼部尚书。"明习典故，学有根柢"，文章极有风采，每有奏疏，大家都相互传读抄录。皇帝对他也很器重。病逝于任上，年仅 46 岁。冯琦死后，留下遗表上奏朝廷，仍针对当时的弊政，请万历皇帝励精图治，披阅奏章，选补缺官，推诚接下，安抚人心。词语非常恳挚。明熹宗朱由校继位后，常常追念冯琦的功绩，六次派遣朝官来青州立碑祭祀，赠官太子少保，谥号"文敏"，并追封入阁，有"死后入阁，冯琦一人"的说法。

明朝兵部尚书石茂华

石茂华（1521—1583） 字君采，号毅安，益都人，嘉靖二十三年（1544 年）进士，任浚县知县。处理诉讼案件，人称公明决断。官至兵部尚书，巡视陕西、甘肃地区时，正值当地大灾荒，饥民遍地。石茂华奏准朝廷，免除徭赋，开仓赈灾，救助饥民。因政务劳累，一病不起，呕血而亡，以身殉职。石茂华在官 40 余年，极为勤政，忠于职守，为政清廉，史书称他"家资不称其官"。今古街上的牌坊"尚书里坊"即为旌表兵部尚书石茂华而重建。

明朝户部尚书王基

王基 字启亭，青州左卫人。嘉靖四十四年（1565 年）进士，累官至浙江布政使、南京户部尚书兼兵、刑二部尚书，为政十分清廉。当上书要求致仕时，万历皇帝让他推荐一个最有才能的儿子出来做官，王基谢绝，他说："我的儿子如有才能，何必由我来推荐。如果没有才能，我推荐了，恰恰给我增添麻烦。我不能拿我的名声为子孙换官做。"

明朝抗倭援朝大将军邢玠

邢玠（1540—1612）　　字搢伯，别号昆田，明嘉靖十九年（1540 年）出生于青州城南，隆庆五年（1571 年）进士，在青州城里建有住宅，即今邢玠巷、将军巷处。家境清贫，父母皆德高义重之人，合葬《墓志铭》现藏于青州博物馆。万历二十五年（1597 年），倭寇侵犯朝鲜，窥伺大明帝国，千钧一发之际，明神宗任命邢玠为兵部尚书，总督全军，率军入朝作战。邢玠一到朝鲜，"标剑登坛乃誓曰，必破倭，有死无二"，目标明确地表明自己坚决的立场，鼓舞士气。在稷山、青山连败日军。第二年日海军几乎全被歼灭，抗倭援朝获得最终胜利。

邢玠奉命班师回国，万历皇帝亲自登楼接受献俘，对全体参战将士倍加奖赏。朝鲜人民为了表彰邢玠的丰功伟绩，在釜山建造纪念铜柱，并立祠绘像常年祭祀。至今邢玠的光辉业绩和名字，一直在朝鲜人民心中广泛传诵。

万历三十年（1602 年），邢玠病逝，噩耗传来，举国悲恸。皇帝钦赐御葬。青州城里原有邢玠的光禄牌坊、太保牌坊。邢玠墓位于青州城南扈家庙村东，原有墓道长百余米，御碑、华表、石人、石马、石羊、石象等矗立两侧，威严壮观，后湮坏。邢玠著述《征东奏议》《崇俭录》等书传世，当年用过的盔甲和朝鲜折扇，以及诗文原件，现分别存放山东博物馆和中国历史博物馆。

明朝礼部尚书赵秉忠

赵秉忠（1573—1626）　　字季卿，明朝青州郑母人，万历二十六年（1598 年）状元，累官至礼部侍郎，所取士人如孙承宗、张玮、姚希孟、周顺昌等，或忠节，或介直，皆为一代名臣。赵秉忠仕途不顺，因门生弹劾魏忠贤受牵连，几被诬陷构罪，见国事日非，多次上书请求致仕。皇帝批准了他的辞呈，加官为礼部尚书。归家不久，因案再次受牵连，被削籍夺俸。53 岁愤懑而死。崇祯初年，朝廷为他平反，恢复原官并加封太子太保，按大臣规格重新安葬。祀乡贤祠。

赵秉忠殿试状元卷《问帝王之政与帝王之心》蜚声国内外。全文 2460字，为 1 厘米见方的馆阁体小楷，字迹端正，无一误笔。前有"弥封关防"封闭简历，后有大学士及礼部、兵部、户部尚书等 9 位阅卷官的官职姓名，万历皇帝朱笔御批"第一甲第一名"。状元卷原为赵秉忠 13 代孙赵焕彬保存，历经 380 年风雨沧桑，直到 1983 年，赵氏后裔把它捐赠给青州博物馆。殿试状元卷系海内外孤本，填补了我国明代宫廷档案文物的空白。

清朝宰相冯溥

冯溥（1609—1692）　青州益都人，字孔博，又字易斋，顺治四年（1646 年）恩科进士。康熙十年（1671 年）授文华殿大学士，任职 12 年，73岁年老致仕归乡。

在朝期间，康熙皇帝幼年登基，鳌拜等辅政四大臣专擅朝政，骄横跋扈，冯溥持正不阿，屡次向皇帝谏言，被康熙帝"倚以为重"，赞扬他"端敏练达""勤劳素著"，是"辅弼重臣"。冯溥为人重大义而不拘小节。今青州城内伙巷街，相传为冯、房两大家族退让垒墙形成的。冯府与房府毗邻，两家为垒墙发生纠纷，寸土必争，各不相让。两家主人都在京城担任要职，势力显赫，官吏不敢决断。冯府家人写信，驰告冯溥。冯溥回信，仅有一诗：

> 千里捎信为一墙，各让几尺又何妨？
> 万里长城今犹在，不见当年秦始皇！

见信，冯府退后数尺垒墙，房府见此，也退后垒墙，两家和好。两府之间便形成了街巷，空地变通衢，名之伙巷街。

冯溥承袭"北海世家"的诗书风尚，博雅多文采，精于诗章。告老还乡后，在原衡王府花园旧址，辟建园林，"筑假山，树奇石，环以竹树"，取"无独有偶"之意，名曰"偶园"，是我国唯一保存完好的康熙风格人造园林，现为青州旅游名胜。冯溥在此优游著述，达 10 年之久，著《佳山堂集》。83岁病逝，赐祭葬，赠太子太保，谥"文毅"，祀乡贤祠。

第三章

清代松林书院办学的辉煌

明朝末年，全国的书院在多次禁毁政策下已伤痕累累，加之声势浩大的农民起义又使书院难免有鱼池之殃。清初统治者有鉴于明末士大夫借书院讲学抨击时政、削弱统治的历史教训，对书院的政策并不友好，担心士子聚集、自由讲学，书院会成为反清的大本营，为此一度采取压制政策，限制其发展。顺治帝曾谕令"帝王敷治，教化为先""不许别创书院，群聚徒党及号召地方游食无行之徒，空谈废业"，各级官学迅速恢复，中央设国子监，分六堂教习，地方除了府、州、县学之外，还设有社学、义学等。清初的青州府重视官学的发展，据光绪《益都县图志》载："我朝定鼎，尤重学校。崇祀以旌贤，广以造士，所以尊往圣开来学者，诚见乎其大，诚忧乎其远也。"官学兴，而书院的发展尚处于压制之中。

至康熙朝，将近半个世纪的社会动乱大致平定下来，中国社会进入了一个和平发展的新时期。康熙帝认识到儒家经典和历史知识对于管理国家、治理人民有着极其重要的意义和作用，对书院政策转向积极地疏导、慎重地支持，于是书院得到了快速地发展。特别是康熙二十四年（1685 年）至二十六年（1687 年），湖南岳麓书院和江西白鹿洞书院分别得到了康熙皇帝御书"学达性天"的匾额，得以迅速修复并重新办学，起到了示范引领作用，于是各地官府及民众也就开始争相兴复、创建书院。据白新良著《明清书院研究》统计，康熙时期，全国新建书院537 所，而修复、重建前代书院达 248 所①，其中就有青州的松林书院。

---

① 统计的两个数字分别出自白新良著《明清书院研究》，故宫出版社 2012 年版，第135 页、141 页。

第一节　清代松林书院的重建和变迁

一、康熙初青州府官学的废弛

据康熙《青州府志》记载，"（府学）迨明末季倾圮尽矣"，由于明末战乱纷起，民不聊生，青州府学几乎处于废弛状态。各地县学情形更为糟糕，早在明万历年间，青州府日照县县学就已"缮治不常，日就堕坏，庳逼破露，笾豆图书，栖列无所，往往散乱不可省"，久之，"为令者率急簿书期会，恬不加意"，做县令的大都看看文书，召集起来开开会，处之泰然，满不在乎。"而学者因益惰窳，弦诵不闻，文治愈以索莫"（《日照县修儒学记》），做学问的老师更加怠惰，不再传道授业，文教礼乐更加冷落萧索。

官学的废弛往往伴随着吏治的腐败、道德的不彰。据著名文人安致远《青社遗闻》载：崇祯壬午（1642 年），山东提学钱启忠品行不端。试后出谒宾客，见市中有卖海蟹者，在轿上手劈双螯啖之。士子出场时，自己把持门扉夺取考生伞、笔诸物，携抱累累，交于左右送入内署。观者喧笑，恬不知耻，最终因贪婪被黜。明末官场上的贪腐更是屡见不鲜，大明王朝日落西山已无可避免。

清初至顺治朝数十年间，由于统治者的支持，官学大兴。至康熙朝，官学式微。据光绪《益都县图志》载："康熙七年（1668 年）地震，（府学）大半倾圮，惟有大成殿独存。"康熙十一年（1672 年）修葺，不久复圮，至三十八年（1699 年）春，张连登任青州知府，"谒庙下，周旋四览"，"所谓庙者仅颓垣数尺而已，圣像覆以破盖，贤者蔽以为席，为之愕然惊慨"。康熙五十三年（1714 年）青州知府陶锦在《重修青州府儒学碑记》中云："今之设学，非古之设学矣。古之设学也，讲道；今之设学也，课艺。古之课艺也，兼乎六艺之全，专乎书文之一。而且师旷其官，士旷其业，黉宫茂草，经年无复弟子之迹，遂使广文博士等于赘疣，而讲堂经阁几为虚置，恶在其为学校也者？"从记载看，康熙年间，青州府学连基本的课艺即八股文的教学都很少，遑论对生徒德行的培养！而且，学宫中老师"旷其官"、学生"旷其业"都是常态，学宫中荒草离离，多年不招弟子，先生博士成了"赘疣"（皮肤上无用的瘤子），讲堂经阁虚设，哪里像个学校的样子呢？

官学和书院的关系往往此消彼长。书院于是当仁不让地再次登上历史舞台。大清康熙皇帝开明的书院政策使书院得到较快发展。松林书院得以重建并迅速崛起走向辉煌，也就成为历史的必然。

二、松林书院的重建

清康熙二十八年（1689 年），陕西华州人陈斌如以山东按察司金事出为青州兵备道，与青州知府金标主持，在废墟上重建松林书院，辛未（1691 年）二月动工，康熙三十一年壬申（1692 年）四月落成，易植大量柏树。当时书院的重建得到了山东巡抚佛伦的大力支持，山东布政使卫既齐也"跃然出俸羡倡之"，陈斌如"倾赀佐之"，青州知府诸僚属绅士各闻风而动，纷纷捐餐钱以助成此事。陈斌如亲自作《重建松林书院碑记》，明确了重建书院的目的："今重建而仍名以书院，原欲与诸僚属缝掖讲明此义，俾忠孝廉节日不泯于天地，若会文课艺，其余事耳。"体现书院教学重在对生徒德行的培养，八股文的研究学习是次要的事情。此碑现藏松林书院内，成为研究书院历史最为重要的碑刻之一。

陈斌如曾请当时才华横溢的著名诗人、进士赵执信为之代写《重建青州松林书院碑记》，然写好后陈斌如"嫌其词旨淡漠"，而"不之刻也"，即未被采用，此文见《饴山文集》。赵执信代写的《碑记》中提到"居人穆氏者求得其故地，余遂力任其事，而郡邑之守令与其乡之士大夫咸乐与有成也"，又云"是役也，不藉公家，不扰里社"；明末清初文人李焕章在《松林书院志序》中也提到"穆其等赀而复之"，可知松林书院故地由当地居民穆氏个人购得，在陈斌如和青州知府等官员的协力支持下建成，说明重建的松林书院性质为民办官助，在办学方面如聘任山长院师、招生等具有较大自由。

三、松林书院的变迁

康熙四十三年（1704 年）青州知府张连登主持增修书院，一度改为社学，后改称张公书院。此时书院已逐渐官学化，经费由官府拨给，生童录取及平日考核之权操在地方官手中，院舍维修由知府、知县主持。

康熙戊子（1708 年）至己丑（1709 年）年间，黄崑圃任山东学政时，兴复济南白雪、青州松林两处书院，延名师，选才俊；山左文教，一时称盛。松林书院是青州府书院，但此时能跟省级书院——济南白雪书院一起，大受山东学政的青睐，当为"以府级之实厕身于省级之列"的书院，地位非同一般。黄崑圃居青期间，考核生员，评定等级，一丝不苟。对优秀者，他聚宴教诲之；对较差者，决不轻易降黜。知府、知县如因小故请求剥夺生员资格，一概不准。此时考中的举人进士，包括江苏巡抚徐士林、湖南粮储道董思恭等十多名。清代诗人赵执信认为黄崑圃精敏明辨是非善恶，学问功力造诣深厚，特别对其"皦然不滓之节，挺然不挠之气"予以高度评价。黄任期将满，还朝之日，青州士子"皇皇如失所恃"，于是纷纷跑到山东巡抚都御史那里请求督学留任。在奏请未果的情况下，"则相与树丰碑于青州之松林书院"，将督学先生的大名跻身于名垂千古的"青州十三贤"之间，以表达一方学子对他的感激与爱戴之情。其事迹见藏于松林书院的康熙五十一年（1712 年）赵执信所撰《黄崑圃政绩碑》和藏于青州博物馆的乾隆四十年（1775 年）黄崑圃之子、时任山东学政黄登贤所撰《松林书院记》碑。

乾隆十四年（1749 年），山东按察使沈廷芳巡视青州时拜谒十三贤祠，见"祠仅存而讲堂久圮"，念及皇帝明诏，于是与青州知府筹划，由益都县令具体负责，对松林书院进行修葺，又召集高才生并考查之，率僚属及生徒祭拜先贤，与官员及山长探讨了书院的发展。其事迹载于沈廷芳《重葺松林书院记》。乾隆十八年（1753 年），青州知府裴宗锡延聘原安丘知县、进士严锡绥任松林书院山长，"一时肄业诸生常数十百人，数年之间，登贤、书贡、成均者十余人"（《青州太守裴公遗爱碑记》），其中包括藏书家、目录学家、金石学家、方志学家李文藻。裴宗锡重视道德教化，教育生徒"必先德行，而后文艺"。乾隆二十二年（1757 年）裴宗锡调任济南，青人攀辕遮留，于北郭立"清正仁明"碑，书院诸生复于松林书院为立"去思碑"。事迹载入《青州太守裴公遗爱碑记》一文。

乾隆朝书院有桧柏数百株。学子、进士李文藻的《四松记》曰"植桧柏多至四百余株"，乾隆五十九年（1794 年）举人朱沅在《读书矮松园》一诗中也写道"城南四百八十松，我来坐卧居其中"；另据清代进士冯浩《安肃县知县沈君可培传略》载："宋王沂公矮松园，故址松柏八百余株，长夏阴翳，居甚适。"柏树具体株数虽有差别，但都可想见当年书院松柏规模之大，气势之盛，"书院松涛"作为青州府八大景之一名副其实。只可惜近现代以来保护不力，大量砍伐或枯死，现仅存 18 棵，成为书院沧桑历史的见证。

清乾隆末年，建于青州卫街之"云门书院"改为"青州试院"后，云门书院并入松林书院内，松林书院大门门匾改为"云门书院"。咸丰《青州府志》叙述"松林书院"沿革时曰："今扁其门曰云门书院非明云门书院地也。"但从这一时期的书院课卷的印章看，习惯上仍保留了松林书院的名称。

嘉庆二十五年（1820 年）知府汪彦博，道光二十六年（1846 年）知府李廷扬相继修葺松林书院。

光绪七年（1879 年），青州知府李嘉乐捐官俸白银八百两作为云门书院（即松林书院）经费，其"教育人才、栽培士类""嘉惠士林"之举赢得了山东巡抚、布政使、按察使等省级要员的一致肯定和交口称道。事迹见光绪八年十二月书院肄业生童公立《特授青州府正堂加三级纪录七次李札》碑。

光绪二十七年（1901 年），清朝政府颁布谕旨："著将各省所有书院，于省城均改设大学堂，各府及直隶州均改设中学堂，各州县均改设小学堂，并多设蒙养学堂。其教法当以'四书五经'纲常大义为主，以历代史鉴及中外艺学为辅。"清朝政府的本意是幻想以此挽救其摇摇欲坠的统治，但也就是在这道上谕的推动下，各省书院在数年以来改革的基础上，终于走完了向新式学堂转化的艰辛历程。书院教育的辉煌遂走入了历史。

光绪二十八年（1902 年）松林书院改办为青州府官立中学堂，同东昌府启文书院改办的东昌府官立中学堂一起，成为山东省最早的国办中学。松林书院的最后一任山长法伟堂被任命为中学堂的第一任监督，由此开启了青州一中近代教育的序幕。

第二节　清代松林书院的管理

一、山长负责制

书院的主讲兼行政负责人称为山长或院长，是教学活动、学术研究与传播的灵魂人物，山长自身的学术造诣、道德修养等在很大程度上影响着书院的发展。从书院发展史来看，不少著名学者都先后担任书院山长或者主讲，为书院的发展倾注自己的心血。明、清时或地方官延请，或士绅公举聘任，俱科甲出身，大部分为进士，少数举人。乾隆元年（1736年），上谕称"居讲习者，固宜老成宿望"（《谕培植书院生徒》），三年考核，六年议叙，教术可观者可以奖励。乾隆三十一年（1766年），诏改山长为院长，诏曰："各直省书院延师训课，向有山长之称，名义殊为未协，既曰书院，则主讲席者自应称为院长"，其人选"不拘本省邻省亦不论已仕未仕，但择品行方正、学问博通、素为士林所推重者，以礼相聘"（《清会典事例》）。后期有地方行政官或学官兼任者。虽有诏改，人们习惯上仍多称"山长"。松林书院往往由青州知府聘任各地有名望的儒者为山长，他们能够与时俱进，堪为多士模范，通过人文化的管理，活跃学术，培养人才，实现"讲学明道"的办学理念。

清代松林书院较为知名的山长如：严锡绥，浙江仁和进士，曾任安邱知县，据《益都县图志·官师志》记载，山西曲沃人裴宗锡由济南府同知擢知青州，尤好接引文士，延安邱进士严锡绥主讲松林书院，"凡遇课期必亲临扃试，一时肄业诸生常数十百人，数年之间登贤书（乡试考中）贡成均（考进国子监）者十余人"。沈可培，书院山长，浙江嘉兴人，乾隆三十七年（1772年）进士。成城，字卫宗，号成山，浙江仁和人，乾隆三年（1738年）举人，乾隆十八年（1753年）之前为松林书院山长，与山东按察使沈廷芳多有交往。姚龙光，书院山长，江苏扬州人，进士出身，曾任益都县令。杨峒，青州人，明朝南阳知府杨应奎族人，乾隆三十九年（1774年）举人，被称为"通儒"，先后被青州知府张玉树、李星渠聘为山长。《邑先辈纪略》中说"从学者甚众，食饩中式者累累其人"。何其兴：字祥垣，嘉庆二十五年（1820 年）三甲第 18 名进士，江苏金陵人，曾任山东盐运使、廉访使、户部主事等职，道光间曾主云门书院（即松林书院）。法伟堂，胶州人，光绪五年（1879 年）举人，十五年（1889 年）进士，松林书院最后一任山长，清末著名金石学家、音韵学家、方志学家和教育家，光绪《益都县图志》的总编，所编县志纲举目张，史料翔实，具有很高的资料价值，受到现代方志学家的高度评价。以上所知山长中，杨峒是青州人，法伟堂是胶州人，其余均非山东籍。可见松林书院面向全国各地聘任山长，可知当时松林书院在山东省地位不一般。

二、教习掌管教学

松林书院所聘教习中著名者如乾隆年间张云会，其弟子有"三进士、六举人，为生员食饩者不计其数"（杨滇《邑先辈纪略》）。再如道光二十三年（1843 年）松林书院聘请原金厦兵备道、咸丰《青州府志》的主纂刘耀椿先生主讲松林书院等。

书院中"首事"分管行政、财务诸项。职事人员称"书办"或"书吏"，经办文书，造其经费清册、生徒名册，散发课卷、膏火，兼管图书；或催收学田租谷，修缮房舍。有专管伙食的"火夫"；设门卫，称"门子""门役"，司启闭，洒扫，每夜提铃巡守。日间不许妇女、闲人入院游观，以肃院规。生徒中有首领，称为"斋长"，一般由山长从生徒中择优充任，其职责是协助山长、教习等工作，劝善规过，倡率诸生学习。

三、书院生徒招生

1. 招生范围：一般为青州府所辖属县——益都、临淄、博兴、高苑、乐安、寿光、昌乐、临朐、安邱、诸城、沂水、日照、蒙阴等 13 县，并辖安东卫和沂州，雍正后为 11 县，也有例外，如《松林书院记碑》中所记康熙朝山东学政黄崑圃所成就的人才：徐士林，山东文登人；林仲懿，山东栖霞人。从学子的籍贯可以看出，松林书院招生范围不仅仅是青州府所辖各县，还包括文登、高密、栖霞等县，可见松林书院在山东省的名气是很大的，从而吸引了青州府以外全省各地特别是山东省东部的许多优秀生源。

2. 招生层次及人数：成绩优异的童生若干名、生员若干名及个别举人等，根据生徒的不同层次实行考课式教学，均可肄业于书院。明清官学体制包括启蒙阶段的社学义学、中等教育阶段的府州县官学与高等教育阶段的太学三个层次，但为通过乡试的举人提供继续学习的仅仅是太学，而太学的招生名额相当有限，因此大多数举人都无法进入官学学习，而他们的学习生涯并未结束，还需要通过强化训练参加竞争更为激烈的会试和殿试，选择书院进行应试强化训练成为解决这一问题的有效途径。据清代曹贞孺《云门辑旧》记载，万历十年，时松林书院已被禁毁，院师房如炬在他处教学。已考中举人的学生曹瑺在迎宾、拜贺之余，多次到仅为贡生身份的老师房如炬那里，静候老师给自己每天圈定读书的任务，等到翌日凌晨，仍将所圈定文章向老师背诵，恭恭敬敬地像一个刚刚入学的小童，这也成为尊师的佳话。光绪三十年（1904 年），松林书院已改办青州府官立中学堂两年，据监督（即校长）包天笑先生回忆，学生中竟然"还有一位举人先生"，这使他很惭愧，因为包先生只是一名诸生（秀才），而他的学生"却是一位孝廉公（明清两代对举人的称呼）"（见包天笑《钏影楼回忆录》）。

当然，明清书院招生以童生和生员为主，办学兴盛时达 100 多人。乾隆年间青州知府裴宗锡聘严锡绥为山长，"一时肄业诸生常数十百人"；又据松林书院《特授青州府正堂加三级记录七次李札》碑：光绪五年（1879 年）李嘉乐任青州知府期间，松林书院招生童生 50 名、生员 50 名，共 100 名。而据雍正《山东通志》卷十四"学校志"记载，"康熙五十四、五十八年知府陶锦重修（青州府学），入学二十名"（《山东通志》卷十四"学校志"），各地县学招生人数通常在 12 到 20 名不等，可见松林书院招生人数远超府学、县学等官学机构。

3. 招生生徒要求：据乾隆元年上谕，"负笈生徒，必择乡里秀逸、沉潜学问者，肄业其中"，对那些"恃才放诞，佻达不羁之士"，不得滥入书院中，对凡不率教者"摈斥勿留"，学业优秀的学生可以荐举入官。

四、管理章程

书院建立各项章程，进行规范化、制度化的管理。书院所定制度要求师生共同遵守，互相监督。《学程》《条规》《训规》《训约》与《德业簿》《日课簿》《日记册》等规章制度，相互配套，形成制度网络。乾隆元年的上谕规定，以朱熹《白鹿洞书院揭示》为学规，以《读书分年法》为课程，提倡立定仪节，检束身心，重视经史，严肃纪律，对凡不率教者则"摈斥勿留"。

《白鹿洞书院揭示》[①]（即《白鹿洞书院学规》）内容：

父子有亲。君臣有义。夫妇有别。长幼有序。朋友有信。

右五教之目。尧、舜使契为司徒，敬敷五教，即此是也。学者学此而已。而其所以学之之序，亦有五焉，其别如左：

博学之。审问之。慎思之。明辨之。笃行之。

右为学之序。学、问、思、辨、四者所以穷理也。

若夫笃行之事，则自修身以至于处事、接物，亦各有要，其别如左：

言忠信。行笃敬。惩忿窒欲。迁善改过。

右修身之要。

正其义不谋其利。明其道不计其功。

右处事之要。

己所不欲，勿施于人。行有不得，反求诸己。

右接物之要。

熹窃观古昔圣贤所以教人为学之意，莫非使之讲明义理，以修其身，然后推以及人，非徒欲其务记览，为词章，以钓声名，取利禄而已也。

今人之为学者，则既反是矣。然圣贤所以教人之法，具存于经，有志之士，固当熟读、深思而问、辨之。

苟知其理之当然，而责其身以必然，则夫规矩禁防之具，岂待他人设之而后有所持循哉？近世于学有规，其待学者为已浅矣。而其为法，又未必古人之意也。

故今不复以施于此堂，而特取凡圣贤所以教人为学之大端，条列如右，而揭之楣间。诸君其相与讲明遵守，而责之于身焉，则夫思虑云为之际，其所以戒谨而恐惧者，必有严于彼者矣。

---

① ［清］张履祥：《杨园先生全集》，中华书局 2002 年版。

其有不然，而或出于此言之所弃，则彼所谓规者，必将取之，固不得而略也。诸君其亦念之哉。

五、书院的学田与经费

学田是书院赖以生存和发展的基础。学田来源，有地方官府拨田、拨钱、置田，政府官员个人捐俸市田，民间家族或个人捐私田以供四方学者、立学田以教族里子弟，书院自筹，甚至由官府捐帑'抵质库'，"月收其息，以助养士"（《严州志》卷三），凡此种种，表明书院的田产经营已经多头并进，钱粮并存，足以为书院持久生存和发展提供可靠的经济保障。在书院的内部规制中，学田经营，其所处的地位非常重要。"养士无赀"，则书院"甫兴施废"，（清蒋励宣《重建清湘书院并置学田记》）难以持久："院有田则士集，而讲道者千载一时，院无田则士难久集，院随以废，如讲道何哉？"也就是说学田是书院其他各项事业的前提与保证，"书院不可无田，无田是无书院也"（明娄性《白鹿洞学田记》）。正因为如此，前贤将其和所谓讲学、藏书、祭祀三大事业并举，合称为书院的四大基本规制。后来学者还将其跟讲学、研究、藏书、刻书、祭祀并称书院的六大事业。康熙末年在青州府治东，按察使黄炳捐俸、知府陶锦督建宏远书院就"购置土田，以供饮食"，"所以为诸生计者，非一日之故矣！"①

关于松林书院拥有的学田及经费开支无法全面统计，但从有关记载中也可窥知一二。据李文藻《青州太守裴公遗爱碑记》载，青州知府裴宗锡言于上官"鬻郡学旷田若干，须以其金隶书院，营什一之利，用充山长修脯及生等膏火之赀，于是书院规模略定"。可知，知府裴宗锡从青州府学购买闲田若干顷，所获款项归属松林书院，以十分之一计息，用作山长薪水及生童的膏火奖。又据《特授青州府正堂加三级记录七次李札》碑载："云门书院（即松林书院）经费，同治五年旧存生息本银五千六百一十两，同治八年归并义学，经费本银一千两，二共六千六百一十两。发当按月一分二厘生息，截至光绪七年年底止，历年余剩生息增入作本，计共存本银七千五百二十三两四分。"即

---

① 《益都县图志》，中国文史出版社 2006 年版，第 377 页。

光绪七年，松林书院收入经费 7523.4 两白银，另酒店捐助经费，自光绪四年至七年共缴京钱 1546 千文，除历年支用外，实存县库京钱 264 千文，按正常情况一两白银换 1000 文铜钱计，大致相当于 264 两白银，故光绪七年，松林书院经费大致有白银 7787.4 两。

第三节　清代松林书院的教育教学

清代的松林书院作为教育机构与科举密切相连，必须在一定程度上为科举应试服务，但与纯粹的官学不同，具有相对的独立性，特别是书院刚刚重建后的一段时间内，其民办官助性质决定了其教学活动具有既不同于官学、又不同于私学的独特个性，即强调道德养成是读书应举的前提，这在一定程度上有助于矫正应试教育过程中出现的片面追求科举的弊端，进而对整个社会的应试教育产生影响。当然，从全国范围看，清末绝大部分书院同官学一样，不可避免的沦为科举的附庸而成为考课式书院，松林书院也不能免俗。但总体而言，清代的松林书院在办学过程中，形成了自己的特点，主要有：

一、重视道德修养

中国古代书院往往把德业并重作为目标追求，而把德行放在比学业更为重要的位置上来对待，这是书院教育的特色所在。康熙年间，黄崑圃先生修复松林书院，重视书院发展，敬道崇德，"好推崇先达，表章幽隐"，于文行可宗者，立楄守令祀之学宫"，注重古圣先哲对后世学子的教化作用。其"皦然不滓之节，挺然不挠之气"，"温厚和平之性情"，对诸生的影响很大。乾隆年间青州知府裴宗锡教育书院生徒"必先德行，而后文艺"。他曾说："王沂公乡贡、礼部、廷对皆第一，亦不足传，其志不在温饱处，可法也。"对于从矮松园走出的宰相王曾连中三元的成就，在裴宗锡看来，还不值得传扬，真正值得效法的是"曾辞温饱"的远大志向。裴公与山长严先生对生徒教导总是循循善诱，春风化雨，润物无声。书院诸生得到裴公之教，皆以笃实相勉，浮薄相戒，追求以德行为根本的学问，而不汲汲追求于功名利禄。

书院的山长和院师往往通过自身良好的道德情操和人格魅力来影响、感化诸生，成就诸生的理想人格。院师的人格魅力对生徒的影响往往是一生的。书院名师张云会去世后，手稿散失。其弟子曹明水每进城，常于旧书摊上找寻。一日从书商丁某处寻得抄文一本，批阅之余，泪涔涔下。卖者见此，故意抬高书价，月泉不计较，如数付之。持书欲行，丁曰："既已成交，谅无后悔。此书不过百文，吾索八百，而先生不较，敢问何故？"月泉曰："此吾师手泽也！如获珍宝，何暇计贵贱乎？倘再有此，望及时相告，任你要钱，我也会买。"从故事中看出生徒对恩师的情感之深，书院名师的人格魅力对学生影响之大。

重视德行修养还体现于书院的祭祀和立碑活动。祭祀为书院的一大规制，体现人文教化功能。清代松林书院祭祀对象除去至圣先师孔子外，仍设名贤祠和乡贤祠。名贤祠仍祀北宋寇准、王曾、范仲淹等"十三贤"；乡贤祠祭祀异地为官、颇有成就的青州知名人士，随着朝代更迭，祭祀对象在明代的基础上有所增益，如康熙皇帝的辅弼重臣、宰相冯溥等。另，康熙年间诗人赵执信撰《黄崑圃政绩碑》，"树丰碑于青州之松林书院"，将为书院发展做出重大贡献的山东学政黄崑圃先生的大名跻身于"青州十三贤"之列，以表达学子对他的感激之情；乾隆年间，青州知府裴宗锡为书院发展做出了巨大贡献，离青后，"受教诸生衔恩刻骨，思公不能已"，请学子李文藻书《青州太守裴公遗爱碑记》，于松林书院而立石纪念。这些或祭祀或树碑的名人都给学子树立了为官、做人的榜样，在书院内起到了良好的育人作用。

二、重视科举考试

书院创办以来，成为取代官学成为培养人才的主要机构，而科举制度则几乎完全成为知识阶层晋升的唯一阶梯，书院如果独立于科举制度之处，成为与世隔绝的象牙塔，既不能实现儒家所追求的修、齐、治、平的理想，也不符合统治者希望通过科举实现"英雄入彀"的意愿。因此，绝大多数书院的教学目标、教学内容和课程设置都围绕科举制度进行，书院几乎成为科举育才机构。但书院教学并不是为科举而科举，而是在坚守自身特色的基础上去适应科举制度，并且通过自身的制度建设来纠正培养科举人才过程中出现的偏差，这种"和而不同"的关系既是书院与科举关系的主要特点，亦是书院与官学的主要区别之所在。

松林书院高度重视生徒德行的培养，但并非耻谈科举，相反从明代到清代，一直高度重视举业，这也成为衡量书院办学水平高低的一个重要指标。康熙时黄崑圃先生主持松林书院的数年间，培养了十多名举人进士；乾隆时在严锡绥、张云会、杨峒等名师教育之下，书院考中了包括李文藻在内的数十名举人进士，办学之盛远近闻名，可看出书院教育对科举的高度重视。

到清末，松林书院也不可免俗地几乎成了考课式书院，有完善的考课制度及膏火奖制度。清代书院以八股文为核心的教学主要是通过考课来实现，并形成了地方官府和书院轮流进行的多层级的考课制度。书院的考课一般分为官课与师课，官课亦谓之"大课"，由当地的地方官吏主持，松林书院一般由青州府知府主持，有时由山东学政亲自主持，可见省级要员对松林书院办学的重视。官课由这些官吏出题，一般一月一次；"官课"后随之"师课"，师课亦称"斋课"，一般由山长主持。书院考课以考八股文试贴诗为主，考试的程序与科举考试大致相当，并根据考试成绩给予一定的奖励。松林书院考课制度化，《学程》中有明确规定。凡考试，限定时间，派员监考。考课按成绩分别等第，按等第给诸生以"正、副、随、内、外"课不同级别的身份，依此享受不同的待遇；而"身份"并非一成不变，又按此后一个阶段的考课积分定升降。书院特设《生童考列等第循环簿》，鞭策后进，激励进取。生员类生徒的考课成绩分为"超等""特等""壹等"三个等第，童生类生徒的考课成绩分为"上取""中取""次取"三个等第；每等内再划分名次，按等第给予膏奖。书院对参加科举并中榜的生徒给予奖励，称作"中式花红"；乡试之年在院诸生有中式举人者，每名各给"上京卷资"银两，予以较多补贴。为正式科举考试的生徒提供一定数量的经费，这不但能支持家境贫寒的生徒顺利赴考，而且也是对生徒学习科举之学的鼓励。

松林书院课卷统一印制。我校图书馆藏大量书院课卷，如童生郑世烈课卷十三份，为光绪年间的松林书院试卷。郑世烈，青州市普通镇南普通村人，民国初曾任益都县县议长，1916年秋，全乡绅耆敬献匾额，颂其"德重乡评"。课卷由郑世烈嫡曾孙郑万金藏存。试卷封页右上方印有"第　等　第　名"字

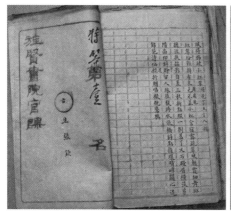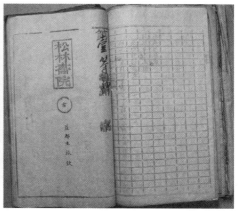

生员张钦分别在松林书院和旌贤书院的课卷

样，均有导师在其间手书的等第名次，"上取（第）贰（名）""上取（第）贰拾壹（名）""中取（第）二（名）""中取（第）叁拾壹（名）"等等。页中上方钤"松林书院"，加长方形边框，字与边框皆浅蓝色，其下印一"○"，之下生徒署名，十三份均书"益都童郑世烈"。封页后为批语页，均有导师手书的批语。卷页印有红线方格，每页 9 行，每行 25 字，试卷文章、诗赋有导师的圈点，间或有评点。课卷规范，无戳记者不录。从内容看，有经解，有策论，文后有律诗，有的诗后有赋。如"上取第拾壹名"，题曰《七八月之间旱》，后有《赋得以祈甘雨》诗；"上取第玖名"，题曰《自孔氏曰是知其不可而为之者与子击磬于卫有荷蒉而过孔氏之门者》，文后是《赋得读书偏爱夜长时》诗，之后有《苏东坡复游赤壁》赋。书院的"小课"即山长课，皆四书文一篇、律诗一首，以策论、经解、诗赋为主要内容，郑世烈试卷予以印证。图书馆藏书院试卷七十余份，封页格式与郑世烈试卷大多相同，均为考课制度的实物证据。如"松林书院受业童张钦上取第壹名"卷、"松林书院益都附生张钦超等第壹名"卷、"旌贤书院官课生张钦特等第壹名"卷，可证童生、生员考课成绩各有称谓不同的三个等第。明、清两代取得生员（秀才）资格的入学考试称"童生试"，应试的人无论年龄大小都称"童生"，或称"儒童""文童"，也简称作"童"；取得生员资格后，终日在书院学习的生徒称作"受业生"，或简称作"生"。张钦原为松林书院终日在院的童生，后取得生员资格，不过是额外增取附于定额录取的生员之末的，故称其为"附生"；附生非终日在院学习，可有选择地到院听讲，参加相应的考课，因而能在其他书院听讲，张钦参加旌贤书院官课，取得特等第一名的较好的成绩。

书院的膏火奖，即给书院生徒的补贴奖励。光绪五年，李嘉乐任青州知府，对松林书院生童名次列前者得领奖赏膏火，名次列后者不能遍给的情形，"心殊焦灼"，遂规定"于己卯乡试，宾兴决科之时，生员例得钱文之外，捐廉给予资斧，以助膏秣"，"榜尾注明数目，卷面粘连钱帖，以杜胥吏舞弊"。数年以来，颇著成效。李嘉乐捐养廉库平纹银800两给书院，"每月课取生童共100名，无论名次先后，均得分沾加奖银两。"此前，"旧额取课生员共50名。内分超等生员14名，每名膏火银各一两三钱。第一名奖赏银六钱；二至三名奖赏银各四钱；四至六名奖赏银各三钱。又第一至六名，由酒店捐钱内加奖京钱各2000文；七至十名加奖京钱各1000文。特等生员14名，每名膏火银七钱。额取一等生员22名，第一名至十名，由酒店捐钱内加奖京钱各2000文；十一名至二十二名膏火无，奖赏无。旧额取课童生共50名。内分上取童生十名，每名膏火银各八钱，第一名奖赏银四钱，二至四名奖赏银各二钱。又第一至六名，由酒店捐钱内加奖京钱各1000文。中取童生十名，每名膏火银各五钱。次取童生30名，第一至八名，由酒店捐钱，内加奖京钱各1000文。九至三十名膏火无，奖赏无。"李嘉乐上任后，加奖取课生员。"自第一名至五十名，每名加奖银各一钱六分，余银再加奖第一名至六名各八分。又划出青平银四两二钱四分，加奖取课童生，自第一名至五十名，每名加奖银各八分。余银再加奖第一名至六名各四分。至遇闰月，无论生童，均停加奖。其闰月生息银青平十两六钱，仍存当店，专助乡试年分决科加奖之用。"并规定，"乡试年分，生员赴省。向系七八九三个月停课，议准预提此三个月息银，划出生员应得之项，临时酌定名数，作为决科再奖至童生。照旧应课加奖，勿得牵混。书院向有束修，一切杂费仍准在旧款内提用，不得于此次捐项再冒支销。"李嘉乐为教育人才，栽培士类，慷慨捐银，使书院生童均得膏火奖，办了一件"嘉惠士林"的大好事，故此举赢得了山东巡抚、布政使、按察使等省级大员们的一致肯定和交口称道。

三、修习儒家经典，清末有所调整

清代统治者为笼络汉族士大夫，对书院由消极抑制转向积极控制，规定以考课为主要教学目的，教读通鉴、通考以充其学，选定《史记》《汉书》《春秋繁露》以博其义，择其才者教作诗赋、经解、策论。书院的教学内容主要为《诗》《书》《礼》《易》《春秋》《大学》《论语》《中庸》《孟子》《四书集注》《孝经》《左传》等包括"四书""五经"在内的儒家经典。某些时代，还涉及律历、算术、天文、地理甚至道德性命之说，教学内容与科举考试的内容相互关联。

明清两代科举考试也要考三场，第一场考八股文，第二场考论、判、诏、表等当时政府的应用文，第三场考经史时务策。在 1300 年中国科举史上，无论哪个朝代，策问与对策都是重要的考试题型。策问的内容非常丰富，经史典籍中的问题，或政治、经济、法律、文化、教育、天文、地理、民族以及军事等各种与国计民生相关的大事，都可以作为策问的题目，因此必须博学；同时还要关注现实问题，"时务策"就是考查考生对现实问题的见解。如我校馆藏的《格致书院课艺》，宣传改良维新思想，介绍西学，其目录中有"北洋大臣李傅相（即李鸿章）春季特课题三道"，其一为："各国立约通商，本为各国人民来往营生起见，设今有一国议欲禁止有约之国人民来往，其理与公法相背否？能详考博证以明之欤？"这类策问能够导引学子关注时局，关心时政，从中看出清末当政者企图通过考试来引导社会变革的用意所在。

光绪二十四年（1898 年）颁发新政诏书，各级考试"一律废除八股文，改为策论文"，但随着戊戌变法的失败，八股取士在光绪二十八年（1902 年）书院改办学堂之前并未真正废除。但历史潮流不可阻挡，书院改制前大清王朝早已内忧外患、千疮百孔，社会变革的呼声高涨，于是知识分子开始接触西学、新学，书院的教学内容也开始作相应调整，增加了一些西方经世致用之学，如我校馆藏图书《文学兴国策两卷》等，从中可以看出书院师生重视西学、寻求救国良策的愿望。这在学生课卷中也有所反映，如馆藏课卷中一篇文章《伦理之学中深而西浅、格致之学西实而中虚论》，作者通过对中西之学的对比反思，表达希望"中国力求维新取西人之长以补中国之短"的愿望，反映了清末学子开始放眼世界、力图维新的呼声。从中看出考查学生的文章比之前的八股取士更加趋于务实。

四、儒学在松林书院的演变

继北宋矮松园到青州州学获皇帝颁赐《九经》，成为儒学的源头之后，儒学在松林书院的发展大体经历了明代成化年间李昂创办后尊程朱理学、隆庆年间凝道书院时邹善授阳明心学、清康熙时尊程朱理、乾嘉时经史考据之汉学、咸丰后重尊程朱理学的演变。

康熙朝书院讲学承明代遗绪，辟王崇朱，并再次确立程朱理学为官方哲学。如山东学政黄崑圃先生主松林书院期间，就以程朱理学的讲授为主。及至乾隆朝，书院讲学之人，又有取法汉儒而注重考订名物训诂者，世称朴学，亦称汉学。汉学之所以盛行，固然是由于程朱理学过于教条琐碎，世易时移，弊端日显；更重要的原因还是乾隆时期的政策使然：乾隆皇帝御令书院培养的学生应当"贯通经史"，而严酷的文字狱也让不少读书人不得不将目光移向遥远的过去，埋头故纸堆，沉潜于名物训诂。可以说，正是乾隆皇帝既看重书院又大兴文字狱的做法在一定程度上促成了乾嘉汉学的辉煌。

青州知府裴宗锡聘严锡绥任山长，张云会任院师，所教弟子李文藻在汉学方面颇有建树。他酷爱金石研究，在书院读书时曾和严先生一起到光福寺附近"古碣搜残洞，悬泉认断崖"（李文藻《严艾堂夫子过寺斋小集》），也曾"秋叶题诗邀弟和，古碑拓字付僧藏"（李文藻《忽忆》）。后来不管为官还是游历，他也到处搜集金石资料，路过的学宫、寺观、岩洞、崖壁，必定停车周览考察。曾自嘲说："官居之贫，山水之奇，金石文字之富，未之有也。"与其座师、汉学大师钱大昕等交往颇多，被当时著名书法家、文学家、金石学家翁方纲称为"北方之朴学，岭南之循吏"。

松林书院山长杨峒亦为著名的乾嘉学人，"幼能强记，凡所读书，辄不忘。专力于诸经注疏及《史》《汉》等书"。曾得到顾炎武的《日知录》，甚是喜欢，于是精心研究古学。继而又读阎若璩、朱彝尊、万斯同、胡渭、江永、戴震各位儒学大师之书，倾倒甚至。而对于顾、戴两家学说，内心特别敬服仰慕。他讲论经史，析理辨物，精益求精。他"博极群书而不泛用其力，参详众说而不误用其功"，称"公之学可谓得其要领矣"，一时被人们赞为"通儒"。杨峒写文章严格遵循义理，但从不拘泥沿袭前人旧貌。其诗不多，而恬淡古雅，自然流露。他教人学习，必先解释古文，加以注解。县人从前没有读《说文》《尔雅》的，有之自杨峒始。

至道光三十年（1850年），咸丰帝初即位即下谕旨，要求地方各级官员"于书院、家塾教授生徒，均令以《御纂性理精要》《圣谕广训》为课读讲习之要"，表明统治者企图以"性理之书""导民正轨"，放弃支持汉学的立场，重新回到了支持宋学的立场，希望以程朱理学挽回人心。直到清末书院改制前，程朱理学占据了书院教学的主导地位。

总之，明清时期儒学在松林书院的发展经历了程朱理学—阳明心学—程朱理学—乾嘉汉学—程朱理学之演进过程。一方面松林书院为儒学的演进提供了舞台，另一方面儒学的发展也创造了书院教育的鼎盛局面。

五、授课形式和学习方法

书院的授课形式，主要是"升堂讲说"，即集体授课，导师召集生徒，进行集体讲解，师生可当堂质疑答辩。另有"分班回讲"，每月规定时日讲书，生童环听，分"日讲""间日讲"和"朔望讲"（每月初一和十五讲）。通常院师论道于讲堂，生徒则在斋舍中住宿或自习，即"讲于堂、习于斋"。

书院学习遵循有教无类原则，实行"门户开放"，一个学者可以在不同书院讲学，听讲者也不限于本院生徒。我校图书馆所藏清代生徒课卷中，如受业童张恒寿一份课卷钤松林书院章，一份课卷钤柳泉课舍章，这表明该受业童既可在松林书院听课参加考试，又可在柳泉课舍听课参加考试；再如生徒赵云和课卷（见附录一《"松林书院"与"云门书院"名称考》），一份钤松林书院斋课章，一份钤云门书院斋课章，说明赵云和既可在松林书院听讲参加斋课，又可到云门书院听讲参加斋课。

书院的学习方法主要是自学。自学既与共同讲习相结合，又与院师的指导相结合。书院教学十分强调学生读书穷理，格物致知，要求学生善于提出疑问，鼓励问题论辩，督促学生养成认真仔细的学习态度，学会有条理地带着问题读书，提高学习效果。书院的教学方法有讲习、自学、质疑等，形式多种多样。一般以学生个人读书钻研为主，注重培养学生的自学和独立研究的能力。许多名师都把指导学生如何读书作为教学的重要任务，学生更是可以根据自身的特点安排学习内容和学习进度。其中最为突出的教育方法——日记教学法。诸生自学，书院印制《日记册》，记录、考查诸生每天课业的情况；《日课簿》或称《考问册》，每日将用过工夫登记入簿，沿用至中学堂时期；《德业簿》记录、考查诸生的学业成绩和品行修养情况。青州一中馆藏师范生徐增锦《札记册》一本，记录每天所学。如首页内容：九月十四日，由"王沂公骑驴归郡，少年亦至青云；范文正励志读书，先忧后乐"引出韩昌黎先生再试不第，论证自古"文章憎命达"之理。其后每日所学都有所记。另徐增锦《考问册》一册，详细记录每日所学知识，写随笔札记，其中不乏老师中肯的圈点评改。

六、书院的藏书

在松林书院东，原建有四书斋，有数量可观的藏书，种类多为儒家经典。早在北宋时期有记载的是朝廷赐书和王曾的捐赠：宋仁宗曾御赐青州州学《九经》一批，并诏示各州以青州为榜样，大办儒学；王曾任青州知州期间，捐薪助学，兴办学校，并且把家中所藏大量书籍捐献母校。而在清代，藏书来源，一为官府购置捐赠、社会贤达及书院肄业生徒捐赠，二为书院山长、院师、生徒所著书籍或校勘的书籍，三为书院自行刊刻的书籍等。青州一中图书馆藏书院珍藏有一定数量的清代书院经籍、名人手稿、碑帖拓片、书院刊刻的课卷等，有着非常重要的历史文物价值和研究价值。

七、书院师生特点

书院生徒普遍学习勤奋。书院教育的重要特点为知识追求与价值观统一，道的信仰必须建立在知的基础之上，求道与求学是统一的，勤奋学习则能实现儒家修、齐、治、平的理想。乾隆年间学子李文藻在书院读书可谓博览古今，十分勤奋，购书不惜重金，藏书充梁盈栋。他从十几岁就对明代冯裕等"海岱七子"的诗集《海岱会集》一书极为景仰，梦寐以求，但始终未能到手。后得知有个书贩有此书抄本，但不肯出借。时值寒冬，李文藻就买了一件珍贵的皮袍送给书贩，才借到手。抄本借来后，不顾"深冬寒甚，呵冻手抄"，历月余，将《海岱会集》4 册抄录完毕。后考中进士，在北京等候任命时，每天都去逛书市，遇到好书，不惜典衣借债也要买下来。他曾说："居京师五月余，无甚应酬，又性不喜观剧，茶园酒馆未尝至，惟日借书。抄之暇，则步入琉璃厂观书，虽所买不多，而书肆之不到者，寡矣。"又据《邑先辈纪略》载，李文藻同学张希贤"为诸生时，家甚贫，见有鬻《昭明文选》者，欲之而苦于无赀，典絮袍以偿书价"，李文藻还为此赠诗三首以戏之，其一云："木斋先生一世豪，六经余事到风骚。精研文选从今日，自有公家与锦袍。"书院学子读书勤奋可见一斑。

书院师生关系融洽。书院师生亦师亦友，硕儒院师往往以其人格力量影响、感化诸生，在潜移默化中实现品学承传，成为我国传统教育的特色，在书院教育中尤为明显。据校图书馆藏《汲古堂文集》中《张莱峰先生墓表》记载："（先生）前后主讲书院，待诸生如家人子弟然，问业者趾相错也。寒畯以行卷投谒，虚心延接，有一善称之不容口，由是为后进所归。"人格力量是大师的饱学、诚壹正直的人品、为培养人才而诲人不倦的激情与方式方法等综合而成的个性。院师就是在传道授业的过程中以这种人格力量影响生徒。诸生在聆听教诲、接受学识的过程中，自觉地、有意识地去效法、吸纳，从而提高自身素养，以至出于蓝而胜于蓝。和谐融洽的师生关系是以科举为目的的官学一般不具备的，对今天的教育有很好的借鉴意义。

赵执信在康熙五十一年（1712 年）于书院内撰写的黄崑圃政绩碑，从多方面叙述颂扬了"山左督学使者黄崑圃先生视事三年"的功德，旨在彰示为师的人格力量，惟如此"士咸畏而爱之"，立碑松林书院，有其示范的深义。乾隆二十三年（1758 年），松林书院山长严锡绥先生因病卒于书院之斋。当时，在院生徒"各服吊服加麻，哭甚恸"，既而远近僚宾、受知于严先生的举贡生童皆来祭奠，哭于灵前，"靡有不恸"，书院师生情深可见一斑，一时被传为尊师的佳话。

书院诸生一起读书，一起生活，相处融洽。他们在科举仕途上一起流汗，一起流泪，一起欢笑，一起悲伤，倾注了太多的心血与情感。有的情同手足，成为一辈子的兄弟。这在后面章节有专门论述。

第四节　清代松林书院名人

　　清代顺治朝的书院政策以抑制为主，而康熙朝的书院政策转向积极地疏导、慎重地支持。康熙帝还时常向书院赐书、赐额，激励了书院建设的热情。据邓洪波《中国书院史》统计，康熙年间全国共建书院 785 所；雍正朝书院政策经历了从最初的排斥到举棋不定到积极支持的过程；乾隆帝对书院的发展做了具体而微的规划，延续了雍正帝对书院发展鼓励中加强控制的做法，新建和修复书院达 1298 所，书院遍地开花，蒸蒸日上。此时的地方官员，也大都重民生，重教育，极大地促进了书院的发展。

　　据松林书院碑刻记载，山东督学使者黄崑圃先生"视事三年，清惠翔洽，政教修明"，为书院"慨然捐俸，重加修葺，进诸生而教诲之，饮食之"，关爱士子，不轻降黜，奖励人才，不遗寸长，深受士子爱戴，成就了十多名举人、进士，书院办学盛况空前，乃至"还朝之日，人士皇皇如失所恃，奏请留任不可得，相与树丰碑于青州之松林书院，跻先生于十三贤之间"。至乾隆年间，随着汉学考据之风的兴起，科举考试成就斐然，书院教育空前繁荣。仅书院名师张云会一人弟子就有李文藻、张希贤、朱廷基等"三进士、六举人"。可以说，康乾盛世是松林书院发展的又一座高峰。

　　陈斌如　陕西华州人，贡生，清康熙二十八年（1689 年）以山东按察司金事出为青州兵备道，康熙三十年（1691 年）同青州知府金标在废墟之上主持重建松林书院，其《重建松林书院碑记》现藏于松林书院碑刻游廊，具有重要的史料价值。

　　黄崑圃（1672—1756）　名叔琳，字崑圃，清顺天大兴人。康熙三十年（1691 年）进士第三名，授编修，官至浙江巡抚。他以文学政事知名于康、雍、乾三朝，有"北平黄先生"之称。著有《夏小正传注》《史通训故补注》《文心雕龙辑注》等。于康熙年间任山东学政时，不仅捐俸重修泰山奉祀北宋胡瑗、孙复、石介的三贤祠，而且兴复济南白雪、青州松林两处书院，延名师，选才俊。山左文教，一时称盛。居青期间，考核生员，评定等级，一丝不苟。对优秀者，他聚宴教诲之；对较差者，决不轻易降黜。奉调京官，青州"人士皇皇，如失所恃"，在恳请山东巡抚上奏朝廷留任未果后，便立碑于松林书院，"跻先生于十三贤之间"，以示敬仰、爱戴深情。事迹载于诗人赵执信撰写的书院藏《黄崑圃政绩碑》。黄崑圃不仅亲自培养了大批书院名生，而且还赏识、栽培过命途多舛、终生落魄的蒲松龄，被蒲松龄称为"文章宗师，词翰仙曹"（见附录一《一日遇知己，终生念旧恩》）。

赵执信（1662—1744） 字伸符，号秋谷，晚号饴山老人，益都县颜神镇人。清初现实主义诗人，有《饴山诗集》等刊行于世。康熙十八年（1679年）进士，授编修；二十五年任右春坊右赞善，翰林院检讨，二十八年（1689年）秋八月，被邀去洪升宅中观看《长生殿》传奇演出，卷入弹章所云"国恤"张乐（时康熙佟皇后病死尚未除服）为"大不敬"罪的"剧网"案中，被黄六鸿等忌才而受害，主动承担"罪责"，黜功名，罢官职，解回乡。从此摆脱名禄羁绊，退隐漫游，赣水粤海，留下不少诗文。赵执信有才华，有骨

赵执信画像（赵执信纪念馆藏）

气，不趋炎附势，又笃义气，重友谊，特别与任江宁织造的曹寅（《红楼梦》作者曹雪芹之祖父）、苏州织造李煦（曹寅之内兄）过从密切，结下深厚的情谊，且全始全终，不以罹难生死异心。

罢官后的赵执信曾在书院讲学，段松苓《益都先正诗丛抄》中曾云其弟子丁际隆"性情落拓，有古狂士风"，"诗学于秋谷，秋谷亟称之"。康熙三十年（1691年），松林书院重建之际，观察使陈斌如聘请赵执信为之代写《重建青州松林书院碑记》，写好后却嫌词旨淡漠未被采用，碑文收入《饴山文集》中；康熙五十一年（1712）五月，赵执信撰书院《黄崑圃政绩碑》，赞扬山东督学使者黄崑圃先生的高尚人格及对书院办学的贡献，为研究松林书院之珍贵资料。清·段松苓《益都先正诗丛抄》云："吴天章雯《并门集》序：秋谷抱

异才，负奇气，渟泓骏发。其于世也，率情自好，无所缘饰，故其为诗也，直而不俚，高而不诡，盖如其为人矣。"

黄登贤（1709—1776）　顺天大兴人，字云门，号筠盟。《清史稿》卷 77 有传。《光绪顺天府志》卷 101《人物志》载其事迹较详。黄氏为乾隆元年（1736 年）进士。历官户部主事、刑部给事中、太常寺卿、仓场侍郎、漕运总督等。熟谙漕政，办事得宜，官至左副都御史。其学以小学《近思学》为主。与父黄叔琳俱曾任山东学政。《清史稿》本传载："康熙间叔琳来（山东）督学，……后六十年，登贤继之，训士遴才，皆循叔琳训。"乾隆四十年（1775 年）秋山东学政黄登贤视学青州，莅临其父黄叔琳六十余年前任山东学政时捐俸重修的松林书院，对父亲恩泽青州士子、为国育才的政教伟绩感慨不已，决心继承、光大父业。应益都知县周嘉猷之邀，于七月朔（初一）撰写并书丹《松林书院记》碑，原在松林书院，1951 年，校友将碑文拓下，拓片字字清晰，现由青州博物馆藏，是研究松林书院人才的重要碑刻。

徐士林（1684—1741）　字式儒，号雨峰，山东文登人，出身农民家庭，"秉性质直"，早年就读于松林书院，27 岁中举，29 岁进士，曾为皇子皇孙授课，乾隆皇帝也在其学生之中。先后任内阁中书、刑部主事、礼部主事等职。雍正五年（1727 年），出任江南安庆知府，10 年后转任江苏按察使，乾隆元年任河南布政使，乾隆五年（1740 年）升任江苏巡抚。

徐士林生性廉俭，赴江苏按察使任时，仅仆从三人和一担行李。吴地风俗奢侈，游惰者多，徐士林"坐卧处布衾木榻"，曾在"沧浪亭"设五簋粗米饭宴请乡绅，从此，五簋脱粟称"徐公宴"，传遍江南，"节俭之风始行"。精于断案，史称"治狱如神"。在 30 多年宦海生涯中，亲奉康熙、雍正、乾隆三帝，为官清廉，堪为师表。徐士林每定一案，必先摘大略牌示，然后才发文册，使官吏不能从中作奸。他常选典型案件，让僚属试判，以"试其才"。他再三告诫：执法过严易激化矛盾，轻则助长坏人坏事。他认为，法律如同医书《本草纲目》一样，种种案件千头万绪，像病人经络虚实一样复杂，同样照《本草纲目》行医，不善丁用药的会治死人；同样照法律办事，执法不当也会有严重后果。立身端方，敢于直言。乾隆四年（1739 年）进京述职时，皇帝召见，问他："你看按何标准选用人才？"徐士林答道："善于反映情况、献纳建议的人，虽然聪敏，不一定是人才；掩盖是非真相的人，好像清白高洁，实为蛀虫。"江苏乃富庶之地，而徐士林又深受皇恩，按惯例觐见皇帝应进献重礼，但他却只献《二典三谟要义》一卷，借古典给皇帝提出安邦治国策略。为此，乾隆皇帝朱批："语不云乎？赠人以物不如赠人以言也。"被乾隆皇帝封为"一代完人、千秋典范"。

乾隆六年（1741年），身为江苏巡抚的徐士林在回故乡途中病逝，乾隆帝下令将其画像请进"贤良祠"，与开国元勋和辅佐重臣同等待遇，这是清朝任巡抚职务之人死后进"贤良祠"的第一人。徐士林曾写有一诗："乾坤岂是无情物？民社还依至性人。不有一腔真热血，庙堂未许说经纶。但使无颜皆可富，若非有骨岂能贫！双睛不染金银气，才是英雄一辈人。"此诗正是他傲骨铮铮、不染金银之气、满腔热血、忠心报国的"至性人""英雄一辈"的真实写照。

李元直（1686—1758）　本名李元真，字象山，号愚村，高密人，早年就读于松林书院，中癸巳科进士，选翰林院庶吉士，散馆授编修。李元真在翰苑之时，与孙嘉淦、谢济世、陈法交，以古人节义相互勉励，有"四君子"之称。雍正帝胤禛即位，为避名讳，改名李元直。

雍正七年（1729年），李元直考选四川道监察御史。屡次上书，敢于直言，据《清史稿·卷三百零六》记载，他曾指责执政的各位大臣说："朝廷君臣谈论看似融洽，只有尧、舜那样的圣君，没有皋陶和夔那样的臣子。"皇上不怪，召集诸大臣，斥道："有什么样的国君就一定有什么样的大臣。果真像你所说无皋、夔那样的臣子，朕又怎么能够成为尧、舜那样的明君呢？"元直坚持观点不屈服。皇上对诸大臣说："话虽不好听，内心无他。"次日，复召入，奖其敢言，将广东进贡荔枝赐之。

雍正八年（1730年），奉命巡视台湾，上疏奏请增加养廉银以杜绝馈赠。不久因直言得罪巡抚，被以"干预行政"之名弹劾降级。次年，李元直告老还乡，家居二十余年而卒。世宗曾说："元直不爱财，只担心他干事太急。"又尝谕诸大臣说："这个人才太难得了！元直难道不是做事的人？他是刚气过于逼人罢了。"元直晚年言及皇上知遇之恩，总感动得落泪。后来，御史李慎修亦有直声，与李元直并称"山东二李"。京师称元直为"戆李"，慎修为

"短李"。

马长淑　字汉荀，安邱人，早年就读于松林书院，雍正八年庚戌（1730年）以第三甲中进士。初授保定知县，县本多水患，长淑组织民众筑堤防护，又恐人力难以接续，请朝廷要求百姓自修，而减轻近堤百姓赋税；后改任安肃知县，县内八村土地万余亩，本地势高而干燥，适宜种禾黍，而直隶官署则令改稻田，民用因此大困。他力请上司恢复这些村庄的耕作习惯。所提"开仓、缓征、减税、剔奸"等建议，都得以施行。官至直隶磁州知州。70岁辞官回籍，家居诵读不辍，一时俊彦多出其门。

平生珍重友谊，尚气节。有个任训导的仗义执言，得罪上司失官客死济南，他慷慨解囊，凑钱为其归葬。辽东有一名因守城有战功的，以憨直冒犯他人被冤死，他主动为之树碑立传，并说明其冤情。曾辑明清时期安丘人或官安丘者之诗，编纂《渠风集略》七卷，收入《四库全书》。83岁病逝，谥号"文穆"。

董思恭　字桂川，号雨亭，寿光人，"幼家贫，曾空腹读书"（民国《寿光县志》卷12《文苑志》），曾习儒学于松林书院，康熙五十六年（1717年）乡试第一名，为解元，六十年（1721年）中进士。初授翰林院庶吉士，雍正初年，选拔为编修、检讨、庶吉士。后任四川忠州知州，又为河南许州知州。历官湖南常德、沅州府知府、粮储道。治理追求实效，所至皆有令名。年六十余致仕。每在一处任职，都勤勤恳恳，为政务求实效，且非常清正廉洁。离任后，人们还经常思念他。他实心实意为民办事，注重调查研究，改进种植技术，断案公平适度，无不令人信服。他每天忙于政务，不谈论个人私事。虽有年兄刘统勋和族人董殿邦在京城任一、二品大员，也不进京跑官要官。他具有谦逊、慈善、仁惠、勤俭、低调的德行。在培养人才、扶植文教方面，他倾尽心力。他常常把自己薪水的大部分，拿出来创办学校，还为召公等建造庙宇，救济穷人。他写文章思维敏捷，既快又好，其毛笔字成为范帖。为官后，亲自出钱为恩师治病、盖屋、置地、修坟，始终不忘师恩。96岁，无疾而终，入祀寿光义庙乡贤祠。工诗，著有《述怀十六韵》《拟古乐府》《新塘吟》《晦庵文稿》等。

林仲懿　山东栖霞人，曾读书于松林书院，康熙五十年（1711年）举人，撰有《南华本义》《离骚中正》等。

辛有光 山东日照人，曾读书于松林书院，乾隆二年（1737 年）进士，清代知名人士。

李志远 山东寿光人，曾读书于松林书院，康熙五十二年（1713 年）举人，五十七年（1718 年）进士，官广西溶县知县。

刘轶政 山东昌乐人，曾读书于松林书院，康熙五十年（1711 年）举人，五十一年（1712 年）进士，官直隶饶阳知县。

孙果 山东寿光人，曾读书于松林书院，康熙五十九年（1720 年）举人，雍正元年（1723 年）进士，官湖南湘潭知县。

王瀛 山东临淄人，曾读书于松林书院，康熙五十年（1711 年）举人，五十一年（1712 年）进士，官河南郾城知县。

陈有蓄 字德其，清初莒州人，雍正元年（1723 年）癸卯科拔贡，乾隆元年（1736 年）丙辰科副榜举人。选高苑县教谕未任，卒。学行、艺文载《莒州志》。性孝友，以礼律身，童年入泮，试辄冠军，尤善诗古文辞，黄崑圃先生视学山左，特相器重，曰："陈某吾畏友也，尝千里驰使，乞文为寿。"年至八旬，始授高苑县教谕，慨然曰："吾老矣，吾宁为政于家耳！"遂未赴职。知州何赠以"耆英望重"匾额，举乡饮大宾，年至九十余，以寿终，撰有《重修莒志缀言》载入嘉庆《莒州志》。

裴宗锡 山西曲沃人。由济南府同知擢知青州，为政持大体，不以苛察为，明正身率，属人莫敢欺。尤好接引文士，延安丘进士严锡绥主讲松林书院，凡遇课期必亲临扃试，一时肄业诸生常数十百人。数年之间，登贤、书贡、成均者十余人。乾隆二十二年（1757 年）调济南，青人攀辕遮留。立碑于北郭，曰"清正仁明"。诸生复于松林书院为立"去思碑"。后官至云南巡抚。

严锡绥 浙江余杭人，乾隆年间原安丘县知县，后被青州知府裴宗锡聘为松林书院山长。他治学有道，育才有方，德高望重，深受学生爱戴。据光绪《益都县图志·官师志》记载：山西曲沃人裴宗锡"由济南府同知擢知青州，为政持大体"，"尤好接引文士，延安丘进士（应安丘县知县）严锡绥主讲松林书院，凡遇课期必亲临扃试，一时肄业诸生常数十百人。数年之间，登贤、书贡、成均者十余人"。

另据清代藏书家、目录学家、金石学家、方志学家李文藻《南涧文集》记载：乾隆十八年（1753 年）至二十三年（1758 年），松林书院山长为前安丘县知县浙江余杭人严锡绶先生，主讲期间，肄业附课于书院的"举贡生童"多达 80 余人。1758 年，严先生病卒于松林书院，当时，在院生徒各服"吊服加麻"，十日后，受知于严先生的举贡生童、远近僚宾上百人会哭灵前，"靡有不恸"，一时被传为尊师佳话。

弟子李文藻写下《严先生诔》一文表达对严先生的崇敬和悼念之情。

附文：

严先生诔[1]

李文藻

乾隆二十三年七月[2]日松林书院山长[3]、原任安邱县知县严先生以疾卒于书院之东斋，年六十几。先生讳锡授[4]，字艾堂，浙江余杭人，于是主讲席[5]六年矣。其生徒在书院者，敛以美椑[6]，俾[7]附于身无遗憾，各服吊服加麻[8]，哭甚恸。既而远近僚宾来致赙[9]奠，靡有不恸。十日后，青之举贡生童，尝肄业附课[10]于书院者，咸承赴而集，自张云会[11]以下八十有[12]人，谋于既望[13]庚子会哭匶前[14]，以竭瓣香枣乌之献[15]，且欲排缞著行，载诸素旗，而群以其辞属[16]于李文藻，文藻素受知深，不敢辞，谨捧笔而为之诔曰：

吾师得性，肇出南华[17]，避庄而严，忌助起家，条分叶布，富春之涯猗欤[18]！侍郎为师，高祖总督，仓场无废[19]，不举自是而降，扬声接武[20]，限于明府[21]，屈于广文[22]。曾祖与祖，志弗全伸，文章名世，政教在人，显考无年，著述则多，茂才[23]中殒，留憾巍科[24]。师每及之，涕泗[25]滂沱。维师之生，秀眉湛眸[26]。未及龀龀[27]，受书家塾，春萼吐芬，凤毛骥足，甫游黉序，未冠而孤，哀哀柴立，髓泪骈枯，双鹤助哭，集于倚庐。吴越之俗，殡而不葬，师曰忍乎？撰日营圹，一抔土干，信吾所向，壮登贤书，计偕于京，骅骝驰路，鹏鹓挚空，三年教习，于咸安宫。教洎天潢，荣邀墨绶，邑号难治，苗遮于莠，师实薅之，爬痒栉垢，师始莅邑。水旱根连，民有菜色，师为沵然⁽²⁸⁾，绘图上告，蠲⁽²⁹⁾其税钱，民获苏醒，始甘寝食。劝学重儒，祛华崇实，三稔政成，拂衣一昔，雉驯⁽³⁰⁾在野，鱼悬于堂⁽³¹⁾，循吏着绩，史乘应详，藻姑略焉，述藻所伤。沂公书屋，号曰松林，皋比教授，每难其人。前观察使，知师实深，谋于太守，赍质相迎。师以道尊，负笈者众⁽³²⁾，鹿洞鹅湖⁽³³⁾，后先辉映。吾师之学，腹笥郁盘⁽³⁴⁾，发摘秘要，补缀缺残，非圣之书，摈而不观。吾师之文，伐毛洗髓⁽³⁵⁾，屏去繁芜，诗书表里，小技雕虫，概置不齿。其接多士，曾无厉色，朴茂温存，缠绵悱恻，终日退然，若不胜力，霁日之光，春风之和，庶几遐年，愈久不磨，胡天不吊，锺以百疴。于虖哀哉⁽³⁶⁾！藻前一日，问师于床，执师之手，聆言琅琅，谁期信宿⁽³⁷⁾，溘然帝乡⁽³⁸⁾。于虖哀哉！巨簁⁽³⁹⁾东流，云门⁽⁴⁰⁾南峙，山水茫茫，非师故里⁽⁴¹⁾，以师之好德，而竟至此。于虖哀哉！谁视含敛，实惟门生。谁奉几杖，老仆零丁，所不见者，藐孤八龄。于虖哀哉！真返天上，招魂人间，德词汇德，泪驶如泉，伏愿灵槾，早归径山。于虖哀哉！

此篇以《功顺堂丛书·南涧文集》为底本，以《李文藻四种·南涧文集》为参校本。

【注释】

（1）诔（lěi）：古代用以表彰死者德行并致哀悼的文辞，后成为哀祭文体的一种。（2）据清光绪刻功顺堂业书本，此处缺字。（3）山长：即书院院长。元代书院设山长，讲学之外，并总领院务。清乾隆时改称院长，清初与清末仍名山长。（4）据咸丰《青州府志》记载，当为"锡绥"。（5）主讲席：即主持书院的主要负责人。（6）敛以美椑（bì）：即把尸体敛于上好的棺木里。椑，内棺。《礼记·檀弓上》："君即位而为椑。"郑玄注："椑，谓棺亲尸者。"（7）俾（bǐ）：使。（8）各服吊服加麻：各自穿上丧服，犹言披麻戴孝。 （9）赗（fù）：赠送。（10）肄业：此谓修习其业。附课：附于书院听课修习学业。（11）张云会：字与京，乾隆年间岁贡生。据清代学者杨滇《邑先辈纪略》记载："亲受业者有三进士、六举人，为生员食饩（公家按月供给粮食等物资）者不计其数"，"三进士：李南涧文藻、朱荆园廷基、张木斋希贤；六举人：叔祖书岩公、王周山、李维华也，其三则他邑来学者，忘其名氏矣"。（12）据清光绪刻功顺堂业书本，此处缺字。（13）既望：夏历每月十五日为望，十六日为既望。如苏轼《前赤壁赋》："壬戌之秋，七月既望，苏子与客泛舟游于赤壁之下。"（14）匶："柩"的古字。已盛尸体的棺材。《释名·释丧制》："尸已在棺曰柩。"（15）以竭瓣香束刍之献：束刍，吊丧的礼物。刍，青草。《诗·小雅·白驹》："生刍一束，其人如玉。"《后汉书·徐稺传》："林宗（郭泰）有母忧，稺往吊之，置生刍一束于庐前而去。"后世因称吊丧礼物为生刍，亦为束刍。（16）属：通"嘱"，嘱托。（17）南华："南华真人"的简称，即庄子。（18）富春，水名。浙江在富阳、桐庐县境内的一段称富春江，是著名的风景区。猗欤，叹词。表示赞美。《诗·周颂·潜》："猗与漆沮，潜有多鱼。"郑玄笺："猗与，叹美之言也。"（19）仓场：官方收纳粮食或其他物资的场所。清置仓场衙门，以户部侍郎主之，掌京仓（京城内外粮仓）、通仓（通州粮仓）的政令。（20）扬声：为丧家助哀。唐·李匡乂《资暇集》卷下："丧筵之室，俾妓婢唱悲切声，以助主人之哀者，谓之扬声。"不知起自何代。接武：步履相接，前后相接。（21）明府：汉代对郡守的尊称，即"明府君"的省称。唐以后则多用以称县令。（22）广文："广文先生"的简称，泛指清苦闲散的儒学教官。（23）茂才：即秀才，汉代推举人才的科目之一。明清时期科举考试中的秀才有时也沿用此名。此指优秀人才。（24）巍科：巍科，犹言高第。谓科举考试名在前列。《宋史·蒋重珍传论》："蒋重珍自擢巍科，既居盛名之下，而能树立于当世，可谓难矣。"（25）涕泗：眼泪与鼻涕，形容悲痛之至。（26）秀眉湛眸：秀眉，清秀的眼眉。《后汉书·郑玄传》："秀眉明目，容仪温伟。"湛眸，清澈明亮。（27）龆龀：龆龀，龆与龀，皆指儿童换牙。因以指童年。（28）泫然：流泪的样子。（29）蠲：减免。（30）雊驯：谓地方官施行仁政，泽及禽鸟。（31）悬鱼：《后汉书·羊续传》："府丞尝献其生鱼，续受而悬于庭；丞后又进之，续乃出前所悬者以杜其意。"后以"悬鱼"指为官清廉。（32）负笈者众：笈，书箱。谓背着书箱来求学的人很多。（33）鹿洞：指白鹿洞书院。鹅湖：山名，亦为书院名。江西省铅山县北荷湖山，有湖，多生荷。晋末有龚氏者，畜鹅于此，因名鹅湖山。宋淳熙二年朱熹与吕祖谦、陆九渊兄弟讲学鹅湖寺，后人立为四贤堂。淳佑中赐额"文宗书院"，明正德中徙于山巅，改名"鹅湖书院"。（34）腹笥：语出《后汉书·边韶传》："边为姓，孝为字，腹便便，五经笥。"笥，书箱。后因称腹中所记之书籍和所有的学问为"腹笥"。（35）伐毛洗髓：比喻剔除芜杂无用之物。（36）于虖哀哉：感叹语气词。（37）信宿：指连宿两夜。

引申指两三日。《水经注·江水二》："流连信宿，不觉忘返。"（38）溘然：忽然。帝乡：神话中天帝住的地方，借指人死后之所。"溘然帝乡"指忽然去世。（39）巨篾：据元代于钦《齐乘》，"巨篾"即青州城东的弥河。（40）云门：指青州城南云门山。（41）非师故里：因严锡绥为浙江余杭人，青州非其故里，故有此说。

杨峒（1748—1804）　青州府益都回族人，南阳知府、松林书院学子杨应奎之后裔，乾隆三十九年（1774年）举人。他14岁入邑庠读书，27岁以第九名中举，后多次参加礼部科举，未中。嘉庆九年（1804年）卒，年五十七。咸丰《青州府志》评价他"平生淹贯经史，工古文词，韵学尤精"，著有《毛诗古音律服》《考古录》及诗文集，又有《乡党图考注释》（已佚）等。

据光绪《益都县图志》和清代学者、杨峒侄孙杨滇《邑先辈纪略》记载，"叔祖书岩公幼能强记，凡所读书，辄不忘。专力于诸经注疏及《史》《汉》等书"。曾得到顾炎武的《日知录》，甚是喜欢，于是精心研究古学。继而又读阎若琚、朱彝尊、万斯同、胡渭、江永、戴震各位儒学大师之书，倾倒甚至。而对于顾、戴两家学说，内心特别敬服仰慕。他讲论经史，析理辨物，精益求精。他"博极群书而不泛用其力，参详众说而不误用其功"，称"公之学可谓得其要领矣"，一时被人们赞为"通儒"。杨峒写文章严格遵循义理，但从不拘泥沿袭前人旧貌。其诗不多，而恬淡古雅，自然流露。他教人学习，必先解释古文，加以注解。县人从前没有读《说文》《尔雅》的，有之自杨峒始。"其丧葬用儒礼，学者尤称之。"

杨峒喜欢结交当时名士，质疑问难，与朋友书信往来不断。来青州任职的地方官吏，无不折节下交，对杨峒礼遇有加。益都知县钱唐人周嘉猷，是个儒吏，欲刻印于钦的《齐乘》，同时考证其误，草创未就而病重，杨峒最终帮其完成，却不空属其名。武功人张玉树先生至青任知府，"闻书岩公名，亲拜会。暇则延入署中，多所商酌。并令主书院讲席，以其尊人墓志相托。"因初稿未叙述他们之间的交情，张玉树说："弟与先生交谊恳挚，缘何志中不将此一段情节叙入？似有见外之意矣。"请求商量再改一改。汝阳人李星渠刚到青州任知府，"即与书岩公定交，并延入署中，教其五子宝田、应田、应曾、应槐、应榴，并请主书院讲席。"书岩公学问之厚、声望之高、受人敬重可见一斑。

杨峒任松林书院山长期间，对贫困子弟教诲之、饮食之，"从学数百辈，负笈无遥途"，求学者慕名而来，达数百人，不论路途远近。《邑先辈纪略》中说"从学者甚众，食饩中式者累累其人"。弟子有杨绍基、李章甫、李容、田姚、刘鲁等。

附文：

红丝石砚记

杨峒

震泽钱巽斋先生长松林书院，得红丝石砚二，匣而藏之。太守宛平李公，为筑室于宋十三贤祠之左，题曰"红砚斋"。先生既自赋砚歌，又集一时属和之章，函致二石，而索文于余。余周览众制，征引略同，未敢涉笔。虽然砚齐产也，余齐人，其不可以无述。按：石出益都之黑山，山下为王孔社，东距县治三十五里。唐柳诚悬论砚，即以青州石末为第一，石末，瓦砚。初无所谓红丝石者，《西溪业话》引王建诗"红砚宣毫各别床"，"红"本作"江"，姚氏改文就已，非诗人属辞之法，不足信也。自宋苏太简《文房四谱》，列天下之砚四十余品，以红丝为最，而端、歙次之。其后唐彦猷作《砚录》，亦目为第一品。王圣涂《渑水燕谈录》称，"其理红黄相参，文如林木山峰，云雾花卉，自有膏润。泛墨色，覆之以匣，数日不干"。品题可谓至矣。余前后于交游所凡见数石，则皆红如瓦盎，其质疏以粗，其泽枯以燥，损笔而退墨，品反出淄石下。故畜砚者，率以此石徒被虚名。而《谱录》之评骘为过当。是殆不然，夫物之良于地也，其佳者固不多，得荆山之璞，不可尽规以为璧；泗滨之石，不可尽句以为磬，独斯砚也乎哉？《太史公书》言齐鲁之于文学，其天性也。及观《两汉儒林传》，传经之儒，于《易》则齐田何、服生，即墨成衡咸，淄川杨何，东武王同，诸梁邱贺；《书》则济南伏生、张生、林尊，千乘欧阳生、兒宽，齐周堪、炔钦；《诗》则齐浮邱伯、辕固，东武伏恭；《春秋》

则齐胡母生，淄川任公，北海周泽、甄宇。而郑康成乃为《五经》师。此皆在今济南以东，青莱之间数百里内，可谓盛矣。然通校数郡之人，以户计者八十一万八千五百有奇，是二三十人者，曾不及仟佰之什一也。苟比户而求师，则黑山之石皆砚材矣。今先生之二砚，黄质而绛文，坚密润泽。其一圆者，文如云雾，副都统伍公所赠也；其一得之邑令钱唐周君，体方而小。所谓林木花卉之文也，独肌理稍滑，颇为恨事。然以方端、歙之下者，犹不啻过之，矧其至者，宜笔而不退墨。宋人所称，固非虚美也。吾齐自近世来，儒宗硕师，号为乏人，而百余年中，如济阳张稷若、邹平马宛斯、益都薛仪甫诸老人，于经术、史学、算数之书，皆能名其家。以今视昔，何遽不若汉人？而顾以红如瓦盉，质粗而泽燥者，为石病，可乎？吾愿先生好之而不已，实此二石以为请，自隗始焉。将必得其至者，余虽不文，尚惮为先生赋之。

钱大培　字树棠，号巽斋，江苏震泽人，乾隆十七年壬申顺天副榜，曾任松林书院山长，官鱼台县训导，有《餐胜斋诗稿》四卷。与杨峒颇多交往，青州一中图书馆藏手抄本杨峒的《汲古堂文集》中《红丝石砚记》一文记载："震泽钱巽斋先生长松林书院，得红丝石砚二匜而藏之，太守宛平李公为筑室于宋是三贤祠之左，题曰红砚斋……"段松苓《益都先正诗丛抄》中松林书院学子刘汝弼为老师写有送别诗《送钱巽斋先生赴济南陆观察署中度岁》："经年晨夕数相共，爱向松云搴绛纱。忽见行幐历冰雪，便依幕府颂椒花。龙山月落鸡声晓，山昔岭风高雁语斜。皁帽管宁知暂驻，还逢春雨盼回车。"

附文：

钱大培（给杨峒）信札

昨趋候，不值为怅。稍暇再图良晤。多受教益，幸甚！前获红丝砚，偶作歌词酬北城伍公，见者多仿其体和之。鄙意欲稍变化，特求老先生或赋五言古诗，或散体文字一首，考辨记叙无所不可。藏之巾箱，永为珍宝，不亦善乎，研二方，并质法眼。无匣者系两滕明府赠，稍发墨，质亦较润。弟以为，此州所产，当更有绝佳者。古人目为第一品，不虚耳！诗册中诸公并此二石，皆未之见，空中楼阁，固须造五凤楼手驾出之矣。再闻，先生应酬之作，往往倩人书之，弟则并求真作。非如古人之索画，反欲其赝者也。伏惟俯允为荷？数日后走谢，并领二研，余不一一。书岩老先生千古。

教弟钱大培拜手，小春四日

司马梦祥 本姓沈，字南耘、号朴堂，科考用名为司马梦祥，清乾隆二十一年（1756 年）举人。据李文藻《与纪晓岚先生》载：司马孝廉梦祥者，本姓沈，时主郡之松林书院……即曾为松林书院山长。"选安徽灵璧县训导"，"大谢圩人，入文苑传"。《盛湖志》中云："主讲直隶南皮书院"，"南皮与灵璧向鲜有闻人，梦祥悉心训迪，丕振文风"，"变其荒陋，遂有登科甲者"，南皮人文蔚起，自沈梦祥主讲南皮书院始。南皮先后出了张之万、张之洞昆仲，前者是道光二十七年（1827 年）状元，官至闽浙总督、东阁大学士，后者系同治二年（1862 年）探花，历任两广、两江和湖广总督，军机大臣，著名洋务派领袖，这在南皮县历史是空前的。其《咏怀》诗"秋兰翳空山，绿叶何葳蕤。晚菊隐东篱，含蕊亦芳菲"，王鲲采赞"诗古文清真淡雅，不染纤尘"。著有《朴堂诗文存稿》。

沈可培（1738—1799） 字蒙泉，号向斋，曾任松林书院山长。世居浙江嘉兴，耕读世家。自幼沈潜向学，8 岁听塾师讲乾坤，即知二卦阴阳不杂文旨，师惊异之。稍长诵诸经，咸通其义。为文出手英爽，造诣日深，然为诸生十许载，郁而未昌。乾隆辛卯（1771 年），冯浩主鸳湖书院，慧眼识之，着意奖掖。是年乡试中式。翌年，廷试第五，赐同进士出身。以知县即用，选江西上高县，婴疾告归。家贫，侍养不赡，入中州庄方耕作幕僚。丁酉（1777 年）遭父艰归。山左运河观察使沈青斋请课其子，因稽古今治河同异，著《东运镜机》一卷，资其考镜。服阕赴补，发直隶，历署吴桥（今在河北沧州）、宝坻（今在天津市），补安肃（今河北徐水）知县。因事牵连，部议疏纵降调，旋遭母丧。后虽复原衔，然自是知命安贫，以课徒终其身。

历主潞河（今北京通州境）、泺源（今在山东济南）、青州云门诸书院（即松林书院），泺源书院合白鹤、白雪、泺口、菁庵（均在济南）诸书院，生徒聚萃。沈氏长院五载，多有建树。修廊堂舍，崇古训，戒谀闻，以笃实辉光英才敦励，诸生乐其和易诚切，翕然心服。著有《泺源问答》六卷。移云门书院，辑《云门书院志》四卷，后以年老辞。远近诸生，争相问业。里中鸳湖书院，延为山长。陡发痰症以卒，时嘉庆四年（1799 年）九月，年六十三。一生勤于著述。尚有《星度释略》六卷，《称名纪丽》四卷，《读陶纪年》四卷，《依竹山房诗集》不分卷。子铭彝，亦以儒为业，承继家风。

补：冯浩《安肃县知县沈君可培传略》载："（沈可培）凡五载，移青州云门书院，院为宋王沂公矮松园，故址松柏八百余株，长夏阴翳，居甚适，辑《云门书院志》四卷，年老辞归"。可知文中所说的云门书院即为矮松园（松林书院）。

张云会 字与京，乾隆年间岁贡生，肄业于云门书院，讲学于松林书院，为书院名师。其事迹在史料中鲜有详细记载，只在个别典籍中有所提及。光绪《益都县图志》：字与京，城内人，乾隆间岁贡。家居，教授，多所造就。尝共选全唐八韵诗，名曰《律诗全谱》，文藻有序，见《南涧文钞》。《四书图考》五卷，《四书讲义集要》十九卷。

据清代学者杨滇《邑先辈纪略》载：张云会精通《四书》，"读本皆有评语，以彩笔书之"，"字极遒劲，学《十七帖》，熟练妥帖，来学者甚众"，晚年家道败落，生活日益窘迫，以至不能温饱，靠亲朋邻居救济度日，80 岁去世。张云会深受弟子爱戴，去世后，弟子曹明水曾动情地用高价买回先生手稿。

人无完人，张云会有洁癖。他常把饮茶之具放于门楣之上，以防他人之用。一次，青州知府来探视，杯自上坠地。知府大惊，明晓原因后，骂其"性情乖癖"。这一年朝廷拔贡，即挑选府、州、县生员中成绩或资格优异者，升入京师的国子监读书，意谓以人才贡献给皇帝。当时这一名额应首推先生，结果知府想到前事，竭力阻止，推荐名额给了赵执信弟子丁际隆，故张云会终老岁贡。著有《四书图考》五卷，《四书讲义集要》十九卷。

张云会科场不甚如意，但其弟子却"春风得意马蹄疾"，多位科举高中。据《邑先辈纪略》曰："亲受业者有三进士、六举人，为生员食饩（公家按月供给粮食等物资）者不计其数"，又补曰："三进士：李南涧文藻、朱荆园廷基、张木斋希贤；六举人：叔祖书岩公、王周山、李维华也，其三则他邑来学者，忘其名氏矣。"

沈廷芳（1692—1762）　字畹叔，号椒园，清浙江仁和人。初以国子生为《大清一统志》校录。乾隆元年（1736 年）举博学鸿词科，选为翰林院庶吉士，授编修，出任山东道监察御史。在任 7 年，开常平仓赈济淮、徐、凤、泗四府饥民，深得百姓拥护。又以古代谏臣自勉，朝廷起用原尚书彭惟新为侍郎，他就上书谏阻。八年改巡江南道，巡视山东漕运，兼理河务。次年，奏请原先被官府圈占的东平湖地的十分之二给贫民耕种，又将衍圣公 300 顷地划给湖旁贫民。十年，在兖州建祠立碑，纪念唐代诗人杜甫。后转任登莱青道，招集流民，给予资金，让他们垦荒种粮以自给。当地小清河河道狭窄，遇到山洪暴发，常常决口淹没良田。他就发动民工疏宽河道，增筑堤堰。官至山东按察使，由于他为政清正、有功于民，离任之日，当地父老乡亲数千人相随远送。

沈廷芳出身世家，从小笃志于学，先后随查慎行学作诗文、桐城方苞学作古文，能诗善文，尤精于古文。晚年曾掌教于粤秀、敬敷等书院。著述有诗文集《隐拙斋诗集》三十卷、《隐拙斋文集》二十卷，还有《舆蒙杂著》四卷、《古文指绶》四卷、《鉴古录》十六卷、《下学渊源》十卷、《十三经注疏正字》八十卷、《续经义考》四十卷等。此外，与桑调元合辑有《馀山遗稿》。

沈廷芳十分重视松林书院的建设，乾隆十四年（1749 年），巡视松林书院，见"讲堂久圮"，与青州知府王如玖、益都知县李时乘修葺松林书院并考查士子，此事载于《重葺松林书院记》一文。

陈先生　江苏无锡人，松林书院山长。依据《李文藻诗文集》中《青州太守裴公遗爱碑记》载"先是，无锡陈先生、仁和成先生，相继为山长"。又据杨峒诗歌《赠陈補庐先生》注解"先生尝主云门书院（即松林书院）"推其姓陈，字補庐，与杨峒有交情，互有诗歌唱和。其余事迹无考。

成城　字卫宗，号成山，浙江仁和人，乾隆三年举人，继陈先生之后乾隆十八年（1753 年）之前任松林书院山长，与山东按察使沈廷芳多有交往，彼此间有多首诗文传世。弟子李文藻在《皇清敕封文郎乡贡进士广宁太老夫子成公之灵》中说："公（成公）之长子，吾师卫宗，曩游稷下，声焰隆隆，当事者延长宋王沂公矮松书院。而藻实执业以相从。吾师心纯貌粹，经术文章为世圭臬……"李文藻盛赞山长、老师成先生心貌纯粹、经术文章为世模范。

程士范　字仲模，别号东厓，先世家洛阳，后徙西安，为渭南人，伊川先生（北宋理学家程颐）廿八世孙，乾隆十二年举人，十六年同进士出身，二十四年为山东利津县知县，三十七年改知峄县，逾年迁浙江安吉州知州，四十年二月任广西象州知州。未几，因修营官舍被劾坐徙青州。青州知府李涛延聘主松林书院，久之，以疾解馆，八年而卒。

附文：

故象州知州东厓程先生行状

杨峒

先生讳士范，字仲模，别号东厓，先世家洛阳，后徙西安，为渭南人，伊川先生廿八世孙也。祖讳映辰，考讳璧昌，皆以先生贵，赠文林郎，妣曰张孺人。先生自少时，坦白质直，不为文饰，年二十七补县学弟子员，明年考玺台，赠君遘危疾，先生祷于神，祈损己年一旬，以延亲寿，既而病差。其后先生年三十八罹赠君忧，适十载矣，闻者无不异之。举乾隆十二年乡试，十六年同进士出身，需次里居，县令武君若愚延主香山书院。二十四年七月，谒选得山东利津县。县为武定府东境，当大清河之下流，所谓千乘海口者也。时天连雨，东北风，霖潦不渫，潮水逆上，濒海四十里中湮没田庐甚众。先生既视事，躬自行勘，坊郭村落无不周历，核实户口，条其被灾之轻重以上于府，虽丞尉不轻假手。微独吏胥无所容奸也。会帑金未下，而冬雪祁寒，饥黎有道殣者，先生拟先出官粟贷之，吏白故事，宜申请待报，先生曰："吾民急矣，而犹拘文法，岂所以承宣德意乎？"遂发仓给焉，而上官顾以是知先生，遇之有加矣。在县十有四年，两逢万寿覃恩，阶文林郎摄府倅（倅，音取内切副也）者四，晋级者三，分校乡试者一。葺城垣，修邑志，皆不以烦民。三十七年秋，改知峄县，逾年迁浙江安吉州知州。到官数月，会州降为县，复谒铨部，得广西之象州。四十年二月，抵任。未几，以修营官舍事被劾，坐徙青州。居二年，太守李公涛请主松林书院，宋之矮松园，王沂公所为赋也。久之，以疾解馆，凡居徙所八年而卒。卒之日，四十九年七月丁巳也，得寿六十有九。娶石氏，封孺人，先二年卒。子四人：以引，从九品职员；雄储早卒；以恬，益都县学生；以俭，尚幼。女子二人：长适举人员清要，次适石钟嵩。先生之初徙也，青州去利津县二百里而遥，故事济南武定诸属邑，运米于青，以饷八旗驻防之军，利津与焉。吏民之将运车者，每岁一至，必造先生寓舍，斋食物数事上名谒，一望颜色而去，比七八年率以为常。先生利津之政，非余所亲见，顾即其民之不忘先生于流放，有以知遗爱之在人，异乎慕势而劫于威者也。先生之叔子尝与余游，尤好为雅故之学，其昆季将以明年奉两尊人之枢归葬渭南，乞状于余，余既辱交纪群之间，义不获让，为撮其大者著之，俾请铭于巨公长者，亦得以余文就正焉。

姚龙光　字盖浦，江苏扬州人，进士出身。乾隆末年云门书院山长。为人忠厚朴实，有好名声。乾隆五十一年（1786 年），他出知临淄县。上任不久，遇到大灾荒，饥民遍野。姚龙光请求上司调粮救灾。上司派官员下来勘查，这位官员竟然说灾情不甚严重。饥民越来越多，纷纷逃亡。姚龙光心急如焚，只身赶到省城，拜见巡抚，为民请命。巡抚认为他忠诚爱民，批准了救灾的请求，调集粮食，救济灾民，缓解了灾情。姚龙光关心百姓的德行得到上司肯定，调任益都知县。这时，益都的灾情更为严重，饥民嗷嗷待哺。上司决定从东昌府调米 500 石救急。但是，并没有粮食运来，只是折银 3750 两，让益都县衙自己购买。其时，到处灾荒，购买粮食十分艰难。等到买来米，已经是隆冬时节，乡下赶来等待赈济的饥民每天万余人。姚龙光日夜筹划，安排设立三个赈厂接待饥民。赶来领取赈米的人越来越多，而赈米越来越少，负责发放赈米的吏员向姚龙光告急。姚龙光束手无策，叹息说："救济灾民怎能停下呢？我这个县官宁愿不干，也要动用官仓了！"当日，未经请示，便擅自打开官仓，把皇粮拿出来继续供给灾民，一直延续到次年三月，官仓粮食为之一空。姚龙光不敢报告上司，打算秋天丰收时买粮补上。可是天不祚人，母亲去世。姚龙光按规定离职丁忧，回家守孝。接任的知县张大海发现动用了皇粮，便迅速报告山东巡抚。巡抚责令青州知府核查处理。知府大人虽然同情姚龙光，但事关皇粮，不敢怠慢。调查核实后，以擅自挪移皇粮的罪名罢免姚龙光的官职，查封房产，变卖抵顶粮价。同时，把姚龙光留在青州，继续追缴亏空的款项。

后来，姚龙光虽然不再做官，但当道者甚是器重人才，推荐他主德州书院，因家居青州，受聘云门书院（即松林书院）讲学并做山长，为书院发展做出了很大贡献。青州人感念其德政，让他的孙辈姚维藩、姚维屏、姚维垣加入益都籍，在官学读书。姚龙光擅书法，尤工隶书，晚年益臻神妙，青州人纷纷购买收藏。后无疾而终，享年 90 岁。

何其兴　字祥垣，嘉庆二十五年（1820 年）三甲第 18 名进士，江苏金陵人，曾任山东盐运使、廉访使、户部主事等职。道光年间大约 1853 年后曾主云门书院（即松林书院），时其南京府宅被太平军东王杨秀清所侵占。益都人刘琭亭有诗《何祥垣先生移主云门书院讲习卜筑云门山下喜而有作》："内翰移来教泽覃，云门峰下结茅庵。吾庐未隔山深浅（公宅与吾宅入山有深浅之分而无山川之阻），天宇何分江北南（公金陵人）。多士景从云济济，故宅居萝绕府潭（公金陵故宅重楼复阁皆没于贼）。狂生狂生君知否，地近晨昏拟纵谈。"

李文藻（1730—1778）　字素伯，号南涧，山东益都人，乾隆年间藏书家、目录学家、金石学家、方志学家。严锡绥、成先生、张云会等名师高足，他对恩师极尽崇敬爱戴之情。严先生去世的第二年即乾隆二十四年（1759 年），以第二名中举，钱大昕对他极为赞赏，曾对按察使沈廷芳说"此子天下才也，君得人矣！"二十五年（1760 年）考中进士，其殿试卷为"读卷官交口叹赏"。历任恩平县、新安县、潮阳县知县，也做过广东乡试的副考官，后擢升桂林府（今广西桂林）同知。长期在岭南任职，长年累月奔走于崇山峻岭之间，染上了瘴气。任桂林同知仅年余，便不幸离开了人世，年仅 49 岁。

李文藻居官以精明强干、体恤民情著称，事必躬亲，政绩卓著。岭南风俗不好，盗牛事件屡屡发生。由于牛的毛色相似，虽多次抓获盗牛者，但大多狡猾抵赖不承认，致使官府无可奈何。李文藻刚到恩平任职，立即下令让养牛者各在自己的牛角上烙印，留下印记。凡到市场卖牛的，经纪人先把烙印登记在簿，并将印记交付给买主。如果有丢失牛的，先以印记呈官，官遣衙役持印记查验市场记录，不得隐瞒。这样一来，盗牛者再也无法要赖，使盗牛事件迅速减少下来。他的上级肇庆府知府认为李文藻的这个办法很好，下令在各县推广。

李文藻一直过着比较清贫的生活，他严守官箴。广东的潮阳、海阳、揭阳俗称"三阳"，其地物产丰富，在这里做官的人，大多致富。但李文藻"去官之日，囊橐肃然"。走到番禺，命画工临摹光孝寺贯休画的罗汉画四轴，带在身边，并说"这就是我在岭南做官的报酬"。又自嘲说："官居之贫，山水之奇，金石文字之富，未之有也。"

李文藻一生，读书博览古今，购书不惜重金，藏书充梁盈栋。据《县志》记载："《海岱会集》者，前明青、莱二郡乡先达所为诗也，文藻求之不可得，闻书贾刘某有写本，请假观，不可。时值冬寒，为买一裘，始许录副书十二卷，呵冻手抄三旬乃毕。"

李文藻不仅读书、藏书成癖，而且还酷爱金石研究。他到处搜集金石资料，不管为官还是游历，路过的学宫、寺观、岩洞、崖壁，必定停车周览考察。经过多年的搜集积累，写出了《泰山金石考》十二卷、《益都金石考》四卷、《金石书录》四卷、《山东元碑录》一册、《云门碑目》一册、《尧陵考》四卷等大量金石学著作。

李文藻一生写下了大量的诗篇，有《岭南诗集》八卷，共收诗歌571首，另外《益都先正诗丛钞》也录有他的多首诗作。钱大昕曾经说："文藻有三反，长身多髯、赳赳如千夫长，而胸有万卷书，一也；生长于北海，官于南海，二也；湛思著书，欲以文学显，而世称其政事，三也。"虽然这是戏谑之言，却也概括得十分生动。

李文藻一生著述颇丰。据志书记载，除上述外，还有《南涧文集》《毛诗本义》《南北史考略》《濮雅》《青社拾闻》《饾饤录》《隶补》《南北史考略》《国朝献征录》《齐谚》《粤谚》《师友记》等数十种。此外他还主持或参与编纂了大量的地方志，其中的《历城县志》和《诸城县志》被列为全国名志。

青州一中图书馆藏有《李南涧藏书印记》《李南涧藏书掌故》《李南涧诗抄》《李南涧先生遗迹》《青未了集》等多册，多为后学者手抄本，具有珍贵的历史研究价值。

李文藻一生交游广泛，所至必结交贤豪长者。与纪晓岚、翁方纲、戴震、王昶等硕师大儒交往甚密，而与"一代儒宗"钱大昕的交往更传为美谈。二人谊属师弟，而情好尤笃，钱大昕一直视李文藻为同气相求者。文藻英年而殁，钱大昕饱含悲痛为高足写下《墓志铭》。

附文：

李南涧墓志铭

钱大昕[1]

己卯之秋[2]，予奉命主山东乡试，得益都李子南涧，天下才也。填榜日，按察沈公廷芳在座，起揖贺予得人。越三日，南涧投刺请见[3]，与语竟日，所见益奇于所闻。南涧与人交有终始，虽交满天下，独喜就予。在京都日，相过从，其归里也，每越月逾时，手书必至，得古书碑刻，或访一奇士，必以告，及出宰剧县[4]，在七千里之外，奔走瘴疠[5]，簿书填委[6]，而书问未尝辍，觏缕千百言[7]，从不假手幕客。予尝梦游南涧官斋，觉而书至，意甚异之，殆所谓同气相求者[8]。去岁，南涧自粤西贻予书[9]，言生痈于尻，甚剧，自后久不得音问，又数感恶梦。今冬，其弟文涛使来告曰[10]："吾兄以去年八月四日，病痈终于官舍，遗命不作行状[11]，以自编《年谱》乞先生铭其墓。"呜呼！南涧果死矣，世岂复有此才哉！

南涧讳文藻，字素伯，一字茝畹，晚又号南涧。先世自枣强迁益都之春牛街。祖元盛，父远，皆以南涧贵，赠如其官。南涧天姿俊朗[12]，年十三，从父游曹家亭子，作一记仿《赤壁赋》[13]，已有思致[14]。十五学为诗。二十一补县学生。好博览今古，不为世俗之学，所至必交其贤豪长者。既以第二人举乡荐，明年，会试中式，又明年，成进士，廷对策博赡[15]，为进士最，以补试例不与进呈之列，然读卷官交口叹赏无异词。久之，谒选得广东恩平县知县，到任后，奉檄署新安县[16]，又奏调潮阳县知县，以海疆三年俸满，保荐擢广西桂林府同知，未及一年而没。其居官以清白强干称。岭南俗多窃牛，牛皮色相似，虽获盗，多不承，有司无如之何[17]。南涧始至，令有牛之家，各于牛角印烙私记，凡赴墟卖牛者[18]，牙侩以印烙登簿[19]，以印付买主，如告失牛，先以印呈官，官遣役持印验墟簿，无得隐者。大府善其法[20]，下所部行之。阳江民刘维邦[21]，以母病延道士作法[22]，借邻人刀十柄，缚梯上以驱祟，吏索钱不遂，取刀送县，诬以不轨。南涧奉檄往勘，廉得其实，白于上官，释之。未几，阳江令以它事被劾，衔南涧甚，遣亲信仆潜至恩平，欲探阴事中伤之，居两月，无所得，乃已。潮阳民好械斗，往往杀伤多人，南涧至则悬钲于堂上，有将斗者，令地保驰入城，击钲以告，立往拘治，众则散矣，自是械斗稍息。县故有东山书院，延进士郑安道为师[23]，购经、史、子、集数十种，以教学者。潮阳与海阳、揭阳[24]，俗称"三阳"，仕其地者多致富，南涧去官之日，囊橐萧然。还至番禺[25]，命工摹光孝寺贯休画罗汉四轴以归[26]，曰："此吾广南宦橐也。"

性好聚书，每入肆见异书，辄典衣取债致之，又从友朋借抄，藏弃数万卷[27]，皆手自仇校[28]，无挽近俚俗之本[29]。于金石刻搜罗尤富，所过学宫寺观，岩洞崖壁，必停骖周览。有仆刘福者，善椎拓，携纸墨以从，有所得，则尽拓之。尝乘舟出迎总督，小憩南海庙，命仆拓碑，秉烛竟夜，比晓，问总督舟，已过矣。其诗古文皆自摅所见[30]，不傍人门户，视近代模拟肤浅以为大家，蔑如也。然口不道前辈之短，以为非盛德事。过岭后，治公事日不暇给[31]，而诗益工，邮亭僧院，信笔留题，虽舆隶皆知为才子也[32]。生平乐道人之善，乡先正诗文可传者[33]，必撰次表章之。元和惠定宇[34]、婺源江慎修[35]，皆素未相识，访其遗书刊行之。德州梁鸿翥[36]，穷老而笃学，月必诵《九经》一过，乡里咸目为痴，南涧一见奇之，为之延誉，遂知名于世。其在岭表，士子以文就质无虚日，独称钦州冯敏昌[37]、顺德胡亦常、张锦芳[38]，作《岭南三子歌》[39]，其奖借后进，诚有味乎言之也。

予尝戏论南涧有三反：长身多髯，趌趌如千夫长，而胸有万卷书，一也；生长于北海，官于南海，二也；湛思著书，欲以文学显，而世称其政事，三也。嗟乎！以南涧居家之孝友，当官之廉干，与友之诚信，固已加人一等，乃其所笃嗜者，文章也。文人之病，恒在骄与吝，而南涧独否，使其得志，必能使古之文士有以永其传，今之文士不致失其所，而竟不遂，此吾所以为斯世惜也。悲夫，悲夫！南涧娶邢氏，先卒。继室周氏，生子三人：章郢、章棉、章姚，俱幼。女子三人。

铭曰：伟哉李生，文中之雄兮。四部七略[40]，罗心胸兮。名登甲科[41]，官至五品，不为不庸兮。胡为不与石渠兰台之选[42]，以昌其文，乃以能吏终兮！昔裴几原自占死期不过戊戌岁[43]，任彦升常恐不过五十，果四十九而云逝[44]。嗟哉李生，年寿适与同兮。恒干不可留[45]，修名永无穷兮[46]；广固之里[47]，宰木翳如[48]，千秋万岁，过者下马曰，才子之幽宫兮[49]！

钱大昕《潜研堂文集》卷四十三

【注释】

（1）墓志铭：埋在墓中的志墓文。用正方两石相合，一刻志铭、一题死者姓氏、籍贯、官爵，平放在棺前。《李文藻四种》卷四《南涧先生易箦记》（李文藻病重时口授，其外甥蒋器记）乾隆四十三年（1778年）七月一日记："行述、行状不必作，专差一人至钱老师（指钱大昕）家求一墓志，即用我自作年谱，呈送作底稿。"墓志铭的石刻，现保存在青州博物馆。作者钱大昕（1728—1804），字晓征，一字辛楣，号竹汀，江苏嘉定人，历任翰林院侍讲学士、詹事府少詹事、提督广东学政。乾隆四十年，居丧归里，引疾不仕。嘉庆初，仁宗亲政，廷臣致书劝出，皆婉言报谢。归田三十年，潜心著述课徒，晚年自称潜研老人。曾与纪昀并称"南钱北纪"。一生著述甚富，后世辑为《潜研堂丛书》刊行。（2）己卯：清乾隆二十四年（1759年）。（3）投刺：递名帖求见。刺，名帖。（4）宰剧县：主宰政务繁重的县分。指在广东恩平、新安和潮阳任知县。（5）瘴疠：山林温热地区流行的恶性疟疾等传染病。（6）簿书填委：官署文书堆积。（7）覼（luó）缕：谓委曲详尽而有条理，多指语言。（8）同气相求：同气，同类。原谓具有相同性质的事物互相感应，后比喻志趣相投的人自然结合在一起。（9）粤西：广东省西部地区。粤、广东省简称。赆，致送。（10）文涛：李文藻的大弟，字仲平，有诗名。（11）行状：原指人的品行或事迹。后多用为文体名，亦称"状"、"行述"，是记述死者世系、籍贯、生卒年月和生平概略的文章。（12）天资俊朗：天赋的才智出众。天资，天赋的才能，天然的品质。俊朗，才智出众。（13）《赤壁赋》：指宋苏轼的《赤壁赋》。（14）思致：思想意趣。（15）廷对策博赡：李文藻在乾隆二十五年（1760年）会试中中试。《李文藻四种》卷二录其两篇对策：一篇题为《策问》的对策后面附有考官们的批语曰："徵引该洽——大主考钱批。洞悉源流——大主考叶批。于汉魏以来诗人，标举眉目，品骘处亦复荟萃众家，知其汲古深矣——本房加批。"在另一篇题为《第三问》的对策后面，附有考官们的批语曰："体大思深——大主考钱批。考据明洽——大主考叶批。知古知今斯为经世之学——本房加批。"（16）奉檄：恭敬地捧着官府谒选任命的文书。（17）

有司：官吏。古代设官分职，各有专司，故称有司。（18）墟：亦作"圩"。我国岭南某些地区农村定期集市的称俗。（19）牙侩：旧时集市贸易中以介绍买卖为业的人。（20）大府：高级官府。（21）阳江：县名。在广东省西南部沿海，漠阳江下游。（22）延，聘请，作法，法，犹法术，方术。作法，指旧时方士、术士们施行用以迷惑人的那些神秘手法。（23）郑安道：清广东省潮阳进士。李文藻称他为"粹然儒者"［见《李文藻四种》卷四《南涧先生易簧记》乾隆四十三年（1778年）七月一日］。（24）海阳、揭阳：海阳，即今广东省潮州市；揭阳，即今广东省揭阳市。连同潮阳，清俱属潮州府。（25）番禺：即今广东省花县。（26）光孝寺：在广东省广州市内。原系东晋隆安五年（401年）所建王园寺，宋绍兴二十一年（1151年）改光孝寺。寺内建筑为珍贵艺术遗产，为全国重点文物保护单位。贯休，五代前蜀画家、诗人。僧。本姓姜，字德隐，婺州兰溪（今属浙江）人。能诗，部分作品能反映当时社会现实。工画，所作水墨罗汉及释迦弟子诸相，称为"梵像"。存世《十六罗汉图》相传是他的作品。有《禅月集》。（27）弆（jǔ）：收藏。（28）仇校：校对文字。（29）挽近：犹言近世、近代。（30）摅（shū）：抒发。（31）日不暇给：暇，空闲。给，足。谓事务繁忙，时间不够用。（32）舆隶：赶车的差役。（33）先正：指前代贤人。（34）惠定宇：清代经学家。详见李文藻《岭南诗集》《潮阳集》卷二《惠定宇〈九经古义〉刻成，寄示周书昌二十韵》诗注。（35）江慎修：江西婺源人。（36）梁鸿翥：见李文藻《岭南诗集》《潮阳集》卷二《寄周书昌》诗注。（37）冯敏昌：清广西钦州人。字伯求，号鱼山。乾隆进士，由庶吉士改户部主事。遍游五岳，工诗。有《罗浮草堂集》。（38）胡亦常、张锦芳：见李文藻《岭南诗集》《潮阳集》卷三《赠苏梧冈朝阳》诗注。他二人与冯敏昌称"岭南三子"。（39）《岭南三子歌》：李文藻《岭南诗集》《潮阳集》卷一中有《〈岭南三子诗〉示胡生亦常》诗。可能《岭南三子歌》即指《岭南三子诗》。（40）四部七略：四部，群书的通称，七略，汉刘歆撰。我国最早的图书目录分类著作。七略包括《辑略》《六艺略》《诸子略》《诗赋略》《六书略》《术数略》《方技略》。（41）甲科：明清称进士为甲科。（42）石渠兰台：石渠，犹石渠阁。汉宫中藏书之处。汉初萧何曾以藏入关所得秦之图籍。至成帝时，又于此藏秘书。宣帝甘露三年与诸儒韦玄成、梁丘贺等讲论于石渠。兰台，本为汉代宫廷藏书处，设御史中丞掌管，后置兰台令史，掌书奏；又因班固曾任兰台令史，故后世也称史官为兰台。唐高宗时曾改秘书省为兰台，故唐人诗文中常称秘书省为兰台或兰省。（43）裴几原：南朝梁昭明子。名子野，字几原，曾为著作郎等官。（44）任彦升（460—508）：南朝梁文学家，名任昉，字彦升，乐安博昌（今山东寿光）人。仕宋、齐、梁三代，梁时任义兴太守等职。以表、奏、书、启诸体散文擅名。明人辑有《任彦升集》。（45）恒干：指人的躯体。恒，常。干，体。（46）修名：盛美的名声。（47）广固：古城名。故址在今山东青州市西北。十六国时汉青州刺史筑城于尧山南，因有大涧甚广，易于防守，故名，为青州治所。南燕慕容德建都于此。东晋义熙五年（409 年）刘裕克广固，城毁。（48）宰木：坟墓上的树木。翳如：障蔽，谓树木茂盛。（49）幽官：墓室。

朱承煦 字天门，号海客，城内人，乾隆丁卯顺天举人，官至大治知县。有《偶存偷闲》等稿。据盐城徐令民《序略》曰：朱承煦"伟然七尺，眉宇轩昂，仿佛燕赵间侠客壮士，及闻吐纳风流，温温儒雅"，其诗"恬适和平，丰神矫健，迥非心力浅薄者所能办"，其诗句如五律"寒声上疏竹，暮霭下汀鸥。江流天宝月，酒醒夜郎魂"，七律中"清绝云边弦影出，月窗吟不瘦休文。倾国倾城花天下，海客飘然戴笠来"等，秀骨天生，寄情超脱，有"岭上白云"之意境。有《张与京晚过小斋，同舍弟柯亭、莲亭快谈蓬莱之胜》《次李南涧云门山韵二首》等诗歌。

朱廷基 字朴士，号荆园，青州府益都县西建德村人。"少与李文藻、张石渠、毕子长、张志伊、刘湘皋、刘若愚、王周山同肄业矮松园"（杨滇《邑先辈纪略》），乾隆二十六年（1761 年）进士，选吉水县知县，调临川县。筑堰防御赣水，安置民田房屋无数。建漕仓于东乡，每年节省车辆运输费用数千

朱廷基《荆园课士稿》（丁氏百壶斋藏）

金。所至宏奖士类，多所成就。三十九年（1774 年），充乡试同考官。丁忧。

归,再补湖南永定县。下车捕巨盗,一境肃然。逾年,病卒。他离吉水时,后令某换下廷基所书堂额,县人求而藏之书院。后令去,即日具彩旗鼓吹,奉以悬于故处。在永定,病剧,县人设坛,奔走祷祀者日数百人,其得民心如此。

诗稿曰《字江吟》,凡170余首。蒋士铨《序略》曰:"荆园以名进士出宰江右,历治岩邑,御烦于简。民爱而弗狎,畏而弗怨,其治日醇,而其怀日旷。是以政无废坠,而口不绝吟。如是,荆园之诗即荆园之治谱也。"杨滇《邑先辈纪略》曰:"廷基少与李文藻同学,文藻博学工诗、古文词,廷基专工制艺,有《荆园文稿》,学者传诵之。"今青州丁氏百壶斋藏《荆园课士稿》,为朱廷基考核士子学业的文稿,具有珍贵的史料价值。

刘良弼 字梦赏,又字傅野,霖从子,城内人,松林书院诸生,有《髻山集》。

刘汝弼 字仲山,刘良弼弟。府学生,曾于松林书院读书。有《鹤露草》。段松苓《益都先正诗丛抄》中收录了其为老师、松林书院山长钱巽斋写的一首送别诗《送钱巽斋先生赴济南陆观察署中度岁》,表达惜别之情。松林学子朱沆云:仲山家贫,舌耕所赢,多购异书,殆有志于古者。惜年未半百,卒于乙巳之疫。

朱沆 朱廷基之孙,字芷亭,曾读书松林书院。乾隆五十九年(1794年)举人,历知广西贺灵川、柳城、宣化、临桂诸县。儒雅如诸生,所至政声大起。署宣化时,方大旱,米价腾踊,盗贼蜂起。沆散粟以赈饥,设法以弭盗,旬日连得大雨,是秋,禾大熟。百姓千余人具匾额悬诸厅堂,曰"惠侔东里",论者认为并非溢美之词。离任之日,阻道攀送者十余里。有《益都诗纪小传》二卷、《铜鼓轩诗钞》二卷。清人朱檟序评价道:"先生学本渊源,究心经济。立身处事,一惟主于敬而行于义。故其为诗也,亦无妩媚之词,古风有香山之清真而无其率笔,近体有襄阳之超逸,而无其拗体。"代表作有《沂公园夜听松涛歌》诗,抒发在矮松园听书院松涛的感受。朱沆去世后,同学李容有诗哭之云:"直木每愁伐,甘泉常虑竭。从古非常才,往往早颠蹶。吾生金兰友,君才最超越。……遥望南来云,盈怀泪珠滑。"用28句长诗表达痛悼之情。

张希贤 字志伊,又字木斋,城北夏家庄人,李文藻同学,乾隆二十四年

（1759 年）顺天乡试举人，二十八年（1763 年）进士，官常州阳湖县知县。有郡守托买妾，张遣亲信持金至苏，买一十五六女子，娟好婉媚。所亲称自买，私焉，而张不知也。献诸守，一见大悦，以能奖张。比寝，始知已破瓜矣，研诘以实告。守大怒，反其女于张，怒犹未解，后以事中伤，卒免其官，以属员为上官买妾，非礼也，本可辞不听命，何必以此取媚哉？彼守者，始以非礼使人，终以私怨报复，亦小人之尤矣，何足责乎？先生为诸生时，家甚寒，见有鬻《昭明文选》者，欲买而苦于无钱，典当絮袍以偿书价。李文藻赠诗三章，其一云："木斋先生一世豪，六经余事到风骚。精研文选从今日，自有公家与锦袍。"（杨滇《邑先辈纪略》）

朱沅曾曰："先生天性醇笃，读书甚勤，尤工艺制，诗不多作，宰江南，有慈惠名，以母老请终养，遂不复出，教授里中，足趾不至城市者二十年。"

刘文远 字若愚，号北桥，北关人，李文藻同学，乾隆年间岁贡生（挑选府、州、县生员中成绩或资格优异者，升入京师的国子监读书，称为贡生。意谓以人才贡献给皇帝。清代有恩贡、拔贡、副贡、岁贡、优贡和例贡。清代贡生，别称"明经"）"美风貌，喜度曲，屡困场屋，竟以明经终老"（《益都先正诗丛抄》）。

王蛹 字周山，城东北徐家集人，李文藻同学，少而颖悟，十四岁应童子试，受知于监司沈椒园（沈廷芳）先生。试诸生，辄冠其侪伍，乾隆戊子科举人，有诗稿《荻圃草》。公青年自喜，且美丰仪，好作狭斜游，馆于友人，某家近多蓄妓，公结习未忘，遂致痿废，后十余年卒。惜未睹其全稿，旧有遗予所谓《荻圃草》者，乃客居诸城所作。遴之，仅得若干首焉。《有感》诗云：回头一万八千日，自问胸藏几卷书？老去眼中前辈少，病来海内故交疏。陶潜责子真无谓，许汜求田只是愚。且共及门破岑寂，谈经日日坐穷庐。

刘宝璐 字冠珠，号湘皋，城内心寺街人，李文藻同学，乾隆癸酉举人，官沔阳县知县。朱沅：岁癸酉，主司发策问海防，先生胪陈要害，了如指掌，由是得解。为人亢直敢言，宰河南时，议蠲帐事与上官不合，反复辩论，必申其说而后已。《无题》：直作钓竿曲作钩，不知何处有吞舟？再三为谢任公子，空坐矶边已白头。

毕发 字子长，岁贡生，李文藻同学。有诗《过李茝畹月下小饮》云：

故友交情在，芳尊向月倾。对床花影密，拂坐竹阴清。露重客衣湿，菜香炉火明。相看幽兴极，刻漏已三更。

李容 字南宫，号虚舟，心寺街人，郡诸生，松林书院名师杨峒之门人，沉潜博览，家贫，借读于藏书家，研精深思，不为涉猎之学。性喜山水，境内名胜无不游览。尝厌恶喧嚣，携《离骚》于云门山，读之数日不返。幼即工诗，至老不衰。此外，嗜棋与酒，与人对弈，至忘寝食。故时人谓"南宫有三好"云。有《松涛轩诗草》。杨峒去世后，曾写《哭杨书岩先生》表达痛悼之情。

李章甫 字冕堂，号警园，李文藻之侄，名师杨峒弟子，性慷慨，身长而黑，面麻声洪，嘉庆十八年（1813年）举人，选高密教谕。

田姚、刘鲁 二人皆杨峒弟子，贡生，时文颇清新奇特。与当时名人鲁增、姚维藩齐名，当时有"田姚刘鲁"四先生之称，二人名作四人姓，甚是巧合。

张石渠 李文藻同学，杨滇《邑先辈纪略》："少与李文藻、朱廷基、毕子长、张志伊、刘湘皋、刘若愚、王周山同肄业矮松园。"事迹无考。

李维华 松林书院名师张云会弟子，事迹无考。

段玉华 字琢庵，又字西塘，与李文藻、刘湘皋等同学。有诗歌《除夕和李南涧韵二首》《九日同李南涧、刘湘皋游云门山二首》等，其子段松苓是清代著名金石家。

杨绍基 字履亭，应奎族人也。父岎，字松岩，工医，好购书，置数千卷，皆手自校勘。及卒，殓葬以古礼，不用其旧俗。绍基状貌丰伟，精厉廉悍，幼从叔父杨峒在书院读书，故学有根柢。嘉庆三年（1798年），举于乡；道光十八年（1838年），始以截取，选浙江永康县。引见后，改河南南召县，盖怜其老，予以近地也。南召瘠邑，绍基以慈爱安静为治，百姓乐之。二十二年夏，大雨雹。又明年，大水没民田六十余顷。大吏勘，不成灾。并自出俸钱数千缗，赈恤之。巨盗高某为民害，为其淫掠者无算。绍基捕得，立毙之，远近称快。以目疾告归，家居十余年。咸丰八年（1858年），年八十五，方以重赴鹿鸣上请，部文未下而卒。遗命以棺衾葬。子滇，字南池，好吟诗，尤留心邑中文献，著有《邑先辈纪略》等书。

丁际隆 字任亭，号醉云生，城东泊子人。拔贡生，官临邑教谕。落拓有古狂士风，诗学于赵执信，得到赵执信的多次称赞。所作甚富，诗歌有《归自都门过崔光南留饮》等。

曹大观 字明水，后以字行改字月泉。父鉴，字光远，乾隆二十四年（1759年）举人，官东平州学正。方正得士心，汶河决水入城，诸生竞以舟解其厄。旋随同官修堤赈灾，无不措置井井。上台器之，拟荐擢，乃以亲老告养归。大观幼有文名，县府院试皆第一。性端毅，治家有法，笃任恤之谊。岁荒，同异姓之无告者，莫不周给之。冬则煮粥食饿者，恒以二百人为率至，今人多称之。幼从里人张云会学，云会没，著作多散佚。一日，于鬻书者得其手书一册，检阅之，泪涔涔下。鬻者见其如此，故昂其值，大观不较，竟付钱取书去。鬻者持其衣，问曰："此书所值无几，吾所索过当，而先生不较，何也？"曰："此吾师手泽也，获之如珍宝，何论值乎？"子七人，皆教以义方，六子为诸生。

蒋天枢 字斗南，后改名湜，岁贡生。曾读书松林书院。幼有捷才，为文援笔立成，有如宿构。乾隆五十五年（1790年），纯皇帝东巡，问能诗赋者。巡抚以天枢及滨州杜（石樵）对，召试（石樵），赐举人；天枢以不工书，取二等，仍奖其诗赋。欲官之，左右有谓"恐开士子千进之门者"，遂优赐遣归。天枢尝有诗云"天子知名胜拜官"，谓此事也。先世颇饶，至天枢而中落，又不善营生产事，故常奔走衣食。南游江淮，北入燕市，出居庸，渡辽水，坎坷半生。晚依其宗人于博山，年六十九，道光十年（1830年），扶病归里，卒。

卞厚庵 字志醇，号芹泉，东关粮食街人，乾隆甲寅举人。性情谨慎不甚阔达，与朱沆同年好友。嘉庆二十一年（1816年）卒，同学李容写有哀辞云："学人往往短于寿，天胡不留非常才？吾生知交半鬼箓，朱［芷亭］石［雪岩］方折王［春台］刘［石圃］摧。惟君英英玉山立，不我遐弃日往来。垂老意兴或不适，愁颜有时为君开。独惭凡骨对神骏，垂头辕下笑驽骀。君自弱冠蒙剪拂，霜蹄几度趋燕台。伫看玉骢峙闾阊，迎风蹀足空其侪。渥洼天马谁与匹，奔腾几欲绝尘埃。偶然伏枥当复起，讵谓一蹶僵龙媒。孙阳造父同下泣，棱棱骏骨黄墟埋。我自弥耳形踶踏，当此不觉嘶声哀。呜呼！安得跅弛复作抒吾怀？"子云清以贫故，入公门充役。孙绳武，弱冠游庠，尚继书香。
（杨滇《邑先辈记略》）

王焞 字晓初，道光年间恩贡，入成均肄业。杨滇《邑先辈纪略》有载。
未刊稿有《春鹏集》等，青州一中图书馆藏该集的民国手抄本四卷，此本内
有"考云门书院，即矮松园，时太守方公董其事，公讳用仪，江西人"。其篇
目有《元宵灯四绝》《松柏歌》《遣闷》《游云门山》《考书院课日冷甚》，写
景抒怀记事，内容丰富，对于研究松林书院诸生学习状况有很重要的参考
价值。

李协中 字师皋，肄业云门书院（即松林书院）。杨滇《邑先辈纪略》
载："太守郑公嘉麟赏其文，每课置第一，老宿不能与争。乙酉（1825 年）拔
贡，郑公力荐于学使，获隽。丁酉（1837 年）中举，戊戌（1838 年）成进
士，以知县分河南候补。"

刘耀椿（1784—1858） 字庄年，清代抗英将领，安丘县贾戈乡刘家王
封村人。嘉庆二十五年（1820 年）进士。曾任安徽颍上、阜阳知县，六安、
泗洲知州，庐州、安庆、颍州知府和金厦兵备道等职。安徽颍上县地处淮河流
域，境内连年水患。阜阳县内伙匪横行乡里，民不聊生，他任该县知县后，消
除匪患，百姓感恩，以"青天"相称，并在其饮过水的泉上建亭，名"刘泉
亭"，以作纪念。因有政绩，升为安徽六安知州，到任后，公断积案，致使狱
无冤民。同时捐俸银 1600 两修建六安赓飏书院。他在地处长江北岸的安庆任
知府时，捐俸银 2000 两，组织民众修堤筑坝，免除水患，百姓称此堤为"刘
堤"。

道光十八年（1838 年），他被提升为福建兴泉永道兼金厦兵备道，又捐献
数千两俸银修筑城防，招募训练水兵，"师夷长技以制夷"，协助闽浙总督邓
廷桢、颜伯焘抗击英军，禁止鸦片，始终站在抗英第一线。他赏罚分明，策励
群才，同心协力，组织地方军民外攘内侦，拔本塞源，为守卫厦门，抵抗英军
侵略做出了贡献。道光二十年（1840 年）六七月间，英舰两次进攻厦门，他
和水师提督陈介平率厦门爱国官兵英勇抗击，均告失败。1841 年 8 月 26 日，
英舰 36 艘闯至厦门，发动进攻。他冒着密集的炮火指挥战斗，顽强抵抗，激
战数小时，终因兵力不足，厦门失守。他退守同安后，积极协同颜伯焘整顿军

队，筹备火力，征募新兵、团练、乡勇万余人，军民结合，昼夜轮防，主动袭击英军。后升四川按察使，到任即降为候补道，不久罢职归里。居家期间，协助政府训练地方武装有功，朝廷赏六品官衔。道光二十三年（1843年）主讲松林书院，二十六年（1846年）应聘云门书院，二十八年（1848年）主讲济南泺源书院，并任山长，咸丰八年（1858年）病逝。主要著作有《颍上县志》《海南归棹词》《吹剑一吷》《神器图说》《庄年治兵书》《咸丰青州府志》等。

法伟堂（1843—1907）　字容叔，一字济廷，号小山，胶州人，光绪五年（1879年）山东第19名举人，十五年（1889年）进士，青州府教授，精研音韵之学，考订陆德明经典释文，多前人所未发。光绪十三年（1887年）主讲旌贤书院，约于光绪十九年（1893年）任松林书院山长。主讲旌贤书院时，知县张承燮始谋增修《益都县志》，被委为总编；光绪十九年（1893年）志局初开，先生主笔。此后，张承燮迁去，后来者多不久其任，无暇顾及修志一事，而小山先生任事锐甚，旁搜远绍，于课士之余，不废著述，历十余年如一日，至光绪三十年，所辑图志衰然成峡，书已成者十之九。光绪三十年后，知县李祖年约请益都名士金石考据学者孙文楷任总纂，校补而刊行之。历十余年编写而成的《益都县图志》，纲举目张，翔实详尽，具有很高的资料价值，受到现代方志学家的高度评价。同时，从中体现出先生治学严谨，运以精心。光绪三十年冬，先生应济南师范学堂教习之聘，离开青州。光绪三十三年（1907年）卒于金泉精舍之西斋。年六十有五。士大夫无论新旧知交，咸赴吊，相叹惜曰："山东失一耆儒矣！"青州一中图书馆藏《法伟堂乡试朱卷》，对于研究科举制度具有珍贵的资料价值。

有树徕　字松岩，有子七十二孙，青州城东西阳河村人，生于咸丰末年，卒于民国初年，光绪年间贡生，虽学识渊博，但屡试不中，晚年以教书为业，门生众多。曾参与编纂光绪《益都县图志》，著有《澹云轩集》等著作。《古青胜迹录》一书，民国初期曾为山东省立益都中学（今青州一中）乡土教材，其中多选松岩公诗文。

邱端玉　字星岩，益都人。光绪八年（1882年）举人。擅书法，书名重于清末民初，《齐鲁书画家汇传》有名。其在松林书院之考卷，书写精美，较有价值。

邱琮玉　字锦方，城北裴家桥子庄人。以廪贡中光绪癸卯科举人。为人幼而颖悟，每试辄冠曹偶。从兄邱端玉讲读，先生事之惟谨，未尝有违言。性至孝，一生沉静，不喜纷华，处朋友无戏言；自奉尤俭，酬应外未尝御酒肉，布衣蔬食，晏如也。为人以忠厚为心，勤俭劳动为主。有不率教者施以不屑，不以为忤，屡教诲之，故族党中后辈对之，无不循循规矩。先生自弱冠后即出外设教，在城在乡未尝有间。从游者多成名以去，故知府曹允源聘请青州府官立中学堂教员。政变后，为师范教员及女子高等学校校长。均以成绩优良蒙奖嘉誉。计前后毕业者千余人，嗣后供职教育机关者颇不乏人。凡为先生教育者先生皆有一籍贯年龄姓名册。故知县张承燮、李祖年先后开局修县志，皆聘与其役。每遇有关风化之事，无不极力表扬，或躬亲采访，仆仆道途不以为苦，如刘家店庄善人坊事，刘翱、刘福增等诸人皆赖以登邑志者数人。晚年尤枕著述。其所著《高榆轩文集》，碑文志传中多显幽阐微之作；此外有《有竹堂诗草》无卷数，《青社琐记》六卷，《益都先正诗续钞》《衡藩宫词》三十一首，《清明西门踏青》一百首，《高榆轩随笔》等。青州一中图书馆藏有其邱琮玉手抄的清初文人安青士（安致远之子）《秉兰录》，有重要的研究价值。

第五节　李文藻在松林书院的读书和交往

李文藻是乾隆年间著名的藏书家、目录学家、方志学家，继宋代赵明诚之后的又一金石学大家，一生著作等身。据杨滇《邑先辈纪略》（以下简称《纪略》）记载："李文藻幼从张与京入学，后博览群籍，结庐劈峰下，读书于其中，每试冠其曹侣……"研究者大多知晓李文藻中举前曾经在劈山南广福寺筑屋读书，而对其在松林书院读书一事不甚明了，原因多半是有关权威性的地方志书如咸丰《青州府志》、光绪《益都县图志》等俱无明确记载，近年青州市政协原副主席隋同文先生整理的《李文藻年谱》中多次写李文藻"读书青州"，具体何地亦未说明。故而本节特作补充考证，以再现其此段读书、生活和交往的经历。

一、古籍中李文藻在书院读书的记载

乾隆年间，松林书院有位名师叫张云会，字与京，岁贡生，肄业于云门书院，后在松林书院讲学。《纪略》称："（张云会）亲授业者有三进士、六举人，为生员食饩（公家按月供给粮食等物资）者不计其数。三进士：李南涧文藻、朱荆园廷基、木斋希贤；六举人：叔祖书岩公（杨峒）、王周山、李维华也，其三则他邑学者，忘其名氏矣。"这一记载明确了李文藻是张云会的学生之一。《纪略》在介绍进士朱廷基时称："少与李文藻、张石渠、毕子长、张志伊、刘湘皋、刘若愚、王周山同肄业矮松园。"矮松园即松林书院，北宋三元及第的著名宰相王曾青少年时曾读书于此，时称矮松园，明成华五年（1469 年）青州知府李昂始改办为松林书院。

李文藻画像（青州博物馆藏）

李文藻在诗文中也数次提到自己曾经在松林书院读书。其《四松记》一文有明确记载："去松北不半里为松林书院，即王文正公矮松园，公所为赋矮松者（王曾晚年曾写《矮松赋并序》）。后人觅矮松不得，植桧柏多至四百余株，而仍以松林颜之。余向读书其内，暇则过隐君试茗四松下……"另有《皇清敕封文郎乡贡进士广宁太老夫子成公之灵》中写道："公之长子（成先生），吾师卫宗，曩游稷下，声焰隆隆，当事者延长宋王沂公矮松书院。而藻实执业以相从。吾师心纯貌粹，经术文章为世圭臬……"从中可知，已过世的广宁太老夫子成公之子成卫宗先生声名显著，心纯貌粹，经术文章为世之楷模，被聘为松林书院山长，李文藻得以从师就读。而《南涧文集》中记载的李文藻与松林书院名师严锡绥的交往，更是成就了一段尊师爱师的佳话。

二、对书院老师情深义重，感人肺腑

从有关资料看，李文藻的老师有山东益都张云会、江苏无锡陈先生、浙江仁和成先生、浙江余杭严锡绶等。其中跟严锡绶先生的交往最为密切，从下面这首诗中也能窥见一斑：

严艾堂夫子过寺斋小集

夫子饶幽兴，溪山入素怀。闻人说香刹，骑马到萧斋。
古碣搜残洞，悬泉认断崖。寺僧能乞句，不用水松牌。
倾取床头酒，开尊古木丛。看花傍寒食，藉草坐春风。
落照层峦隔，归途一水通。登临芳躅在，传说任樵翁。

严艾堂是指书院名师严锡绶，艾堂是其字。有关严锡绶的资料，文献记载语焉不详，仅在个别史料中发现零星的文字，但也从中窥见其名师风采。如咸丰《青州府志·职官表》载"严锡绶，乾隆十二年任安丘知县"，而光绪《益都县图志·官师志》载：山西曲沃人裴宗锡"由济南府同知擢知青州，为政持大体"，"尤好接引文士，延安邱进士严锡绶主讲松林书院，凡遇课期必亲临扃试（谓科举时代考生各闭一室应答试题），一时肄业诸生常数十百人。数年之间，登贤书、贡成均者十余人。"其中提到严锡绶"安丘进士"一说属谬传，当为"安丘知县"。据咸丰《青州府志》《选举表》，清代安丘进士中无此名；而据李文藻《南涧文集》载，严锡绶为"前安丘县知县，浙江余杭人，乾隆十八年（1753 年）至二十三年（1758 年）任松林书院山长"，此说可取。

这首诗的大意是说：春日里寒食节，夫子严艾堂满怀兴致，欲到溪山转转，感受一下素雅的情怀。听人说城南有座宝刹广福寺，于是骑马来到了寺中弟子李文藻僻静的书斋。他和弟子一同到古洞中寻找残碑，从断崖上辨认泉源。寺僧请他们作诗，也不用水松牌（冯贽《云仙杂记》载：李白游慈恩寺，寺僧用水松牌刷以吴胶粉，捧乞新诗。此处系用典）。文藻拿出床头珍藏的好酒，在古木掩映下开樽对酌。正值寒食节赏春花，坐于草丛中，聆听先生教海，如沐春风。不觉日落层峦，夫子伴着潺潺溪流缓缓而归。将来先生踪迹还在，任凭砍柴老翁将美谈流传。

诗中严先生没有山长和老师的架子，和弟子一起钻古洞，寻残碑，辨泉源，为寺僧作诗，开樽对酌，赏春花，沐春风，观落日，听溪水，逍遥自在，人和自然和谐相融，让人深感无比惬意，这一切都源于师生二人淡泊的个性、洒脱的情怀，特别是二人志趣的相投，可以想见素日里师生间相处得多么自然默契！

乾隆二十三年（1758 年），严先生因病卒于书院之斋。当时，在院生徒"各服吊服加麻，哭甚恸"，既而远近僚宾、受知于严先生的举贡生童皆来祭奠，哭于灵前，"靡有不恸"。弟子们"以其辞属于李文藻"，"文藻素受之深，不敢辞，谨捧笔而为之诔"，其《严先生诔》一文长歌当哭，感人肺腑，极尽对先生的崇敬和悼念之情。

其中写道：严先生应邀入主松林书院，"沂公书屋，号曰松林，皋比教授，每难其人。前观察使，知师实深，谋于太守，赍质相迎。师以道尊，负笈者重。鹿洞鹅湖，后先辉映。"由于严先生学问渊博，人品又好，观察使和太守以礼相聘，其学识品德得到学生们的一致好评，许多人慕名而来学习受业。李文藻对先生的学问、品德推崇备至，"吾师之学，腹笥郁盘，发摘秘要，补缀残缺，非圣之书，摈而不观。吾师之文，伐毛洗髓，屏去繁芜，诗书表里，小技雕虫，概置不齿。"先生性情，"朴茂温存，缠绵悱恻"，对学生春风化雨，谆谆教导，可谓"霁日之光，春风之和"。在先生去世前一天，李文藻曾来探视，聆听老师的谆谆教诲，"藻前一日，问师于床，执师之手，聆言琅琅"，"谁期信宿，溘然帝乡。于唏哀哉！巨篾东流，云门南峙，山水茫茫，非师故里，以师之好德，而竟至此，于唏哀哉！"谁想到只隔了两三天，先生就突然离世了呢？弥水东流，云门南峙，山水茫茫，也在为老师的离世而伤悲！云山苍苍，江水泱泱，先生之风，山高水长。如果不是李文藻对先生学识、品德的仰慕，对先生师恩如山的感激，怎能写出如此真诚悲切、感人肺腑之祭文呢？

三、跟书院同学真诚交往，互为知音

在翻阅清代文人段松苓辑《益都先正诗丛抄》时，有两个词经常在笔者

眼前晃动，那就是"莅畹"和"南涧"，分别是李文藻的字和号。此书所辑诗歌写给同一个人最多的当为李文藻，有 10 多首。如段玉华（字琢庵）《九日同李南涧刘湘皋游云门山二首》《除夕和李南涧韵二首》，宋迪喆《怀李南涧，时南涧客京师》，朱廷熙《次李南涧云门山韵二首》，朱廷基（字荆园、朴士）《春日感怀寄李莅畹》，毕发（字子长）《过李莅畹月下小饮》，张希贤（字志伊、木斋）《赠李莅畹》。这些诗歌作者除去朱承熙外，其他几位一定是李文藻在书院读书的同学：后三位同李文藻一起"肄业矮松园"，前两位从诗歌所记也能推知。其内容包括爬山、畅饮，或者索性写诗表达思念之情，从中都可以看出李文藻和同学的友情之深和他在同学心目中的人格魅力。举例如下：

同学毕发来拜访李文藻，诗《过李莅畹月下小饮》云：

> 故友交情在，芳尊向月倾。对床花影密，拂坐竹阴清。
>
> 露重客衣湿，菜香炉火明。相看幽兴极，刻漏已三更。

老同学相聚，花前竹下，菜香火明，对月小酌，露重衣湿皆不觉，小酒一醉到三更！何其尽兴！

同学张希贤《赠李莅畹》云：

> 少小论交意，十年谁最亲？如君敦古道，使我爱今人。
>
> 谈笑浑无忌，文章信有神。男儿遇知己，何处不为邻？

张希贤把李文藻视为从小到大相处十年来最亲的知己，说他敦守古道，教会了自己友爱他人；回忆当年在矮松园读书时肆意地说笑，无所忌惮，写文章下笔如有神助，结尾句"男儿遇知己，何处不为邻"，似乎在宽慰好友，更是在宽慰自己，显出男儿的豪迈，有王勃"海内存知己，天涯若比邻"的味道。

张希贤何许人也？就是当年那个为买一本《昭明文选》而去典当自己棉袍的穷书生！据《邑先辈纪略》载："先生为诸生时，家甚贫，见有鬻《昭明文选》者，欲之而苦于无赀，典絮袍以偿书价。"李南涧还为此赠诗三首以戏之，其一云：

> 木斋先生一世豪，六经余事到风骚。
>
> 精研文选从今日，自有公家与锦袍。

其实，李文藻你也甭笑别人，类似的事你也没少干过！据记载：李文藻在十五六岁时，就听说青州有《海岱会集》一书，梦寐以求，遍访旧家不可得。

直到 22 岁时听说有个书贩有此书的抄本，但不肯出借。时值寒冬，文藻就买了一件珍贵的皮袍送给书贩，才借到手。抄本借来后，他不顾"深冬寒甚，呵冻手抄"，历月余，将《海岱会集》四册抄录完毕。

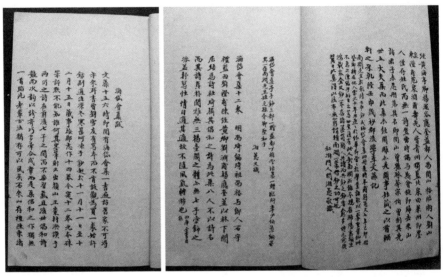

《海岱会集》抄本（杨应奎九世孙杨锡纯据昌乐闫湘蕙抄本所录，青州市图书馆藏），李文藻在《海岱会集跋》中记载了自己为书商买皮袍借书、在寒冬抄书的故事。

这些故事让我们看到了李文藻和同学一起精研古文、修习学业，一起无拘无束说笑的场景，可见他们相处之融洽、交情之深厚，同时也让我们看到了数百年前松林书院的学子们是在怎样艰苦的条件下勤奋读书并乐此不疲的！

与好友段玉华的交往。春日寒食节前，段玉华拜访李文藻，有李文藻诗《春日段琢庵过山斋》为证：

> 有客过林泉，轻风三月天。市尘飞不到，山影坐频迁。
>
> 倾榼夕阳外，看花寒食前。还须凭酒力，同上白云巅。

二人在僻静的山斋赏花、饮酒，好不惬意！特别是尾联，"让你我凭借酒力，一同青云直上吧"，给同学以真诚的鼓励，也给自己坚定的信心！

正月初七（人日节）过后，元宵节（上元节）之前，段玉华 30 岁生日来临的时候，李文藻还不忘送去美好的祝福，诗歌《次韵和段琢庵生日见寄之作》道：

> 岳降正芳长，君家乐事频。酒逢人日后，花近上元新。
> 即席应邀月，题诗信有神。春风三十度，不愧谪仙人。

但在某个除夕之夜，本来是万家团圆的时刻，段玉华和李文藻却都愁肠寸断，相互作诗唱和，宽慰同学，其实也是在感慨自己。有诗道：

除夕和李南涧韵二首

> 李子逢除夕，诗成挥泪频。惊闻爆竹响，愁对烛花新。
> 强意同欢笑。含酸独怆神，世间惟尔我，俱是断肠人。
>
> 自愧谋生拙，劳劳此夜频。头颅似未改，岁月又成新。
> 穷极笑遗鬼，诗难泣动神。儿童不解事，也作索钱人。

段玉华去世时，年方三十六，至死也是个秀才身份。其子段松苓也命运多舛，虽博涉群书，闻见日广，善作歌诗，但对于举业，颇不能屈就绳尺，故久困童子中。多亏益都知县周嘉猷发现人才，补为诸生，但此时他已无意于科举，痴迷金石文字，终成金石学家。除夕之夜的父亲段玉华，向同学李文藻倾诉的，有生活的艰辛，更有人生易老，有志难伸、屡试不中的人生悲哀。诗歌最后还不忘幽他一默——儿童不懂大人的心事，竟还来索要压岁钱！幽默中透露出无限的辛酸！

与朱廷基的交往。听说同学朱廷基要来广福寺找他玩，他就高兴地写诗寄去告知路该怎么走，《闻朴士将过寺斋，喜而有寄》道：

> 岑寂广福寺，恐君从未过。城南十余里，一路有樵歌。
> 将近花林疃，先经云峡河。蜿蜒越数岭，西去是山阿。

而廷基生病的时候，李文藻曾经写诗问候，不见酬答，于是再写一首《前以诗怀朱朴士，朴士适卧病未即见和，因叠前韵寄候》寄给老同学：

> 饥渴想丰华，经旬未到家。怜君病似鹤，愧我意如麻。
> 临水石床矮，带山茅屋斜。几时可强健，来此醉流霞。

"老同学啊，可怜你的身体病得骨瘦似鹤啊，我内心愧疚我心乱如麻！你何时身体强健啊，来此陶醉在这美好的晚霞！"言语中充满了对同学深深的牵挂！

总之，李文藻的内心是暖的是热的，他跟曾经在书院一起读书、一起生活、一起说笑、一起流过汗、一起流过泪的同学始终充满了真诚，充满了牵挂。无怪乎那么多同学一辈子都在挂念着他！人生能有李文藻这一知己，足矣！

四、李文藻主讲书院及与大儒的交往

李文藻在松林书院读书，考中举人、进士，在正式为官之前，先后主讲德州繁露书院、濮州丹陵书院，特别重视对诸生的德行人品教育，其《泺源书院同学谱后序》中言，书院诸生相继考中举人、进士，而那些被人啧啧称赞的，"要惟内心纯笃，经术湛深之士"，并说："夫士之为学，宜厚其根柢，不宜以辞藻相夸耀。交友宜以古处相敦，不宜尚轻薄。吾愿今之敬业于此者，各相观而善以底于成，而勿以意气相凌，致有龃龉不合之伤。乃无愧于合志同方，营道同术之雅，而其品立矣。"为学要厚其根柢，不以辞藻夸耀。青州知府裴宗锡和书院山长严锡绥教育学生"必先德行，而后文艺"，先重德行，其次再谈科考，书院教育以德行为根本即所谓根柢，而不是夸耀自己的文章。交友崇尚古道，不宜轻薄；与人为善，不以意气欺人，以致有意见不合之伤害等等，对今日同学的交往和良好德行的培养都有深刻的教育意义。

李文藻为人坦荡磊落，与人交往一片赤诚，重情重义，其人格魅力和文学才华不仅影响了同时代的人们，而且深深地影响了后人。其座师（明、清两代举人、进士对主考官的尊称）钱大昕先生在给李文藻母亲写的《墓志铭》中说："文藻尤以文学显。青州人士知从事于诗、古文，自文藻始也。"可见李文藻对青州后世文学创作的影响也是深远的。

李文藻一生交游广泛，所至必结交贤豪长者。钱大昕赞其"居家之孝友，当官之廉干，与友之诚信"。除钱大昕外，与纪晓岚、翁方纲、戴震、王昶等硕师大儒交往甚密，亦师亦友，多书信往来，对李文藻的文学创作、仕途生涯以及藏书刻书都产生了巨大的影响。纪晓岚为李文藻的房师（明、清两代举人、进士对荐举本人试卷的同考官的尊称），称文藻"学有根柢而行笃实"，文藻有诗道"不奉巾綦十余载，知音未报鬓毛疏"，视纪晓岚为知音。文藻之

父李远去世后，极少为人作志的大学士纪晓岚破例为其父作《李远墓志铭》。

而与钱大昕的交往更传为美谈。钱大昕（1728—1804），字晓征，清代史学家、汉学家，18世纪中国最为渊博和专精的学术大师，生前已是饮誉海内的著名学者，被王昶、段玉裁、王引之、阮元等著名学者公推为"一代儒宗"。钱大昕所写《南涧诗集序》中说，自己天性不喜作诗，尤其不喜给他人的诗作序，而南涧是个例外，因其诗"不徇乎流俗之嗜好"，是"真合乎古诗人之性情而必传之诗也"。二人谊属师弟，而情好尤笃，拿钱大昕的话说纯是"臭味相投"，"方其在京华，每一日不相见，辄怃然若失"，"其归里也，每越月逾时，手书必至，得古书碑刻或访奇士，必以告"，钱大昕一直视李文藻为同气相求者。后来文藻在岭南"瘴疠之区"为官，钱大昕内心总是惴惴。文藻英年而殁，钱大昕饱含悲痛为高足写下《墓志铭》。他们的交往故事比当年在松林书院读书时与老师同学的交往更深沉、更令人动容！

《墓志铭》中曾论述李南涧人生之错位："南涧有三反：长身多髯，趒趒如千夫长，而胸有万卷书，一也；生长于北海，官于南海，二也；湛思著书，欲以文学显，而世称其政事，三也。"虽为戏言，读之却深感无奈与惋惜。

其又在《南涧诗集序》中说："南涧之性情与予略相似。予好聚书，而南涧钞书之多过于予；予好金文石文，而南涧访碑之勤过于予；予好友朋，而南涧气谊之笃过于予；予好著述，而南涧诗文之富过于予。"

这样的评价，虽有谦虚成分，但更多的是对高足、对朋友、对知己的由衷的感佩和激赏之情。

第六节　清代松林书院名人诗歌（节选）

（注：本节所录诗歌包括清代松林书院院师和学子所写诗歌，以及各级官员或当世文化名人为松林书院所题诗歌。）

松林书院诗会

王玙似

展拜丛祠一放歌，春光隔宋几年多。

云山人士今携酒，汴水清明都上河。

松柏新涛栽嫩绿，莺花故土费吟哦。

自惭柳絮无归处，追赏相从此再过。

青社先贤咏——王曾

安簋

世人急科第，纷纷为温饱。

腐鼠鸟足争，鹓雏在云表。

明贤海岳灵，千年此一老。

公居箕岭阳，秀绝山水好。

至今千室村，郁葱气环绕。

残碣墓门前，白石康浪道。

廉顽立懦风，来者谁能绍？

读书矮松园

朱沆

城南四百八十松，我来坐卧居其中。
长歌未歇松籁起，似从卷末生清风。
风吹松花飘满屋，窗前云影述寒绿。
岂必天台石路行，如借卢鸿草堂宿。
精庐数转深复深，沂公手迹何处寻，
虚支两月官厨米，徒愧生平温饱心。
起看新月升林薄，树上残阳集归鹊，
凭栏四望竟何言，雨后青山满南郭。

沂公园夜听松涛歌

朱沆

天阴月黑风怒号，长松卷起千层涛。
客子披衣不成寐，坐惊楼阁皆动摇。
似闻江船骤雷雨，舟人夜语声啾嘈。
又如往来冲铁甲，万弩齐射钱塘潮。
盘空应有鸾鹤舞，攫立想见虬龙骄。
百年树木已罕觏，况经人代连三朝。
忆昔沂公下帷日，一灯长伴身孤寥。
歌声时与松籁答，随风并入云中飘。
我今抗怀抑前喆，感物还续甘棠谣。
寒声布被风乍歇，起看月出明河高。

矮松园

郇维烈

贤宰祠堂落照余，矮松旧迹竟何如。
陈公建后碑留记，宋相曾来夜读书。
涛响乍收风定后，浓荫又到月明初。
果谁伐树谁栽树，复起参天影照庐。

中秋夜

赵执信

秋气驱残雨，空庭来远飔。
一杯桑落酒，半夜明月时。
久客嫌宵永，初寒觉醉迟。
还将萧瑟意，遥与菊花期。

孤酌

赵执信

短烛照孤酌，长宵容苦吟。
窗虚闻雨细，人静觉秋深。
见女迎寒病，乡园久客心。
无因得料理，争遣不侵寻。

张与京晚过小斋，同舍弟柯亭、莲亭快谈蓬莱之胜

朱承煦

挑灯为说蓬莱阁，自别光阴十二秋。

万里波涛天际出，三山缥缈镜中浮。

潮来声撼蜉蝣岛，日上光摇海岳楼。

几欲乘风探龙窟，几多仙侣在瀛洲。

次李南涧云门山韵二首

朱承煦

时有云门梦，归来结伴过。

风声撼红树，山色淡青螺。

游兴从来剧，人生能几何？

流连成竟日，把酒发狂歌。

行从山半住，复上大云巅。

古洞一明镜，齐州九点烟。

重城悬日下，高阁落风前。

次第看山色，迷蒙翠接天。

松林书院

张连登

绿阴虚檐密，幽花夹砌清。

碑殊羊堕泪，主并束长生。

正气光河汉，春风运太平。

勿言精爽隔，鸣玉有余声。

春日段琢庵过山斋

李文藻

有客过林泉，轻风三月天。
市尘飞不到，山影坐频迁。
倾榼夕阳外，看花寒食前。
还须凭酒力，同上白云巅。

前以诗怀朱朴士，朴士适卧病未即见和，因叠前韵寄候

李文藻

饥渴想丰华，经旬未到家。
怜君病似鹤，愧我意如麻。
临水石床矮，带山茅屋斜。
几时可强健，来此醉流霞。

次韵和段琢庵生日见寄之作

李文藻

岳降正芳长，君家乐事频。
酒逢人日后，花近上元新。
即席应邀月，题诗信有神。
春风三十度，不愧谪仙人。

严艾堂夫子过寺斋小集

李文藻

夫子饶幽兴，溪山入素怀。
闻人说香刹，骑马到萧斋。
古碣搜残洞，悬泉认断崖。
寺僧能乞句，不用水松牌。

倾取床头酒，开尊古木丛。
看花榜寒食，藉草坐春风。
落照层峦隔，归途一水通。
登临芳躅在，传说任樵翁。

登云门山次朱海客先生韵四首之一

李文藻

节近重阳又一年，秋光促上翠微巅。
门通箭括天风下，镜在瑶台人影悬。
双屐踏来云出没，短筇支处路钩连。
摩挲崖壁题名满，往事风流到眼前。

赠木斋先生（三首）

李文藻

其一

兔园册子重摛辞，忍典绨袍落叶时。
今夜霜风寒彻骨，挑灯先读补亡诗。

其二

维摩披拣尽珠玑，癖好知君近日稀。

争似少陵多酒债，朝回日日典春衣。

其三

木斋先生一世豪，六经余事到风骚。

精研文选从今日，自有官家与锦袍。

示章甫

李文涛

读书十载备艰辛，鬻尽寒衣莫苦贫。

谈到冬官考工记，东原死后是何人？

注：时章甫方从杨书岩读《周礼》。

九日同李南涧刘湘皋游云门山二首

段玉华

忆昔登临处，西风又一年。

山容似未改，秋色倍增妍。

人觅鸟边路，云开岩际天。

丹梯无恙在，飞上翠微巅。

倾榼大云顶，云封樵路深。

千峰明落照，一雁入秋阴。

红叶无风坠，黄花和露簪。

归途一回望，搔首共长吟。

除夕和李南涧韵二首

段玉华

李子逢除夕，诗成挥泪频。
惊闻爆竹响，愁对烛花新。
强意同欢笑。含酸独怆神，
世间惟尔我，俱是断肠人。

自愧谋生拙，劳劳此夜频。
头颅似未改，岁月又成新。
穷极笑遗鬼，诗难泣动神。
儿童不解事，也作索钱人。

春日感怀寄李莔畹

朱廷基

梅信遥将度岭迟，天涯同系故园思。
书传越峤宾鸿少，春到池塘芳草知。
莺燕唤回尘鞅梦，溪山收入宦游诗。
年年客绪纷如柳，又见千丝与万丝。

怀蒋生天枢

朱廷基

问迩近何似，相思月一弯。
长携书卷去，且放酒杯闲。
流水斜阳外，残蝉老树间。
空留冰雪句，久未叩柴关。

过阳湖赠张木斋同年

朱廷基

为吏羞边幅，苍然古貌醇。

须知强项令，还是读书人。

饮兴沉红药，乡思动绿莼。

毗陵十日聚，气谊本来真。

注：以下所录杨峒诗歌均出自 2020 年 4 月济南出版社杨爱东主编，杨福利、杨云中编《杨峒诗文集》。

书己亥魁墨

杨峒

朱荆园（廷基）明府见示新科乡墨戏题。

其一

书生肆业剧堪怜，九日风檐十四篇。

却喜年来纸价贵，赢他欧赋两文钱。

其二

葫芦依样画来新，弹指三年一束尘。

好向云门求榜唱，不知稗贩到何人。

哭李南涧先生十首（有注）

杨峒

其一

独秀峰前北望遥①，瘴连桂海旅魂消。

灵均已死天难问，不遣巫阳为下招。

①独秀峰为桂主山，见范石湖《桂海虞衡志》。

其二

四部遗文费纂排，十年书籝与身偕。

然藜暂得分中垒，凤愿难偿著录斋①。

①南涧未官粤东时，欲仿龟氏《读书志》、陈氏《书录解题》之例，自为书目。拟以著录名其斋，会己之官未暇也。去年自潮阳迁倅桂林，入觐馆，纪晓岚学士所代撰《四库书提要》数篇，前志长毕矣。

其三

手剔苔痕拓旧镌，遥推洪赵近推钱。

岘山有泪还须堕，谁访残碑客棹边①。

①南涧嗜金石刻，所至以拓工自随。去秋樊城舟中寄余书云：日内于岘首瓦砾中得张曲江《靳公遗爱碑》，又于羊杜祠得宋人题名诗刻甚众，独未至隆中为可恨耳。尝言古今考订金石之书，惟宋赵德夫、洪景伯及少詹事钱晓徵先生三家而已。虽顾宁人之精核，以其所收不多弗与也。

其四

汉学专家守典型，陈编流布简余青。

廿年林下成遗恨，笺疏何曾到六经①。

①南涧好汉儒故训之学，为惠定宇刻《九经古义》《左传补注》。于潮阳而十宦游，未得潜心有所论著，殊可惜也。

其五

七篇章句久乖更，宋本携来眼乍明。

校刻不终缘底事，九原应问赵台卿①。

①今所行《孟子注》非全书，故庶吉士戴东原先生录得宋本，即何义门所云毛斧季从正定梁相公借抄者也。校毕将属南涧梓行，以复赵氏之旧，未终卷而戴卒。南涧携其书至桂林，不果刻而病。

其六

曾追卢宋助蒐罗①，海右重披集部多。

寄语校书周太史，好将铅椠自编摩②。

①卢，抱孙、宋，仲良。《山左诗抄》青州诸集率南涧所寄。

②周书昌编修将撰《山左文抄》，以集目仅百种寄书南涧，约与共事，南涧为增入四十余种，且以示余补其遗漏，惜不能有所益也。

其七

响拓空青壁上题①，南山翠墨箧中赍。

图经未补余惆怅，枉挟碑函向粤西②。

①云门山曾布题名，其子纡书也。

②去秋八月，南涧登云门遍拓唐宋诸刻，欲为《云门山录》及《益都金石刻记》，未就。

其八

由来舒缓是齐声，柯古新编寄不成①。

剩有前贤佳句在，吴江枫落若为情②。

①南涧将撰《益都诗》，属余与段赤亭为之采辑，会余携计入京师，赤亭为巨编未寄而闻南涧之赴。

②"枫落吴江冷"，唐崔明信句，益都人也。

其九

千里瑶械逼岁除[1]，迢迢燕粤滞双鱼。

虽然南去邮程急，已是尘沙劫后书[2]。

[1]去年十二月得南涧樊城书。

[2]余在京师附邸吏遗南涧书二通，一寄方虚谷兀林答公碑，一辩郑僖伯北峰山题名，计书到时南涧不及见矣。

其十

宦橐萧条水驿赊，稚妻幼子尚天涯。

遗书未就真堪痛，不为城东李倅家。

李南涧先生挽诗（辛丑）

杨峒

依稀丰采类髯翁，度岭生还事不同。

一代才名斗南北，十年宦迹粤西东。

遗诗近刻烦狂弟[1]，幽志深镌勾钜公[2]。

身后文章自千古，山邱华屋自飘风。

[1]南涧《岭南诗集》仲弟秋水所刻，《集》中呼为狂弟。

[2]钱辛楣宫詹《铭》南涧墓。

题钱巽斋（大培）先生《诗卷》即送之湖南

杨峒

其一

惊看霜雪上髭须，老与新诗气格俱。

久别相逢真愧负，年来此道太荒芜[1]。

其二

游兴如君亦复佳，皋比暂彻又天涯。

骚人为乞衡湘助，寂寞松园红砚斋[2]。

①余久不作诗。

②巽斋旧主矮松园讲席，得红丝石砚以名其斋，余尝为作砚记。

赠陈補庐先生①

杨峒

裙屐风流喜乍逢，皋比廿载忆前踪。

岁寒无复间桃李，独向园林问二松。

①先生尝主云门书院。

送钱巽斋先生赴济南陆观察署中度岁

刘汝弼

经年晨夕数相共，爱向松云搴绛纱。

忽见行滕歷冰雪，便依幕府颂椒花。

龙山月落鸡声晓，崦岭风高雁语斜。

皁帽管宁知暂驻，还逢春雨盼回车。

过李莅晼月下小饮

毕发

故友交情在，芳尊向月倾。

对床花影密，拂坐竹阴清。

露重客衣湿，菜香炉火明。

相看幽兴极，刻漏已三更。

段琢庵晚过斋中共赋

张希贤

寒蛩响虚壁，疏露滴高枝。
忽报故人至，恰当新月时。
一尊闲对酒，多病懒题诗。
中夜惜分手，空斋无限思。

赠李莅畹

张希贤

少小论交意，十年谁最亲？
如君敦古道，使我爱今人。
谈笑浑无忌，文章信有神。
男儿遇知己，何处不为邻？

朱朴士葺屋次韵

刘文远

朱子破茆屋，大风难庇身。
琴书幸无恙，结构喜重新。
树色遮三面，炊烟接四邻。
一闲聊托息，问字几门人？

归自都门过崔光南留饮

丁际隆

芳树绿如染，孤村一水围。

苔深迷曲径，烟细护柴扉。

吾道嗟沈陆，清尊无是非。

几年离恨绕，一路酒徒稀。

丝竹逢良会，酸辛忆帝畿。

幽怀埋玉轴，哀怨起瑶徽。

霜雪初侵鬓，风尘尚满衣。

多情欣载酒，感旧已忘归。

且共倾香酝，相将醉夕晖。

回头千里道，不尽暮烟飞。

段松苓《益都先正诗丛抄》：丁际隆"性情落拓，有古狂士风"，"诗学于秋谷，秋谷亟称之"。

哭杨书岩先生

李容

山辉知韫玉，川媚知藏珠。

桑梓敷光华，伏处有名儒。

吾州多贤俊，迩来颇简疏。

嗟嗟杨夫子，硕果当岁余。

东土之冠冕，五经指南车。

训诂遵马郑，性理参程朱。

文章继子固，书记追元瑜。

拥书树万卷，问字无停舆。

从学数百辈，负笈无遥途。

荆璞悲未献，忽已埋黄垆。

明月悲未悬，忽已沈沟渠。

山川为减色，暗淡天东隅。

不慭遗一老，坐镇三齐区。

年未登耆寿，何少留须臾。

恨我远闻讣，不得趋丧庐。

归看旧函丈，拭泪空嘻吁。

赠沈向斋先生

朱沅

沈向斋先生主讲云门（即松林书院），未期年而归，余自江南来，相值兰山道上，先生握手歌蔓草，出留别青州诗及郡人士和作以示，即于道旁次韵为别，怆然久之。

何时杖履复相亲，旅次分携更怆神。

吾党犹多狂简士，斯文难得老成人。

野田蔓草空零落，邓尉梅花欲破春。

此去湖山容管领，鸿泥一笑总前因。

出江口寄故园同学诸子

朱沅

捩舵开头路几千，汉川行尽又湘川。

客程远逐随阳雁，乡思如催下濑船。

苦竹芳兰愁暮雨，湖光岳色隐长天。

故园好友如相问，日把离骚伴酒眠。

寄卞厚庵

朱沅

同学论知己，如君得几人？
尚争千载业，莫负十年贫。
沧海秋风晚，京华淑气新。
相期各努力，堂上有慈亲。

寄怀李南宫

朱沅

一雁来河朔，天边落木初。
思君嗟远道，回首望岩居。
偃起频中酒，关门早著书。
残秋风雨里，问讯近何如？

寄怀蒋斗南

朱沅

飘渺凉天数雁群，亭皋木叶下纷纷。
怀人况值风兼雨，感旧常怜我共君。
行在十年空献赋，匡山今夕待论文。
秋来穷巷增萧瑟，为念西华敝练裙。

过簧山草堂感怀李晓岩（李廓）同年

朱沆

落落知交几辈存，感时伤逝竟谁论？
空余绿竹生池馆，忍对青山哭墓门。
河朔经秋频入梦，巫阳无地与招魂。
我来竟似辽东鹤，赖有巾箱问子孙。

天津道中寄卞厚庵

朱沆

直沽春涨雨初晴，杨柳风多酒斾轻。
记得与君同驻马，杏花村店又清明。

再寄南宫兼示厚庵

朱沆

与尔共斟酌，陶然良可欣。
言寻至东郭，归去每斜曛。
回首三山翠，空怀一瓷云。
何当持大瓠，同问卞田君。

答李南宫即用其送舍弟南来韵

朱沆

独携筐箧走匆匆，桂海离愁系短篷。
望远久虚鱼得素，开函刚及雁来红。
梦回秋雨蕉廊外，诗忆春宵布被中。
何日共倾南库酒，梅花雪片入吟筒。

依韵答蒋斗南四首

朱沆

昔年才束发，抱牍共经师。
自唱关山曲，多吟楚泽词。
秋风寒雁唳，落月夜猿悲。
一纸浮沉里，苍茫别后思。

浪迹五千里，吴头楚尾间。
客程虚岁月，诗囊足溪山。
已识奔波苦，才知阅世艰。
何如一丘壑，种树得萧闲。

旱魃曾为虐，谋生那可论？
但听话饥馑，何暇及寒温？
耆旧几人在，田园数亩存。
远游缘底事，荒却老柴门。

移榻东郊后，重登君子堂。

还家情更减，感旧话偏长。

有弟能调药，无村可乞浆。

昏昏怜局缩，自愧少年场。

紫薇园老松

李容

名葩异卉想华林，过眼荒原秋草深。

惟有长松逃劫火，不随一种共消沉。

余宅后即故明衡藩紫薇园地也，有老松六株是当年故物，今为民有，感而赋此。

送蒋斗南赴召试西上

李容

（时圣驾幸泰山）

君探灵蚌沧溟底，持谒龙须岱岳西。

晓日云衢丹凤翥，春风辇路紫骝嘶。

词林绣错光齐鲁，笔苑花香霭壁奎。

题罢万年桥畔柱，归看四马过阳溪。

无题

李容

与卞厚庵［志醇］、朱荔亭［沄］往冯氏园观玉兰花，到门不果入，仍寻旧路论诗而归，途中日暮风景殊佳，因成一律。

轻阴欲暮天，绿野淡浮烟。

日脚穿云罅，峰腰露树颠。

看花知少分，觅句喜多缘。
未必名园里，能如落照边。

赠杨履亭

李容

历数交游者，唯君与古同。
澄怀午夜月，爽气暮秋风。
不避当途忌，无如世路穷。
友雠虽未报，高义薄苍穹。

游松林院怀古

有树徕

贤人昔记尚名扬，雨外松低槛外塘。
烟幕远峰晴霭霭，雾含凉树晓苍苍。
妍花看处凭东阁，旧迹寻来步北堂。
传志素闻曾入詠，先春占去老梅芳。

矮松园怀古

有树徕

宰辅储青郡，堂深此读书。
卑枝犹偃蹇，老干倍扶疏。
事已成今古，人还访里闾。
从来居此者，策励定何如。

读书台

有树徕

松声犹飒飒，斯人已去去。
夕阳明灭间，恍惚晒书处。

谒王沂公墓

有树徕

宋代元勋节未坚，大臣风格自君传。
命参纵使疑荒诞，正色何曾愧圣贤。
苍藓斑斑残碣外，白杨飒飒暮云边。
后生来此幸瞻拜，怅望当时一怆然。

卖花声

有树徕

偕同人在松林院请璠翁李老夫子小饮，翌日遣人诣松亭，奉还釀分并藉《赋学指南》一部。

忆昔酒倾瓽，拇战声酣。共听夫子逞高谈，今日携蚨还釀分，其数君谙。

佳帙惹狂憨，《赋学指南》。藉君两拳慰馋贪。他日相逢应一笑，面谢再三。

来日会课

有树徕

何方可觅打门砖，报道佳期在目前。
笑却渴来方掘井，成文急阅两三篇。

将赴乡试作

有树徕

此去明明徒费钱，还将追逐夕阳边。

始知乡试真成瘾，漫笑人间喫大烟。

第七节　松林书院：以府级之实厕身于省级之列的书院

　　书院是中国士人的文化教育组织。由于教学程度和学术水平的高低不同，形成了一种等级上的差异。就整体而言，最底层的是私立的家族书院和民办的乡村书院，中间层是县立书院，高层则是州、府、道、省、联省各级书院。如果说底层书院是书院等级之塔的底座，县级书院是塔身的话，高层书院则是塔尖，一方面分担指导学术理念政治化的官方责任，另一方面也兼有学术研究、更新创造儒家精神、养育学派之责。松林书院属于高层书院，一直以来，研究者都认为是青州府级的书院，但据笔者考查，松林书院在几个历史阶段属于高层书院中的省级书院。

　　据邓洪波《中国书院史》论述，省级书院有两种：一种是总督、巡抚驻节之地的省会书院，如明万历四十二年（1614 年）巡盐御史毕懋康创建的历山书院，清顺治十一年（1654 年）布政使张缙彦重修，新建白雪楼，改名白雪书院，后因地狭不能容纳更多士子，雍正间迁城内都司府故署，更名曰泺源书院等；还有一种，是由一省的学政创建、主持的书院。主管一省教育行政和科举考试的学政，明称提学御史、督学道，清雍正四年（1726 年），各省督学道皆改提督学院，长官称提督学政，简称学政，清末改称提学使，与总督、巡抚同为省级要员，知府以下皆为其属官。清于全国设学政 20 人，一般皆驻于各省省会，但江苏驻江阴县，安徽驻太平府，陕西驻三原县，广东先驻肇庆，后移广州……由于这些的不同，衍生了学政主持的省级书院。在学政主持的省级书院中，福建台湾府台南市的海东书院"以府级书院之实而厕身于省级书院之列"。其实清初的山东省情形也相类似，山东学政先驻青州，后驻济南，松林书院在一段时期内亦为以府级书院之实而厕身于省级之列的书院。

山东学政先驻青州，后移济南

据《济南府志》记载："康熙二十七年（1688 年），升提学道为提督学院，始移驻历城。"又据光绪《益都县图志》载青州知府李涛《重修试院记》曰："往时，提学以按察司佥事为名，曰'学道'，驻节青州，平居视事于海防道署，至期则就书院而校士焉。雍正四年（1726 年），官制既定，移驻济南，以此为行台。"这两部具有权威性的地方志中前者载"康熙二十七年提学道始移驻历城"，后者载"雍正四年学道移驻济南（历城）"，对学道始驻济南的时间略有出入，但都提到学道先驻青州，后驻济南。另据清初著名诗人、学者施闰章督学山东时在《梦愚堂铭并序》中说："施子返自粤西……一夕，宿青州官舍……其明年，督学山东，驻青州……"这一系列证据表明，清初山东学政先驻节青州，后移驻济南。这一定与青州在历史上的特殊地位有关，山大教授李森在《历史上青州的政治地位》中说："青州自西晋永嘉五年（311年）取代临淄上升为齐鲁大地的政治中心，迄至明初洪武九年（1376 年）被逐渐兴起的济南所取代，作为山东政治中心长达千年之久。"如北宋时的青州，历为京东路、京东东路治所，金代青州为山东东路治所，明太祖洪武元年（1368 年）于青州置"山东等处行中书省"，辖山东全省六府十五州八十九县。洪武九年（1376 年）山东行省西移济南，青州由省会降为府治。"即便如此，青州仍呈现着长盛不衰之势"，"顺治十八年，设山东提督，驻青州府"（光绪《益都县图志》），"青州一直是大明衡藩所在，清代青州虽然仍为府治，但雍正八年（1730 年）在青州城北建造的旗兵驻防城系省级军事治地，青州依旧保留着昔日齐鲁干城的些许影响。"可见青州在历史上的地位非同一般，所以位于青州的松林书院也格外受到山东学政的青睐。

明代山东督学亲自在书院讲授阳明心学

早在明嘉靖四十五年（1566 年），王阳明学派的代表人物、著名理学家、教育家邹守益之子、山东督学邹善热衷书院办学，发扬光大王阳明"致良知"的心学，亲自主持将松林书院易名为"凝道书院"，旨在凝聚人心，传承与发扬儒家文化道统，"时与诸生讲学其中"。状元赵秉忠在《云门书院记》开头追述了凝道书院的办学盛况。他写道："青州旧有凝道书院，在郡治西南，堂室严翼，桧柏环拱，每青巅白龙鳞起，若万壑喷巨浪，题曰'书院松涛'，其创垂题咏载郡志。隆庆丁卯，督学者邹公善，讲明良知，羽翼圣道，设皋比函丈于此。一时贤者师济景从，造士作人之盛，学士、先生迄今数能言。"这说明，隆庆丁卯年（1567 年）前后，山东督学邹善在青州凝道书院亲自讲学，在他的影响下，英才汇聚，书院办学盛况空前，众人有口皆碑。据考，钟羽正《青州人物志》记载，隆庆五年（1571 年）进士朱鸿谟在书院读书期间，邹善向朱鸿谟授"良知之旨"，而鸿谟却"心仪冀端恪公（冀錬，官至兵部侍郎，时在书院讲学）"，"尊濂洛关闽（宋朝理学的四个重要学派）矩旧如护要领"，坚持理学的信念不动摇，后官至刑部侍郎，《明史》有传；万历八年（1580 年）进士蒋春芳"先从邹颖泉（邹善的号）受良知之传"，是从凝道书院出来的一代名儒。按照邓洪波先生的观点，"由一省的学政创建、主持的书院"属于省级书院，所以明代嘉靖四十五年（1566 年）之后、隆庆年间至万历初年松林书院当属省级书院。

松林书院办学始终受到巡抚等大员的高度关注

清康熙戊子年（1708 年），辛未科探花、被时人推为"巨儒""北平黄先生"的著名学者黄崑圃始任山东学政，兴复了两座书院：一为济南白雪书院，一时"远迩翕集，至不能容"；一为青州松林书院，"慨然捐俸，重加修茸，进诸生而教诲之，饮食之延名师"（黄登贤《松林书院记》碑），选才俊。黄崑圃居青期间，考核生员，评定等级，一丝不苟。对优秀者，他聚宴教诲之。对较差者，决不轻易降黜。知府、知县如因小故请求剥夺生员资格，一概不准。此时考中的举人进士，包括江苏巡抚徐士林、湖南粮储道董思恭等十多名。清代诗人赵执信认为黄崑圃精敏明辨是非善恶，学问功力造诣深厚，特别对其"皦然不滓之节，挺然不挠之气"予以高度评价。黄任期将满，还朝之日，青州士子"皇皇如失所恃"，于是纷纷跑到山东巡抚都御史那里请求督学留任。在奏请未果的情况下，"则相与树丰碑于青州之松林书院"，将督学先生的大名跻身于名垂千古的"青州十三贤"之间，以表达一方学子对他的感激与爱戴之情。其事迹见藏于松林书院的康熙五十一年（1712 年）赵执信所撰《黄崑圃政绩碑》。

乾隆甲午（1774 年），山东学政继任者黄崑圃之子黄登贤视学青州，莅临其父六十余年前任山东学政时捐俸重修的松林书院，对父亲恩泽青州士子，为国育才的政教伟绩感慨不已，决心继承、光大父业。事迹详见收藏于青州博物馆的《松林书院记》碑。

康熙至乾隆 100 多年间，山东学政极为重视并亲自主持松林书院的教育教学，"山左文教，一时称盛"，即山东的文化教育，盛极一时。这也表明，此时的松林书院级别同济南白雪书院一样，同属省级书院，而乾隆四十年（1775 年）"白雪书院已废无故址，而松林巍然独存"，地位更非一般。由于一省教育长官的青睐，加之地方官的重视，至乾隆朝，松林书院办学达到辉煌。如青州知府裴宗锡延严锡绥任松林书院山长，"一时肄业诸生常数十百人，数年之间，登贤、书贡、成均者十余人"，其中包括被著名学者钱大昕称为"天下才"的藏书家、目录学家、金石学家、方志学家李文藻。

其实，不仅山东学政高度重视书院的发展，山东巡抚也非常重视松林书院办学。早在明正德年间，山东巡抚陈凤梧视察书院后曾题《松林书院》诗，云"名宦勋华高北斗，乡贤声价重南金"，鼓励学子读书当以名宦、乡贤为榜样。嘉靖年间的山东巡抚胡缵宗视察书院后与冯裕、刘澄甫、黄卿等当世名人题写多首宴集诗，均载于嘉靖《青州府志》。清康熙三十年（1691 年）松林书院重建时山东巡抚佛伦亲自过问，布政使卫既齐亲自带头踊跃捐款，乾隆十四年（1749 年），山东按察使沈廷芳巡视松林书院，见"讲堂久圮"，与青州知府主持修葺松林书院并亲自考查士子，足见明、清时期省级大员对松林书院办学的重视。

所聘山长堪为士子模范，生徒面向全省招生

省级书院的一个很重要特征是所聘山长多为一代名流，"经明行修，堪为士子模范"。如山长严锡绥出身进士，曾任安丘县知县；山长杨峒出身举人，

被称为"通儒";道光二十三年（1843）松林书院聘请原金厦兵备道、咸丰《青州府志》的主纂刘耀椿先生主讲松林书院；即使清末松林书院的最后一任山长法伟堂先生也是光绪十五年进士，山东著名金石学家、音韵学家、方志学家和教育家，曾经主编光绪《益都县图志》。他们都博学多才，皆为硕师大儒，能够与时俱进，制定一整套体现出合乎书院精神的教学方法与制度，实现人性化的管理，又能聘任有名望的儒者为师，活跃学术，培养人才，实现"讲学明道"的办学理念。

省级书院的又一个很重要特征是生徒面向全省招生。上文提到的《松林书院记》碑中所记山东学政黄崑圃所成就的人才，"如徐君士林、李君元直、丁君士称、陈君有蓄、马君长淑、辛君有光、李君志远、刘君轶政、秦君宏、林君仲懿、王君瀛、孙君果、董君思恭，皆知名士也"。其中徐士林，山东文登人，官至江苏巡抚；李元直，山东高密人，进士，选翰林院庶吉士，散馆授编修，后为四川道监察御史，与徐士林皆康熙五十年（1711 年）举人，五十二年（1713 年）进士；秦宏、丁士称皆日照人，康熙五十三年（1714 年）举人；辛有光，山东日照人，乾隆二年（1737 年）进士；林仲懿，山东栖霞人，康熙五十年（1711 年）举人。其余皆青州府人。从碑刻所载学子的籍贯考证可以看出，松林书院招生范围不仅仅是青州府所辖的 11 个县，还包括文登、高密、日照、栖霞等县，可见松林书院在山东省的名气是很大的，从而吸引了青州府以外全省各地特别是山东省东部的许多优秀生源。

以上证据表明，明清时期的松林书院虽位于国家二级政区——青州府，但在明隆庆至万历初年、康熙乾隆年间"以府级书院之实而厕身于省级书院之列"。而松林书院的前身——北宋矮松园，位于国家一级政区京东路首府所在——青州城，出过"连中三元"的一代名相王曾，"矮松名载四海耳，百怪老笔不可传"（宋黄庭坚之父黄庶《携家游矮松园》），而此后王曾创办的青州州学更为省级（京东路）最高学府之一，为研究者所推重，其地位及影响远非一般学校所能比。

第四章

松林书院改制后的文脉传承

清光绪二十八年（1902 年），随着晚清政府书院改制诏书的下达，松林书院旋即改办为青州府官立中学堂，翌年改称青州府公立中学堂。《教育年鉴》丙编记："青州府松林书院改为青州府官立中学堂，是为山东官立中学堂之始。"此后，学校先后易名为"青州中学校""山东省立第十五中学""山东省立第十中学""山东省立益都初级中学""山东省立益都中学""青州中学""山东省立青州中学""山东省益都第一中学"，为首批办好的山东省重点中学、首批省级规范化学校。1986 年青州撤县改市，学校定名为"山东省青州第一中学"。

第一节　松林书院改制后的变迁

光绪二十七年（1901 年），河南祥符人、进士冯汝骙任青州知府。翌年，书院改办中学堂，冯汝骙即主持改建校舍，二十九年（1903 年）十月竣工。校舍逐渐向四周扩建，书院遂成为"校中之校"。光绪《益都县图志》之《营建志》记载较为翔实：

青州府中学堂，旧系松林书院，大门一座，二门一座，计三间。改建前，讲堂东连山瓦屋二小间；东西耳房计六间，东三间会客厅，西三间监督庶务房；客厅后，宅门内院厅房三大间。改建后，讲堂东连山小三间；教员房客厅西首，读书台一座，东西耳房计六间，改建教员房，东院文昌阁一座改建藏书楼，四照亭改建化学仪器所。宋十三贤祠后闲院一段作体操厂。文昌阁前，（光绪）三十二年，新建草屋饭堂五大间，又东旁，新建草厨房五间。西院书斋，旧有瓦屋十五间，二十九年新建草屋五十二间，又新建茶炉瓦屋二间。二十九年十月，青州知府冯，改建坐落城中西南角旧有瓦屋四十三间，后建草屋六十二间。

民国二十六年（1937年）松林书院旧照

民国时期，松林书院成为学校师生经常集会的重要场所，青州一带第一个共青团支部和中共党支部都是在此成立的，松林书院也因此成为我党早期革命活动的策源地。党的一大代表王尽美曾在书院明伦堂（即后讲堂）秘密召开会议并多次来省立十中从事革命活动，爱国将领冯玉祥将军也曾在书院内作振奋人心的抗日爱国演讲。

书院内王曾读书台和院东藏书楼等矮松园遗迹历经沧桑，时有坍坏，后人修筑再三，维其大观，至民国时期仍保存完好。据安丘人周贵德在民国二十四年（1935年）《青州纪游》中记载：

……出园门（四松园）西行折而北，逶俪而西，为松林书院街，省立益都中学在焉。为逊清松林书院改建。旧有矮松园，有宋宰相王沂公读书台。台在校院中，高约八尺，方广数丈。拾级而登，周围房屋遮蔽，非复旧观。面南有石，题曰："读书台"，下刻题跋多行，为校墙所掩，惟见有"……王沂公……"数字云云。又有藏书楼在其东，瓦屋三楹，松柏掩映，亦矮松园遗迹也。考王文正公：名曾，字孝先，益都人，宋咸平中进士，廷试皆第一。中山刘子仪，时为学士，戏语之曰："状元试三场，一生吃着不尽矣。"公正色曰："曾平生志不在温饱。"仁宗天圣七年，由集贤殿大学士出知青州。累迁右仆射，兼门下侍郎。薨年六十一，谥文正公。城东关有公故宅，已述于前，不再赘。至于公之丰功伟烈，参考《宋史》及《历代名臣言行录》，可得其详也。……

可惜"文革"中读书台竟被夷为平地，石碑失却，下落不明。松林书院讲堂、厢房一度成为校长办公室、主任及处室人员的办公室、会议室；十年浩劫，书院缺少维护，大量碑刻破坏严重，青州一中原校长阎石庵为搜集书院古籍课卷、保护书院碑刻古树等做出了很大贡献。

1977 年后教育复苏，教职工增多，松林院一度成为教职工办公和居住之所。1986 年，著名古典园林建筑学家、同济大学教授陈从周来书院考察，他感慨地说："全国幸存下来的书院为数不多，松林书院是其中保存完好的一处。要好好保护，谁毁掉它，谁就是千古罪人！"

1991 年，青州一中校长王骏华等同志审时度势，提请保护松林书院，得到了时任山东省省长赵志浩的重视，后经省、市政府拨款，按康熙三十年重建时的格局，大修松林书院，立《校舍改造暨松林书院复修碑记》以纪之。原山东省委书记苏毅然题"松林书院"匾额悬于门楣之上，校友、书法家丁乐春题写楹联："书院向云门钟灵毓秀，松林蔚人文起凤腾龙。"后讲堂及东西厢房办校史展览馆，省委原书记梁步庭题写的"校史展览馆"匾额悬于后讲堂门楣之上，后讲堂与东厢房之间新建连山游廊，藏历代碑碣，而胡德琳《十三贤赞》碑镶嵌于前讲堂西墙，赵执信《黄崑圃政绩碑》仍嵌于西厢房北墙，黄登贤《松林书院记》碑被青州博物馆收藏；在原台址上重建王沂公读书台，成为一处重要的人文景观。采取植保措施，使数百年古柏生发新枝，又从黑山移植柏树九棵于院内，并立《植柏记略》碑。可惜的是，在早年校舍扩建中四书斋、文昌阁、四照亭、十三贤祠等被拆除，留下永远的遗憾。

2002 年，书院南大门、南垣墙按原格式复建，并于四壁镌刻青州一中 90 年校庆和 100 年校庆时钱伟长、何鲁丽、马万祺、姜春云、梁步庭、赵志浩、谭启龙、邵桂芳、路甬祥、许智宏、王大中、徐匡迪、彭飞、丁乐春等各级领导或校友的题词及学校教师、社会各界捐助情况。前讲堂由书法家刘三民书写楹联"百年幽居松林承古蕴，万世伟业勤栽嘉木柱长天"，后讲堂由书法家朱立书写楹联"历尽沧桑积跬步与时俱进，峥嵘岁月承大业百年辉煌"。

2012 年，在青州一中 110 周年华诞之际，青州市委、市政府规划扩建书院，在大门南建牌坊一座，名曰"育人坊"，上书"敬道崇德，知行合一"，概括了松林书院文化的精髓；易植皂角古树数棵，两侧分别围铁艺栅栏；校园内甬路两旁建汉白玉雕塑十四块，镌刻介绍"十三贤"事迹。松林书院被认定为山东省重点文物保护单位、塑造论哲学书院、全国红色文化教育基地、青州市廉洁文化教育基地、爱国主义教育基地、青州市关心下一代教育基地。松林书院前后讲堂、东西厢房以及书院西侧 1963 年 8 月复建的五排书斋加以修葺，成为校史展览馆和青州市松林书院文化研究会办公室的一部分。

第二节　松林书院改制初期的办学情况

一、松林书院改制的原因

1. 民族危亡的外部压力

1840 年，殖民主义者用大炮强行打开了"天朝上国"封闭的大门，鸦片战争的血与火携带着商品、文化的巨流汹涌而进。腐败的清王朝，战争连连失败，外交连连失利，一次次签订丧权辱国的条约，导致极其严重的社会灾难，而帝国主义列强通过种种不平等条约，疯狂掠夺，造成瓜分中国的态势，诚所谓"五十年来，创不谓不巨也，痛不谓不深也"①。当国家面临亡国灭种的危险时，书院还在津津于八股时文，还在衰败沉沦，不能满足国家培养救亡图存人才的急切需求。"乃观中国一乡一邑，书院林立，所工者惟文章也，所求者乃科举也，而此外则别无所事。……今日四邻日强，风气日变，泰西诸国各出奇技淫巧以赚我钱，而我之八股五言曾不足邀彼一盼，试问制艺能御彼之轮舰乎？曰不能也；能敌彼之枪炮乎？曰不能也。自知不能而尚不亟思变通，是犹讳病忌医，必至不可救药也。"② 这是社会底层的议论，来自光绪十九年（1893 年）所刊《格致书院课艺》之中，书院生徒的见识，似乎更可以代表当时的舆论。

2. 积弊太深的内在原因

书院改制既有西方列强瓜分中国而带来的国家、民族危亡的外部压力，也有积弊太深而不得不变的内在原因。清朝末年，科举腐败现象十分严重。据清末举人、青州府官立中学堂教师邱琮玉在《青社琐记》记载：光绪戊戌年（1898 年），来青州主试者为督学姚丙然，考生为考取秀才，贿赂之风公然盛行。县中凭贿赂取得秀才身份的有五人，平时八股文，"四人中二人较优，盖以千人应试论之，当在二百三百之间，余二人则六百以外。"③ 他们贿赂姚多则银千两，少则八百，还有一个因其文还算不错，介于去取之间，而费用减半。还有考生凭贿赂取得廪生资格者。本县还有一个姓王的武童，试前约好给姚督学一千四百两银子，及试技勇，欲举刀舞，力不能胜而倒地，被大刀横压，观者传为笑谈。最后贿赂虽未成，姚已声名狼藉，为言官所弹劾。从各地看，此时书院的积弊也是多方面的，论者或谓书院严重官学化，成为考课式书院，完全沦为科举的附庸④。或指山长充数，不问学问；士风浮夸，动滋事

---

① ［清］汤震：《书院》，见陈谷嘉、邓洪波编：《中国书院史资料》，第 1962 页。

② ［清］潘克先：《中西书院文艺兼肆论》，见陈谷嘉、邓洪波编：《中国书院史资料》，第 1968—1969 页。

③ 邱琮玉：《青社琐记》，青岛出版社，2010 年版。

④ 田正平、朱宗顺：《传统教育资源的现代转化》，见《中国书院》第五辑，湖南教育出版社 2003 年版，第 85—87 页。

端；多课帖括，无裨实用；注重膏奖，志趣卑随①。或称"所课皆八股试帖之业"，无裨实用；"所延多庸陋无用之师"，滥竽充数；生徒"贪微末之膏火"，志趣卑陋②。

列强的入侵，科举的腐败，八股取士的严重弊端，在内外交困之下，书院的改制也就成为历史的必然。

二、书院的改革与改制诏令的下达

书院的改制并不是一帆风顺的，而是经历了一系列的波折。首先是书院自身特别是教学内容上的改革。松林书院教学内容主要是在传统儒家经典基础上添加了西学课程，但仍以中学为主、西学为辅。我校图书馆所藏清末课本有《中东战记本末》《太平兴国策两卷》《格致书院课艺》等，这些书籍很可能是通过青州的教会书院获得的。当时青州有两所教会书院：同治五年（1866 年）由英国基督教浸礼会创办的广德书院和光绪七年（1881 年）英国浸礼会牧师怀恩光创办的培真书院③。教会书院本是西方殖民主义侵华的产物，但从客观上看它将近代西方科学知识列入课程，是近代中国传播科学技术的重要基地，并对旧式书院的改良产生了一定影响。

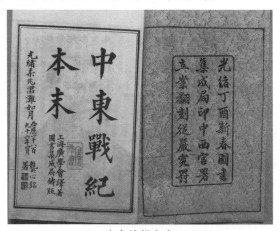

中东战纪本末　　　　　　　　　　　文学兴国策两卷

---

① 葛飞：《晚清书院制度的兴废》，载《史学月刊》，1994 年第 1 期。

② 李国钧等：《中国书院史》，湖南教育出版社 1994 年版，第 917—927 页。

③ 据季啸风主编：《中国书院辞典》，浙江教育出版社 1994 年版，第 139、147 页。

《中东战记本末》由广学会成员、美国传教士林乐知主持，举人蔡尔康等辑录，光绪二十三年（1897 年）上海广学会排印，共八卷。《文学兴国策两卷》由光绪二十二年（1896 年）5 月广学会译印，作者驻美日本公使森有礼，译者来华传教士林乐知，在序文中林乐知阐述清朝衰落是由教育方法数百年来没有变化，教育方法必须随着国家的发展而变化。中国要变强应该采取西欧的教育制度，采用新的学制，以变法自强。《格致书院课艺》由上海格致书院向公众传播书院诸生的学习心得，启发近代之新思潮。格致书院是同治十三年（1874 年）由华人徐寿和英国传教士傅兰雅共同创建，书院以"令中国人明晓西洋各种学问与工艺与造成之物"为目标，宗旨是"意欲中国士商深悉西国之事，彼此更敦和好"。连续九年编辑《格致书院课艺》，宣传改良维新思想，介绍西学。每月刊印《格致汇编》，发行到全国各地，在香港、北京、天津、保定、太原、济南、登州、烟台、青州、重庆、长沙、湘潭、益阳、武昌、汉口、宜昌、沙市、南昌、九江、安庆、南京、镇江、苏州、扬州、上海、杭州、宁波、温州、福州、厦门、广州、汕头、牛庄、桂林等 39 个城市设有销售点，每期发行 3000 册①，成为中国近代最早的科技杂志。

书院改革进入高潮之时，朝廷推出了维新运动。光绪二十四年（1898 年）五月，光绪皇帝发布上谕，限令两个月之内，将全国大小书院改为兼习中学、西学之学校，但随着戊戌变法的失败，书院改制被扼杀在襁褓中，一切"照旧办理"。光绪二十六年（1900 年），义和团兴，八国联军占领北京，清廷逃往西安。历史发展潮流不可阻挡，面对日益激烈的民族矛盾和阶级矛盾，清政府被迫实施"新政"。二十七年（1901 年）正式下达书院改制上谕：

> ……近日士子，或空疏无用，或浮薄不实，如欲革除此弊，自非敬教劝学，无由感发兴起。除京师已设大学堂，应行切实整顿外，著各省所有书院，于省城均改设大学堂，各府及直隶州均改设中学堂，各州县均改设小学堂，并多设蒙养学堂。……著各该督抚学政，切实通饬，认真兴办。②

① 邓洪波：《中国书院史》，东方出版中心 2004 年版，第 322 页。
② 陈谷嘉、邓洪波编：《中国书院史资料》，第 2489 页。

随着改制浪潮再次席卷全国，光绪二十八年（1902 年）松林书院改办为青州府官立中学堂，翌年改称青州府公立中学堂。《教育年鉴》丙编记："青州府松林书院改为青州府官立中学堂，是为山东官立中学堂之始。"至此，延续了近千年的古老书院走完了它的最后历程。

三、书院改制之初管理极为废弛

松林书院改办为官立中学堂，书院的最后一任山长法伟堂先生成为中学堂的第一任监督（相当于校长）。由于新式学校管理经验的缺乏，改办之初，中学堂管理与书院并无多少变化，第一年只招生 18 名，多是廪增生员，或来自乡塾。课程只设国文一科。前讲堂内靠后墙正中设一师位，学生面北而坐。教无定时，先生上课随时摇铃召集学生；教学内容主要由先生指定，圈点《资治通鉴》，或选读《古文观止》中的文章，或读经。先生在讲堂上并不讲解，只为学生解答疑问。故光绪年间《学部官报》与宣统间《山东教育官报》都记载：青州府官立中学堂开办之始"管理极形废弛，课程偏重经学、国文，于科学绝不准注意"。直到第二任监督包天笑先生的到来，情形才有所改观。

四、包天笑开启了讲科学、讲民主的一代校风

青州府官立中学堂开启了我校现代教育的序幕。1904 年，青州知府曹允源聘苏州才子包天笑出任中学堂的第二任监督包天笑，中国近代文学史上颇负盛名的鸳鸯蝴蝶派作家，民国时代著名报人、翻译家，一生著译颇丰，达 100 多种，他提倡新学，热衷教育变革，把传统书院以人文知识为主要内容的授课内容传统方式转到格致学上来。他对官立中学堂的贡献，不仅在于强化了数、理、化自然学科的教学，开启了讲科学、讲民主的一代校风，确立了近代中国学校的教学模式，同时还在于施行科学教育，唤醒了一代学子的主体意识和民主意识，而他本人对清政府的蔑视，又深深影响着进步师生。学堂内逐渐兴起革命救国活动，汇入救亡图存的时代潮流。

第三节　包天笑《钏影楼回忆录》节选

包天笑《钏影楼回忆录》全书 30 余万字，由香港大华出版社出版，大陆有影印本。本文节录第 62—67 节，即包天笑在青州任职期间的回忆，对研究松林书院改制初期的历史有重要的参考价值。

记青州府中学堂（一）

火车到青州府车站，约在下午两三点钟，因为在青岛已经打了一个电报去，府衙门里已经派人到车站来接了。

安伯夫妇和一位先在青州府中学堂教算学的胡菊如同居，他们早先已约定了，我没有带家眷来，就住在学堂里。

我到学堂还没有坐定，正想去拜谒这位青州府知府曹耕翁，堂役忽报："太尊来了！"（太尊者，知府的尊称，制：知县称大老爷，知府以上，方称大人，不过太尊是知府专有名称。）原来在青州府的文官，以知府为最尊，他每次出衙门，必定要放炮吹打，所以合城皆知，他要到那里去，也先有人快马通报，因此学堂里，也先已得到了消息，堂役们即赶紧来通报。

果然不一刻儿工夫鸣锣喝道，府大人已来了。他是翎顶辉煌，朝珠补服的坐在会客厅里，这就使我很窘了。因为那时穿了祖母的孝服（我母亲的孝服未满，又接穿了祖母的服，因为我是承重孙），虽然有一套素衣冠，却不曾带来。这时他衣冠整肃的先来拜客，而我却便衣出迎，未免失礼不恭。但这也无可如何了，不过我当时曾经和彭诵老说过：我是不懂官场规矩的，诵老说：曹耕翁最和易可亲，熟不拘礼的，到此也没有办法，只得穿上了一件布马褂，便去迎接他。我以乡长者之礼，依苏俗唤他为老伯，并请一切指教。又说："在守制中，未具衣冠，殊为不恭。"他说："我们概不拘礼。"又说："我们做了官，只能衣冠桎梏的了。"

这个青州府中学堂监督，是青州府里聘请的，好像人家请了一位西席先生，而他们以尊师之礼，一定要先来拜见。他去了以后，我立刻便去回拜。他请我在花厅相见，什么升坑咧、献茶咧，完全是一套官场仪式，使我真有些吃不消。幸亏我在南京蒯礼卿先生处，稍为懂得一些，不然，真的要闹出笑话来咧。譬如官场的会客送茶，那茶是不能轻喝的。倘然主人招呼用茶，或是客人自己端茶，旁边的仆从人等，立刻高声喊"送客！"客人便立刻起身了。但是我呢？当主人端茶时，他便招呼一声道："随便喝！"只这"随便喝"三个字，仆从们有了暗示，便不喊送客了。

为了学堂的事，我初来时，茫无头绪，自然要和他详谈一下，他也谈得非常坦白而诚恳。他说："我们是科举出身的人，当京官磨蹭了好几年，放了外任，对于现在办学堂的事，完全外行。至今政府要厉行新政，通令外省各府要办中学堂，各县要办小学堂。这里本来有个云门书院，我把它改办了一个中学堂。起初以为也照从前的书院制度，选取几个高才生，在此肄业就是了。哪知现在的新法必须要英文、算学、理化等等，要成为一个新式学堂规模，那就要请一位专家来办理了。彭诵翁推荐阁下到此，一切都要借重了。山东虽是圣人之邦，风气却还闭塞得很，据说：青州一府，还算是较优秀之区咧。"原来青州府城内有三座学堂，一座是青州府中学堂，那是青州府办的官立学堂；一座是益都县小学堂，这是益都县办的官立小学（益都县是青州府的首县），还有一座是青州蚕业学堂，是省里办的，而由益都县兼管的，因为这地方宜于养蚕呢。这三座学堂以外，便只有私塾了。晚清自拳变以后，上下内外，都想变法厉行新政，办学堂对于外任府县，上司有个考绩，不能马马虎虎，于是他们遂有不得不办的趋势了。

青州府这个中学堂，对于学生真是优待极了。不但不收学费，而且供给膳宿，所有膳宿费一概不收，并且还有膏火，真是极尽招徕之道。因为当时此地风气未开，父兄都不愿子弟到这种他们目为洋学堂里去读书。青州一府所辖有十余县，十余县里的青年子弟，都可以到青州府中学堂来肄业，然而来者却很寥寥。在我初来的时候，学生还不到六十人，但到后来渐渐扩充，到我两年以后走的时候，也仍不过八十余人。因为学生全都住在学堂里（他们是各县来的），斋舍有限，再添学生，便要再建斋舍，并且府里的办学经费，也有一定限度，不能随意扩充呀。学生是由各县保送而来的，并不是像科举时代的县考府考的考取的。据说：当时征求学生，也和征兵一样难。贫家子弟，不是没有读书的，他们大都务农为生，要在农隙时，方才读书，谁能舍农业而出门读书呢，富家也持保守主义，不相信那种用夏变夷之法，他们还是相信科举不能废，考试有出路。所以这个中学堂，虽是极力征求，百般提倡，来者究竟不多。

我在这个中学堂里，却有几位学生，年龄比我大的。我那年是二十九岁（旧历虚岁），他们有年龄过三十岁的。这时候大家拖着一条辫子（我也拖着一条辫子），我见那些学生，有的是红辫线的，有的是黑辫线的，不解何故？因之请问于那位监学李先生（他是监学而兼庶务的），他是安徽人，年五十左右，是一位老山东了。他告诉我道："这里面有分别，凡是红辫线的，是没有结婚的人；黑辫线的，是已经结婚的人。"我一看，学生中黑辫线的人很多，那都是已结婚的人了。已结过婚的人，要他们来当学生，住在宿舍里，半年不得回去，无怪他们视学堂为畏途了。

这些学生中，有已进过学的秀才四五人，而且还有一位举人先生，这使我很为惭愧，因为我只是一名诸生，而我的学生，却是一位孝廉公，这如何说得过去呢？我便去请教曹耕翁，他说："他虽是个举人，学问也浅薄得很，他是本地益都县人，其人颇想知道一点新学，他要进中学堂来，我们也不好拒绝他呀。或者，请你特别给他谈谈，他只领膏火而不住斋舍的。"我便约了他谈谈，此公姓李，年不满三十，果然，除了八股之外，一无所长，但其人甚为谦抑，常对我"老师""老师"，叫不绝口。我想：在我们江浙两省中，一个举人，往往有目空一切，而自命有绅士资格了。

这个中学堂，是此地的云门书院改造的，云门书院不知何时建造，我未考据，大约甚古。因为距离非远，就有一座云门山，在青州是著名的。自从改了中学堂后，只不过把房子修饰了一下，无多改建。据说：本来是没有斋舍的，后来添建了斋舍。这些斋舍，土墙泥屋，与青州那种普通民房一样，作为学生修习之地。学堂中空地甚多，如果经费充裕，再添造数十斋舍，也绰有余裕。进大门后，一条很长的甬道，直通到大厅，这个厅现在已改为课堂了，东西两侧为会客室及学监室。后面一大院落，还有厅事、房舍，我与两位学堂里的教员们，便住在那里。旁侧又有一园子，园虽荒废，但是里面古木参天，都是百余年前大可合抱的柏树。进门以后的甬道两旁，也排列着很多的柏树，还竖立着几块碑碣，是一种学院威严的气象。我到了第二天，便和学监李先生，同到各处巡视一下。

第一件事是改正课堂。原来的课堂，朝南正中，设一师位，桌上围一大红桌围，上设笔架及朱墨笔砚。学生的桌子，坐南面北，正对着师位。我命他们立即撤去，这不像是课堂，而像衙门里审官司的法堂了。乃改为师位向东，什么大红桌围，及朱墨笔砚等，一概除去。并命制了高一尺的讲坛，又备了一黑板及粉笔之类，学生的座位，也改为坐东向西。这个课堂，已改为嵌玻璃的纸窗了，倒也很明亮。但是中间进门处，却又装了一个大红黑镶边的棉门帘，这是北方规矩，不必去改它。

原来这学堂最初设立时，只有国文教师有总教习、副教习等名目。至于英文、算学、理化等课程，都是没有的。国文先生上课，没有一定时刻，他要上课了，使令堂役向斋舍去摇铃召集。上课时，教师并不点名，亦不讲解，命学生们圈点什么书（从前书本，都无圈点的），由教师指定，师生们均默坐无哗。不过有些学生，看书有看到疑难的地方，可以请教老师。老师坐在课堂上，觉得有些倦了，随时可以下课。此外便是学生们到斋舍的自修时期。那些学生肯自修吗？看闲书，着象棋，还算是安分守己的，否则便溜出去胡闹了。

学生上的什么课呢？曹耕翁已告诉过我了，他曾经托人在上海买了十部资治通鉴（某书局石印的），分给学生们圈点，供给他们研究史事之用，这便算是历史课了，至于地理课却是没有。处在这时候，中国也没有什么合乎中学生的教科书，只不过选读几篇古人的文章，如"古文观止"一类的东西。不过我们此番来时，在上海，杜安伯为了选取英文教科书，我也选取了几种合于中学程度的教材与参考书，以资应用。自然这一回，要定出一个课程表来了。每一天，上课几小时，逢星期日休假，不能再像从前那样马马虎虎了。

学生的斋舍里，我也看过，脏得不成样子。我写了几张条子，请学监李先生，贴在斋舍里，要他们保持清洁，自己扫除。所有被褥衣服，要自己整理。学堂里所用工役有限，不能来服务，要养成学生自治之风。学堂里虽然也有几个茅厕，然而学生们都喜欢在草地上大便，粪秽狼藉，臭气熏人，因请李先生招人把这几个厕所修治整洁，以后再不许他们在草地上大便。饭厅里也去看过，学生们是吃馍馍的。（南方人呼为"包手馒头"，又称"高脚馒头"，作椭圆形。）此外有小米子粥，煮得非常稀薄，也有几样蔬菜，大蒜是家常必需品了，肉类就很少。我们南方去的先生们，是吃大米饭的，鸡肉荤腥，鱼类比较少一点，无论如何，不能与他们学生同餐。学生们的饭食是包给厨房的，每一学生，每天若干钱，学生告假，却要扣算的。但是厨子却来诉苦，说是："先生们（他呼学生为先生，呼我们为老爷）在饭厅上尽管吃，我们没有话说，但是他们吃完以后，还要带几个到斋舍里去，常常闹馍馍不够吃，我可亏负不起呀。"我问李先生："果有此事吗？"他说："确有此事。因为这个缘故，厨子不肯包饭，便换了几个厨子。而且每次开饭，学生总嫌厨子馍馍太少，不够吃，甚至要打厨子，饱以老拳。他们每一餐，要吃四个馍馍，像我们南方人，吃两个已经够饱了，可是他们吃了四个，还要带着几个走，厨子就吃不消了。"我说："现在只有理喻他们一番，如果在饭厅里，不要说四个，就是五个、六个，也尽他们吃，要带出去，可是不能。"李先生去劝说了一番之后，学生们不承认把馍馍带出去。我说："不承认最好！所谓'有则改之，无则加勉'，只要以后不带出去，那就解决了。"但是过了两月，厨子又不肯做了，说是先生们依旧带馍馍出去，并且敲破了他的盘子。那个时期，苏沪之间，学生闹饭堂，风行一时。记得我友叶楚伧，在苏州高等学堂肄业，也是为了闹饭堂而被开除。（说来可笑，饭厅里每桌坐学生八人，有一样菜，唤做"虾滚水豆腐"，是苏州家常菜。端上来时，楚伧用筷子一掏，说我们有八个人，而里面的虾只有七只，怎么吃呀？于是附和他的同学，便把台面一翻，卷堂而去。）其实这是当时学生不满于高等学堂监督蒋君，闹饭堂是借端发挥，楚伧被开除，就此走广东闹革命去也。

不过我当时想到学生果然喜闹事，厨子也多刁顽。就是说砸破了一只盘子，这种粗劣的盘子，能值几文钱，他便大惊小怪地把破盘子送给我看，好像是我打破了的，我心中很是生气。我就说："厨子不肯做，另换一个。"李先生虽是唯唯答应了，但是他说："府里限定学生饭食费若干，厨子若是亏本，谁也不肯做的。"那时学生又举代表来说："厨子供给馍馍，不够吃饱。"那我真担当不起呀！传到曹耕翁处，他要说：我是请你来办学堂，却教学生饿肚皮。我发狠道："我也上饭厅，与学生同吃馍馍。"几位南方来的同事，劝我道："何苦呢？你的身体不大好，吃一星期，就得生胃病。况且他们仍旧拿馍馍，你近视眼，看也看不见。"

我试了半个月，实在吃不消，因为我从小娇养惯，父母宠爱，对于饮食的营养，向来是好的。后来做了教书先生，适馆授餐，都是富家，待先生馈肴，又都是最丰的。

从来也没有吃过这样的饭食，但是在我饭厅里同食的时候，却还安静，以后厨子又向学监先生噜苏不已了。他们的斋舍，我是通常不大去的，因为这是李先生的责任。有一天，我偶然进去观察一下，却见斋舍里剩余的馍馍，丢在墙阴屋角，任它霉烂，如此暴殄天物，实难隐忍，明明拿了，而又矢口说不拿，而且拿了以后，又尽量糟蹋，这我可生气了。于是我请李先生，站在从饭厅到斋舍的通道中，一个一个的搜检，搜出了一大堆。因为他们所穿出的大褂子，袖口有一尺多宽，藏几个大包子在内，还绰有余地呢。因说：这一次不记名，搜出的还给厨子，以后可不能再拿，要记出他的名字来了。这位李先生，初时还不敢搜检学生，恐怕得罪了他们。他是一位好好先生，越是不敢得罪他们，他们也就不大客气。我说："你不要怕，由我负责，越怕越不成功，你若一再让步，那就闹饭堂，打厨子的风潮来了。"但是我后来想想，也不免自悔孟浪，青州府的学生还是驯顺的，要是在上海等处学潮正盛的时候，敢于搜检学生，我这中学堂监督，怕不被他们拳而逐之吗？

记青州府中学堂（二）

到青州府中学堂后，有一事，觉得很难忍受。便是学生见了老师，必定要"请安"。所谓请安者，就是屈一膝以施敬礼，那个风气，是满洲入关带进来的，在北方是盛行的，而且他们已习惯成自然，见了尊长，必须如此。即使一天见几回，便请几回的安，在路上遇见，亦当街请安。

可是我们南方人，实在觉得不惯。我一到学堂，便想改革此风。一则，像那种屈膝请安，不免带有奴性（在南方仆役对主人带点官气的，也行此礼），二则，他向你请安，你也要还礼吧？不回礼似乎有点倨傲（本地尊长对于下辈是不回礼的），如果要回礼请安，我们很不习惯。

于是我们南来的教员们提议，把请安改为打躬、作揖，然而学生们对于打躬、作揖都不习惯，他们的打躬作揖，自下而上，好似在地上捧起一件东西来。见了这种打躬作揖，各教师均掩口葫芦而笑。于是我出了一个主意：以后学生见师长，既不要请安，也不要打躬作揖，只要垂手立正就是了。这个礼节，起初学生们还不大习惯，忍不住还有请安，后来渐渐地矫正了。谈起请安，在北方，子弟见尊长，仆役见主人，下属见上司，都要请安。他们做官的人，很讲究此道，请安请得好，算是锋芒、漂亮、边式。做大官的人要学会一种旋转式的请安，假如你外官初到任，或是到一处地方，有许多比你低级的，环绕着向你请安，你要环绕着回礼，这种请安，名之曰"环安"。你要弄得不好，踏着自己的袍子，一个失错，向前跌冲，那就要失态了。还有所谓请双安的，屈两膝，身体一俯，也要讲究姿势，满洲妇女尤为之，从前的官宦人家都要讲求那种礼节。

我的话又说野了，言归正传地说，初到青州府中学堂时，也颇有种种趣事：譬如课堂里的红桌帷，以及种种红的色彩，我都教他们除去了，但是这个会客厅的红椅靠、红坑枕等等，他们都不肯换。原来在中国一向以红色为吉，以白色为凶，尤其是在官场，做官的人，更为迷信，一定要触目见着一些红颜色的。他们因为客厅里是太尊时常要光临的，他来了，如果见一白无际，没有一点红颜色，是官场所禁忌的。他们既如此说，这本是官学堂，不脱官派，只好听之。其他可改者改之，不可改而无伤大雅者，也只好听之。

关于商量课程的事，首先是国文。国文教员本来有两人，都是本地青州府人，有一位已辞职去了，他们就是上课不规定时间，而上堂只是圈点通鉴的，曹耕翁告诉我：他已经在济南请了一位教员来了，这位教员，是一位四川先生，姓张的。

英文与算学，是杜安伯与胡菊如两人分担，这两人都是南方来的（胡菊如是宁波人），但又新添了理化教员两人，这理化教员哪里去请呢？就是在上海，当时能教理化的人也难觅呢。可不知青州府有一个天主教堂，据说教堂里也办有一个小学堂，却介绍了两位理化教员来，一位姓白，一位姓黄，每星期来上两次课，那都是府里请他们的，我可全不管。说老实话，我也不懂什么理化，这黄、白两位先生，自己带了一本书来，口中念念有词，我也不知他们讲些什么东西。

写到此，我又有一些插曲了。有一天，府里先来通知了，说是今天下午，有两个外国人来参观学堂了。什么外国人，我起初以为又是什么德国人来乱搞吧？便请李先生来一问，原来就是本地天主教堂里的两位神父，要来看青州府的新学堂了。我说："我们要怎样招待他们吗？"李先生道："不必！随便领他看看好了。"果然，到了下午，这两位神父来了。我以为既是外国人（说是美国人），必然是西服笔挺，或者穿的是教徒的制服。一见之下，却是长长的蓝布袍子，大大的黑呢马褂，脚上双梁缎鞋，雪白土布的袜，头上一顶瓜皮帽子，顶上还有一个大红帽结。除了高高的鼻梁，深深的眼睛以外，完全是一个山东佬打扮，而且乃是道地的山东口话。李先生引领他们到课堂各处去看看，口中不绝地说："好！好！也是！"一副谦恭下士的态度。我想：外国人到中国内地来传教，也穿了中国内地的衣服，按照中国的礼仪风俗，这真可谓"深入民间"呀。

我来当这个中学堂的监督，本来可以不担任教课的，我的关聘上，也没有要我担任教课。但曹耕翁的意思，想要教我担任一点课，属于训育之类，随便你高兴讲什么，就讲什么，上了课以后，可以认识了这班学生，不至于太隔阂，也可以亲近起来，这话是无可厚非的。而且我也觉得太空闲了，好像有点无功食禄，于心不安。但是我可以讲点什么课呢？要我可以担任，而学生们可以听得进的才对。后来我想出一法，我说：我试讲讲："论语"如何？曹耕翁大为赞成。我和曹耕翁，都是从八股出身的人，对于论语当然很熟，到了明天，立刻送了官书局精印的一部大版四书来。

于是排出课程，我每一星期上三次课，规定在星期一、三、五。我们这个中学，仅有一间课堂，并无班级，真是简单之至。我的讲论语怎样讲法呢？说来也甚可笑，就是用做八股文的老法子，选了一个题目，写成一篇讲义。不过八股是有排北，有规制，这所谓讲义者，算是一篇散文而已。我这个讲义，却并不是高头讲章式的，有时把时事、新政，都穿插在里面，学生们倒也觉得新鲜可喜，如果宋儒理学大家朱、程二先生当今之世，那是一定要呵斥我这小子离经叛道的了。

这个中学堂，虽然也有暑假与年假（那时中国还奉行夏历），但是学生们每逢春秋两季，必定要告假回去十余天。春天是春耕时期，秋天是秋收时期。

因为他们在学堂里，固然是长袍短褂，是一个学生，回到家里，脱去鞋袜，自己可以下田，而且他们都是自耕农，没有租佃的，他们名正言顺的来告假，我可以拒绝吗？我忽发奇想，和曹耕翁商量：我们这学堂，不放暑假与年假，或缩短暑假与年假，而改放春假与秋假，使学生得以便于农事，岂不甚佳。曹耕翁道："您的意思甚善，但每年各学堂要放暑假与年假，是政府的通令，我们是个官学堂，不能违背政府的法令呀。"

我办这个中学堂，总算是很为顺手。第一，曹耕翁的言听计从，从不掣我的肘，自然我提出的计划、提出的要求，也是在他范围里做得到的，并不强人所难。还有，那学堂的经济权，握在府署里的，学堂里有所需要，如与经济有关系的，当然要与府里商量，经过批准。一年以后，风气也渐渐开了，又因为当时那种官办学堂，优待学生，各县的学生，也很多愿意到这个府中学堂来就学。似乎这六十位的学额太少，我常与曹耕翁讨论增额。

曹耕翁也愿意增额，但是增额先得筹经费，而且要向省里去请示，不是贸然就可以的。因为学生都是住堂的，就得添建斋舍，假使我们增额到八十人，那得再添造斋舍十间（以两人住一间，原有学额是六十名），并且一切饭食杂费，都是由学堂供给，培养一个学生，一年要经费若干，那是要通盘筹算一下的，而且要经省里核准。可是到了第二年，曹耕翁居然筹出一笔经费来，添建斋舍，学额增到八十名。

我在青州府中学堂时，只有两件事，与曹耕翁有些不愉快，但过去以后，也就谅解，并无一点芥蒂了。在第二年开始，省里有命令，各中学堂要添设体操课，青州府中学堂本来没有体操课的，趁年假我回到南边来时，曹耕翁便托我请一位体操教员。我道经上海，和朋友谈及此事，那时有位徐念慈君，他是常熟人，正帮着曾孟朴在上海办"小说林书社"。他说他有一个弟弟号粹庵，可以担任此事，粹庵是学过体操的，年纪很轻，不过二十多岁。

我以既是老朋友的弟弟，当时也便即行约定了。

我们同到了青州，山东学生对于体操一课，甚为高兴。我于此道，实在外行，据说也都是日本学来的，名之曰兵式体操。曹耕翁还托我在上海定了六十套操衣操帽，我便转托同回上海的胡菊如兄，操衣操帽是灰色呢的，有些仿德国兵的制服。（这一项冠服，上海制就，运到青岛后，为德国人扣留查询，多方解释，始得放行。）学生大概出于好奇心，也很高兴穿这种制服。虽然把辫子塞在操帽里，棉袄裹在操衣里，也显出一种尚武精神来。至于操场，学堂里有的是旷地，不过那里都有树木，徐粹庵还讨厌这些树木，说："地小不足以回旋"。我笑说："这不过几十个人罢了，难道是一师一旅，要什么大操场吗？"过了几月，粹庵说是经学生们请求，要什么盘杠子，踏秋千架的玩意儿。他说："这是属于柔软体操的。"我想：山东学生，懂得什么柔软体操呢？是你这个体育教师的新贡献吧。当时什么网球、篮球之类，内地尚未梦见，每天喊着"开步走！""立正！"太无意思。姑徇所请，在操场上置一架秋千架。但学堂里每有所修建，都是要由府里派人来的，于是写信到府里去，请置一秋千架，府里也答应了，但迟迟不来装，以为此乃不急之务，几及一月了，粹庵又来催我。我说："再等几天，待我面见曹耕翁时，提起一声吧。"这时，我家眷已到了青州，我便不住在学堂里了。那一天，到学堂时，粹庵很高兴地告诉我道："秋千架已经做好了，请你去看看吧"。我说："那就很好，府里派人来做的吗？"他说："不！是学生们自己做的。"

我想怎么是学生自己做，急往看时，原来是截去了一棵柏树，把它横钉在另外两棵柏树中间，下面系了两条粗绳，悬住一块板，据说是学生合力动手，而粹庵自然是总指挥了。

但是无端截去了一棵柏树，被钉的两棵柏树，也受了损伤，那是一个问题来了。因为本地人对于这些柏树，很为宝贵，他们是不肯加以戕伐的，青州府中学堂的前身是云门书院，地方上的公产，算是借给府中学堂的，当时的点交清单上，还列明柏树多少株的，怎么可以随便砍伐呢，虽然这事不是我做的，可是我要负责的。当时我埋怨徐粹庵，为什么不通知我，让学生们擅作主张，但树木已经砍下来了，枝叶已经丢掉了，所谓既成事实，又有什么办法呢？果然，曹耕翁知道了，对于这事，大不高兴。他虽然谴责徐粹庵，但我觉得就是谴责我。他是一个爱惜名誉的人，以为学堂里做一个小小秋千架，而砍去一棵可贵的柏树，地方上人一定啧有烦言。我不得已只好写了一封谢罪的信去，自承己过。截下来的一棵柏树是无法想了，幸而是较细的一棵；被钉的两棵，把它解放了，也还不致有大损伤。此外便请府里，立刻来做秋千架。我笑语同事各教员道："为了老柏，却使老伯不大高兴（因为我呼曹耕翁为老伯），以后我们要谨慎些呀。"

另有一事，却较严重了。原来那时的山东巡抚为周馥（号玉山，安徽人），他不知有什么事要到青岛去，与德国人有什么交涉。从济南乘着胶济铁路火车到青岛，要经过青州府的。省里先有一个通知，给青州府知府，意思是说抚宪路过青州府，要令本府全体学生，到火车站列队迎送，以示本省兴学有效。

那时府里就派了一位幕友，到学堂里来通知一声，说是明天抚台大人过境，应请监督率领了全班学生，到火车站排队迎送。谁知这位幕友，碰了我一个钉子回去。我说："不但是我不到车站上去迎接，连学生我也不教他们到车站上去迎送。"我说："办学堂是为的造就人才，不是为官场中送往迎来用的，今天接一个抚台，明天送一个藩台，一天到晚，都是跑火车站，不必再读书了。"

那位幕友，碰了我一鼻子的灰回去，府里觉得这事弄僵了，又怪那位幕友不善措辞，又推了一位高级幕友王鸿年先生来。此人也是一位知县班子，他很能宛转陈词，他说："朗兄的意思，太尊很以为然，学生岂是要他们送往迎来的。不过据兄弟们的意思，省里既然要我们去接，我们也不能不服从。也许他们要看看我们的学堂办得怎么样了，学生们整齐不整齐，倘然我们太倔强了，别的没有什么，怕的与太尊的考程有碍。我想如果朗兄不高兴去，请派了监学李先生去，也无不可。"我听了王鸿年的话，只得转意了，便说："既然如此，就请监学先生带了学生们去吧"。于是传谕学生，明日到火车站迎候抚军，恭听训诲。可是学生们消息很灵，已知道了这事，便来问我，要去不要去？我只得推说："我穿了素服，没有衣冠，有所不便；再则我头痛发烧，火车站上风大得很，所以李先生陪了你们去。"结果，学生去了十分之七，十分之三没有去。

这件事，在第一次的这位幕友（安徽人，忘其姓名）来过以后，我就有一点悔心，觉得言语也说得太激烈。试思中国官场，哪一个不奉承上司，唯上司之言是听。曹耕翁是位长者，又是一位好好先生，这事怕要损了他。不过前次那位幕友，神气得很，好像命令我率领学生去接官，我是有点傲气而吃不消呀！如果我对学生一番申说，学生都是青年，他们一闹别扭，那大家都不愿意去，那真是弄僵了。

到晚上，监学先生陪了学生回来了，我问怎么样？他说："不但学生们没有见到抚台，连太尊以及益都县也没有见到，说是一概挡驾道乏。据说：抚台大人在专车里睡中觉，概不见客。"我问："那么他也不知道学生们在车站上接他吗？"他说："他哪里知道？学生们在车站上站了班，只见一个武巡捕，手里抓了一大叠手本，喊道：那一位学堂里的头脑？那一位青州府中学堂的？他望着那班学生发怔，后来我迎上前去，他说'着学生一概退去！'我们听了，也就退出来了。"这件事，那位幕友初回到府里去时，不无媒蘖其词，说我怎样不近人情，而曹耕翁听后当然也就不大乐意了。

到了王鸿年来过，我并不坚持学生不去车站，也赞成监学可以陪了他们去，他也渐渐释然了。及至火车站的情形，他也自己亲眼看到时，也觉得甚没意思。其实周馥并不注意什么学堂与学生，他也并不要学生去车站迎送他，都是那班下属讨好上司罢了。那时周馥已是七十多岁了，是一个聋子。有人说："他其实并不聋，关于遇到尴尬的事，他便装着聋子，没有听见。"他在他的专车里闭目养神，但并没有睡着，深得前清做大官的技术，语云："不痴不聋，不作阿家翁。"

第四节　书院改制后期教育教学及革命活动

省立十中：培育大师和革命家的摇篮

1913 年至 1938 年为山东省立第十中学时期，为青州一中百年办学史上的第一个高峰。十中为省立中学，直属省政府管辖，面向全省招生，校长由省政府任命，其资历当是高等师范学校毕业或高级中学师范科毕业或其他大学本科毕业。中学教员聘用"应是高等师范毕业或大学本科毕业，并具有实际教学能力者"。用人权是学校自主权的重要内容，校长聘任教员，采取蔡元培在北京大学的用人法则，兼容并包，思想自由，不管是穿大褂还是穿西服，唯学诣第一。教育者文化功底深厚，或名牌大学毕业，或社会名流。他们读大学期间，往往接受"五四"新思想的熏陶，更在饱学中国古代诗书的基础上，接受了西方新文化，集旧学新学于一身，融古今中外于一体，从而形成兼容并蓄、博大精深的思想体系和知识体系。校长拥有选贤用能、随时调整更新教师队伍的权力，有利于执教者尽心尽力履行职责，授课精益求精，从而从根本上保证了教学质量的提高。

在我校任教的著名人物有：于明信，临淄人，第五任校长，民国初年山东四大教育家之一，曾拒绝出任日伪政府任命的省教育厅厅长；顾随，河北清河县人，北大英语系毕业，曾任我校国文、英语教员，现代作家、古典文学研究专家、一代词人、美学

省立十中大门，门旁牌书：中国童子军第一百二十一团部

鉴赏家、讲授艺术家、禅学家、书法家；隋星源，广饶县人，第六任校长，"济南惨案"后因省政府拨不下经费，变卖家产补发教职员薪金保全了学校；朱骏声，长山县人，北大化学系毕业，第八任校长，主持校务近十年，依照"兼容并包，思想自由"原则，贯彻五育并重的国民教育方针，传授科学文化知识，培养健全人格，政治开明，令校誉远扬；朱冀阶，山东宁阳县人，北大史学系毕业，校教务主任，积极支持学生抗日运动；朱树屏，昌邑县人，中央大学生物系毕业，世界著名海洋生态学家、水产学家、教育家，世界浮游植物实验生态学领域的先驱，曾任我校数理、英语教员；罗竹风，青岛即墨人，中国著名语言学家、宗教学家、出版家、辞书编纂家、杂文家，曾任我校国文教员、校长（因南下革命未就职）等等。

省立十中倡导国民教育，培养具有社会责任感的新型人才，注重道德责任教育，尤其教育学生面对严峻的形势，勿苟安旦夕而不力于学。学生热心向

1930 年，省立十中部分教员合影（前排左三为校长朱骏声，后排左三为教务主任朱莫阶）

学，追求真理，锲而不舍，全面发展。民国二十三年（1934 年）全省中学会考，学校夺得第一名，次年夺得第二名。受"尚武"精神的影响，学生积极组织篮球、网球等体育活动，教学生国术课，学练中国武术，童子军训练成绩居全省前茅。民国二十五年（1936 年）十月，学校童子军代表队，由教练员徐振华带领，赴南京参加全国大检阅。1932 年和 1937 年原北大校长蔡元培先生和山东省教育厅厅长何思源先生分别为我校题写"勤朴公勇""敬业乐群"，共同组成了学校的校训。

1931 年"左联"成员、省立十中国文教员钟伯卿等主编《松林文萃》，在全省范围内发行，每学期一期，刊登学生的优秀文章。这些文章都能体现出十中学子独立自由的人格、思想和精神气度，体现出学子关注现实，对国家、社会、民族有着强烈的家国情怀和担当意识。如学生王克经《从军别母》写道：

壮士白阿母："敌众入榆关，儿愿挺身去，杀向辽河边。"

阿母谓阿儿："毋乃太匆忙。母欲裁帛布，作汝战时裳；母欲命仆马，为汝荷刀枪。育汝二十年，母鬓已成霜。闻汝赴战场，想思欲断肠。儿身行百里，母泪滴千行。"

壮士谓阿母："祖国将沦亡。暴敌何蛮横，兽兵侵我疆。恣意逞杀戮，闻者为悲伤。

儿今从军去，誓与强奴争。买刀耀日月，骑马挽长弓。奔驰沙场上，拔剑啸长风。斩彼俘虏首，归来悬帐中；沥彼俘虏血，为粪助我耕。贼血犹未破，小胜岂为功！儿今从军去，阿母莫伤心。小妹年十五，犹可待晨昏。儿岂不知教，骨肉情到深。——国亡家不保，我辈复何存？"

堂上别阿母，骑马出柴扉。寒风凝余泪，朔气透征衣。此心犹未雪，此心誓不灰。明岁春光好，凯歌缓缓归。

除选编《松林文萃》外，"十中"学生文学社团活动非常踊跃。1922 年，中共地下党员王翔千到"十中"任国文教师后，即指导学生建立了"十中新剧社"，演出的剧目皆取材于社会生活，代表剧目有《自助》《先驱血》等。1934 年，初九级学生胡腾驹（胡可）、王宗赣（王赣）、李守本等成立了文学社团"土城社"。他们利用课余时间写稿编稿。第一期编好后，国文教师罗复堂以"孩子头"署名作序。省立十中对学生的教育无疑是成功的。据校友马永祯回忆：

1931 年春，省立十中老师们办公室合影（右二为教务主任朱莫阶）

"当时学校随进步潮流，教学宗旨听蔡元培的，智育、体育、德育、美育平均发展，以教练学生具备健全人格。校长聘任教员，同样采取蔡元培在北京大学的用人法则，兼容并包，思想自由；不管是穿大褂还是穿西服，唯学诣第一。因而，教师都是有学识的，各有教学的学问，教学非常好，用一种真实的精神教，感化学生，启发求知欲望。我们的老师都重视中学教育，以为中小学教育对一个人的一生的影响是深远的，他们有理想主义情怀，到学校教书志在'立人'。学生的求学生活也无拘无束，勤奋主动。各科的课本全部都是语体文，作文要求写实、通俗。课外阅读、课外活动学生自由支配，享受着自主学习的快乐。王翔千老师到来以后，组织学生成立'新剧社'，他任编导，排演新剧宣传革命思想。学生思想十分活跃，关注社会人生问题，寻求革命真理。信仰三民主义，信仰马克思主义，还有信仰杜威的实用主义，参加政治活动的，大都信仰马克思主义。"

省立十中培养的名生很多，如国务院原秘书长、中共河北省委第一书记金明；中国近代建筑史上第一代建筑师、建筑学家、建筑教育家、重庆大学建筑城规学院教授唐璞；原青州市市长、山东艺术学院院长兼党委书记、享受副省长待遇的冯毅之；将军书法家、总政群工部副部长、正军级顾问彭飞；原解放军艺术学院院长、中国戏剧家协会副主席，军旅作家胡可，著名导演、编剧、演员崔嵬，数学家刘书琴，著名教育心理学、文艺心理学家、美育心理学创始人刘兆吉等，都是学子中的佼佼者。

我校不仅是治学的圣地，更是革命的摇篮。早在中学堂时期，革命救国运动已经兴起。1907年同盟会员齐树棠到学堂任科学教习，秘密发展学生丁训初、刘次溪、苏紫澜、李曰秋、赵魏、赵太侔等加入同盟会，继而中学堂三分之二的学生成为同盟会会员。1911年，辛亥革命的枪声在武昌打响，同盟会骨干赵魏被推举为鲁东革命军总司令，组织千余人，联络中学堂党人孙鹏翔、宋传典等，举行武装暴动，不幸被人暗杀，年仅27岁。1931年国民党南京政府追赠他为"山东革命军总司令"，赠中将衔；中华人民共和国成立后，山东省人民政府批准追认为革命烈士。中学堂的进步师生献身于民主革命，慷慨赴国难，殒身不恤，谱写了一曲辛亥革命的壮烈悲歌。

1919年，当丧权辱国的"二十一条"签订的消息传来，在北京，爆发了轰轰烈烈的"五四"反帝爱国运动，而我们省立十中的全体师生群情激愤，民族大义的怒火迅速燃烧起来。5月24日，在进步教师王振千、王其惠等的带领下，迅速联络省立第四师范、省立甲种桑蚕学校等多所学校师生，在法庆

20 世纪 20 年代初省立十中学生合影，左起：王元昌、张天民、祝绍云、赵文秀

寺组织万人大会，声援北京学生。会上成立了"青州学生救国联合会"，第六级学生丁忠基被推选为会长。大会通过了"致北京政府和巴黎和会的中国代表"的专电，强烈要求拒绝在巴黎和会上签字。专电曰："外交失败，山东濒危，三齐人民将罹万劫不复之祸，刀俎鱼肉，后患何穷！""倘有决裂，公民等誓死捐躯，为国后援！"大会进行期间，各界人士纷纷登台，抗议西方列强的暴行，痛斥北京政府曹汝霖、章宗祥等人的卖国行径，并分析了山东面临的危险处境，闻者无不动容。省立十中学生、安丘人杨同煦登台演说，慷慨陈词，言语激昂。他咬破手指，当场血书"赤心救国，身死志存"八个大字，台下万人群情激愤，会场充满了不可抑制的悲壮气氛。

7 月 17 日，学生检查日货，与日本人发生冲突，"联合会"副会长、第十级学生回族人马忠怀被车站日本守备队逮去，激起全县人民的愤慨，市民罢市，农民进城，近万名义愤填膺的学生、工人、市民、农民涌向县政府，冲进县衙门，打出两面大白旗，一面写"消极抵制"，一面写"积极进行"，静坐请愿，提出口号：不见马忠怀誓不回校！要求县知事同日本人交涉，立即释放爱国学生马忠怀。全城商界的爱国人士也走上街头，支持学生爱国行动，各店铺轮流给请愿的学生送水送饭，支援学生，斗争持续了三天三夜。北洋军阀驻青州的第五师部队出动一个营，对学生进行弹压。在城东门与游行学生相遇，学生们大义凛然，慷慨陈词，对士兵晓之以理、动之以情，劝说部队退回营房。在学生和其他爱国人士的强大压力下，日本人不得不释放马忠怀，斗争取得胜利。全县挂出"欢迎马回回"的横幅，在十中召开欢迎大会。1919 年 7 月由上海商务印书馆出版发行、在国内影响极大的大型综合性期刊《东方杂志》16 卷第 8 号"中国大事记"专栏中，对"五四"运动期间全国发生的大事件有两条记载，其中第二条就记载了此事。此后，青州的学生联合会组织宣传队，分别到邹平、桓台、临淄、博兴、寿光、潍县等地进行爱国宣传，协助当地学生开展抵制日货活动。还派代表分别到北京、上海、济南等大城市，进行联络，把青州抗日爱国的熊熊烈火烧向了全国。

王尽美是中国共产党的"一大"代表和创始人之一，是山东党组织的缔造者和早期领导者，是我党早期工人运动活动家，1918 年春投奔在省立十中任教的同乡、亲戚王振千，8 月考入省立第一师范，后多次亲临我校指导师生建立了青州一带第一个团支部和中共党支部，他在十中的革命活动对广大师生产生了深远的影响。在他的带领下，青州最早的一批共产党员李殿龙、刘俊才、赵文秀、王元昌、李春荣等都走上了革命道路，或成为英勇的革命烈士，或成长为共和国的部长：李殿龙，青州第一名共青团员，早期的中共党员，曾任中共南京特委书记，领导革命，在南京雨花台英勇就义，被中央电视台《新闻联播》之"永远的丰碑"颂赞为"革命志士"；王元昌曾任山东省委宣传部部长；李春荣曾任中共鲁北特委书记，革命烈士；刘俊才抗战时期曾任中共河南省委书记，建国后曾任劳动部副部长……他们都为革命事业做出了卓越贡献。

当日本帝国主义的铁蹄踏上中华大地的那一刻起，学校的进步师生勇立革命潮头，为国家为民族唱响了一曲慷慨悲壮的抗日之歌……"九·一八"事变后，校长朱骏声在大会上讲及东北人民挣扎在日寇铁蹄之下，总泣不成声。1932 年 1 月 28 日日军进攻上海失陷后，教务主任朱蒉阶以他对时局的分析教育学生，号召师生声援支持爱国将士浴血抗战的正义斗争。美术教员石泊夫系地下党员，多画饥饿中劳苦大众的形象，画战火中的断壁残垣，让学生在观

王尽美曾多次演讲的省立十中大教室

摩、习作中感受社会的黑暗，培养抗争的情绪。音乐教员满振东，在全校教唱《马赛曲》，校园内激荡着革命救国的主旋律。

1934年5月，著名的抗日将领冯玉祥将军来到省立十中，为广大师生作抗日演讲。会场设在松林书院前讲堂院内，冯将军慷慨陈词，谴责了蒋介石卖国投降、"剿共"反共反人民的方针，揭露了国民党政府的腐败，表达了矢志不渝的抗日决心，号召青少年学生加入到抗日队伍中去。他说：

"我们中国被日本人欺负得像孙子一样，像鼻涕一样！可是我那位老弟（指蒋介石）却总迷着'攘外必先安内'，跑到江西去指挥'剿共'，让出屁股给日本人打。到头来还不是老百姓遭殃？看来我那位老弟不闹到叫日本人打趴下，他是不会甘心的。"接着回头对着陪他来学校的益都县长杨九五说："就说这益都县吧！执行'上峰命令'，不打折扣。天天抓'共产党'，剿'土匪'，我看抓的杀的，百分之九十九点九是庄户老百姓！"

据老校友王赣回忆，杨九五当时斜着眼睛看着周围，不敢吭气，在学生们一阵暴风雨般的掌声中低下头去了。为什么益都县长杨九五如此狼狈？因为他心怀鬼胎，干了许多不可告人的丑事。他忠于蒋家王朝，积极反共，消极抗日，以"反共"、"剿匪"为名，大肆抓捕学生、屠杀百姓，是有名的"杀人精"。解放后，杨九五被捕判无期徒刑也是罪有应得。

1924 年 12 月王尽美曾以孙中山特派代表身份在省立十中明伦堂召开重要会议

1934 年 5 月 30 日冯玉祥将军在松林书院作抗日爱国演讲

"我老了，可是人老心不老，只要再拉起没有后顾之忧的抗日队伍来，我还能再上战场和日本兵分个高低上下。我是领教过的，日本兵凶是凶，可是打起仗来笨得像狗熊一样。我们有祖传的法宝《孙子兵法》，在战场上动心眼儿收拾他们，我就不信非让他们打败了当亡国奴不可！"冯接着说："我在张家口拉抗日同盟军，也打了几个胜仗，后来不是败在日本人手里，而是让人在背后捅了一刀，队伍'花拉'了。我上了泰山，有朝一日再拉起抗日队伍来还要和小日本见个上下高低，到那时候我欢迎你们都到我的抗日队伍里来，男的女的都要，能扛得动'八斤半'（步枪）的都要！我这个人天不怕地不怕，立志用大铲子铲掉世事一切不平，有志青年跟我来呀！……"

冯将军作了个用铲子铲地的动作，在暴风雨般的掌声中结束了演讲。说起冯将军的讲演，校友胡旭说：

冯玉祥的一席话对我的思想是一次巨大的震撼，几年来时而困扰着自己的一些是非爱憎，似乎一下子找到了答案，尽管这些"国家大事"好像距离我的生活很远，但我已经再也不能置身事外了。自那以后，我就常常有种"上泰山去"的莫名的冲动，那手执大铲子铲地的动作不时地在我脑海里出现，简直成了一种召唤和诱惑，以致最终成为我从青州这片热土起飞，飞到更广阔的天地去的动力。

1935年夏天，17岁的胡旭告别了故乡，登上西去济南的火车。……后来，胡旭虽然没有上泰山，但也自觉地投入到了北平抗日救亡的学生运动中。随着卢沟桥的炮声，胡旭进入北平的西山，真的扛起了"八斤半"，成了一个名副其实的抗日游击队战士，后来成长为晋察冀军区一分区战线剧社社长、军区人民剧院院长。

在漫漫革命征途上，面对入侵者带血的刺刀，我校的革命师生始终勇立革命潮头，甘愿抛头颅、洒热血，毁家纾难，浴血奋战，为人类的解放事业写下了不朽华章。

"七·七"事变，抗战全面爆发，是年冬，学生演出《卢沟桥的烽火》等话剧，宣传抗日。山东沦陷在即，部分师生离校回家，有的参加了中国共产党领导的抗日队伍，投身武装斗争，部分师生在校长朱骏声、体育教员毛修儒带领下，于11月28日开始向后方流亡。期间，美术教师石泊夫组织"山东省立益都中学流亡剧团"37名学生到中共"西北青年训练班"，贾锋戈、郭淑文、李莘塘等5名学生跟随石泊夫老师奔向革命圣地延安。

1938年日伪统治时期，学校改称山东省立益都中学，哪里有压迫哪里就有反抗。共产党员许林，化名王毓才考入学校，秘密开展党的地下工作，通过切磋功课，阅读课外图书，郊游活动，团结思想进步的同学，宣传党的抗日主张及时事形势，在恐怖恶劣的环境下，秘密发展学生入党，扩大革命队伍。正是在那个时期，我们的校歌——《松林之歌》诞生：

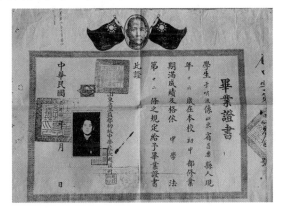

民国三十六年（1947年）省立益都初中学生于哨波毕业证

从左至右：以学生身份打入青州秘密开展革命工作的中共地下党员许林（化名王毓才，在省立益都中学，后为安徽军区政治部主任，副军职）、武连魁（化名孙发佳，在师范）、吴玉瑞（化名王明礼，在小学）合影

云门蔚秀，松林郁葱。圣贤桑梓，海岱雄风。
齐鲁菁莪，荟萃益中。文化之府，邦教之英。
誉驰遐迩，绩著西东。噫欤圣哉，泱泱大风！

校歌由学校的国文老师李吉眉作词，音乐老师孟秀峰谱曲。在抗日烈火熊熊燃烧的 1942 年，全校师生最爱唱的，就是这首歌。

青州一中校歌《松林之歌》

益都一中：丰富多彩的课外活动是办学的一大特色

1948 年 5 月昌潍大捷，当时青州为华东局和山东省政府机关驻地，6 月，中共华东局领导创办省立青州中学，是当时全省唯一的直属中学。1950 年 11 月，省政府指示，省立青州中学之中学部、师范部，分别办学，中学部在原校址上改办为山东省立益都中学（师范部在其校址上办山东省立益都师范学校）。1951 年 4 校名改称山东省益都中学。1952 年秋，改称为山东省益都第一中学，为省重点中学，校长阎石庵先生由省人民政府任命。

益都一中原校长阎石庵

学校培养目标是为国家培养、输送全面发展的人才。注重建立名师队伍，加强教学研究，师生学习氛围浓厚；校图书馆、阅览室全天开放，让学生获取丰富知识。1960 年高考成绩居全省第二。继承书院优良传统，加强道德品质教育，塑造学生灵魂。加强爱祖国、爱人民、爱科学、爱劳动、爱护公共财物的"五爱"教育，搞好勤工俭学活动。

继承省立十中的优良传统，开展丰富多彩的课外活动，是益都一中办学的一大特色。秧歌队、腰鼓队、乐器队、歌咏队、戏剧组早已远近闻名，排演的戏剧《白毛女》《刘胡兰》《屈原》《林则徐》等广受各界好评；体育运动成绩也十分显著：1950 年昌潍地区首届中学生运动会，学校囊括了径赛项目的全部第一名。1950 年，女篮获昌潍地区冠军；1953 年学生杨学彦在全国中学生田径运动大会上获 1500 米金牌。1964—1966 年，校乒乓球队囊括了昌潍地区乒乓球赛全部五个项目的冠军；我校棒球队和女子垒球队在地区赛中多次夺魁；在全省比赛中，棒球队仅次于省体院队获第二名，女垒队获乙组冠军；学校女篮、男篮、手球队、羽毛球队等在昌潍地区也一直遥遥领先。迟建亮、马瑞芳曾夺得昌潍地区少年乒乓球赛男、女单打冠军。马瑞芳后来以优异成绩考入山东大学，成长为山东大学文学院教授，曾做客央视"百家讲坛"，是《红楼梦》《聊斋志异》研究专家、国内外著名学者。

从 1948 年省立青州中学起至 1966 年"停课闹革命"止十八年，是学校发展史上出现的第二个辉煌期。阎石庵校长为学校建设做出了重大贡献，"园丁灌罢千瓮水，门墙桃李自成春"，其自题对联既是自我鞭策，又是对后来者的

益都一中大门

激励。他常说做一位教师"应当德、识、才、学兼备，教书育人而不能降格到教书匠！"他注重保护文物，松林书院及有关碑碣，都是他一手保存下来的。十八棵参天柏树，"大炼钢铁"时有人要砍，他不避风险，说"宁可烧了我的家具，也不准砍伐柏树！"当全国著名古典建筑专家陈从周教授听到这段轶事后，对老校长敬佩不已。

1976 年结束十年浩劫，始拨乱反正，1977 年恢复高考，张文瑞考中全省理科状元。此后学校迅速发展，1986 年青州撤县改市，学校定名为山东省青州第一中学，从此迈进了我校发展的新征程。

第五节　书院转型后的历史名人

一、大师学者

包天笑（1876—1973） 原名清柱，教育家、白话小说作家，著名报人。1876 年出生于苏州城里一个比较清贫的商人家庭，5 岁入学，7 岁延师课读，13 岁时对八股文体已能完篇，14 岁受童生，厌恶"四书""五经"，对《申报》《新闻报》极感新鲜，每期必读，成为日常功课。16 岁时博览群书，八股文几至荒废。17 岁丧父，家境窘迫，于是开门授徒，以维持家庭开支。19 岁时，开科院试，取为第九名秀才。进学后仍以教书为业。甲午战争后，觉悟到变法自强以救中国，在苏州组织"励学会"，

教育家包天笑

开办"东来书庄"，传播科学知识，继而创办木刻月刊《励学译编》，为中国最早的杂志之一。不久创办《苏州白话报》，翻译英文小说《迦因小传》、日文小说《三千里寻亲记》《铁世家》等。25 岁到南京盐务督办蒯礼卿处做家庭教师，一年后到上海筹办"金粟斋译书处"，出版了近代思想家严复的《天演论》《原富》及谭嗣同的《仁学》等名著。两年后又应聘到启秀编译局、广智书局编译所、珠树园译书处任职，译有《日文水道工程》等专著。此后因病回苏州就医，适值废科举兴学堂，应吴中公学之邀任国文教员，与苏曼殊共事，成为挚友，又结识了在此读书的柳亚子。

1903 年，与友人创办苏州女学堂，并赴上海蔡元培创办的爱国女校访问，面聆蔡元培先生的诚挚指教。1904 年春，应青州知府曹允源之聘，到青州府公立中学堂任监督。任职两年，鼎力革新，确立了近代中学的办学模式；教事之余，为上海《时报》写了不少笔记和短评。因与新任知府段友兰不谐，恰狄楚青与曾孟朴又邀请回沪共办《时报》和《小说林》，便辞职返沪，任《时

报》记者，主编外埠新闻，同时为《时报》和《小说林》撰写了许多论文、小说，其中《碧血幕》状写了秋瑾的革命事迹，《留芳记》描写了京剧表演艺术家梅兰芳。与王观澜、黄炎培、史量才、朱少屏巨子学者相过从，加入在上海成立的"江苏教育总会"，并加入人称革命机关的"南社"，推动新教育，鼓吹新文化。在这两个团体中，结识了邓秋牧、李叔同、于右任、汪精卫、陈独秀等一流文人学子；在"月月小说社"与吴沃尧相识，译有《铁窗红泪记》等中篇小说。在与陈冷血合编的《小说时报》上，发表了《一缕麻》等长、短篇小说多篇。梅兰芳将《一缕麻》改编成京剧，演出于京津一带。后袁雪芬、范瑞娟又改编为越剧，在上海舞台演出。

1910 年后，与狄楚青合办《妇女时报》，宣传妇女解放、男女平等。主编《小说大观》，创作了《情网》《空谷兰》《梅花落》等多篇小说。自办《小说画报》，为上海世界书局主编周刊《星期一》，为商务印书馆的《教育杂志》撰写教育小说，并译有《苦儿流浪记》《馨儿就学记》《弃石埋石记》等。后一直从事新闻工作，参加赴日新闻考察团，写下《考察日本新闻略述》。

解放前定居香港。一生经历了帝国主义列强对祖国的侵略掠夺，经历了辛亥革命、新民主主义革命两次历史巨变，阅尽世事沧桑，于耄耋之年撰写成三十万字的《钏影楼回忆录》，连载于香港《大华半月刊》和《晶报》，1971 年由香港大华出版社出版，留下了清末民初的社会史、经济史、文化史、教育史的珍贵资料。96 岁后，又完成了以现代史第二、三个时期为内容的《钏影楼回忆录》续集。

包天笑一生著作等身，是现代文学史上白话小说大家，曾有人撰文将其列入"鸳鸯蝴蝶派"，但他也撰文表白自己不属于这个流派，在 97 岁临终前的文章中说："直到我死，也未识徐枕亚（该流派的代表性人物）其人，可见'身后是非谁管得'是千真万确的！"

顾随（1897—1960）　原名顾宝随，字羡季，别号苦水，晚号驼庵，河北省清河县人。中国韵文、散文作家，理论批评家，美学鉴赏家，讲授艺术家，禅学家，书法家，被学界人士称为"隐藏的大师"。弟子、红学专家周汝昌这样评价："一位正直的诗人，而同时又是一位深邃的学者，一位极出色的大师级的哲人巨匠。"20 世纪 20 年代初北大毕业后在我校任教国文和英语，最后执教包括北大在内的多所高校。我校校史馆存有顾随先生在我校任教时撰写的文章《月夜在青州西门上》等手稿照片、书法作品及评改的弟子叶嘉莹在辅仁大学时的词作等复印件，是一笔宝贵的财富。

教育家赵太侔

赵太侔（1889—1968）　原名赵海秋，又名赵畸，字太侔，后以字行，出生于青州东关青龙街一农民家庭。1904 年毕业于益都县立高等小学堂，以优异成绩考入青州府公立中学堂。时包天笑进行教育变革，激励学子矢志进取，赵太侔发愤自强，学业成绩一直名列前茅，且多才多艺，但寡言笑。期间受进步思想影响加入了同盟会，为早期同盟会会员。1909 年到济南陆军小学习武。1914 年考入北京大学英语系，毕业后在山东省立一中、省立第一师范任英语教师。

1919 年考取官费留美，入哥伦比亚大学攻读西洋文学，又进该校研究院研攻西洋戏剧。期间与闻一多、余上沅、熊佛西、梁实秋等交往甚密。闻一多在余上沅、赵太侔的协助下，与友人在纽约主持上演中国古装话剧《杨贵妃》。其后，顾毓琇准备了中文剧本《琵琶记》，梁实秋译为英文。1925 年 3 月 29 日剑桥中国同学会在波士顿考普莱剧院公演英语话剧《琵琶记》，顾毓琇导演，冰心等主演，闻一多绘制布景、蟒袍服装（油画），赵太侔负责灯光，研制新式投影，别开生面。一千多名师生及文化界人士首次看到独特的中国话剧，掌声不断，好评如潮。中国现代话剧运动肇始于此。夏，结业回国，任北京艺术专门学校教授和戏剧系主任，并被北京大学聘为讲师，主讲戏剧理论。

1925 年孙中山领导的广州国民政府，实行国共两党合作，誓师北伐。赵太侔于 1926 年秋到广州，任国民党中央青年部秘书，10 月随北伐军进抵武汉，任国民政府外交部秘书，1927 年协助外交部部长陈友仁和英国政府谈判，收回九江英租界。

1928 年夏，山东省教育厅长何思源拟重新组建国立山东大学。1929 年 3 月，赵太侔赴济南，任省立一中校长和国立山东大学筹备委员。1930 年 6 月使用原私立青岛大学校舍，国立山东大学开办，赵太侔任教授和教务长，1932

年春任校长。

赵太侔任校长后，坚持"兼容并包，学术民主"的办学方针，同时致力于教师队伍建设，先后聘请老舍、肖涤非、孙大雨、洪琛、王淦昌、童第周等五十余名文人学者任教。并建立校务委员会，决定重大问题，实行教授治校。节约行政开支，添置教学设备，改善办学条件。培养严谨勤奋，基础扎实，勇于开拓的优良学风，教学质量、科研成果令人瞩目，教育部发出表彰训令，山东大学在全国获得了荣誉。

1936 年，学生抗日救亡的爱国运动不断高涨，国民党政府给学校政治、经济双重压力，8 月，赵太侔愤然辞职，随即任北平艺术专门学校校长。抗战期间，曾在重庆担任过教育部教科用书编委会委员兼剧本整理组主任、国立编译馆编纂、教育部高教司长等职。国立山东大学内迁大后方，至四川万县即奉令停办，师生以及图书仪器并入中央大学等校。

1946 年 2 月，教育部批准国立山东大学在青岛复校，任命赵太侔为校长。赵太侔再长山大，面临百废待举的艰难局面，他首先与驻青岛美军司令谈判，陆续收回被用作兵营的校舍。其次急人才培养所急，设置系科，广育人才。聘请朱光潜、老舍、游国恩、王统照、陆侃如、冯沅君、杨向奎、肖涤非、丁西林、童第周、郑成坤、李士伟等著名教授学者任教，并面向全国招生。

1950 年 10 月，山东大学与原解放区的华东大学合并，中央政务院任命华岗为合校后第一任山东大学校长兼党委书记。赵太侔被聘为山东大学外文系教授。1958 年山东大学迁至济南，赵太侔愿留青岛，任山东海洋学院外语教研室教授、院务委员会委员，并任山东省政协常委。晚年致力于汉字改革的研究工作。

"文革"中，赵太侔受到残酷迫害。1968 年 4 月 24 日在青岛附近海面发现他的尸体，死因不明。粉碎江青反革命集团之后，海洋学院于 1980 年 5 月 22 日为他举行了隆重的追悼会，对他的一生给予正确的评价。

朱骏声 字通孝，长山县人，北京大学化学系毕业，1929 年秋任省立十中校长，1932 年请北大老校长蔡元培题写校训"勤朴公勇"，引导师生恪守并且躬行之，演化成为一代学风、校风。其管理思想颇得蔡元培管理北大之精神。依照"兼容并包，思想自由"的用人法则，唯学诣第一，聘用一批有学识有教学能力的教员，组织了一支倾心国民教育富有历史责任感的教师队伍，遵照五育并重的国民教育方针，传授科学文化知识，培养健全之人格。政治开明，主持校务近十年内，从未压制、伤害进步学生；"九·一八"事变以后，支持教员对学生进行抗日救国的爱国主义教育，并从国家民族的长远利益出发，鼓励学生为升学为就业而勤苦学习。1934 年山东省第一届学生毕业会考，学校成绩列全省之首，校誉远扬。1937 年 11 月因不满日伪统治率部分师生向大后方迁移，经临朐、沂水至临沂，再经徐州，到达许昌，在许昌与胶东、鲁西等地的流亡学生，组成山东省联合中学；南京失守后，又向湖北郧阳迁移，跋山涉水，徒步行走。到郧阳后，改校名为国立湖北中学，任初中部主任。1939 年初跋涉至四川绵阳，学校改称国立第六中学。建国后，在青岛一中任化学课教师。

于明信（1882—1948）　字丹绂，临淄区齐都镇葛家庄人。省立十中第五任校长，民初山东四大教育家之一。日伪统治期间，当局多次派使者登门请出任省教育厅长，于明信皆毅然拒之，表现出很高的民族气节。子女在其熏陶和影响下，从事革命工作，成长为党的优秀干部：长子于道泉，国际著名的藏学家和语言学家。三女于若木，"七七"事变后奔赴延安，被分配在陕北公学学习，1938 年 3 月与时为中央政治局委员、中央书记处成员、中央组织部部长的陈云结婚。小女于陆琳，在北京军事学

教育家于明信

院工作，1992 年 10 月专程参加青州一中 90 周年校庆活动，应聘为青州一中名誉校长。

胡旭　胡可胞兄，1918 年生，我国广播电视史上第一部电视剧的创作者，中国电视事业的创始人之一。系中国电视艺术家协会主席团委员、陕西电视艺术家协会名誉主席、陕西省政协第四、五、六届委员会委员。1935 年在我校毕业，参军后在晋察冀军区担任文艺领导工作，建国后，历任中央人民广播电台副主任，文学戏剧部主任，北京电视台（中央电视台前身）副主任，编导了《潘秀之》《白毛女》等多部广播剧、电影、话剧、歌剧、戏曲。1986 年

离休。

胡可（1921—2019） 原名胡腾驹，青州旗城满族人，著名剧作家。1933 年考入我校，为课外文体活动的骨干分子。与吕西凡、王赣、李守本等组织了文学团体"土城社"。"七七"事变后参加了抗日武装，1939 年加入中国共产党，从事文艺宣传工作，创作了话剧《清明节》《戎冠秀》等；解放战争时期，完成多幕话剧《战斗里成长》，所创作的大型话剧《槐树庄》，为建国以来著名话剧剧目之一。1954 年当选为第一届全国人大代表，1978 年任解放军总政文化部副部长，第五届全国政协委员。后任

剧作家胡可

解放军艺术学院院长，中国戏剧家协会副主席等职。著作等身，有《习剧笔记》《读剧杂识》《胡可论剧》等论文集。2019 年 12 月 4 日因病在北京逝世，享年 98 岁。12 月 5 日，中国作家网刊文《戏剧界怀念中国文联荣誉委员、中国剧协顾问、剧作家胡可——"他的书没有走，戏没有走"》以志悼念。

唐璞（1908—2005） 满族，青州北城人，著名建筑学家。1926 年毕业于我校，1934 年毕业于国立中央大学，曾任西南设计院总建筑师。重庆建筑工程学院建筑系教授、主任，设计研究所长兼工程师、中国建筑学会理事等职。1957 年赴苏联、罗马尼亚等国访问考察。曾参与国内外 40 种大型建筑的设计，发表论文、译著多篇。1985 年参加第十一届亚运会的各项建筑设计的会审，至 20 世纪 90 年代，再参加亚运会建筑的竣工验收。从事教学近半个世

建筑学家唐璞

纪，培养出数以千计的学生，有的曾任长江大桥指挥部副总指挥、重庆国际机场工程指挥部总指挥，有的为法国城市设计和规划双重博士，佼佼者不可胜数。

刘书琴（1909—1994） 数学家、教育家。青州市北阳河村人，1926 年从我校毕业，1928 年考入国立北平师范大学数学系。后去日本留学。抗日战

争爆发后，他以国立北师大教授作掩护，开展地下抗日工作。精通英语、日语、俄语。曾任陕西省数学会理事长，学术委员会主任，《纯粹数学与应用数学》杂志主编，出版和翻译著作多部。

朱树屏（1907—1976）　号叔平，字锦亭，山东昌邑人。1929 年进入山东省立第十中学执教。世界著名海洋生态学家，水产学家，教育家，世界浮游植物实验生态学领域的先驱。中国海洋生态学、水产学及湖沼学研究的先驱和奠基者，培育了新中国第一代水产科技人才。

海洋生态学家朱树屏

王赣（1919—1997）　原名王宗赣，1920 年生于临淄，1933 年考入我校，1940 年加入中国共产党。曾任《解放军画报》社美术组组长、编辑组长、执行总编。1980 年离休后，撰写了一批党史资料，后编著了《古易新编》《大衍新解》等专著。

罗竹风（1911—1996）　原名罗震寰，山东平度人。省立十中国文教员。语言学家、宗教学家、出版家、辞书编纂家、杂文家。1931 年考入北京大学中文系，兼修哲学。"九·一八"事变后，参加反帝大同盟和中国左翼作家联盟，从事革命活动。1937 年抗战全面爆发后，回到家乡平度组建起平度第一支抗日武装，并创建了大泽山抗日根据地，1940 年 9 月始任平度县抗日民主政府首任县长。1948 年 10 月被中共华东局任命为山东省立青州中学校长，因服从组织安排南下，未就职。新中国成立

语言学家罗竹风

后，罗竹风长期担任上海市语言文字工作机构、语文学会和语言文字工作者协会的领导职务。领导开展了文字改革、简化汉字、汉语拼音、普通话等工作的立法、宣传、推广和应用，成效显著。

罗竹风是《辞海》常务副主编、《汉语大辞典》主编、《中国大百科全书》总编委兼《宗教卷》主编、《中国新文学大系·杂文卷》主编、《中国社会主

义时期的宗教问题》主编等，是我国辞书编纂和出版史上树立丰碑的辞书编纂家。罗竹风积极倡导宗教爱国道路，以大无畏的理论勇气和实事求是的治学态度，开创了我国社会主义时期的宗教研究，是我国当代宗教研究的奠基者和领导者，一位勇于探索的宗教学家。

于道泉（1901—1992）　字伯源，山东临淄人，是著名教育家于明信长子。藏学家、语言学家、教育家。从小受其父的熏陶和影响，养成了凛然正气和笃学的精神，季羡林曾评论他"是一个有天才的人，学富五车，满腹经纶，淡泊名利"；据《民族学院院报·语言奇才于道泉》说他"掌握了十三种语言，有藏、蒙、满、英、法、德、日、俄、西班牙、土耳其、世界语等"。他主编的《藏汉对照口语字典》填补了我国藏学研究的空白。他第一个将《李有才板话》《小二黑结婚》等译成法文在国外发表。1951年他在中央民族学院开办了第一期藏语学习班，他创造了"在最短时间内掌握藏语"的标音法。

崔嵬（1912—1979）　原名崔景文，山东青岛人，著名导演、编剧、演员。曾当过童工，就读青岛礼贤中学时因张贴传单被开除，后转考进十中，学习勤奋，发表散文《农村生活一瞥》，揭露地主与土匪相勾结的罪行，抨击社会现实，被国民党县党部以"言论荒谬，煽惑同学"的罪名下令"逐出县城"。离校后到济南，加入左翼戏剧家联盟；又到上海，进东方剧社，将《放下你的鞭子》改编为街头剧并主演，在中国戏剧史上写下崭新的一页；1938年投奔延安，筹建鲁艺。建国后主演电影《宋景

导演、编剧、演员崔嵬

诗》，从此走向银幕，主演、导演多部优秀影片。1959年执导个人首部电影《青春之歌》；1960年与陈怀皑联合执导戏曲电影《杨门女将》，该片获得第一届电影百花奖最佳戏曲片奖；1962年凭借剧情电影《红旗谱》获得第一届电影百花奖最佳男演员奖；1963年执导抗日电影《小兵张嘎》，该片获第二届中国少年儿童文艺创作一等奖；1966年，"文革"中遭受迫害；1974年执导京剧艺术电影《平原作战》；1978年执导剧情电影《风雨里程》等。

刘兆吉（1913—2001）　青州人，1926 年考入省立十中读书。1930 年考入省立第一师范学校读书。"九·一八"事变后同济南学生赴南京请愿。1933 年师范毕业后，在山东任教两年。1935 年考入南开大学哲学教育系读书。中国现代心理学家、著名教育心理学家、文艺心理学家、心理学史家、美育心理学学科创建者、西南大学原教育系主任、校学术委员会文科主任，原四川省心理学会理事长、重庆市心理学会理事长、中国心理学会常务理事、全国教育心理专业委员会主任，是建国后中国最有影响的老一辈心理学家之一。

心理学家刘兆吉

蔡如翼（1884—1951）　字致远，祖籍南京，生于青州。1917 年官费赴美就读于普拉德大学化学工程学院，攻制革工艺及化学工程学，获硕士学位，后转哥伦比亚大学从事科研，1921 年回国。回国后，曾在济南法政专门学校、工业学校、私立青岛大学、私立益都中学、山东省立益都中学等校任教。为人正直，治学严谨，教学循循善诱，剖析数理精妙。任教多年，桃李遍地。1950年，不顾年事已高，应聘去烟台一中执教。1951 年 11 月在进行化学实验时，烧瓶爆炸，中毒殉职。烟台市为其举行追悼大会。遗体葬于烟台东山，碑刻"为科学献身的蔡致远先生之墓"。

冯毅之（1908—2002）　作家、革命家。省立十中 1925 年学生。历任北平左联组织部部长，八路军四支队新一营营长，益都、淄川、博山、临朐四县办事处主任，鲁中区文艺协会主任，青州市市长，中共山东省委文艺处处长，山东省文化局局长兼党组书记，山东省文联主席兼党组书记，山东艺术学院院长；著有短篇小说集《日月星》，诗集《萤火诗集》《淄流》《六十年作品选》等。

作家、革命家冯毅之

二、革命精英

齐树棠（1875—1911） 字蒂南，潍坊市寒亭区齐家埠村人，首批同盟会会员。1907 年到青州府公立中学堂任科学教员，在学生中发展丁训初、李曰秋、赵魏、刘次溪、苏紫澜等为同盟会会员，走上武装革命的道路。党人赞誉其"是鼓吹革命最得力的一位"。为革命奔走，积劳成疾，1911 年因肺病不治去世。国民政府追认为烈士，拨专款建立纪念碑。其弟在其精神影响下，于抗日战争前夕将国民政府所发抚恤金两万元全部捐给当时的潍县中学，开潍县历史上个人巨额捐资办学的先河。

赵魏（1885—1912） 字象阙，原名庶庆，又名星民，寿光县留吕乡人。1905 年入青州府公立中学堂攻读，1907 年经齐树棠介绍加入同盟会；1911 年武昌起义爆发，全国纷纷响应。赵魏集合寿光县同盟会会员及附近各县同盟会领袖，讨论形势，筹款购买枪支弹药，形成"鲁东革命军中心"，被推为鲁东革命军总司令。率千余人攻打青州城失败，年仅 27 岁。1931 年国民党南京政府追赠为"山东革命军总司令"，赠中将衔；中华人民共和国成立后，山东省人民政府追认为革命烈士。

李耘生（1905—1932） 原名李殿龙，山东广饶人。青州一带发展的第一个社会主义青年团团员。1920 年秋考入省立十中。1922 年 10 月由王翔千介绍入团。年底应王尽美之邀到济南从事革命工作，次年加入中国共产党。历任济南团地委秘书，青岛团地委书记，武昌市委书记，南京市委书记、南京特委书记等职。1932 年在南京雨花台慷慨就义。被中央电视台《新闻联播》之"永远的丰碑"颂赞为"革命志士"，其革命事迹被广为传颂。

原南京特委书记李耘生

王元昌（1904—？） 字炽文，青州张孟口人，1921 年考入省立十中，1923 年加入青年团。1924 年 6 月任青年团青州团支部书记。其化名"昌化"曾作团青州特支的代号。1925 年转为中共党员，"五卅"惨案后，王元昌到青岛去搞工运，任胶济铁路总工会秘书长，后任中共山东地委执委常委、宣传部部长。1929 年去苏联学习，后下落不明。

朱萁阶（1900—1942） 山东省宁阳人。1930
年秋转任省立第十中学教务主任。"九·一八"事变
后，支持学生抗日救国的运动，1938 年投奔徂徕山
抗日队伍。编入八路军山东人民抗日游击队第四支
队，任连长、参谋。后到抗日根据地工作，组织抗
日政权，先后掩护迎送我党和八路军重要领导人徐
向前、罗荣桓、朱瑞、陈光、肖华及数千干部战士
穿越铁路，保持了延安与山东省委文件、电报信件、
报告等及大批抗日物资的往来运送。1942 年调山东
省战工会教育处工作。后被捕坚贞不屈，壮烈牺牲。

革命烈士朱萁阶

毛泽东于 1955 年亲笔签署命令，授予"革命烈士"光荣称号。

赵文秀（1904—1927） 益都县魏家庙人，1922 年考入十中，任学生会副
筹备长，1923 年春加入共青团，1925 年 1 月转为中共党员，同年 6 月当选为青
岛地委候补委员。1927 年 1 月中共南京地委职工部运动委员会委员。同年他在
北伐战争中英勇牺牲。青州博物馆藏《赵文秀日记》有重要的历史研究价值。

王翔千（1888—1956） 原名王鸣球，字翔千，
号劬园，山东诸城人。山东最早的共产党员之一，
同王尽美、邓恩铭等一起发起成立"马克思学说研
究会"，又秘密组织济南共产主义小组，以省立十中
国文教员身份宣传革命思想，扩大革命力量。新中
国成立后，当选为山东省各界人民代表会议代表、
山东省政协委员。

王振千 王翔千胞弟，作家王愿坚之父。曾就
读于北大中文系，任省立十中国文教员，思想进步，

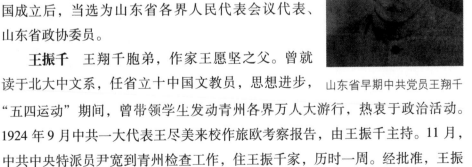

山东省早期中共党员王翔千

"五四运动"期间，曾带领学生发动青州各界万人大游行，热衷于政治活动。
1924 年 9 月中共一大代表王尽美来校作旅欧考察报告，由王振千主持。11 月，
中共中央特派员尹宽到青州检查工作，住王振千家，历时一周。经批准，王振
千留在团内为"特别团员"。12 月，王尽美以孙中山特派代表身份再来青州，

帮助成立青州国民会议促成会，王振千起草促成会宣言。1925年3月，在青州各界追悼孙中山大会上，王振千登台讲演，表达继承总理遗训、继续革命的决心。作为进步思想的启蒙者、传播者，王振千与其兄王翔千，对省立十中学生的思想影响很大。

李春荣（1906—1928）　字华堂，化名赵秋华。益都县十字村人，1923年考入省立十中，1924年加入中国共产党。同年2月当选为青岛大康纱厂负责人，4月领导罢工取得胜利后被调到济南。1928年春任中共鲁北特委书记。同年5月4日黎明在与反动武装战斗中壮烈牺牲。

臧亦蘧（1903—1946）　名瑗望，笔名一石，诸城臧家庄人，著名诗人臧克家的族叔，忠诚的爱国主义者和具有坚定革命理想信念并为之奋斗终生的诗人、战士，曾多次被臧克家称为"志同的同志，道合的诗友"，"思想的启蒙者""感情上的胶漆"，"新诗创作的领路人"。1922年省立十中第十届毕业生，后回诸城，被推选为"诸城各界五四运动后援会"副会长，组织游行示威，抵制日货。在十中读书期间，因酷爱新诗而得到顾随先生的关爱、指教，并结下深厚的师生情谊。

三、领导干部

金明（1913—1998）　山东省青州人，1930年考入我校，1932年参加革命，同年加入中国共产党。抗日战争时期，任中共山东省委联络员，参加山东徂徕山抗日武装起义，任淄博特委书记、中共苏皖区党委书记、淮海区党委书记、中共浙西区党委书记等职，解放战争期间，历任中共胶东区党委副书记及军区副政委、东南分局第二副书记兼华东野战军第一兵团第二副政委等职。建国后，先后任中共湖南省委第二副书记及省军区副政委、中国人民解

国务院原秘书长金明

放军第十二兵团副政委、中共中南局委员及中南军政委员会委员及湖南省委书记、省军区政治委员、省政府副主席、财政部副部长兼党组副书记、中南局书记处候补书记、书记。后任商业部副部长及党组副书记、部长及党组书记、国

务院秘书长、中共河北省委第一书记及省军区第一政委，1982 年当选为中央顾问委员会委员。

刘子久（1901—1988）　原名刘俊才，广饶县大王镇人，1920 年考入省立十中，1923 年加入青年团，1924 年加入中国共产党。曾任中共山东地委执行委员会委员，中央巡视员、特派员，抗战时期曾任豫西省委书记，河南省委书记等职。1941 年 5 月任苏皖边区党委书记。解放后曾任全国总工会文教部长、国家劳动部副部长、中共七大候补委员等职。

劳动部原副部长刘子久

彭瑞林（1912—1990）　益都县人，1930 年考入省立十中。1931 年加入共青团，同年加入中国共产党，历任中共益都中学支部书记，益都县县委委员，济南市工委书记，浙江省丽水地委，温州地委书记，浙江省委委员，省人民委员会委员，秘书长，省检察院检察长，省委常委，省顾委常委，六届全国人大代表等职务。

刘顺元（1903—1996）　号溥泉，山东博兴人。1918 年考入省立十中。五四运动期间，他担任"青州中等学校学生爱国联合会"编辑部长，1922 年考入北京师范大学，1931 年加入中国共产党，担任中共济宁特别支部书记，领导省立七中抗日救亡运动，在革命活动过程中三次被捕，意志弥坚。抗日战争时期，他先后担任中共皖东工委书记，中共苏皖省委书记，中共津浦路西省委书记。后参加反扫荡战争，功绩显著。1945 年担任中共辽东省委副书记，后担任中共江苏省委副书记兼中共中央上海局委员。

中纪委原副书记刘顺元

在"文革"中遭受迫害，后担任中央纪律检查委员会副书记，中顾委委员。

李荆和（1912—2001）　原名王乐经，青州市朱良镇北段村人，1931 年考入我校，1934 年与其同学李志韶、顾昌、赵晋丰、齐毓棠等成立了"十中抗日救国会"，1938 年，加入中国共产党，历任益寿县委书记、独立营政委、张店市委书记、周村市委书记兼市长。全国解放后，他先后任中共淄博地委组织部部长、副书记。1954 年 10 月，任国家燃料工业部劳动工资司副司长、石油工业部劳动工资司副司长、司长。1958 年 11 月，任松辽石油勘探局党委书记兼局长。1960 年，任松辽石油会战党工委副书记、政治部主任。1964 年当选为第三届全国人大代表。"文革"期间，曾受到迫害。1969 年 2 月，任中共大庆市核心领导小组副组长、大庆市革命委员会副主任。1971 年 8 月任中共大庆市委员会副书记、中共黑龙江省委委员。1972—1975 年，任东北石油大学党委书记、校长。1979 年 9 月，调石油工业部石油地球物理勘探局，任副局长。1985 年 7 月，经中组部批准离休，享受副部级待遇。

彭飞（1917—2004）　原名孙光学，青州市西朱鹿村人。1932 年考入我校，1938 年加入中国共产党。抗战时期曾任清河区委宣传队大队长、渤海军区政治部宣传队长，创作剧本多个，在艰苦卓绝的抗日战争中，不怕流血牺牲，出生入死，经受了严峻考验。解放战争中在部队负责宣传教育工作。建国后，曾任《八一》杂志副总编辑。总政治部原副秘书长、总政群工部副部长，1982 年 9 月任中国人民解放军政治工作学科顾问，为《辞海》编委，参

彭飞将军

加编写《中国大百科全书》之《军事》中"军政"部分；在报刊上发表文章 70 多篇，酷爱书法，自成风格，作品深受书法爱好者赞赏并收藏。

贾锋戈　青州市桃园村人，1919 年生，省立十中十二级学生。1937 年随石泊夫先生赴延安参加革命。曾任八路军电台报务主任、中共中央军委通讯总台领班，代理总领班等职；后随部队进北平。建国后，先后任北京电信局办公室主任，电报处处长，中央电报局局长。贾老在中国黎明前最黑暗的时代，奔向延安，投身革命，为一中校史写下了辉煌的一页。

李治文（1918—2010）　山东青州人。1933 年 8 月考入青州十中，在校期间，学习勤奋，思想进步，并以金明等同学为榜样，走上了革命道路。历任中共辽宁省委常委、中共沈阳市委书记，中共山东省委常委、中共青岛市委第一书记、青岛市人大常委会主任，中共山东省顾问委员会常委。

李人凤（1911—1973） 原名李本厚，山东临淄人。1926 年考入省立十中，聪敏好学，思想进步。1929 年 6 月考入省立四师，受地下党员、国文教员马适安老师的启发，阅读鲁迅作品，接受新文化，并成立"文艺社"，后加入"左联"，曾于西北军杨虎城将军部下当后勤军需员。抗战爆发，组建临淄县"青年学生抗日志愿军训练团"。1938 年，带队伏击日军小分队，击毙小队长吉田滕太郎。后为八路军山东抗日游击第三支队十团团长，同年加入中国共产党。1939 年任三支队副司令员，率部重创日军。1940 年秋任清河专署专员，后任渤海行署主任，是

八路军山东抗日游击队三支队副司令李人凤

渤海根据地政权的主要领导人之一。1946 年，兼任渤海区支前司令部司令，受到陈毅司令员的表扬。上海解放后，先后任华东军政委员会农林水利部副部长、华东水产管理局党委书记。1954 年调北京，先后任全国私营工商业改造办公室主任、地方工业部轻工业局局长、轻工业部部长助理。"文革"中遭迫害，1981 年《人民日报》发表了黎玉、霍士廉、景晓村、王毅之的署名文章，对其一生给予高度评价。

老校友聚会松林书院（从左至右：李荆和 刘鸿轩 冯毅之 彭瑞林 金明 王子政）

第五章

松林书院历史文化遗产

第一节　松林书院古迹遗存和原建筑

一、松林书院建筑

1. **明清时期**：明成化五年（1469 年），青州知府李昂奏请将府治仪门之西的"名宦祠"移建于此，又建遗爱堂，绘诸公政绩于四壁。前建两斋，左曰"思齐"，右曰"仰止"，作为士子读书之所。在四周建好垣墙，墙之外复为二轩，左曰"藏修"，右曰"游息"。大门统题"松林书院"。稍后，院内

松林书院前讲堂

"喜雨亭"改建为"乡贤祠"。万历八年（1580 年）松林书院被毁。清康熙三十年（1691 年）观察使陈斌如与青州知府金标主持，重建松林书院，今日松林书院院落即为康熙三十年的格局。

2. **清末至民国**：大门一座，二门一座，计三间。改建前，讲堂东连山瓦屋二小间；东西耳房计六间，东三间会客厅，西三间监督庶务房；客厅后，宅门内院厅房三大间。改建后，讲堂东连山小三间；教员房客厅西首，读书台一座，东西耳房计六间。改建教员房，东院文昌阁一座改建藏书楼，四照亭改建化学仪器所。宋十三贤祠后闲院一段作体操厂。文昌阁前，三十二年，新建草屋饭堂五大间，又东旁，新建草厨房五间。西院书斋，旧有瓦屋十五间，二十九年新建草屋五十二间，又新建茶炉瓦屋二间。光绪二十九年十月，青州知府冯改建。坐落城中西南角，旧有瓦屋四十三间，后建草屋六十二间。（摘自《光绪益都县图志》卷十四"营建志下"）

松林书院后讲堂（民国时期称明伦堂）

3. **现代格局**：主体院落为清康熙三十年（1691 年）的格局，是我国古代标准的以南北为中轴、左右作对称式的配列建筑。大门坐北面南，石砌台阶，配左右耳房；二门为垂花门。大门至二门间长方形院内，有十字交叉甬道，东、西院墙各开小拱门，西门外建有书斋数排，东门外原文昌阁、四照亭、十三贤祠、遗爱堂、乡贤祠和社稷坛等，今不存。二门以里，为南北二进大院，前院正房是前讲堂，后院正房为后讲堂（民国时称明伦堂）。前后讲堂前均筑条石砌边的青砖铺面台墀，均配建带有前廊的东西厢房。后讲堂西山墙外筑有"王沂公读书台"，为纪念宋代名相王曾所建。后讲堂与东厢房之间有连山游廊，藏历代碑碣。大门南有牌坊一座，正面书"敬道崇德"，背面书"知行合一"，共同构成了松林书院文化的精髓。

二、书院松涛

据记载，明代时，松林书院有苍松数百株，古松参天，枝繁叶茂，微风吹来，松涛阵阵，松香扑鼻。嘉靖《青州府志》载，"青州有八景，书院松涛居其一"。历代文人留下不少歌颂书院松涛的诗歌，如松林学子、兵部尚书陈经曾在《松涛诗》中用"长风夜撼千虬动，巨浪时喷万壑来"，用夸张手法形象地描绘书院松涛的气势；另一位松林学子、正德六年（1511 年）进士、南阳知府杨应奎的《书院松涛》诗曰："精舍荫荫万木稠，隔墙遥望翠云浮。波涛终夜惊成拍，风雨连朝听不休。逸韵偶同天籁发，壮声应傍海门悠。空斋得此消岑寂，一榻冷然爽若秋。"抒发了在松林书院读书时的感受。

万历八年（1580 年），阁臣张居正下令废天下书院，松林书院难逃厄运，不少松柏被伐。康熙三十年（1691 年），重建松林书院，新植大量松柏。"书院松涛"之景得以恢复。

乾隆年间，松林学子、藏书家、目录学家、金石学家李文藻在《四松记》中说："后人觅矮松不得，植桧柏多至四百余株"；举人朱沆在《读书矮松园》诗中曾道："城南四百八十松，我来坐卧居其中。长歌未歇松籁起，似从卷末生清风"，抒发在矮松园（即松林书院）读书时对书院松涛的感受。清代进士冯浩《安肃县知县沈君可培传略》载："宋王沂公矮松园，故址松柏八百余株，长夏阴翳，居甚适。"从这些诗文中都能看出当时书院松林规模之大、气势之盛，古青州府八大景果名不虚传。

近现代校舍改造以来，因疏于保护与管理，大量松柏被伐，至今仅存古柏18 棵，成为松林书院沧桑历史之见证。

三、王沂公读书台

据安丘人周贵德在民国二十四年《青州纪游》记载：

　　……出园门（四松园）西行折而北，迤逦而西，为松林书院街，省立益都中学在焉。为逊清松林书院改建。旧有矮松园，有宋宰相王沂公读书台。台在校院中，高约八尺，方广数丈。拾级而登，周围房屋遮蔽，非复旧观。面南有石，题曰："读书台"，下刻题跋多行，为校墙所掩，惟见有"……王沂公……"数字云云。又有藏书楼在其东，瓦屋三楹，松柏掩映，亦矮松园遗迹也。考王文正公：名曾，字孝先，益都人，宋咸平中进士，廷试皆第一。中山刘子仪，时为学士，戏语之曰："状元试三场，一生吃着不尽矣。"公正色曰："曾平生志不在温饱。"仁宗天圣七年，由集贤殿大学士出知青州。累迁右仆射，兼门下侍郎。薨年六十一，谥文正公。城东关有公故宅，已述于前，不再赘。至于公之丰功伟烈，参考《宋史》及《历代名臣言行录》，可得其详也。……

文中所述王沂公读书台，位于松林书院内后讲堂之西首。王曾少时就读于矮松园，后状元及第，官至宰相，人品与政绩垂于青史，被封为"沂国公"，郡人遂筑读书台以志纪念。台高约八尺，方广数丈，有"王沂公读书台"石碑一方。明嘉靖间兵部尚书陈经作《松涛诗》赞之："昔人曾筑读书台，台畔苍松次第栽。芸阁密围青玉幄，牙签深护翠云隈。长风夜撼千虬动，巨浪时喷万壑来。雨露尚须滋养力，庙堂今重栋梁材。"虽历经沧桑，时有坍坏，然后人修筑再三，维其大观，至民国时仍保存基本完好。可惜"文化大革命"中竟被夷为平地，石碑失却，下落不明。1991 年大修松林书院时，在台址上重建，成为书院中一处重要的人文景观。

以下松林书院周边建筑为明清古迹，其中名宦祠、遗爱堂和乡贤祠等为祭祀先贤的建筑，其余为祭祀神灵的、具有宗教性质的建筑。这些建筑有的"文革"前尚存，有的在 1988 年青州一中校舍改造前尚存。今均已不存。

四、名宦祠

嘉靖《青州府志》记载：名宦祠，在松林书院。祀：战国齐相鲍叔牙，汉齐相曹参、卜式，刺史隽不疑，北海太守朱邑，青州刺史法雄、王望、王龚、李膺，乐安太守陈蕃，北海相孔融，刺史臧洪，魏东莞太守胡质，刺史王凌，晋刺史胡威，南宋刺史沈文秀，魏刺史慕容白曜，北齐明庆符，隋萧琅，唐司马参军孔齐卿，刺史王昕，北海太守李邕、赵居贞，五代刺史马允卿，宋知青州寇准、曹玮、王曾、庞籍、李迪、范仲淹、富弼、欧阳修、赵忭、张方平、吴奎、程琳、孔道辅、陈执中、余靖、苏轼、刘挚、曾布、曾孝序，元益都总管范完泽，国朝知府孟迪、赵伟、李昂，凡四十七人。祠旧在府治仪门左。明成化丙戌，知府李昂奏请建于松林书院。祀宋青州守寇准、曹玮、王曾、庞籍、李迪、范仲淹、富弼、欧阳修、赵抃、张方平、吴奎、程琳、孔道辅（一说刘挚）一十三人，名曰名贤祠。

13 人中，官至宰相者 5 人，官至副宰相者 7 人，曹玮为武将，官至彰武军节度使。明成化五年（1469 年），知府李昂奏请将"名宦祠"移建于城西南隅宋矮松园故址，同时创建松林书院，历代均有修葺。

清乾隆丙申（1776 年）秋临桂胡德琳奉檄摄青州，作《青州十三贤赞》，由海盐张燕昌书，刘万传刻，碑石嵌于祠内西壁。书院改办中学堂后，祠堂用作教室、杂物室、木工室。1988 年实施大规模校舍改造工程，祠堂拆除，在其址地段建成女生宿舍楼，即今松林书院东北角仰圣园孔子塑像处，《十三贤赞》碑石移嵌于书院前讲堂西壁。

五、遗爱堂

嘉靖《青州府志》记载：遗爱堂，在府治松林书院，明朝成化间知府李昂建。提学金事杨琅纪略：堂以遗爱名，纪不忘也。昔宋盛时，光岳英华孕为贤哲，如范、富、欧、寇、王、李、庞、程、孔、曹诸公，皆挺然出为世。人豪相继，出守于青。所至不动声色，凡施为措置，不近名，不希宠，不执偏，不挠势，务求合于人心，而顺乎天理。故当时民安物阜，边臣不惊，丰功盛烈，载诸简册。去今四五百年，闻其流风余韵，尚慨然歆慕不能已。由其至诚恳切，有以孚契于人心故耳，岂人力所能为耶？成化二年（1466 年），钱塘李侯昂以夏官主事，着手是邦。越三载，政通人和，乃择地于城西之隅，庙貌诸公而敬事之。又即庙后隙地构堂，绘诸公政绩于四壁。匾"遗爱"者，以著青民有甘棠之爱①，而诸公当时之政无异于召公也。

六、乡贤祠

嘉靖《青州府志》记载：乡贤祠，在松林书院，即喜雨亭改建。祀春秋成覸、战国王烛、鲁仲连，汉谏议大夫江革，博士胡母生，御史大夫倪宽，孝子董永，河东太傅征士、辕固，郡掾祭酒薛方，晋孝子王兖，唐左仆射房玄龄，孝子孙既，宋沂国文正公王曾，平江守仇念，侍郎王皞，中丞李之才，学士燕肃，冲退处士苏丕，状元苏德祥，御史张所，金尚书张行简，元佥事齐郁，侍郎于钦，御史傅让，学士马愉，大学士刘珝，孝子王让、冀琮，尚书陈经，布政使黄卿，副使冯裕，凡三十四人。二祠（名宦祠和乡贤词）俱在松林书院，岁以春秋上丁日各用羊一豕一爵三帛一致祭。

乡贤祠中祭祀者皆有所作为、颇有名望的异地为官或治学的青州知名人士，从书院始创至康熙朝重建，祭祀名单有所增益。明冯琦的《维世教疏》说："祠祀名宦，义在报功；祠祀乡贤，义在崇德。因以表扬前哲，亦以风励后来。"乡贤祠作为具体而形象的教育资源，供代代诸生敬仰、学习。祠中祭祀除最初的三十四人，还有石茂华、王基、邢玠、朱鸿谟、钟羽正、杨应奎、赵秉忠、冯溥等人，皆青州学子治学、做人、为官的表率。其中陈经、黄卿等人曾在书院读书或讲学，更成为松林学子之骄傲。

七、社稷坛

社稷是"太社"和"太稷"的合称，社是土地神，稷是五谷神，两者是农业社会最重要的根基。封建时代，不仅在京城有国家的祭坛，地方各级城市也都有祭祀社稷的场所。据光绪《益都县图志》记载："社稷坛，旧在府城西北五里。明初，徙城内，以宋矮松园为祀所。齐庶人国除，永乐五年，知府赵

---

① 甘棠之爱：指对官吏的爱戴。

麟复移城外。宏治十一年，建衡藩，再移于端礼门内。后坛废，仍祭于矮松园。国朝康熙五十七年，知府陶锦移城外东南，建屋三楹，缭以垣，有《碑记》。"

陶锦《新建社稷坛记》：王者建邦启宇，首重社稷，上自天子畿甸、诸侯国都，以迄于一郡一邑，靡不设之坛壝而崇奉之。凡以食为民天，民为邦本。社为五土之神，稷为五谷之神，五土以生五谷夫。然后，民得所天，本固而邦宁也。周诗曰："乃立冢土，戎醜攸行。夫当迁岐，胥宇走马。"仓皇之际，应门皋门之未已，而即亟亟于建社土封之制，亦可知其事之关系尤重。而国非是无以为国者；郡邑非是即无以为郡邑也已。青郡社稷之祀，前无可考。自明迄今，更置不常，后乃于矮松园为祀所，即今之松林书院也。无石主，无坛壝，无门墙堂室。届期，惟于文昌祠前隙地，绵蕞为祀而已。嘻，亦亵甚矣！余从事岁荐，为太息者久之。念社稷之设实遍天下，况青社之名特著简册，而郡顾独无社，微论祀典有缺，用致神羞，而亦岂可以因陋就简者传闻四方也乎？爰卜地于城之东南，其位为巽，巽主挠万物而齐之，有长养之义，其于社稷为尤宜。于是略基址、平板干，为神舍五楹，周以缭垣，建以门坊，俾之陈牲有所，祼将有地。瞻拜之下，赫赫明明，祇祇肃肃。不敢云昭假之有道，而亦庶几免于野祭之简也已。抑闻之圣王成民而后致力于神。余自任事以来，未尽快所兴除，讵谓民事之已成？虽然弃民而媚神者，神必吐若为民，而妥神者神或者其居歆乎？嗣自今，牺牲粢盛，不成不洁，繄惟余守土之咎。若夫旱涝灾伤，虫蝗剥蚀，神其有灵，其亦鉴兹微忱，而长为民庇也哉！谨记。

八、风云雷雨山川坛

《大清会典》载：各省府州县风云雷雨山川城隍之神，共一坛。设三神位，风云雷雨居中，山川居左，城隍居右。每岁春秋仲月，用上戊日致祭，祭用制帛七：风云雷雨帛四，山川帛二，城隍帛一，俱白色。祭品：羊一，豕一，铏一，笾四，豆四，簠簋各二。笾、豆等俱用瓷器，陈设行礼。

嘉靖《青州府志》载：旧在城南三里，明朝初年，徙于城内矮松园社稷坛右侧。后知府赵麟于永乐五年（1407年）移至城外。今已无存。

九、城隍庙

城隍庙原位于松林书院西北、今青州一中操场西北角附近，系青州百姓祭祀城隍爷之处。城隍爷是中国宗教文化中普遍崇祀的重要神祇之一，为儒教《周官》八神之一，也是中国民间和道教信奉守护城池之神。康熙五十三年（1714 年），青州知府重修城隍庙，有碑记。今不存。

陶锦《重修青州府城隍庙碑记》：今世之所称灵明燀赫、稽应如响者，无若城隍之神。按：城隍之名，于经传罕见，惟《易》有"城复于隍"之爻，而亦未言其神。至唐以后，乃始见于佚说，然尚未有专祀。故明洪武二十四年，乃始定为典例。令所在守土，朔望与圣庙诸神一体虔拜，其或王、或侯、或伯，则随京、省、郡、邑而等级之，各于所在之官，配秩象设，尊严庙制，崇宏壮丽，四时击豕刲羊、炳萧燔炙、禳灾祈福、诅誓盟心者，往往不绝。其神固无主名，而好奇之士，每以居官廉直者曲附之。说近不经，儒者所弗道。然以义度之，能为保障，则尹铎之流也；能固封守，则睢阳之亚也；能察奸伏、驱邪祟，则广汉包葺之属也。盖皆法施勤事、御灾捍患，而能定国安民者。故服官伊始，必斋宿告命，不曰相予不逮，即曰纠予不职，城隍之神赫矣哉！青郡城隍庙，建于城之西偏中，祀群神，而以十四邑之神配享之。岁久不葺，其势将圮。余于甲午守郡谒庙，乃召其地之父老而告之，谓此一郡之神，主善恶邪正，于是乎察祸福休咎，于是乎司而庙貌陵替。若是，其何以竭虔妥神而邀答灵宠也哉？于是，捐奉鸠工，并率僚吏以襄厥事，易其颓杇，正其倾欹，色泽其漫漶，藻绘其金容。东序复建巍楼而制镛钟其上，前为歌舞台，以极娱神之具。一时堂庑门阙，焕然改观。诸父老因请余书其事于丽牲之石。余又告之曰："阴阳一理也，神人同象也。诚能幽独无欺，不愧屋漏，则阳之所为，阴必录之，人之所与，神必从之，自然灾祸不生，嘉祥毕萃，不祈祥而佑在。否则，顽谖邪慝，为谋不臧，纵能逃于耳目之地，而不能逃于聪明正直之神。虽日事祈禳，吾知其获罪于天者，无所用祷，方将诛殛之不暇，尚能为之祛戾而降休也乎？然则维新庙貌，岂徒为谄渎鬼神之事哉？亦将以日监在兹者自儆而自新也。余与诸父老其敬志勿忽，谨记。"

十、八蜡庙

旧在太公庙内。明嘉靖四十四年（1565年），知府杜思移于松林书院南。康熙五十九年（1720年），知府陶锦重修。乾隆五十八年（1793年）、道光十五年（1835年），相继修。

陶锦《重修八蜡庙碑记》："八蜡"之名何昉乎？《郊·特牲》云，天子大蜡八：一先啬，二司啬，三农神，四邮表畷，五猫虎，六防，七水庸，八昆虫。按：先啬者，神农也。司啬者，后稷也。农者，田畯也。畷，田间道也，画疆分理，若邮亭之为表于畷，事其始事之人也。猫食田鼠，虎食田豕，迎其神而祭之也。防者，昔为堤防之人，御水患者也。水庸者，昔为畎浍沟洫之人，为旱备者也。昆虫者，司螟蟘螟腾蟊贼之神，能驱除之者也。又曰：蜡，索也，合聚万物而索飨之也。其制始于伊耆氏，而三代因之不变。其说不同，要之，皆圣人重民事之心而周为之计者也。然则有蜡必有神，有神必有庙。八蜡之庙，古也，非今也。青郡八蜡之庙，建于城之偏西，基址宏敞，殿宇辉煌，隆古规模，尚可想见。青人奉为福曜者旧矣。不意历年久远，榱桷颓崩，檐牙剥落，雀巢鼠穴，神像几沦尘土。忆丙申仲夏，直省亢旱，飞蝗蔽天，百室惊异，万姓号呼。余乃设祭，修省撤盖，徒步祷于庙神。蝗之自西而东者，复自东而西，得不为灾，以致其年大有。余复诣庙酬报，仰观神像，周视殿庭，不禁喟然而叹曰："庙貌如此，神何以堪宜其水旱虫厉之不时也？"乃谋所以更新之。首捐俸以为之倡，诸绅士复同心以为之佽。方度材埏土，蠲吉程工。奈殿瓦如箕，砖阔如斗，用墼将以亿计，众皆踌躇无策。忽掘地得墼一池，得瓦一窖，贮整完好，若留以待重修之用者。众乃惊叹神异，益为协力竞勤。岁时之间，栋宇轩翔，丹青灿烂，昔年旧观，一朝顿复。今而后，雨旸时，若年谷顺成，邀托神贶，将自无穷。余更原其始祀之故，以讫今日显应之灵，书之于石，俾知"蜡"为古礼，则知蜡庙之设非淫祀。凡在佑护之中，与有民事之责者，尚其祀事，维谨相引，无替也哉！此记。

十一、文昌阁

据光绪《益都县图志》记载，松林书院东原有文昌阁，光绪朝改建为藏书楼（四书斋）。在早年校舍扩建中被拆除。

十二、四照亭

据光绪《益都县图志》记载，松林书院东原有四照亭，光绪朝改建为化学仪器所。在早年校舍扩建中亦被拆除，留下了永远的遗憾。

第二节　松林书院碑刻（部分）

一、青州十三贤赞碑（清·胡德琳）

此碑现嵌于松林书院前讲堂厦廊西端墙壁上，为石灰石质，横长72厘米，高33厘米，碑镶壁内，厚度不详，碑石右端篆书"青州十三贤赞"六字，字径3厘米，正文竖排45行，满行18字，共547字，此碑正文为不足厘米的小楷书法，《青州碑刻文化》（田立胜主编）一书认为，此碑"可谓青州境内现存字径最微的碑石刻字"。撰文者胡德琳，清代桂林人，乾隆十七年（1752年）二甲第37名进士，乾隆四十一年（1776年）任青州知府，名载清光绪《益都县图志》。书丹者张燕昌，海盐人，生平无考。

现全文标点、整理如下：

青州十三贤赞

乾隆丙申九秋，奉檄摄青州。念自昔守是邦者不一其人，而独以十三贤传。爰为作赞，聊以志景仰之私云尔。临桂后学胡德琳。

曹武穆玮

堂堂武穆，武惠之子。世拥节旄，性耽文史。

随其所如，载书盈规。文武兼资，位终枢史。

寇忠愍准

公曾守青，亦封于莱。楼台无地，蜡泪成堆。

昔过巴东，孤亭崔巍。秋风叶落，峡月猿哀。

李文正迪

宋有处士，曰种明逸。公以为师，治本经术。

政清讼简，不事法律。再莅青州，青人宁谧。

程文简琳

公之治青，不见铭志。囹圄空虚，亦尹京事。

曾捄范公，开解上意。呜呼贤哉，遗爱谁嗣？

范文正仲淹

酌彼井泉，浏其请矣。登彼崇台，旷且平矣。

毁誉忻戚，不我撄矣。后乐先忧，体人情矣。

庞庄愍籍

古之直臣，号曰司谏。承望风空，惭㑒㐱公。

公真御史，不同谤讪。声振青蒲，名留青旬。

富文忠弼

求实捍患，纤悉必察。不简以尽，匪求伊杀。

惟公赈饥，旁皇周浃。一时之宜，万古之法。

欧阳文忠修

政以便民，不求声施。所至民乐，所去民思。

苛急不事，繁碎不为。公真良吏，宁止文词？

吴文敏奎

潍水汤汤，源出峿下。产彼贤良，鱼鱼稚稚。

口重朝端，名推司马。密迹密州，心仓心写。

张文定方平

言伪而辨，行僻而坚。生心害政，直抉其源。

孔孟尚矣，吾思老泉。公秉藻鉴，孰为多先。

赵清献抃

公面如铁，公心如镜。爱兹朴厚，临以清净。

一鹤一琴，一觞一咏。麦秀双岐，蝗不入境。

刘忠肃挚

宋两莘老，曰孙与刘。元祐之间，党人是仇。

去不合已，远方是投。匹彼髯苏，一麾黄州。

王文正曾

莪莪矮松，文正所封。亭亭方柏，文正所植。

维桑与梓，乐只君子。蔽芾甘棠，我心则降。

戊戌十一月既望，海盐张燕昌书

刘万传刻

　　碑文正文是对十三贤所作的礼赞。对曹玮着重赞扬他作为名将曹彬之子、拥有兵权、精通文史、文武兼备的特点；赞美"寇莱公准"，"楼台无地，蜡泪成堆"，"秋风叶落，峡月猿哀"，以哀景写哀情，从侧面表达人们对他的深切怀念；写李文正迪，则突出他"政清讼简，不事法律"的特点；写范文正公着重赞美他"后乐先忧，体察民情"的精神；写富弼，"惟公赈饥，旁皇周浃。一时之宜，万古之法"，对他赈灾之功进行高度评价；对于赵抃，突出他"公面如铁，公心如镜"的特点；写欧阳修，赞扬他真乃"宽简而不扰"的良吏！

　　赞颂"王文正曾"，"莪莪矮松"四句大意是：特立奇崛的矮松和挺拔并排的柏树，是王曾所栽培。当然这只是文学手法，诗人的美好想象而已。王曾在《矮松赋（并序）》中曾这样描绘两棵矮松："齐城西南隅矮松园，自昔之闲馆，此邦之胜概。二松对植，卑枝四出。高不倍寻，周且百尺。轮囷偃亚，观者骇目。盖莫知其年祀，亦靡记夫本源，真造化奇诡之绝品也。"这两棵奇诡的矮松，连王曾也不知其年龄，不知其本源，绝非他栽；此处成排的柏树，当为明清时所栽，非宋人所植。故此处不必拘泥于表面文字去作考证，不可把文人的诗歌当做历史。矮松园因连中三元的状元宰相王曾而名声远扬，其名声正是王曾所赐，所以诗人作了一个美好的有机的联系。第五、六句是说家乡的人们，都喜欢这样的君子。桑梓，代家乡。十三贤中的王曾是青州郑母人，青州人都以王曾为荣，故有此说。"维"，句首语气助词，可不译。结尾两句："蔽芾"，茂盛的样子。"甘棠"本来是树名，《诗经·召南·甘棠》中说："蔽芾甘棠，易翦易伐。"《诗经·召南》是赞美召伯的，旧说召伯曾在此树下休息，后人追思其德，保护此树以资纪念，因作此诗。后以"甘棠"来称颂官吏的政绩。故第七句意在赞扬王曾有着美好的政绩。"我心则降"，"降"读xiáng，悦服，平静。《诗经·小雅·出车》有"既见君子，我心则降"之句。第八句是说，想到王曾政绩如此美好，我内心十分景仰。

《青州十三贤赞》共计十三首小诗，每首八句，每句四字，每首诗大致有不同的韵脚。诗歌赞美先贤的人格精神，写作手法多有不同。此碑不仅具有一定的历史文物价值，还具有较高的文学艺术价值。

二、清代陈斌如《重建松林书院碑记》碑考释

（内含清代赵执信遗文《重建青州松林书院碑记》）

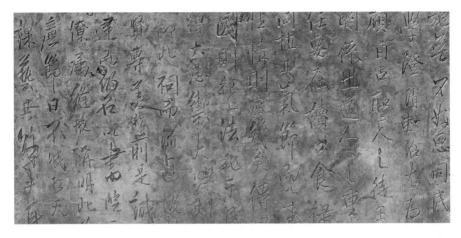

清 陈斌如《重建松林书院碑记》碑照片（局部）

青州松林书院碑刻游廊东墙间镶嵌有三方清代康熙三十年（1691年）刊刻的《重建松林书院碑记》碑（以下简称《重建碑》）。松林书院的重建在书院发展史上具有划时代的意义，《重建碑》详细介绍了松林书院重建的过程及意义，同时涉及几个重要的历史人物，具有很高的史料价值。碑刻原在书院前

院东厢房内后壁上，1991 年书院大修时，移至后院碑刻游廊。碑刻每方宽 35 厘米，三方通长 3.50 米，厚度不详。碑文通体以行书为主，字迹洒脱、流畅而秀美。书院重建至今，碑文未见解读。现点校并录入于下（个别漫漶不清之处用□代替），并作一详细考释。

重建松林书院碑记

尝读《禹贡》，河济之次维海岱，青之雄冠九州，夏殷前已炳炳矣。气凝重而挺隆，俗阔达而骏迈。历三代以远，数千百年间，其生斯地与莅斯地者，今未识几多贤士大夫也。康熙己巳，余奉命观察青州，鹿鹿尘鞅，不恒居公廨，劳心厘别，日无暇晷。越岁，诸务渐次就理，怀砖之俗曾乐余之不扰。因得陟云门，汲范井，南眺穆陵，俯临淄水泽，然想见尚父齐桓之遗烈。延陵季子曰"洋洋大国风"，非虚语耳。若人物则房文昭、王文正之里第已不可考，而宦迹自范文正公外鲜专祠，当不能无疑者。

闲日稽之郡乘，其地旧有矮松园，盖自宋时已称闲胜，矮松二，王沂公为之赋。元明之际，衲子窜入而为佛刹。成化中，郡守李公请于朝，置祠祀寇莱公及沂公而下名贤十有三人，皆守土而功德于民者。踵矮松故址又树大小松百余株，因名曰"松林书院"。延属邑弟子诵诗读书于中。洎弘治中，郡守彭君嗣加修葺，松或不无减者，益树之以柏。未几，江陵柄国，下讲学之禁，而其书院也遂并祠废之，致使前贤胜迹仅存遗址于荒烟衰草之中。余不胜慨然曰：凡学不近乎圣人之徒，人不列乎王者之佐，治绩文行不关乎世道人心之重，则其兴废有无又何妨？轻重而缓急之。今十三贤如寇忠愍公等，其文章德泽自百世师也。岂意及今春秋不祀，血食固难问矣！即祠宇肖像亦仅一荒土丘耳。满目荆棘，今昔堪悲。余欲思重置，苦力之不赡。

适入省言诸藩长尔锡卫公，公跃然出俸美倡之，余倾赀佐之，诸僚属各闻风捐餐钱以襄厥事。鸠工于辛未之二月，落成于壬申之四月。凡立堂阁室个若干楹，树松桧若干章，缭墙广袤若干武，为垣堰纵横若干尺。未及笾豰奉主荐中牢，率郡中宾属缝掖毕骏，奔而列坐，盼睨榱栋，周视崇墉，听松籁之谡谡，十三贤灵爽忾乎若有凭者，为是重有感焉。

古来循良莫盛于汉，而东西四百年间艳称者颍川之凤、会稽之钱、渤海之□、成都五桥、渔阳两歧，此外指不数□□□，宋承五代，偏安之余，成平不过百祀，而青州一郡贤良接辕至十三人，于戏盛哉！良由艺祖以宽厚开基，太、仁二祖继以精勤，崇鉴道学，故人思砥砺，不尚浮夸。内者润色皇猷，外者尽心民瘼，一郡一代，如是，天下千百世可知也。我国家幅员广廓，远轶汉唐，岂区区有宋之足云。世祖章皇帝因革尽善，□□无疆。今上蹉绪而光大之，崇儒重道，文治日隆，特敕内帑，修至圣先师夫子庙，而先贤先儒等祠则亦渐建立而整饬焉。会大中丞佛公抚于东土，凡□□施，无不好恶同民，而兴行文学，澄清吏治，尤为地方首计。顾自古圣人之徒、王者之佐，其关系世道人心之重者，岂异人任？要在读书食禄时，能以学问植其气节，而以事业发舒性情，则庶几矣。《传》曰：勤劳于国则祀之，法施于民则祀之，能捍大旱御大灾则祀之。使景仰此祠而流连慨愤，徒令昔贤专美于前，是诚可耻也。今重建而仍名以书院，原欲与诸僚属缝掖讲明此义，俾忠孝廉节日不泯于天地，若会文课艺，其余事耳。但念百年后兴废何常，余既无召公之德，惧剪伐之将及。龙鳞无恙，是所望于后之君子。

关中陈斌如野弓撰并书

松林书院的创建、修葺与禁毁。松林书院的前身是宋代的矮松园，园因奇诡二松而得名，名相王曾早年读书于此，后连中"三元"，官至宰相，曾作名篇《矮松赋并序》记之，时人筑王沂公（王曾封沂国公）读书台以志纪念，矮松园遂名声大振。皇祐五年（1053 年），著名书法家、诗人黄庭坚之父黄庶任青州通判时曾携妻子和年幼的黄庭坚游览矮松园后感慨道："矮松名载四海耳，百怪老笔不可传。左妻右儿醉树下，安得白首朝其巅。"可见矮松园在当时已名闻天下。"元明之际，衲子窜入而为佛刹。成化中，郡守李公请于朝，置祠祀寇莱公及沂公而下名贤十有三人，皆守土而功德于民者。蹉矮松故址又树大小松百余株，因名曰松林书院。延属邑弟子诵诗读书于中。"碑文所记与嘉靖《青州府志》（以下简称《嘉靖府志》）和光绪《益都县图志》（以下简称《光绪县志》）记载是一致的。明成化二年（1466 年），浙江进士李昂始任青州知府，奏请将府治仪门之西的"名宦祠"移建于此。"名宦祠"祭祀北宋十三位"有惠爱于青民"之青州知州，即寇准、曹玮、王曾、富弼、庞籍、范仲淹、程琳、李迪、赵抃、欧阳修、吴奎、张方平、刘挚，故又称"十三贤祠"。随即赶走僧众，撤掉佛像，完全改变寺庙旧规，恢复其貌，迁"十三贤"之神位于其中，"塑诸公之像，衣冠皆如宋制"，匾其楣曰"名贤祠"，也称名宦祠，俗称十三贤祠。又建遗爱堂，绘诸公政绩于四壁。前建两斋，左曰"思齐"，右曰"仰止"，作为士子读书之所。在四周建好垣墙，墙之外复为二轩，左曰"藏修"，右曰"游息"。聘请四方有学行者为师，下令属邑中那些品行端正、崇尚仁义之道、聪明好学的子弟，教育于此，食宿于此。大门统题曰"松林书院"。时在成化五年（1469 年），松林书院正式创立。其创建过程详载于《嘉靖府志》，可与《重建碑》相互印证补充。书院创建后又有多次修葺，较大的一次是"弘治中，郡守彭君嗣加修葺"，"郡守彭君"指的是青州知府彭桓，"吉水人，进士，正德元年任"①，弘治十八年（1505 年）与益都知县金禄重修松林书院，应金禄之请，彭桓亲自作《记》纪念。"未几，江陵柄国，下讲学之禁，而其书院也遂并祠废之"，指的是万历八年（1580 年）宰相张居正下令毁天下书院一事。张居正，湖广江陵人，时人又称张江陵，万历时期的内阁首辅。在这场浩劫中松林书院未能幸免。咸丰《青州府志》（以下简称《咸丰府志》）载"以江陵当轴，议毁天下书院，遂废"。清初文人安致远在《青社遗闻》中引钟羽正的一段话说得更详尽，且对书院被毁深感惋惜："江陵相时议乡校，贪吏承风，撤祠拉像，伐松柏，货千金，入私囊，舆论痛惜不顾也。祠既废，碑碣为人取去作砧石，历代名区，鞠为茂草，君子悯焉。"②

陈斌如与松林书院的重建。康熙己巳年（1689 年），陈斌如"奉命观察青州"，面对"前贤胜迹仅存遗址于荒烟衰草之中"，"不胜慨然"，念及"十三贤如寇忠愍公等，其文章德泽百世师也"，岂料至今"春秋不祀，血食固难问矣！即祠宇肖像亦仅一荒土丘耳。满目荆棘，今昔堪悲"，欲思重建，苦于力之不足。"适赴省言诸藩长尔锡卫公，公跃然出俸羡倡之，余倾赀佐之，诸僚属绅士各闻风捐餐钱以襄厥事。鸠工于辛未之二月，落成于壬申之四月。"而

---

① 《益都县图志·官师志》，中国文史出版社 2006 年版，第 287 页。
② ［清］安志远：《青社遗闻》，青州古籍文献编委会 2008 年，第 38 页。

对于书院重建，《咸丰府志》只云"国朝康熙三十年，知府金标重建"①，记载过简，而对陈斌如只字未提，这未免有失公允，看来历史记载也常有谬其传之处，此康熙三十年的《重建碑》可纠正《咸丰府志》之讹。实际上，从碑文看出，作为倡导者并亲历者，陈斌如对于书院重建之功不可抹杀。《光绪县志·官师志》在"清朝·兵备道等"条目内曰"陈斌如，陕西华州人，贡生，康熙三十年任"②。从碑文知，陈于康熙二十八年（1689 年）以山东按察司金事出为青州兵备道（注：清朝有"道"的建制，青州曾一度设有兵备海防道，设道员，至光绪朝先后二十人，为正四品），为重建松林书院而"倾赀佐之"，即倾尽资产以助重建，康熙三十年（1691 年）竣工。重建目的在于让人"读书食禄时，能以学问植其气节，而以事业发舒性情"，特别指出，书院建十三贤祠如果仅仅让人"景仰此祠而流连慨愤"，只是让先贤们受人崇拜赞美，"是诚可耻也"，而应让学子学习先贤名宦的精神。重建而仍用"书院"之名，是想跟诸属僚儒者们讲明"忠孝廉节"之理不泯于天地，至于"会文课艺"，"其余事耳"，可见书院教育自开办之日便"崇儒重道"，特别注重以先贤为榜样，对诸生进行儒家所倡导的德行的培养和理想人格的塑造，这也正体现了中国传统书院教育的特色之一。

藩长尔锡卫公及诸僚属绅士。书院的成功重建还得力于山东省省级大员——"藩长尔锡卫公"的大力支持。藩长尔锡卫公，即时任山东布政使的卫既齐。按：清代山东最高行政长官为巡抚，巡抚以下官员，掌管刑狱的为提刑按察使，称臬台；掌管全省教育的最高官员为提督学政，亦称学政、学院，又称学台；而掌管民政的为承宣布政使司，简称布政使，又称藩台，即藩长，大致相当于现在的省长。尔锡卫公，名卫既齐（1646—1702），字伯严，号尔锡，猗氏城（现临猗县城）人。康熙甲辰科（1664 年）进士，弱冠之年便选进翰林院庶常馆为庶吉士。三年后，授翰林院检讨。曾任固安、永清、平固三县县令。政绩卓著，深得抚军廉吏于成龙的器重。据钱实甫《清代职官年表》

---

① 《青州府志》，2011 年点校本，第 408 页。
② 《益都县图志》，中国文史出版社 2006 年版，第 315 页。

载："康熙二十七年，戊辰（1688 年），山东布政使，原检讨擢。"①《清史稿》
载："上知既齐讲学负清望，超擢山东布政使。既齐感激，益自奋勉为清
廉"②，后升左副都御史，后又改授贵州巡抚。在鲁期间，主持田赋征收，照
章行事，从不多收分文，遇有余额皆返回原纳户。并捐谷施衣以赈荒年，后又
奉命代行巡抚职，清审讼狱 80 余案，释放无辜错判者数百人，并于衙外悬一
铜锣，令民有冤苦者可随时鸣呼。既齐办案刚毅果敏，有"青天"之誉。在
鲁十余年，颇有政声。又创建历山书院，纳士育才。每逢初一、十五两日，还
召集父老子弟宣教说法。《重建碑》中当陈斌如提出重建松林书院的计划后，
"公跃然出俸羡倡之"，踊跃地捐出俸禄支持书院重建。省长大人带头带动，
道员大人"倾赀佐之"，诸僚属绅士各闻风而动，纷纷捐餐钱以助成此事。此
记载可丰富布政使卫既齐在鲁大力支持教育的事迹。另，从相邻碑刻看，"诸
僚属绅士"中捐款者主要有：罗大美，四川阆中人，青州知府，性忠恕，为
政宽和，重贤礼士，延接吏民态度温如，而民不敢欺；曾捐资修万年桥及十三
贤祠；前后三守青莱兵备道，政声远达，尤以捕蝗得民心；协办军需，以疾卒
于官；四民请祀"名宦祠"③。孔毓恩，汉军镶白旗人，荫监生，康熙三十年
书院重建时任府通判，康熙三十五年任知府④，等等。

康熙朝的文教政策及大中丞佛公。书院的重建不仅得力于省长大人的大力
支持和陈斌如及僚属绅士们的全力以赴，更是康熙王朝重视文教的历史必然。
大清王朝发展到康熙时期，"我国家幅员广廓"，"今上"（即康熙皇帝）继承
而光大"世祖章皇帝"（即顺治皇帝）之遗烈，"崇儒重道，文治日隆"，并特
令动用国库资金修至圣先师孔子庙，并建好先贤先儒等祠堂，以示国家对文德
教化的重视，据邓洪波《中国书院史》统计，康熙年间全国新建和修复书院
共 785 所⑤，书院建设已呈蓬勃之势。而此时的地方官员，也大都重民生，重
教育，极大地促进了书院的发展。碑文中所记松林书院重建时适逢"大中丞

---

① 钱实甫：《清代职官年表·布政使年表》，中华书局 1980 年版，第 1790 页。
② 赵尔巽等撰：《清史稿·卷二百七十六》，中华书局 1998 年版，第 10081 页。
③ 《益都县图志》，中国文史出版社 2006 年版，第 316 页。
④ 《益都县图志》，中国文史出版社 2006 年版，第 316、324 页。
⑤ 邓洪波：《中国书院史》，东方出版中心 2006 年版，第 434 页。

佛公抚于东土"，"大中丞"，明清时对巡抚的别称，此指佛伦出任山东巡抚一事。佛伦（？—1701），姓舒穆禄氏，满洲正白旗人。钱实甫《清代职官年表》载："康熙二十八年，己巳（1689年），山东巡抚，内务府总管授。"① 佛伦曾在康熙《济南府志》序文中写道："己巳冬，余奉天子命来抚东邦，既抵官，问吏民疾苦，聆其风谣。"作为山东省的最高行政长官，他乐善好施，好恶同民，关心民生疾苦，而把"兴行文学，澄清吏治"作为地方首计，他对松林书院的重建起到了很大的推动作用。康熙三十一年（1692年）擢川陕总督，官至礼部尚书、内阁大学士。三十二年（1693年）六月，康熙皇帝玄烨在《赐总督佛伦》诗中说"旷世孤芳节，超伦千古心。封疆资大吏，抚育代忧深"，高度评价了佛伦的品节和才能。

书院重建小插曲：请赵执信代写碑记却未采用。松林书院重建竣工后，出现了一个耐人寻味的小插曲：陈斌如本来请当时才华横溢的著名诗人、进士赵执信为之代写《重建青州松林书院碑记》，可是写好后却未被采用。现将赵执信《饴山文集》中那篇未被采用的碑文录入于下，以作比较：

重建青州松林书院碑记②

青州旧有松林书院，其地盖自宋代已称闲胜。古松二，王沂公为之赋，郡志载焉，昧其亡于何年矣。院之建在故明成化间。郡守李君者请于朝，祀寇莱公及沂公而下名贤十有三人，皆守土而有功德于民者，礼也。树松百余，因以名。就置学舍，延师，录弟子弦诵其中，当时称之。至弘治间，郡守彭君嗣加修葺，松有减者益树以柏。万历之初，当国者令所在毁乡校。守者遽潴其宫而伐松柏，货焉以自肥，由是荡尽，今百有余年。

岁在己巳，余自郎省出莅斯邦，目恻堕废，有志兴复，顾碑碣莫存，遗墟莽莽。越明年，居人穆氏者求得其故地，余遂力任其事，而郡邑之守令与其乡之士大夫咸乐与有成也。夫生隆盛之时，膺封疆之寄，期谨身奉法，使民不

---

① 钱实甫：《清代职官年表·巡抚年表》，中华书局1980年版，第1554页。
② 赵蔚芝、刘聿鑫：《赵执信全集》，齐鲁书社2016年版，第351页。

扰；而以其余集力于古人，殚心于陶甄材木之间，世或迁之。而使百年澌灭之区一还其旧，于以永名贤之遗爱，承循良之用心，焕然于今人士之目，而传述于后世有识者之口，且使凡有守土之责者瞻仰庭宇，追慕前哲，知仁人之必有祀于后，虽久益彰，中更缺坏，卒不可泯。我今日之政其有合焉者乎？用夜思早作以抚绥吾民也，而四邑之成人小子行相与复弦诵之旧，进则跂焉，思所取法；退则休焉，游焉，以就其学。上之足以备朝廷任使，次亦不失为乡党自好者。其为益讵出胶庠下哉？而世顾有迁焉如是者哉？

是役也，不藉公家，不扰里社，蕲焉而起，翼然而成，惟列植松柏以百数，其长大犹须岁月焉。乃若堂庑阶砌、垣墉户阔之属，其高庳广狭视昔有加损否，余弗之知，后之人第以潴宫伐树者，与李、彭二守絜其功过，其必有以处余矣。是为记。

赵执信（1662—1744），青州府益都县颜神镇（今博山）人，字伸符，号秋谷，晚号饴山，清代著名的现实主义诗人、诗论家、书法家。康熙二十八年（1689年），"坐国恤中宴饮观剧，为言者所劾，削籍归"[1]，即指在佟皇后国丧期间至友人洪昇家观看《长生殿》演出，被人以"大不敬"之罪弹劾罢官，时年27岁。北京曾流传着这样一首诗："秋谷才华迥绝俦，少年科第尽风流，可怜一出《长生殿》，断送功名到白头。"赵执信罢官闲居数十年，漫游南北，这期间也曾在书院讲学，康熙五十一年（1712年）五月，于松林书院撰"黄崑圃政绩碑"，赞扬了山东督学黄崑圃先生重视教育、兴复书院、加强人才培养的重大贡献。赵执信在清代文坛享有盛名，代表作有《饴山诗集》《谈龙录》《饴山文集》等。

《重建青州松林书院碑记》撰书于康熙三十年（1691年），赵执信时年29岁，是他被劾罢归的第二年。缘何受陈之邀代写的碑记却未被采用呢？赵碑文开头的几行小字对这一情况有所说明："陈佥事徇名求代，嫌其词旨淡漠，不之刻也，昧者犹目碑文以为余笔，当由未睹斯篇，乃录而存之。"赵执信少年成名，18岁成进士，入翰林院，23岁成为山西乡试主考官，25岁官至右春坊右赞善兼翰林院检讨，《明史》纂修官，兼修《大清会典》，可谓青云直上，

---

① 赵尔巽等撰：《清史稿·卷四百八十四》，中华书局1998年版，第13364页。

众儒仰视，名动京师；而陈斌如是地方官员，以山东按察司金事出为青州兵备道，仅贡生身份，故陈"徇名求代"，但赵写好后陈又嫌"词旨淡漠"，最终未被采用。赵文果真"词旨淡漠"吗？通过两文比较，我们发现陈斌如说得不无道理。

首先，因是代笔，赵体会不深，故记事简略，仅630字，以客观平淡的叙述为主，且议论略显空洞；而陈文因是亲身所历，描写具体，体会深刻，如说书院废墟处在"荒烟衰草之中""满目荆棘""余不胜慨然""今昔堪悲"等，倾注了作者大量的真情实感，洋洋洒洒写了1500多字（包括未录入于本文的陈的诗歌），内容完整丰厚。其次，赵文显得高度不够，蓄势不足，如开头仅从回顾书院历史说起；陈文则先从大处落笔，写古青州"雄冠九州，夏殷前已炳炳矣；气凝重而嵬巍，俗阔达而骏迈""洋洋大国风"，至于历史名人像唐代名相房文昭（房玄龄）、宋代名相王文正（王曾），而名宦如范文正（范仲淹）等，而后再具体写书院的创建、禁毁及重建过程，可谓高屋建瓴，起笔不凡。更为关键的是，赵文写书院重建之功，除了陈斌如，还提到了"郡邑之守令与其乡之士大夫"和当地居民穆氏，而不容忽视的问题是，不知是赵真的本来就不清楚，还是装糊涂，还是因年轻虑事不周，抑或是出于一位刚刚蒙冤罢官两年的29岁的年轻文人的骨子里的清高、疏直、狂放，他压根就没提"上级领导"——省长大人的关心与支持，更没说当今圣上"崇儒重道，文治日隆"等国家重视文教的大形势，也没说地方上巡抚大人以"兴行文学，澄清吏治"为首计等等，与陈文相比，的确还是缺少高度，气势不足，又未能准确反映客观事实，故陈嫌其"词旨淡漠"而弃置不用。因此今日我们在书院碑廊内看到的仍是陈斌如亲笔撰写并书丹的《重建碑》。

穿越330年的历史风云，拨开历史的重重迷雾，我们仍会发现陈斌如做出的是一个合理的选择。

三、黄崑圃政绩碑（清·赵执信）

此碑为德政碑，由康熙五十一年（1712年）诗人赵执信撰文并书丹。碑高2.2米，阔1米。此碑于"文化大革命"前由青州一中原校长阎石庵先生安排砌在书院后院西厢房北山墙上，因而免遭粉身厄运，保存完好，1991年大修书院时，仍嵌于兹。碑文对山东学政黄叔琳的政教伟绩进行了高度评价——"视事三年，清惠翔洽，政教修明，举前政之以尤异著者，皆有过之无不及焉"。现标点全文如下：

山左督学使者黄崑圃先生视事三年，清惠翔洽，政教修明，举前政之以尤异著者，皆有过之无不及焉。时天子御宇长久，加意文治，慎学臣之选；而先生以高第盛名，周旋禁近者二十年，孚于帝心，用能奉宣德意，以大称厥职。既还朝有期矣，人士皇皇如失所恃，则走巡抚都御史请留焉。既为具奏请不可得，则相与树丰碑于青州之松林书院，跻先生于十三贤之间。

于戏！其无愧也乎！盖学使者之为职也，方今最难，上之委之也重，而下之求之也繁。徇人则必失己守，己则固必将远于人情。且以千万士子各竞以心，各怀所欲，而以一身持其平，而厌其心以塞其口，是固非徒区区守一己者之所能办也。先生悠然处之，绰若有余。于诸生两试乎定高下，毫发无所苟。所最惬赏者，聚而饮食，教诲之于历下，于兹书院，皆能有所成就。其文义卑陋者类优容之，不轻降黜。

清·赵执信黄崑圃政绩碑拓片

郡县守令或以小故请褫诸生者，一无所听。士咸畏而爱之。先是，童子入学既有定额，其以文得当者，及额之半，即人心帖然，先生必使文溢于额，无一倖获者。或有非意干请，先生毅然持之，贲育不可夺也。虽操弓挟矢之流，寸长薄技，皆得自通矣。胥吏惟供奔走，始也禁其挟私，久则无私可挟尔。好推崇先达，表章幽隐，于文行可宗者，立檄守令祀之学宫，不使其子孙知；其或名实不显者，必斤斤访察，无少瞻徇。盖先生衡鉴精敏，或亦兼夫学力，若其皦然不淄之节，挺然不挠之气，乃寓于温厚和平之中，是殆其天性固然，然以是跻十三贤之列，又何让焉！

松林书院者，在州城内西南隅。有宋先贤王沂公于其地赋古松，后人因建书院，祀沂公及富文忠、范文正而下十有三君子。迄今六百年矣，而未益一贤者，非无人也，有其人而无关于斯土，或斯土有人而未尝莅政如沂公者，则不可以祀也。书院于明中叶而芜废，近岁修复之。修复之者遂欲自列于诸贤之间，是殆不自知者也；不自知者，人亦不之知，若黄先生可以十有四而无愧者矣！夫无愧于往代名贤，乃可以归报圣天子，而有炜于国史，则其为一省一郡之所尸祝而勿替也，岂不宜哉！先生名叔琳，大兴人，辛未第三人及第，历官翰林侍读，改鸿胪少卿。

康熙岁在壬辰夏五月益都赵执信记并书

青郡僚属绅衿　公立

四、《松林书院记》碑（清·黄登贤）

青郡向设松林书院，有祠祀宋王沂公而下十有三贤，盖以策励后学，景仰前徽，志流风余韵于不衰也。康熙戊子、己丑间，先大夫视学山左，兴复济南白雪书院，时远迩翕集，至不能容；而松林书院日久就芜，乃复，慨然捐俸，重加修葺，进诸生而教诲之，饮食之。所成就者，如徐君士林、李君元直、丁君士称、陈君有蕃、马君长淑、辛君有光、李君志远、刘君轶政、秦君宏、林君仲懿、王君瀛、孙君果、董君思恭，皆知名士也。先大夫之拔擢人才、振兴士气，类如此矣。

岁甲午，余复承恩命，校士于兹，会垣白雪书院已废无故址，而松林巍然独存；郡太守滇南陈君诏、益都尹武林周君嘉猷，皆雅意劝学用能，招纳后进，嘉惠士林焉。周君固请于余文以纪之，顾余谬承先人遗轨，惟陨越是惧，何敢以文辞见！虽然，忆先大夫之任满将代也，郡绅士既为攀留不可得，乃于书院别置一祠，以跻先大夫于十三贤之间，宫赞赵秋谷先生碑记其事。

呜呼，此岂易得之数耶！今日幸登此堂，先人灵爽，实所式凭，予小子顾抗颜而步其后尘，毋乃滋愧也乎！诸生中有克世其业者，其乃祖乃父则固先大夫之所陶冶者也；余今又得与其后人讲论于一堂之上，亦可见诗书之泽长，而流风余韵尚未有艾也。诸生行自勉矣，余益当自励，以克笃前人光焉，因书于讲舍之左方。

乾隆四十年秋七月朔大兴黄登贤记并书

松林书院记碑

此碑为横石壁碑，宽约 60 公分，高约 40 公分，原在松林书院，现由青州博物馆收藏。1951 年，校友将碑文拓下，拓片字字清晰。撰文并书丹者黄登贤，黄崑圃之子，乾隆四十年（1775 年）任山东学政，考察松林书院时，应益都县令周嘉猷之请作《松林书院记》碑以纪之并激励诸生。碑文首先指出书院内建十三贤祠，"盖以策励后学，景仰前徽，志流风余韵于不衰"；其次，回顾了康熙戊子、己丑间，父亲任学政期间慷慨捐俸、兴复书院、拔擢人才、教育人才、振兴士气的历史贡献，其中提到"有所成就者"徐士林、李元直、董思恭等十三人，"皆知名士"，"亦可见诗书之泽长，而流风余韵尚未有艾也"。文章对六十年前父亲恩泽青州士子，为国育才的政教伟绩感慨不已，自己决心继承父业，以克笃前人之光。《松林书院记》碑虽碑小字少，但信息量大，是迄今所见松林书院这座千年文教重镇历史上存世的重要碑刻，具有珍贵的文献价值。

五、清代《特授青州府正堂加三级纪录七次李札》碑考释

李森

清《特授青州府正堂加三级纪录七次李札》碑拓片

山东省青州市松林书院北壁墙间镶嵌有一方清代光绪八年（1882 年）刊刻的《特授青州府正堂加三级纪录七次李札》碑（以下简称《李札碑》）。该碑青石质，高 106 厘米、宽 220 厘米，上刻字径 2 厘米的精美楷书近 2000 字。碑文未见著录，值得引起关注。现将碑文标点断句于下，作一考证解释。

特授青州府正堂加三级纪录七次李札

益都县知悉，案照青郡云门书院为合属十一县生童肄业之所，每值月课之期，人文繁盛，祇以经费无多，不足以资鼓励。兹经本府捐廉库纹捌百两，发当生息。俾课取生童一百名，均得分沾加奖银两。并禀准各宪批示立案刊石，永远遵守。所有禀稿、章程、印簿，合行札发。札到该县，立即遵照刊石，妥为办理，勿违此札。计粘抄禀稿、章程共一纸，并发印簿一本。光绪七年十二月二十六日。札敬禀者，窃照青郡云门书院为合属十一县生童肄业之所，每值月课之期，人文繁盛，祇以经费无多，不足以资鼓励。向章每月课试生童各取五十名，

名次列前者得领奖赏膏火，名次列后者仅取空名，不能遍给。皁府五年正月履任，观风月课，目睹情形，心殊焦灼。自思忝膺表率，责重养民，而教育人材，栽培士类，尤为第一要义。当于己卯乡试，宾兴决科之时，生员例得钱文之外，捐廉给予资斧，以助膏秣。榜尾注明数目，卷面粘连钱帖，以杜胥吏舞弊。并于每年月课之又次日，酌提前列十人入署面试，加课论文，勋品优给奖赏。是以场屋无作奸犯科之士，公堂无抗粮兴讼之人。数年以来，颇著成效。惟事无定程，费无常例，必须熟筹久远之规，著为遵行之法。现经皁府措捐养廉库平纹银捌百两，合青平银捌百捌拾陆两，饬发郡城益和当典，按月一分三厘生息，遇闰加增，每年应生库平息银一百二十四两八钱，合青平银一百二十七两二钱。除每年正、腊两月停课外，按十个月开课均匀摊给。酌议章程，设立印簿，责成监院分别支取散放。每月课取生童共一百名，无论名次先后，均得分沾加奖银两。水多一勺，固难比润于西江；藜照三更，无待凿光于东壁。咸思奋志，青云自必扶摇直上矣。除银发当生息，取具领状备案，后来官绅不准提取成本。并饬监院照章妥为经理外，所有皁府捐廉生息，永作书院加奖经费。缘由理合抄录，酌议章程，禀请大人察核批示立案。谨将皁府捐廉发典生息，永作云门书院加奖经费，酌议章程六条，开折呈电：皁府措捐库平宝银八百两整，发交益和当商领借。议明书院存项，概照一分二厘生息。惟此次独力捐廉，仿照前府富守捐助同善堂旧章，每月一分三厘生息。自光绪八年正月初一日起，遇闰照算，按月支取，作为云门书院加奖经费。禀准各宪立案刊石，永远遵行。云门书院经费，同治五年旧存生息本银五千六百一十两，同治八年归并义学经费本银一千两，二共六千六百一十两。发当按月一分二厘生息，截至光绪七年年底止，历年余剩生息增入作本，计共存本银七千五百二十三两四分。照章生息备用。再酒店捐助经费，自光绪四年至七年共缴京钱一千五百四十六千文，除历年支用外，实存县库京钱二百六十四千文。容俟积有成数，续行发当生息。查此旧存银钱两项，历有年所，均与此次捐项无涉。旧额取课生员共五十名。内分超等生员十四名，每名膏火银各一两三钱。第一名奖赏银六钱；二名至三名奖赏银各四钱；四名至六名奖赏银各三钱。又第一名至六名，由酒店捐钱内加奖京钱各二千文；七名至十名加奖京钱各一千文。特等生员十四名，每名膏火银七钱。额取一等生员二十二名，第一名至十名，由酒店捐钱内加奖京钱各二千文；十一名至二十二名膏火无、奖赏无。旧额取课童生共五十名。内分上取童生十名，每名膏火银各八钱，第一名奖赏银四钱，二名至四名奖赏银各二钱。又第一名至六名，由酒店捐钱内加奖京钱各一千文。中取童生十名，每名膏火银各五钱。次取童生三十名，第一名至八名，由酒店捐钱，内加奖京钱各一千文。九名至三十名膏火无、奖赏无。查生童旧额，取数均宽，此后月课，照旧录取，勿庸议增。此次捐项，每月生息计库平银十两四钱。除见厘不计外，实折成青平十两六钱，再将腊、正停课两月息银归并为每年十个月扣算，每月折成青平银十二两七钱二分。议划出青平银八两四钱八分，加奖取课生员。自第一名至五十名，每名加奖银各一钱六分，余银再加奖第一名至六名各八分。又划出青平银四两二钱四分，加奖取课童生，自第一名至五十名，每名加奖银各八分。余银再加奖第一名至六名各四分。至遇闰月，无论生童，均停加奖。其闰月生息银青平十两六钱，仍存当店，专助乡试年分决科加奖之用。乡试年分，生员赴省。向系七八九三个月停课，议准预提此三个月息银，划出生员应得之项，临时酌定名数，作为决科再奖至童生。照旧应课加奖，勿得牵混。书院向有束修，一切杂费仍准在旧款内提用，不得于此次捐项再冒支销。设立印簿，将此章程开列簿内，一样三本，一存益都县署，一存监院公所，一存益和当店。每月于开课次日，监院汇齐三簿，注明数目，支取上月息银，仍由当店戥足，各封妥交监院领回。印簿存县之簿，亦由监院给还。俟贴榜日，监院亲散生童，概不假手。年终专款造册报府，以备查考。巡抚部院任批：据禀，该守捐廉八百两，发当生息，以助生童膏火之资，洵属嘉惠士林，殊堪佩慰。折开各条，亦属周妥。仰饬该监院随时认真经理，勿任日久废驰，是为至要。缴折存。布政使司崇批：培植学校，本为政之先务。该守捐廉银八百作为青郡书院加奖经费，洵属嘉惠士林，钦许之至。所议章程，亦极妥协，自应准予立案。仰即遵照，妥为办理，以经久远，是为至要，仍候抚宪批示。缴折存。按察使司潘批：查该守平日教育人材，栽培士子，本司早有所闻。兹复捐廉八百金，发商生息，以作生童膏火加奖之资，士林被泽良多，实于文教大有裨益，殊堪嘉尚。所议章程甚属允协，自应如禀立案，以垂久远，仍候抚宪暨藩司批示。缴清折存。登莱青道方批：如禀立案，仰候院司批示。缴折存。益都县学增生崔芳园书丹。益都县学附生受业高登云监工。益都县学武生王联璧监工。光绪八年十二月日，书院肄业生童公立。刻字靳日升。

这篇碑文记载的是光绪八年（1882 年）青州知府李嘉乐针对当时青州云门书院经费缺乏，竟致每月课试优秀生员奖赏膏火不能遍给的弊端，毅然自捐官俸八百两白银作为书院经费的事迹。碑中明确规定"每月课取生童共一百名，无论名次先后，均得分沾加奖银两。"指出"所有卑府捐廉生息，永作书院加奖经费。"并且"立案刊石，永远遵守。"李嘉乐为"教育人材，栽培士类"，慷慨解囊，办了一件"嘉惠士林"的大好事。此举赢得了山东巡抚、布政使、按察使等省级大员们的一致肯定和交口称道。

谨按青州历史上曾有两座云门书院：一为明万历四十一年（1613 年）山东按察副使高第、青州知府王家宾以布政司分署（故址在今青州市区东门街）改建而成的云门书院。据《光绪益都县图志》载：这座书院竣工后，重门缭垣，号舍堂皇，南眺鲁中名岳云门山，高第因此题其额曰"云门书院"①。该院遂为青州士子治学之所，亦兼作校士考场。清顺治、康熙年间，青州知府夏一凤、陶锦曾先后进行过修葺。雍正时成为山东学使按临之所，专用作考场，易名青州试院，书院从此停办。二是由青州松林书院改名的云门书院。松林书院在今青州第一中学校园内，是一座闻名遐迩的千年文教重镇，始建于北宋，系宋代著名三元宰相王曾读书处，因院中对植古松两株，干矮枝阔，时称"矮松园"。明代正式命名为松林书院。松林书院在明建云门书院于清代停办后，一度更名为云门书院。因此，《李札碑》中的"云门书院"指的是由松林书院改名的云门书院。这座书院乃青州府府属书院，《李札碑》云："青郡云门书院为合属十一县生童肄业之所。"光绪十九年（1893 年）益都县举人邱端玉在《益都丁壬集》中也宣称："云门书院者，统乎一郡之书院也，非专为吾益（都）设也。"② 王炳照先生指出："清代绝大多数书院已演变成同官学（府县学——笔者注）无区别的考课式书院，并同官学一样沦为科举的附庸。"③ 邓洪波先生说道：清代"绝大多数书院的教学目标、教学内容和课程设置都围绕科举制度进行，书院几乎成为科举育才机构。"④ 李兵先生亦云：

---

① ［清］法伟堂：《光绪益都县图志》卷 14《营建志下》，光绪三十三年益都县刻本。
② ［清］邱端玉：《益都丁壬集·钞序》，光绪十九年刻本。
③ 王炳照：《中国古代书院》，商务印书馆 1998 年版，第 184 页。
④ 邓洪波：《中国书院史》，东方出版中心 2004 年版，第 492 页。

"考课式书院基本上都是为培养科举人才服务的。"① 所谓考课式书院是指以考课为教学形式，以训练写八股文、参加科举考试为办学目的的书院。青州云门书院就是此类以八股文教学为核心，以科举为指向的考课式书院。这种书院对住院生的学业管理相当严格，制订有严密的教学计划和固定的考试日期。考试目的，一为检查学生成绩，促其学习；二为划分等次，给予奖励。每次考课结束都要将生员分为超等、特等、一等；童生分为上取、中取、次取，分别给予膏火。膏火本意为膏油灯火，此指发给学生的生活费用，隐含着奖励机制。然而，清末"在西学东渐的刺激下，学习西方，富国强兵，救亡图存的革新浪潮日高。封建教育日趋腐败，书院教育也'弊已积重，习亦难返'"②，已经不能满足变化了的时代的需要，基本培养不出应对世事的人才。云门书院遂在此历史背景下改名青州府中学堂，后来又恢复最初的松林书院本名。

"青州府正堂"指青州知府李嘉乐。李嘉乐，字宪之，河南光州人。同治二年（1863 年）进士，改庶吉士，授编修。历官青州知府、江苏按察使、江西布政使，仕至河南巡抚。著有《仿潜斋诗钞》《齐鲁游草》③。李嘉乐为官两袖清风，不仅厉行节约，而且出奇吝啬，是晚清最著名的廉吏之一，号称"一国俭"。如李嘉乐官苏州时，看到陆稿荐煮卤肉，用生面饼围在锅沿与盖桶之间，汤汁浸入，熟后，贫家购以当肉食，价廉物美，于是李嘉乐也天天去买，一时传为笑柄④。再如他任江西布政使时，从不去理发店理发，而是叫满街跑的剃头匠来理发。后又嫌收费"昂贵"，理发之事索性由妻子代劳。节俭处世，人誉"藩司之最"⑤。李嘉乐还是一位颇有造诣的诗人。光绪十五年（1889 年）他在《仿潜斋诗钞·自叙并目》中称："自十五岁至五十二岁，存诗一千五百六十首，计十五卷，续刊卷俟附后。此数十寒暑中，鸿泥驹隙，赖覆瓿物，为记事珠，偶一披阅，聊以自娱。"⑥ 赵国华在《仿潜斋诗钞·序》

---

① 李兵：《书院与科举关系研究》，华中师范大学出版社 2005 年版，第 167 页。
② 王炳照：《中国古代书院》，商务印书馆 1998 年版，第 192 页。
③ 王元炳、梁叔伦：《民国潢川县志》卷 12《李嘉乐传》，民国三十七年稿本。
④ 渔父：《"天下俭"李用清》，载《贵阳文史》，2008 年第 5 期。
⑤ 翁同龢：《翁同龢日记》，光绪十四年四月四日，中华书局 2006 年版。
⑥ ［清］李嘉乐：《仿潜斋诗钞·自叙并目》，光绪十五年刻本。

中对李氏清官加诗人的生平作过一个中肯评价："少年清厉，既壮致身台馆，扬声郡国。其操行廉劲，斥贪奢，疾便佞，睨强御"；"为诗乃复抗直豪迈，上下千古，造次顷刻，悉中典奥。"① 关于李嘉乐知青州府的时间，《光绪益都县图志》谓其："光绪五年（1879 年）知青州府。"② 这与《李札碑》所记"卑府五年正月履任"正好相合。李嘉乐在青州知府任上，禁止眷属食肉，在衙署后院种菜自给。还亲自掌管府内油灯，每晚不按时熄灯者，必遭责骂。他甚至因妻子浪费，要让仆人鞭打她。众所周知，清末官吏大都贪污腐化、挥金如土，李嘉乐却能出污泥而不染，怎不令人由衷钦敬？钦敬之余，又不免感叹：世人只知其过分节俭，却不闻慷慨捐银八百两奖励生员之事迹，真是有失片面！李氏在青州除去为云门书院捐献银两外，还有一件惠政值得提及。据《光绪益都县图志》载：光绪"七年（1881 年）秋蝗，知府李嘉乐亲督官民捕之，不为灾。"③

"前府富守"指前任青州知府富隆阿。富隆阿于《光绪益都县图志》有载："满洲正红旗人，监生。同治十三年（1874 年）任（青州知府）。"④《李札碑》云："惟此次独力捐廉，仿照前府富守捐助同善堂旧章，每月一分三厘生息。"富隆阿在青州知府任上曾经"倡捐千金"，设立同善堂，制订过《青州同善堂章程》。同善堂系收留、抚养孤贫子弟的慈善机构。据碑文知，李嘉乐捐银月息应为一分二厘，由于富隆阿当年捐银月息是一分三厘，李嘉乐因而得以享受与其相同待遇。笔者发现，富隆阿事迹在《光绪益都县图志》中还有一条记载：光绪"二年（1876 年）春，旱，大饥。冬，知府富隆阿、知县邓瑛劝富民出粟赈之。"⑤

"巡抚部院任"指山东巡抚任道镕。任道镕（1823～1905 年），字筱沅，江苏宜兴人。《清史稿》有传。出身拔贡。咸丰中，官奉贤训导。同治二年（1863 年），擢顺德知府。修治城堡，坚壁清野，屡击捻军，晋秩道员。尝疏

---

① ［清］赵国华：《仿潜斋诗钞·序》，光绪十五年刻本。

② 《光绪益都县图志》卷 18《官师志四》。

③ 《光绪益都县图志》卷 6《通志下》。

④ 《光绪益都县图志》卷 18《官师志四》。

⑤ 《光绪益都县图志》卷 6《通志下》。

通洺河、响水河，获田万余顷。曾国藩、李鸿章屡荐于朝，升河南开归陈许道员。剔除河工积弊，亲自验实工料。治河抢险，不分昼夜。光绪初，授江西按察使。当时省狱关押囚徒四百余人，任道镕便宜讯决，三月而清。迁浙江布政使，调直隶。光绪"七年（1881 年），擢山东巡抚"①。以绿营额饷训练新军，督促郡县缉捕盗贼，并修治泰山、沂水间驿道，行旅便之。旋因失察，降职道员。复起河道总督。义和团兴，任道镕积极训练河标，协助河南防务。后调浙江巡抚。光绪二十八年（1902 年），乞病归。卒于家，年 83 岁。巡抚为总揽一省军政的长官，从二品（兼兵部右侍郎者为正二品），并例兼都察院右副都御使，别称部院、抚军，敬称抚台。任道镕在《李札碑》中所作的批示，不仅高度赞扬李嘉乐"嘉惠士林，殊堪佩慰"，而且还要求云门书院监院"随时认真经理，勿任日久废驰，是为至要。"颇值一提的是，任道镕在夸赞李嘉乐义举的次年，即光绪九年（1883 年）曾对当时号称济南五大书院之一的尚志书院进行改造。尚志书院由山东巡抚丁宝桢在同治八年（1869 年）创建于济南，任氏修改书院章程，效仿浙江诂经精舍，以经古课士，提倡朴学，颇得时誉②。任道镕此举或许也有受到李嘉乐做法影响的因素。

"布政使司崇"指山东布政使崇保。崇保（1815—1905 年），字峻峰，镶黄旗满洲人③。道光二十四年（1844 年）进士。官至甘肃布政使，积极协助左宗经营西北军政。后改任山东布政使④。布政使是承宣布政使司长官，从二品，为巡抚属官，掌管一省政令与财赋，别称藩司、方伯，敬称藩台。崇保在批示中对李嘉乐大加褒扬并欣然予以备案支持："该守捐廉银八百作为青郡书院加奖经费，洵属嘉惠士林，钦许之至。所议章程，亦极妥协，自应准予立案。仰即遵照，妥为办理，以经久远，是为至要。"

"按察使司潘"指山东按察使潘骏文。潘骏文（1823—1893），安徽泾县人。《清史稿》有传。其父潘锡恩官至江南河道总督，是有名的治河专家。潘骏文以纳赀为刑部郎中入仕。咸丰末，捻军攻济南，他率兵迎击获胜，署任山

---

① 赵尔巽：《清史稿》卷 450《任道镕传》，上海古籍出版社 1986 年版，第 1428 页。
② 毛承霖：《民国续修历城县志》卷 14《建置考》，民国十五年历城县志局影印本。
③ 张曜等：《山东通志》卷 51《职官志四》，上海古籍出版社 1991 年版，第 1796 页。
④ 钱实甫：《清代职官年表·布政使》，中华书局 1980 年版，第 1940 页。

东青州知府。同治中，因跟从巡抚丁宝桢镇压捻军有功，授充沂曹道员。"光绪中，升按察使。"坐事降调，以谙河务，仍留山东治河。"山东士民以其治河功，请建专祠。"① 后历为山西按察使、护理巡抚、福建布政使。光绪十九年（1893 年）卒官。有《潘方伯公遗稿》。按察使是提刑按察使司长官，正三品，与布政使同为巡抚属吏，掌管一省刑名按劾之事，别称臬司，敬称臬台。潘骏文在批示中对李嘉乐同样称赞有加："查该守平日教育人材，栽培士子，本司早有所闻。兹复捐廉八百金，发商生息，以作生童膏火加奖之资，士林被泽良多，实于文教大有裨益，殊堪嘉尚。"这里潘氏声称对李嘉乐重视文教事业"早有所闻"，说明他心中比较关注青州政事。考其原因，当是潘骏文曾任过青州知府，对青州怀有一定感情之故。

"登莱青道方"指登莱青道道员方汝翼。方汝翼，字右民，河北清苑人。《民国清苑县志》有传。咸丰五年（1855 年）举人。由刑部主事荐升郎中。后充总理各国事务衙门章京。光绪三年（1877 年）外放山东登莱青道道员兼东海关监督。办理洋务，洞协机宜。升任甘肃按察使、江西布政使、护理巡抚。方氏为官，"清厘财赋，整饬吏治……赈灾劝学，士民爱戴。"② 光绪二十一年（1895 年）因病致仕。后卒于家。登莱青道始设于清朝中期，系省与府之间的一级政权组织，辖登州、莱州、青州 3 府 26 个州县。该道初驻登州。《清史稿》载："登莱青道……驻登州。"③ 近代烟台开埠后，外事日益繁杂，清廷基于政治、经济利益考虑，将登莱青道迁往烟台。《清史稿》云："今徙烟台。"④ 光绪七年（1881 年）方汝翼在督修的《增修登州府志·序》中署款："二品衔""分守登莱青兵备道、东海关监督樊与方汝翼序并书。"⑤ 按清代道员别称道台，为四品官，而方氏却是"二品衔"，可见其品级较高。方汝翼于《李札碑》中所作批示对李嘉乐捐银奖学之事未置一语赞词，仅称"如禀立案，仰候院司批示。"应该看到，青州知府李嘉乐的这道公札是由下向上

---

① 《清史稿》卷 383《潘锡恩传》附子《骏文传》，第 1319 页。

② 姚寿昌：《民国清苑县志》卷 4《人物》，民国二十三年铅印本。

③ 《清史稿》卷 116《职官志三》，第 444 页。

④ 《清史稿》卷 61《地理志八》，第 294 页。

⑤ ［清］方汝翼、周悦让：《增修登州府志·序》，光绪七年刻本。

逐级呈报的，这与碑中所列官员的官职顺序恰好相反。方汝翼作为李嘉乐的顶头上司，作的只是最初批示，还须上呈省级大员们垂示，他自然不便过早表态褒扬，仅仅签署意见，例行公事而已。

书丹者崔芳园，监工高登云、王联璧，刻字者靳曰升，均无详细生平事迹可述。《李札碑》书法工整秀丽，刻工精细，为青州市现存清代碑碣中的上乘佳作。

（作者李森：历史学博士，山东大学历史文化学院教授）

编者补：据高柳镇崔家村光绪重修《崔氏族谱》载，书丹者崔芳圆，今青州市高柳镇崔家村人，县学增生；其弟崔芳圃，光绪八年（1882年）恩贡，有文名，光绪《益都县图志》有载。

六、《谒范文正公祠酌泉有感示诸生》碑（明·邹善）

谒范文正公祠酌泉有感示诸生

邹善

昔闻长白山，清苦无与比。独抱先忧念，推沟同所耻。刻竹守琅琊，敷政资神理。化迁岁何年，爰遗丹井水。吊古仰前修，汲福荐簠簋。试酌远沉疴，

邹善诗碑拓片

重待净余泽。惟兹百代人，炯炯照青史。中庸遴士授，边城朝日起。捐囊育青衿，市田给族里。江湖与庙堂，分阴敢自弛？嗟予及诸生，黾勉迫芳轨，勿忘千古期，请从长白始。明隆庆元年三夏朔安成邹善书。

此碑位于青州范公亭公园三贤祠后乐亭后墙南侧，之所以收入本书，是因为它同明代状元赵秉忠的《云门书院记》一起，有力地佐证了山东督学邹善隆庆年间亲自在青州凝道书院（即松林书院）办学并传授阳明心学的历史。

此碑石灰石质，四周刻有石线，宽 136 厘米，高 67 厘米，碑文为行草，左下方刻印章一方，边长 2 厘米，印文待考。撰书者邹善，明代江西安福县人，安福旧称安成，故碑末署名"安成"邹善，嘉靖三十五年（1556 年）进士，王阳明学派的代表人物、著名理学家、教育家、大儒邹守益之子。历任刑部主事、山东督学，官至广东右布政司使。

嘉靖四十五年（1566 年），邹善任山东督学，热衷书院办学，发扬光大王阳明"致良知"的心学，亲自主持修葺松林书院并易名为"凝道书院"，旨在凝聚人心，传承与发扬儒家文化道统，"时与诸生讲学"其中。隆庆元年（1567 年），邹善拜谒范公祠，酌饮醴泉之水，对范仲淹事迹、精神有感而发，写成此诗，对诸生进行教育。诗为五言排律。题目中"泉"指的是醴泉，史载北宋范仲淹任青州知州时，当地流行"红眼病"，为给百姓治病，范仲淹亲自搜集民间验方，制成"青州白丸"，为不少人治好了病。为此，范仲淹把调制药丸的清泉命名为"醴泉"。长白山，指山东邹平的长白山，范仲淹少年读书的地方。诗中叙述了范仲淹早年在长白山读书，不畏生活的清苦，刻苦攻读，先忧后乐，抱负远大，终造福百姓，光照青史。邹善以范公的事迹精神来激励诸生不论身处江湖还是庙堂，都要珍惜光阴，用心读书，有所造就。作为山东督学使者，邹善负有领导、监督全省教育之责，而他善于抓住时机，用自己的现场感悟来教育激励诸生，足见其用心良苦，这也正是他倡导"知行合一"阳明思想的体现。

此碑是迄今为止发现的明代山东督学邹善在青州办学的唯一实物证据，具有较高的史学研究价值。

七、尚未考证的书院碑刻十四方

松林书院东北角碑刻游廊自南而北，前三方为陈斌如《重建松林书院碑记》，前文已作考释。尚有第四至十六共计14方碑刻未考，每方均宽35厘米，长110厘米，厚度不详。

第四方有"附记王沂公矮松园赋"字样，第五方有"斌敬书"字样，第六方有"松林书院诗记""昌阳赵崇"字样，第七方有"三韩佟国鑽"字样，第八方署名"嘉陵罗大美"，第九方有"东皋赵进美"字样，第十方有"海曲安暎""海曲王士嘉""海曲申士脩"等字样，第十一方署名"冶水冯虎臣"，第十二方有"畿阳杜能忠""张孟球"字样，第十三方有"辛未九月携同人登云门山"字样，第十四方有"关中陈斌如少丘氏赋并书"字样，第十五方有"沂公赋新""沈凤"字样，第十六方有"松林书院谒"字样。

这14方碑刻特别是后几方，在"文革"中人为破坏严重，字迹漫漶不清，有待于专家学者深入研究。

第三节　文献资料记载（部分）

一、祭酒[(1)]陈鉴记（明·陈鉴）

曰：维[(2)]是北海故郡，旧为齐国，号称大府。我朝法古为治，仍复青州之号，府治益都，统[(3)]州一，县十有三[(4)]。东北据海，西南距[(5)]岱，业务[(6)]农桑，利擅[(7)]盐铁，士好经术，习尚[(8)]豪悍[(9)]，邦域之东，亦维剧郡[(10)]。入国初[(11)]来，逮[(12)]今百年，为之守者不过薄书稽会[(13)]之间而已，稍知务民稼穑、拯民疾苦，已如夜光晃采[(14)]，而况求其能表显先贤、作兴斯道[(15)]者乎？

成化丙戌[(16)]，仁和李侯文举[(17)]来为守，即能敷德施惠，发奸摘伏[(18)]，疏弊源而清之，培利本而厚[(19)]之。未几，政通人和，百废俱举。府旧有祠，祀宋贤守寇忠愍，曹武穆，王范二文正、庞庄敏，李张二文定、富欧二文忠，赵清献，吴文敏，刘忠肃，程文简诸公之有惠爱于青民者。后祠废，祔[(20)]其主于土神之祠。祠既庳隘[(21)]，位亦贬损，非所以[(22)]崇贤报德，侯心歉[(23)]焉。暇日偶适[(24)]城坤[(25)]隅，因得隙地，高亢明爽，面山为屏，清致可爱，已为浮屠所据。不请诸朝，不白[(26)]于有司，辄构宫宇像佛其中，环树松百章，俨然[(27)]

一兰若⁽²⁸⁾矣。侯曰："吾旁求而未得，彼安⁽²⁹⁾肆而恣为？是可忍，孰不可忍也！"于是乎撤诸其像，迸⁽³⁰⁾诸其徒，尽易旧规，一回新观。乃迁主其中，仍塑诸公之像，衣冠皆如宋制，匾其楣曰："名贤祠"。前为两斋⁽³¹⁾，左曰"思齐"，右曰"仰止"，以为致斋之所。缭⁽³²⁾以周垣，而门其中。垣之外复为二轩，左曰"藏修"⁽³³⁾，右曰"游息"。延四方有学行者居之，以为师。徼属邑子弟知乡方⁽³⁴⁾而愤孤陋者，教育于兹，馆谷⁽³⁵⁾于兹。复垣其外，而统题其门曰"松林书院"。即日，率僚属师生为文以祭之，大归以崇正黜邪为陶⁽³⁶⁾人心之具。

祠固不足为诸贤之重轻也，又虑久而或堕，复具颠⁽³⁷⁾末入疏之。若⁽³⁸⁾曰："准（寇准）等立朝大节炳然史册，守青伟绩宛在人心，人亡实存，百代攸⁽³⁹⁾著。祠之故领之地，不惟⁽⁴⁰⁾起敬守臣，抑且⁽⁴¹⁾师范⁽⁴²⁾承学⁽⁴³⁾，所补实大，乞定为著令，载之祀典⁽⁴⁴⁾，以永永无斁⁽⁴⁵⁾。"诏特可之，下礼部定其仪式以行。侯既得旨，欣跃再拜谢恩命。又谓：兹惟⁽⁴⁶⁾盛典，不可无载述以诏诸后属者。书最来京，因予友中书舍人李君应祯谒予成均⁽⁴⁷⁾，请为文识诸⁽⁴⁸⁾石。表显⁽⁴⁹⁾先贤，作兴斯道，守令分内事也。奈之何人不之为，而为之者斯其难矣，在李侯亦非难事？窃慨夫叔世⁽⁵⁰⁾颠置，蛊蚀心志，虽士大夫未有舍佛而成丧⁽⁵¹⁾者，盖谓其祸福生死人也。波颓风靡、漫不可救之余，乃有如侯者，断然知佛之不可信、僧之不足恤，一旦扫除之若尘坌⁽⁵²⁾。然非真能见理明信道笃，不克臻⁽⁵³⁾此，此其所以为尤难也。虽然狄文惠⁽⁵⁴⁾巡抚江南，去吴楚淫祠⁽⁵⁵⁾千七百余所，当时以为难，逮今犹香人齿颊⁽⁵⁶⁾。视⁽⁵⁷⁾侯之为，若合符节⁽⁵⁸⁾。《诗》曰："维今之人，不尚有旧。"⁽⁵⁹⁾亶⁽⁶⁰⁾其然乎？举此以例其余，不必询事考言，然后知其为贤守也。如侯者，焉得百数十，布诸天下四方，宁有不治⁽⁶¹⁾者乎？惜乎！未之多得也，故特著之于篇。若夫诸贤之良法美政，守土之臣所当模范者，史册具在，愚何庸赞。⁽⁶²⁾

（以天一阁藏明代地方选刊嘉靖《青州府志》卷十"人事志""祀典"为底本，点校并注解）

【注释】

（1）祭酒：国子监的主管官，明、清祭酒从四品。（2）维：语气词，用于句首或句中。(3) 统：总管。(4) 州一，县十有三：指明朝青州府统辖益都、临淄、博兴、高苑、乐安、寿光、昌乐、临朐、安丘、诸城、蒙阴、沂水、日照 13 县和莒州一州。(5) 据：居，处。距：至，到。(6) 业：产业。务：致力于，从事。(7) 擅：占有。(8) 习：习俗。尚：崇尚。(9) 豪悍：豪放勇猛。(10) 剧郡：大郡。(11) 国初：指明朝初年。(12) 逮：到。(13) 薄书：据天一阁藏明代方志选刊《青州府志》，当为"簿书"，指官府的文书、档案。稽：考察，考核；会，读作 kuài，总计，算账。(14) 晁采：晁通"朝"，早晨；采，阳光。(15) 作兴斯道：兴起、发扬为政之道。(16) 成化丙戌：指明成化二年，即 1466 年。(17) 李侯文举：指松林书院的创建者李昂，字文举。(18) 敷德施惠，发奸摘 (tì) 伏：广泛地施以道德、恩惠，揭发奸佞的坏人，揭发隐秘的事情。(19) 利本：利益之根本；厚：重视。(20) 袝 (fù)：使附祭于。(21) 庳隘：低矮狭窄。(22) 所以：用来。(23) 歉：愧疚。(24) 适：到。(25) 坤：古以八卦定方位，西南叫坤。(26) 白：报告。(27) 俨然：好像。(28) 兰若：寺庙。(29) 安：怎么。(30) 迸：赶走。(31) 斋：书房，学舍。(32) 缭：环绕。(33) 藏修：专心向学，使业不离身。藏，心常怀抱学业也；修，修习不能废。(34) 知：智，聪明。乡方："乡"通"向"，"乡方"即归向仁义之道。(35) 馆谷：食宿。(36) 陶：造就，培养。(37) 颠：本，始。(38) 若：用于句首，无实意。(39) 攸：通"悠"，深，长，远。(40) 不惟：不只，不仅仅。(41) 抑且：而且。(42) 师范：学习的榜样。(43) 承学：传承师说而学习。(44) 祀典：记载礼仪制度的典籍。(45) 歝 (yì)：厌弃。(46) 惟：用于句中，表肯定或强调语气。(47) 因予友中书舍人李君应祯谒予成均：通过我的朋友中书舍人李应祯君到国子监里拜见我。中书舍人，官名，明清时掌书写诰敕、制诏、银册、铁券等，从七品。成均：古代大学名，此指国子监。(48) 识：通"志"，记；诸：兼词，之于。(49) 表显：表彰显扬。(50) 叔世：末世。(51) 舍佛而成丧：舍弃信佛而供奉先贤灵位。(52) 尘坌 (bèn)：尘土。(53) 克臻：能够达到。(54) 狄文惠 (630—700)，名仁杰，字怀英，汉族，唐代并州太原人，文惠为其谥号。唐武周时期杰出的政治家。曾担任国家最高司法职务掌管刑法的大理丞，判决了大量的积压案件，以不畏权贵著称。在他身居宰相之位后，辅国安邦，可谓推动唐朝走向繁荣的重要功臣之一。以民为忧，后人称之为"唐室砥柱"，是我国历史上以廉洁勤政著称的清官。(55) 淫祠：过多的祠堂。(56) 香人齿颊：犹言使人齿颊留香。(57) 视：比较。(58) 若合符节：好像与符节一样契合。符节，中国古代朝廷传达命令、征调兵将以及用于各项事务的一种凭证。用金、铜、玉、角、竹、木、铅等不同原料制成。用时双方各执一半，合之以验真假，如兵符、虎符等。(59) 维今之人，不尚有旧：语出《诗经·大雅·召旻》："于乎哀哉，维今之人，不尚有旧。"意思是："悲哀啊，不知如今满朝人，是否还有旧忠臣？"(60) 亶(dǎn)：诚然。(61) 治：治理得好，安定太平。(62) 愚何庸赘：我何必多说呢。

二、知府彭桓⁽¹⁾修，自为《记》（弘治十八年）（明·彭桓）

曰：世有穷天地而长存、亘古今而不可废者，必其出于人心之公而关乎世教之大者焉。故虽一乡一邑之小，苟有贤人君子功业振于当时，而名声垂于后世者，必为之祠庙，修其祭祀，所以劝⁽²⁾也。有若寇忠愍公、曹武穆公、王文正公、庞庄敏公、程文简公、范文正公、李文定公、欧阳文忠公、富文忠公、张文定公、赵清献公、刘忠肃公、吴文肃公诸贤之德业闻望，炳炳宇宙间，长如日星。况于其故领之郡，流风⁽³⁾余泽，存而未泯，则其数椽之宫，一笾一豆⁽⁴⁾之设，所以⁽⁵⁾昭前烈之休光⁽⁶⁾而启后学之仰慕者，其⁽⁷⁾可废也哉？

弘治乙丑，予承乏⁽⁸⁾青州，视事⁽⁹⁾之三日，谒于松林书院，得瞻十三贤之遗像而拜焉。顾视祠宇，久而败剥，溜穿残壁，藓杂余画，础压断垣，碑横茂草。问其松，则已斫而薪之矣。问其地，则已入德府之籍而为有力者之所播种矣。泚然⁽¹⁰⁾汗出，不啻⁽¹¹⁾芒刺之在背也。既而谂⁽¹²⁾于益都知县金禄曰："兴废举⁽¹³⁾坠，时予与汝之责。抑遏前美，坐视其坏，亦时予与汝之羞。地之夺者⁽¹⁴⁾，不可佃⁽¹⁵⁾而复之乎？松之伐者，不可植而有之乎？垣之颓、碑之仆者，不可起而筑之乎？瓴甓⁽¹⁶⁾之缺裂、绘事之漫漶⁽¹⁷⁾者，不可去而易⁽¹⁸⁾之乎？"金禄跃然曰"唯"。乃为券以纳其岁入之租，而祠之地始属于县官⁽¹⁹⁾，又会⁽²⁰⁾其修理之费，增其洒扫看守之役，严其军校混扰之禁，以请于当道⁽²¹⁾，而皆允焉。于是，择监工，裒⁽²²⁾羡余⁽²³⁾，鸠⁽²⁴⁾匠石，撤朽完毁，拓隘崇庳⁽²⁵⁾，不逾月而告成。盖甃之甓⁽²⁶⁾者若干尺，瓦之覆者若干楹，为窗牖⁽²⁷⁾以达其疏明，以扃镝⁽²⁸⁾以固其启闭。前门后寝⁽²⁹⁾，始复旧观；左廊右庑，焕然新饰。祠之内外隙地，补艺⁽³⁰⁾以松而益树⁽³¹⁾以柏，取其凌霜雪而后凋、干云霄⁽³²⁾而不挠也。既竣⁽³³⁾事，金禄以记请。

予曰：十三贤之事业文章，不待祠而存也。然必欲祠之者，仰其德泽，慕其声光。思同其时而不可得，得睹其像设，登其堂阶，而仿佛乎容仪⁽³⁴⁾之相接、謦欬⁽³⁵⁾之若闻，以起其效法之心焉。此祠之所以作⁽³⁶⁾也，前之作者太守李公之用心亦勤⁽³⁷⁾矣！祭祀之期，牲帛⁽³⁸⁾之数，又为之请于朝以定之矣，勒于石以垂⁽³⁹⁾之矣，复其人以守之矣。及其久也，不能以不坏。而当其坏也，又不能以不修。此所谓出于人心之公而关乎世教之大者，虽穷天地亘古今而不可废也。然则继是而修之者，固当复有其人，而摧松柏以为薪、鞠垣墉以为圃者，亦可以少戒也哉！是为记。

（以天一阁藏明代地方选刊嘉靖《青州府志》卷十"人事志""祀典"为底本点校、注解）

【注释】

（1）彭桓：吉水人，进士，弘治十八年任青州知府，与益都知县金禄修松林书院，并作《记》。（2）所以：用来……的。劝：勉励，奖励。（3）流风：前代流传下来的好风尚。（4）一笾一豆：笾，豆，古代礼器，笾盛果品，豆盛肉类，借指祭祀时的礼仪等。（5）所以：用来。（6）休光：盛美的光华。（7）其：表反问语气，怎么。（8）承乏：在任官吏常用的谦辞，言所任职位一时无适当人选，暂由自己充任。（9）视事：官吏办公。（10）沘然：汗出的样子。（11）不啻：如同，好像。（12）谂（shěn）：规劝。（13）举：振兴，崛起。（14）地之夺者：被夺取的土地。（15）佃：租种。（16）瓴甓（líng pì）：砖。（17）漫漶：模糊难辨。（18）易：改变。（19）县官：指朝廷，官府。（20）会（kuài）：总计，算账。（21）当道：执政者。（22）裒（póu）：聚。（23）羡余：官员向皇室进献的盈余。（24）鸠：聚集。（25）拓隘崇庳：窄的拓宽，低矮的加高。（26）甃（zhòu）：砌井壁，泛指用砖砌物。（27）窗牖：窗户。（28）扃（jiōng）：门闩；鐍，（jué）有舌的环。（29）寝：卧室。（30）补艺：补种。（31）益树：增种。（32）干云霄：直冲云霄。（33）竣：竣工。（34）容仪：容貌，举止。（35）謦欬（qǐngkài）：咳嗽，这里指言笑。（36）作：建造。（37）勤：劳累，辛苦。（38）牲帛：祭祀的猪牛羊和布帛等物品。（39）垂：流传。

三、副使郡人陈梦鹤记（明·陈梦鹤）

曰：古之君子成德立行，身没⁽¹⁾而名不朽者，何哉？诚⁽²⁾而已矣，穷达⁽³⁾显晦不与焉。诚也者，成⁽⁴⁾也。成己之谓全德⁽⁵⁾，成物⁽⁶⁾谓之善政⁽⁷⁾，德、政备，人已立⁽⁸⁾夫。然后托于世，而列于君子之林矣，此之谓不朽。

予自童子时辄闻吾青有名宦、乡贤二祠，心窃慕之。稍长为诸生，习举子业于松林书院。二祠巍立院中，因见所谓名宦者有若⁽⁹⁾人焉，为乡贤者有若人焉。乃历⁽¹⁰⁾指而究⁽¹¹⁾之，其宦于斯者，为忠为义，为廉为节，政教不必⁽¹²⁾其皆同，而操心⁽¹³⁾则未始⁽¹⁴⁾有不同者；其生于斯者，为孝为弟⁽¹⁵⁾，为忠为良，造就⁽¹⁶⁾不必其皆同，而制行⁽¹⁷⁾则未始有不同者。诵读之余，每一瞻拜，则又喟然而叹曰：诸先哲没世而名不朽者，意在斯乎？意在斯乎？学问之道，舍是，吾谁与归？且诸名贤之在当时，抑孰⁽¹⁸⁾知后世之推信⁽¹⁹⁾若此也？顾⁽²⁰⁾以责任所在牧养⁽²¹⁾元元⁽²²⁾，休戚⁽²³⁾痒痾⁽²⁴⁾若切一体⁽²⁵⁾，而穷居⁽²⁶⁾默念，制行存心，稍有不慊⁽²⁷⁾，既为辱亲⁽²⁸⁾，即为得罪于邻里。

《语》云"若保赤子"⁽²⁹⁾，又云"见善，若不及，见不善，若探汤"⁽³⁰⁾，此岂有纤毫患得要誉⁽³¹⁾之心哉？惟自尽其诚而已。古之人自尽其成，故各造其极。而当时望之，后世仰止，初非有二致也。其穷达，其显晦，又乌能一律齐耶？故曰易地则皆然。是故敷施于有政，即其存之于心者也，涵养于吾心，即其达之于政者也。政达而成物⁽³²⁾，内存而成己。成己，仁也；成物，知⁽³³⁾也。仁知合一而内外无间，则德全行立，而君子之能事毕⁽³⁴⁾矣。故宦也而名称焉，乡也而贤称焉，以垂不朽，以永血食⁽³⁵⁾，祠祀之典⁽³⁶⁾，夫谁曰不然？

武川杜郡伯以名进士来牧⁽³⁷⁾吾青，心诚而政和，乃以甲子之夏肇修二祠。因其旧而增华，拓其宇而加丽，公之所以⁽³⁸⁾光阐先德者厚矣！他日必有籍⁽³⁹⁾之以同不朽者，岂惟地方先哲之幸云尔哉？旧宦祠在府治内，贤祠在儒学内，先年改建于书院。院故宋王文正公曾读书处，便爽垲⁽⁴⁰⁾妥幽灵⁽⁴¹⁾也。久之，而栋宇颓坏。至是，公更新之。越明年乙丑春落成，命小子⁽⁴²⁾识⁽⁴³⁾之。公清谨宽厚，每时尽心，盖不动声色而百废具举，此特其可书者一耳。若大夫德大政，兹固不暇纪也。

祀日，祭品，州县同。

（以天一阁藏明代地方选刊嘉靖《青州府志》卷十"人事志""祀典"为底本点校、注解）

【注释】

（1）没：通"殁"，死亡。（2）诚：真诚。（3）穷达：穷，处境困难，达，显达。（4）成：成功。（5）全德：道德上完美无缺。（6）成物：使社会有所成就。（7）善政：好的政绩。（8）立：建树，成就。如"三十而立"之"立"。（9）若：代词，这些。（10）历：逐一，普遍。（11）究：探究。（12）政教：政治与教化。不必：不一定。（13）操心：操守，品行。（14）未始：不曾。（15）弟：通"悌"，敬爱兄长。（16）造就：成就，功绩。（17）制行：制度，品行。（18）孰：哪里。（19）推信：推崇，赞誉。（20）顾：只是。（21）牧养：管理。（22）元元：平民，百姓。（23）休戚：喜乐和忧虑。（24）痒疴：疾病痛痒。（25）一体：关系密切，如一个整体。（26）穷居：穷，自始至终的整段时间；居，平居，平时。（27）慊（qiàn）：诚意。（28）亲：父母。（29）若保赤子：保，抚育，养育；赤子，百姓代称。《荀子·王霸》："上之于下，如保赤子。"（30）探汤：因探沸水把人烫伤，比喻戒惧。（31）要誉：求取声誉。（32）成物：使社会有所成就。（33）知：通"智"，智慧。（34）能事：能干的事，擅长的事。《周易·系辞上》："引而伸之，触类而长之，天下之能事毕矣。"（35）血食：享受后代牺牲品祭祀。（36）典：法则，制度。（37）牧：管理。（38）所以：用来……的。（39）籍：登记，记载于典籍。（40）爽：明亮。垲（kǎi）：地势高而土质干燥。（41）妥：安坐。幽灵：先贤的灵魂。（42）小子：自谦之词。（43）识：通"志"，记叙。

四、云门书院记（明·赵秉忠）

本文选自光绪《益都县图志》（中国文史出版社 2006 年 11 月点校版）卷十四"营建志（下）"，状元赵秉忠文中所言云门书院，位于今青州云门书院小学和青州贡院处，首段中所说凝道书院即为松林书院。此文的价值首先在于记录了明代万历癸丑年（即万历四十一年，1613 年）青州云门书院创办的历史：当时按察司副使高第、青州知府王家宾商议修复 1580 年曾被张居正毁掉的松林书院，而故址已破败不堪，十分荒凉，遂将原山东布政司衙门改造为书院，名曰"云门书院"。其次，文章记载了明代隆庆丁卯（隆庆元年，1567年）山东督学邹善亲自在凝道书院（即松林书院）办学的历史，邹善传授

"致良知"的阳明心学，"一时贤哲师济景从，造士作人之盛，学士先生迄今数能言"，可见当时办学盛况空前，阳明心学影响之大。

青州旧有凝道书院，在郡治西南，堂室严翼，松柏环拱，每青葬自龙鳞起，若万壑喷巨浪，题曰"书院松涛"。其创垂题咏载郡志。隆庆丁卯，督学者邹公善讲明良知，羽翼圣道，设皋比函丈于此，一时贤哲师济景从，造士作人之盛，学士先生迄今数能言。万历初年柄臣挟当轴之势，废革天下书院，所司奉行太过，遂赭其地而空之，抑何扼欤！

人事自有代谢，培墨可为师保，厘旧饬新用以观文成化，以俟后之君子。越三十年，岁在癸丑，宪使平滦高公第议复其旧，而故址茂林鞠为禾黍，经其地者如入虚落，而闻叹息之声，何以修葺？谋于郡大夫王公家宾等，乃拓爽鸠公署，撤而新之。聚材庀工，首捐数十缗为倡，已而府若县应之，已乡荐绅应之，已乡三老子弟应之，不数月而落成。木篑黝垩，严而不华，重门缭垣，堂皇号舍，皆爽垲都雅，经体面势，言言哈哈。南对云门山色，若排闼送青。而至高公颜其额曰"云门书院"，士皆欣忻，道说书院废而复兴，兴而巍焕改观，以得游其间为乐。郡大夫即修月会课，诸士鼓箧而从，倚席而谈，藏修游息而养乐更深矣。

甲寅春，郡大夫具书诏余，曰愿有述以劝多士。请从云门而演之。

海岱惟青，群山襟带，远望层峦叠嶂、峭壁攒峰，罗拥圆迥，蜿蜒迤逦，高下起伏，千态万象，奇奇怪怪，莫可名状。其最高而耸秀俨若天阙者为云门，峙吾青土，国与天地宥与立焉，青人即视以为奥区，亦只游览登眺而止。宪使独表山灵，锡嘉名于书院，窃谓大块凝厥灵秀俪美与人，绵亘千里，隆庞磅礴有若偃而卧者，其厚重类夫人之质也；拔地插天，上极云汉有若竦而立者，其高峻类夫人之行也；云洞天开，俊伟宏敞，望之若悬镜若拱璧者，其光明洞达类夫人之文也。士君子必暗室屋漏无疚无愧以涵养其厚重之质，必介特中立无阿无倚以砥砺其高峻之行。而后撷丘籍之要眇，采群言之芳润，无陂无伪，出之为光明洞达之文。譬之山鳌莫穹然，廉隅嶄然，峰距距然，时出肤寸之云，吐嗽雷雨以霶霈于大之下，或亦山之至文也。有如薄质，行为无奇，呫哔自夸，翩翩文藻即卿云自命，终亦归于无文，盖不质不介其言浮未有能文者。

裴行俭曰:"士先器识而后文艺。"多士其勖诸!矧夫厚其质以立德也,峻其行以立功也,充其文以立言也。处而私淑贤圣,鹑衣敝履,歌出金石,行而黼黻皇猷,表海殿邦,铭勒彝鼎,斯无忝于地灵,无负于诸大夫。菁莪乐育之化,诗不云乎"高山仰止",多士其勖诸!

五、松林书院志序(清·李焕章[1])

郡城之西南隅,为王沂公之矮松园,公自作赋,载之郡邑志,后废。成化时浙李公昂来守郡,即其地辟十三贤祠,沂公与焉。虽矮松不复见,植松簇簇,左右前后绕列,以嗣[2]矮松之響,额"松林书院"。后又废,没入民家。祠子子[3],松濯濯[4]矣。

穆其等赀而复之,欲还旧观,意先种松,后葺祠,遂录其兴废本末,泊十三贤治郡终始,并集其记序碑铭赞颂诗歌成帙,冀刻之,以告四方,曰《松林书院志》。

昇曰余序之,余曰:"嘻,余尝阅历诸郡邑,所见闻创栋宇而俎豆[5]其人者,有两贤祠、三贤祠、四五贤祠、七贤祠,榱题[6]巍峨,铎鼓时闻,然考其生平,皆未必如十三贤之表表[7]史册,彪炳今昔。盖寔[8]有功德于郡,非仅乔寓往来,以其郡为传舍旅次也。"

古之人于前贤之钓游水丘,起居廷宇,如裴晋公之午桥[9],王晋公之槐堂[10],韩魏公之醉白[11],司马之独乐[12],莫不释其轮奂[13],新其丹臒[14],崇[15]其垣墉,树卉木,铭金石,春秋合享[16],虔而事之,无异于生时。兹区王沂公生长地,幼而服习,长而讌宴[17],老而休沐[18],恒婆娑[19]于其下,乃作赋而自娱。郡之人至今能诵而美之,即祠以专祀,公亦足以彰盛举而传不朽。况十三贤在宋太宗、真、仁、英、神、哲之朝,咸有安攘[20]大功,称社稷臣,国家倚以为安危,前后百余年。非祇[21]颂神明龚黄[22]比,岂弟于召社碑砚山,而记中冷者所仿佛而比拟。十三贤同堂错列,观听俯仰,盼睐所至,著秩秩[23]之宾筵。沂公以桑梓主人共向酬酢[24]于其间。求之天下诸郡邑,宁有同此盛事者乎?李公昂之创之于前,穆某等思复之于后,其休美均不可湮也。若夫流连景物,盘桓林壑,如今日之西子湖、虎丘、杏花村,各有志比之,此为何如也?十三贤:寇莱公准,曹忠惠王伟,李公迪,庞庄公籍,范文正公仲淹，富文忠公弼，吴公奎，张忠定公方平，欧阳文忠公修，刘公挚，程文简公琳，赵清献公抃，暨沂国王文正公曾。

（李焕章《织斋文集》）

【注释】

（1）李焕章（1613—1691），字象先，号织斋，清代著名文学家。青州府乐安县（今广饶县）大王镇李桥村人。明万历四十一年（1613年）生于一个诗书门第、官宦家庭，少承家学，博览群书，是当时知名的秀才。明亡后，当即抱定决心，今生不再应举，"立志坚隐，即天荒地老不复萌仕宦意"。游览名山大川，专心肆力于古诗文辞。文风气势磅礴，雄杰豪放。顾炎武称赞其文章说："李先生作书，精古文词，其传记、书序、志表、碑铭出入河东（柳宗元）、庐陵（欧阳修），小品大有眉山（苏轼）意。"著作有《龙湾集》《无学堂集》《老树村集》等凡百万言。后诸城名士李渔村订其生平所著为《织斋集钞》，清《四库全书》有目。参编《山东通志》《青州府志》《乐安县志》《临淄县志》《益都县志》等志书。（2）嗣：继承。（3）孑孑：孤孤单单的样子。（4）濯濯：光秃秃的样子。（5）俎豆：祭祀，崇奉。（6）榱题：屋椽的前端，俗称"出檐"。（7）表表：特出，卓然而立的样子。（8）寔：实，实在。（9）王晋公之槐堂：王祐公系周灵王太子晋之世孙，为后唐进士，宋初累迁至兵部侍郎，以文章、清廉、忠厚著称，曾手植槐树三株于庭，树茂家旺，子孙皆显贵。古人传说，该三株槐树花开时子嗣则榜上必有名，故世人赞誉为三槐世家，后子孙特建祠曰'三槐堂'以奉祀之。（10）裴晋公之午桥：据《唐书·裴度传》记载，裴度在唐朝元和至长庆年间当宰相，适逢时艰，乱臣贼子，横行朝野，度奋命决策，戡定叛乱，以身系国之安危轻重者20年，为唐朝中兴的栋梁之臣。到大和九年，因皇帝信任重用宦官，打击排斥正直的朝臣。裴度既不满于当时的朝政，又对扭转局势感到无能为力，便产生了退隐的思想。于是，在东都集贤里置了一所宅第。筑山穿池，竹木葱翠，风亭水榭，梯桥架阁，岛屿迥环，极都城之胜概。又于午桥创别墅，种植花木万株，中起凉台暑馆，起名"绿野堂"。又引伊洛之水贯其中，经引脉分，映带左右。每当闲暇，便与诗人白居易，刘禹锡等酣宴终日，高歌放言，以诗酒书琴自乐，当时名士皆从之游。（11）韩魏公之醉白：苏轼《醉白堂记》谓宋代宰相韩琦慕唐诗人白居易晚年以饮酒咏诗为乐而筑醉白堂。（12）司马之独乐：独乐园是司马光于1073年在洛阳所建的园。司马光与王安石政见不合，在洛阳为官期间，修造此园，取名独乐园，并写《独乐园记》和三首《独乐园咏》诗。（13）轮奂：形容房屋高大华美。（14）丹膜：红色颜料，如栋宇不加丹膜。（15）崇其垣墉：崇，使动用法，使……高；垣墉，墙，矮墙叫垣，高墙叫墉。（16）享：祭祀。（17）譙宴：举行聚会，宴会。 （18）休沐：休息沐浴，指古代官吏的例假。（19）婆娑：徘徊。（20）安攘：安定百姓，排除侵略。 （21）祗：只，仅仅。（22）龚黄：龚黄：龚遂和黄霸。后世将其作为奉职守法官吏的代表。龚遂，西汉人，曾任昌邑王刘贺郎中令，渤海太守，水衡都尉。在渤海任上，曾开仓借粮，奖励农桑。黄霸，西汉大臣，任扬州刺史，颍川太守，为政外宽内明，后为御史大夫、丞相，封建成侯。（23）秩秩：整肃有序的样子。《诗经·小雅·宾之初筵》："宾之初筵，左右秩秩。"（24）酬酢：宾主互相敬酒。

【解读】

《松林书院志序》的发现，至少有两点意义：

第一，康熙三十年前有人编过《松林书院志》，若能发现该志将填补历史的空白。

松林书院曾于明万历八年（1580 年）被当政者阁臣张居正下令所毁，直到清康熙三十年（1691 年）重建，这期间 111 年历史空白。《松林书院志序》作者李焕章，生于明万历四十一年（1613 年），卒于清康熙三十年（1691 年），去世的时间恰是松林书院重建的时间。看来，松林书院重建时，《松林书院志》一书已编就，文中说："录其兴废本末，洎十三贤治郡终始，并集其记序碑铭赞颂诗歌成帙，冀刻之。"从宋代十三贤任青州知州始终，收集其记序碑铭以及赞颂十三贤和书院的诗歌，已编辑成册，只是未及刊印。《松林书院志序》的发现，意味着有人编过《松林书院志》，如能发现必将填补松林书院被毁前的历史空白，是对历史文化的巨大贡献。

这又说明在观察使陈斌如与知府金标主持重建松林书院之前，早就有一批有识之士，如文中所提穆其等人形成了一股民间力量，已经意识到重建书院的重要意义，并且已经在积极集资并筹划重建书院了。其实当时的康熙皇帝对书院办学已经非常重视，经常通过赐书、赐额，以示朝廷对书院的引导和支持，据统计，康熙朝全国共建书院 785 所。这样在重文教、兴书院的大形势下，加之民间力量的助推，松林书院的重建成为历史的必然。

第二，历经沧桑巨变，人们对十三贤的尊崇一直未变。

松林书院虽已在明万历八年废天下书院的那场浩劫中毁掉了，但十三贤祠还在，"祠子子，松濯濯矣"，松树被伐光，但祠堂孤孤单单，毕竟尚存。文中作者认为，"十三贤之表表史册，彪炳今昔"，"寔有功德于郡"，"十三贤在宋太宗、真、仁、英、神、哲之朝，咸有安攘大功，称社稷臣，国家倚以为安危，前后百余年"，对十三贤之功绩给予高度评价。早在明代就有很多官员或社会知名人士写下诗歌赞颂十三贤，如"青齐宋代十三贤，道德文章孰可肩。堂堂庙宇千年祀，炳炳功勋万古传"等等，仅嘉靖《青州府志》中记载的就有数十首。到清乾隆四十一年（1776 年）桂林人胡德琳奉檄任青州知府，作《青州十三贤赞》碑，由海盐人张燕昌书，刘万传刻，对十三贤的品格政绩亦予以高度赞扬。这说明虽然经历了数百年的沧桑巨变，甚至战火频仍，但人们对十三贤的尊崇一直未变，松林书院敬道崇德的文化精神从未泯灭。

后记： 2012 年暑假，跟病重中的乡贤刘序勤先生晤面，他希望我等为青州文化多做贡献，并提及江西图书馆曾发现清代文学家李焕章的《织斋文集》一书，其中有《松林书院志序》一文，这引起了崔永胜先生、闫玉新先生和笔者的兴趣。令人痛惜的是，未及解读，序勤先生便抱憾病逝！今读斯文，思绪万千，于是尝试断开句读，并作一解读，以此作为对先生的纪念。

六、《重葺松林书院记》（清·沈廷芳）考释

雍正十一年春，天子诏天下立书院，有司延山长择士子读书其中，赐金以资膏火，盖以兴贤育材而佐郡县所不逮也。于时国家化成且百年矣，薄海内外咸喁喁向风，诏下之日，士亦奋励。

青州固山左名郡，明成化时于城西隅即乡先贤王沂公矮松园故址置祠，祀寇忠愍以下仕青而有功德于民者十三贤，而以其旁为诸生肄业地，名曰松林书院。后以禁讲学废。国朝康熙中，陈公斌如观察是邦，慨然兴复，复置田若干顷。侍郎黄公叔琳视学山左，重为振葺，并植碑纪事，阅今殆四十载。

岁已巳（为己巳之误），余按部至青，谒祠，祠仅存而讲堂久圮。念世宗

宪皇帝明诏，乃与王太守如玖经营葺之，益都李令时乘肩其事，是秋葺成。复集高才生而考课之。明年当省试，余至院率僚属生徒舍奠于祠中，悬范文正公画像而拜焉。彬彬雅质，礼仪秩如。时先后山长陈上舍于王、成孝廉城皆在列，相与讨论竟日，试诸生艺，咸有可观。夫书院之设，崇实学也。青虽濒海，其地古多人才，今之士亦好文知经。矧有前哲以为观型，苟道以礼让，渐渍尤易。继自今，多士当循省刻厉，以企学成行立。即守兹土者，宜益崇品节，敦教化，以表正而乐育之，则为国树人，庶几无愧先型，以仰答圣朝明诏，是则余之厚望也。

祠在讲堂后，明成化中，知府李公昂请勅建，祭酒陈公鑑为之记。按：十三贤为寇忠愍公准、曹武穆公玮、张文定公方平、程文简公琳、李文定公迪、庞庄敏公籍、富文忠公弼、范文正公仲淹、赵清献公抃、欧阳文忠公修、吴文敏（应文肃）公奎、刘忠肃公挚，皆北宋时知青州者，其乡贤而官青州，则王文正公曾，亦北宋人也。呜呼，古今之宦兹土者，于斯为盛矣！后之人谒其祠，弦诵于斯，可不思自勉哉！诸贤既置主以祀，旁有学使黄公叔琳、副使陈公斌如、张公圣猷、郡守张公连登主，盖当时曾立生祠，而移祔于此。二张公胥能葺祠及书院，而李公实吾邑人，天顺间进士，知青州，多惠政，即其建祠祀、设书院一事，已足关风教矣，均宜补书于记后。

此文是清代山东按察使沈廷芳于乾隆己巳年（1749 年）为松林书院的修葺而作的一篇记。文章先交代了书院修葺的背景——雍正十一年天子诏书，后文也两次提到天子诏书，表明国家对书院建设的重视，此时大清王朝已近百年，人心归向，诏下之日，士子皆奋发思进。然后在回顾松林书院创立、禁毁和重建过程的基础上，重点叙述了自己与青州知府王如玖和益都县令李时乘修复松林书院，考查士子，并率僚属生徒祭拜名宦范文正，与山长讨论考查诸生课艺的经过，希望在先贤榜样的激励之下，学子要多加省察，刻苦自励，完成学业，树立好的品行；地方官员要更加"崇品节，敦教化"，"为国树人"，无愧先贤，不负厚望。最后补叙十三贤以及对后人的激励作用，对为松林书院做出重大贡献的黄叔琳、陈斌如等也表达了纪念之情。

现对文章所涉主要人物及事件考证如下：

　　乾隆十四年（1749 年）松林书院的修葺。倡议者沈廷芳，时任山东按察使。按察使又叫"臬台"。明朝省级地方官员分为三司，分别是布政使司、按察使司和都指挥使司，布政使管民政，按察使管刑名，都指挥使则管一省军务。清朝布政使主管民政赋税，按察使职掌不变，都指挥使废置不设，变成"二司"。二司长官布政使和按察使，分别俗称藩台、臬台，同为省长，正三品。从文中看，作为省长，他巡视青州松林书院拜谒十三贤祠，见"祠仅存而讲堂久圮"，念及皇帝明诏，于是与青州知府筹划，由益都县令具体负责，对松林书院进行了修葺，这年秋天修葺成功，而后又召集书院高才生对其学业进行考查。第二年省试（即"会试"，三年一次，由尚书省的礼部主持，合格者为贡士）到来之际，沈大人又到书院率僚属及生徒祭拜先贤范文正，"彬彬雅质，礼仪秩如"，与书院山长探讨了书院的发展，对书院办学寄予了高度期望。咸丰《青州府志》、光绪《益都县图志》只记载了本次修复书院是由青州知府、益都县令主持，均未提沈廷芳之名，这不合史实也有失公允，本文可补地方志书之缺。从沈廷芳的其他诗文如《答成卫宗》《松林书院课士次益都令李御奇韵》《过松林书院赠成卫宗山长二首》《成卫宗孝廉至》等可知，他与仁和同乡、举人成卫宗有颇多交往，并亲聘其为松林书院山长，对其有颇多期许。可见省长大人对松林书院发展的高度重视。

　　参与本次书院修葺的还有：王如玖，顺天宛平人，乾隆十四年（1749 年）任青州知府；李时乘，江苏金匮人，举人，乾隆八年（1743 年）始任益都县县令。另，与沈廷芳探讨书院发展的两位山长：陈上舍于王，上舍，对一般读书人的尊称，即秀才陈于王，事迹无考；成孝廉城，孝廉，清代举人的俗称，即举人成城，字卫宗，号成山，浙江仁和人，乾隆三年（1738 年）举人，与按察使沈廷芳多有交往。

　　另外，本文还有几点重要信息值得注意：

1. 大清王朝对书院态度的反复直接影响了书院的发展

　　大清王朝发展到康熙时期，国家幅员广阔，康熙帝"崇儒重道，文治日隆"，并特令动用国库资金修至圣先师孔子庙，并建好先贤先儒等祠堂，以示国家对文德教化的重视，书院建设已呈蓬勃之势。据邓洪波《中国书院史》统计，康熙年间全国新建和修复书院共 785 所，其中包括康熙三十年重建的松林书院。而此时的地方官员，也大都重民生、重教育，极大地促进了书院的发展，这才有了后来黄叔琳和其子黄登贤任山东学政时松林书院的辉煌。

而到雍正王朝，书院政策经历了从排斥到举棋不定到诏令创建的重大转折。雍正元年（1723 年）九月，上谕："若今之生祠书院，不知始自何人。自督抚提镇、以及监司守令，所在多有。究其实，不过该员在任之时，或系属员献媚，或系地方绅士逢迎，甚至有出入公门、包揽词讼之辈，倡议纠合，假公派费，占地兴工，以致园囿亭台，穷极华丽，劳民伤财，一无顾惜……嗣后如有仍造生祠书院、或经告发，或被纠参，即将本官及为首之人严加议处。其现在之生祠书院，如实系名宦去任之后，百姓追思盖造者，准其存留，其余俱著地方官查明，一概改为别用。"此时雍正帝对书院持完全反对态度。雍正四年，诏云："设立书院……其中贤否混淆，智愚杂处，而流弊将至于藏垢纳污……"对书院能否培养人才心存怀疑。雍正十一年春正月，上谕："近见各省大吏，渐知崇尚实政，不事沽名邀誉之为。而读书应举者，亦颇能屏去浮嚣奔竞之习。则建立书院，择一省文行兼优之士，读书其中，使之朝夕讲诵，整躬励行，有所成就。俾远近士子，观感奋发，亦兴贤育材之一道也。……则书院之设，于士习文风有裨益而无流弊，乃朕之所厚望也。"

从以上史料看出，雍正帝在元年、四年两次都没有认可书院的设立，到雍正十一年春正式下旨同意设立书院，这是清朝对教育制度的一项重要转变。故本文开篇云"雍正十一年春，天子诏天下立书院"，松林书院的发展在雍正朝起始十年未受重视，故山东按察使沈廷芳巡视松林书院时"讲堂久圮"也不足为奇，此时书院的修复正适应了时代发展大势而刻不容缓。书院修复后至乾隆朝再次迅速进入了办学的辉煌期。

2. 松林书院教育目的为"兴贤育材而佐郡县所不逮"

"佐郡县所不逮"即辅助郡学、县学所达不到的意思。书院与一般官学如府学、县学的主要区别在于对生徒德行教育的重视，敬道崇德成为书院教育的一大特色。明代以来，官学教学质量堪忧，一方面师资力量薄弱，另一方面学校教育目标日益功利化，八股功将读书人引上了利禄之途，渐渐湮没了学校的化民作用，学校成了科举的附庸。明中叶以后，为追逐功名，学子认真读书、专注学问的很少，与此同时，科举也是"盛名之下，其实难副"，其弊端日益显露，科场舞弊时有发生。官学及科举的种种弊端让很多有识之士忧心忡忡。社会急需改造教育、重建理论以教化人心，肃整纲常，维系伦理。为给教育寻找新的出路，书院重新进入了他们的视野，王守仁《万公书院记》："我明自国都至于都邑，咸建庙学，群士之秀，专官列职而教育之，其于学校之制，可谓详且备矣。而名区胜地，往往有书院之设，何哉？所以匡翼夫学校之不逮也。"可见，书院之设的初心为"匡翼学校之不逮"，即纠正官学片面追求科举应试而忽视德育之弊。而沈廷芳在本文中明确表述为"兴贤育材而佐郡县所不逮"，可作为松林书院敬道崇德教育特色的明证。此后青州知府裴宗锡在任期间，更是重视书院建设，重视道德教化，教育生徒"必先德行，而后文艺"，曾说："王沂公乡贡、礼部、廷对皆第一，亦不足传，其志不在温饱处，可法也。"更说明书院教育对生徒良好德行培养的重视。

3. 印证了松林书院的基本规制

古代书院的基本规制通常有研究、讲学、藏书、刻书、祭祀、学田等。松林书院修葺成功后，为准备第二年礼部会试，"复集高才生而考课之"，沈廷芳亲自考核士子，与两位山长竟日讨论诸生的考课等，对"咸有可观"者感到欣慰，这些都体现了书院的讲学考课功能。

此外，书院的祭祀功能在文中体现的较为突出。文章叙述书院葺成后，按察使沈廷芳"率僚属生徒舍奠于祠中，悬范文正公画像而拜焉。彬彬雅质，礼仪秩如"，希望以先贤为榜样，"崇品节，敦教化"，"为国树人"，以无愧于先贤无愧于天子。其实祭祀也是书院的基本规制，是书院化育人生的根本需要。早在明朝青州知府李昂建十三贤祠和书院之时，即率僚属生徒拜谒十三贤，表达后人对守臣的敬重，更重要的让先贤名宦成为书院师生学习效法的榜样，教育后世学子效法先贤，见贤思齐，修身养性，勤奋读书，建功立业。此后，其宦于斯或生于斯有所造就者，必来祭拜十三贤并留下了很多赞颂十三贤和松林书院的诗歌。清末松林书院改办为青州府官立中学堂后青州知府每逢朔望日必来学堂同监督（即校长）一起率全体教员学生跪拜孔子雕像，行拜孔典礼并训话，可看作是书院祭祀功能的延续。

文章还提到了松林书院的学田，陈斌如兴复书院时，"复置田若干顷"。学田也是书院的基本规制，是书院赖以生存和发展的基础，是书院其他各项事业的前提与保证，为书院持久生存和发展提供可靠的经济保障。清蒋励宣《重建清湘书院并置学田记》有言："养士无赀"，则书院"甫兴施废"，难以持久："院有田则士集，而讲道者千载一时，院无田则士难久集，院随以废，如讲道何哉？""书院不可无田，无田是无书院也"。正因如此，前贤将其和所谓讲学、藏书、祭祀三大事业并举，合称为书院的四大基本规制。后来学者还将其跟讲学、研究、藏书、刻书、祭祀并称书院的六大事业。关于松林书院拥有的学田及经费开支无法全面统计，但从有关记载中也可窥知一二。早在宋代王曾建青州州学时，天子赐学名且颁公田三十顷，建房 120 间，学钱 31 万。清代李文藻《青州太守裴公遗爱碑记》载，青州知府裴宗锡言于上官"鬶郡学旷田若干，须以其金隶书院，营什一之利，用充山长修脯及生等膏火之赀，于是书院规模略定"。又据书院《特授青州府正堂加三级记录七次李札》碑载，光绪七年（1881 年），松林书院收入经费 7523.4 两白银，另酒店捐助经费，自光绪四年至七年共缴京钱 1546 千文，除历年支用外，实存县库京钱 264 千文（大致相当于 264 两白银），故光绪七年，松林书院经费大致有白银 7787.4 两。

4. 文末对康熙年间松林书院的修葺者张圣猷、张连登二张立生祠一事态度有所保留，耐人寻味

"盖当时曾立生祠而移袝于此，二张公胥能葺祠及书院，而李公实吾邑人，天顺间进士，知青州，多惠政，即其建祠祀、设书院一事，已足关风教矣，均宜补书于记后。"

张圣猷：汉军正蓝旗人，康熙三十九年裁青州道缺，四十年四月，为云南按察使。张连登：陕西咸阳人，康熙三十八年知青州府，有惠政；修学宫、松林书院、范公亭、官廨、仓厩，民赖以苏；后以事讹误，罢职，百姓号呼罢市，既奉特旨复职，民皆踊跃如归父母，后仕至湖北巡抚。李昂：字文举，浙江仁和人，明代甲戌（1454 年）进士，成化二年（1466 年）知青州，关心百姓疾苦，劾赃吏，量贫富，均徭役，善于救灾，全活甚众，深受百姓爱戴，人们将其跟宋代富弼相提并论；明成华五年（1469 年），创办松林书院，尽心办学，注重教化，敬道崇德，亲仁和睦，民风为之大变。

文末意思是说："既然二位张大人葺祠及书院能立生祠为十三贤配飨，那么我的仁和同乡、明代进士、颇有惠政的青州知府李昂建祠祀十三贤，创设松林书院，足关民风教化，更应重重地补记一笔！"

沈廷芳赞颂李昂的同时，对二张立生祠一事似乎颇有微词，这与书院所藏康熙五十一年（1712 年）赵执信《黄崑圃政绩碑》中云"修复之者遂欲自列于诸贤之间，是殆不自知者也；不自知者，人亦不自知"观点相一致，俱对书院修复者自建生祠企图与十三贤相提并论的做法予以否定，只不过是傲骨铮铮、孤高自赏、绝不趋炎附势逢迎巴结权贵的著名进士赵执信对此予以直接讽刺，而按察使沈廷芳大人措辞上说得委婉含蓄些罢了。

七、《青州太守裴公遗爱碑记》(1)（清·李文藻）

乾隆二十二年十月十一日，河东裴公以天子之命去守济南，青之人攀辕泣下，为醵钱(2)树碑北郭外，题曰"清正仁明"。于是公去青六年矣。公去且逾月，其受教诸生思公不能已，乃谋所以不朽者，即松林书院而立石焉。按：书院在宋时为王沂公矮松园，明成化年间太守李公始益种松，辟为教育人才地，其后兴废不常，详载观察陈公(3)碑记。

陈公修筑在康熙辛未岁，迄今皇帝已近六十年，始遇观察沈公(沈廷芳)、前太守王公(王如玖)、董公，重剪榛莽(4)，而拔十一县士，诵读其中。又言于上官鬻郡学旷田若干，须以其金隶书院，营什一之利，用充山长修脯及生等膏火之赀(5)，于是书院规模略定，而成立者实公也。公治绩不可缕指数，生等立石书院，具道圣朝重右文(6)，合述其惠。在书院者，月必课艺(7)，至期虽大风雨，必躬临扄试，亦以义法(8)，孳孳(9)无倦色。馔具丰腆(10)，驱使多胥役，而以学师监焉。评骘(11)毕，分别甲乙，各予楮毫(12)。月四课，其三山长主之，故生等自是皆自励。于公为郡数年之间，肄业(13)百余人，之诸生领乡荐者二，中乙榜者一，贡成均者一，食饩(14)者十，童子补国子生者四人，郡邑学者△十有△。嘻！其非我公作人之效欤！

先是，无锡陈先生、仁和成先生，相继为山长。公至，以严先生(15)，曾宰安丘，甚有声，延主讲席。先生体公意，善诱特至。文翁为汉循吏，史传但称其兴学一节，如公者，岂有愧于古人欤？抑公教生等，必先德行，而后文艺，尝曰："王沂公乡贡，礼部廷对皆第一，亦不足传，其志不在温饱处(16)，可法也。"夫青州为齐鲁经术礼仪之乡，至于唐宋元明代，有著者益。得公之教，生等咸以笃实相勉，浮薄相戒，务为有本之学，而不亟亟于科目⁽¹⁷⁾，则所以望生等，与生等之所以副公望者，方未有艾也⁽¹⁸⁾，而公则去矣。公去前数日，单骑至院，与严先生剧谈⁽¹⁹⁾松树下，犹为生等手画筑屋地，徘徊不忍别。是公虽去，又有惓惓⁽²⁰⁾于此者，则生等衔⁽²¹⁾恩刻骨，世世奉之者，当何如哉！公名宗锡，字默堂，号午桥，江西巡抚都察院左都御史。乾隆二十有二年李文藻记。

此篇以《南涧遗文》为底本

【注释】

（1）此碑原在松林书院，现已无存，仅在《南涧遗文》中见此碑文。裴公：即裴宗锡，据光绪《益都县图志》记载，裴宗锡为山西曲沃人。由济南府同知擢知青州，为政持大体，不以苛察为，明正身率，属人莫敢欺。尤好接引文士，延安丘进士严锡绶主讲松林书院，凡遇课期必亲临局试，一时肄业诸生常数十百人。数年之间，登贤、书贡、成均者十余人。二十二年调济南，青人攀辕遮留。立碑于北郭，曰"清正仁明"。诸生复于松林书院为立"去思碑"。后官至云南巡抚。（2）醵（jù）钱：凑钱。（3）陈公：即陈斌如，陕西华州人，贡生，清康熙二十八年，以山东按察司佥事出为青州兵备道，重修松林书院，康熙辛未岁（即康熙三十年，公元1691年），书院重修竣工。（4）重剪榛莽：榛莽，杂乱丛生的草木。即重新整理杂乱的草木。（5）山长修脯及生等膏火之赀：山长，此即书院院长。元代书院设山长，讲学之外，并总领院务。清乾隆时改称院长，清初与清末仍名山长。修脯，修和脯，皆干肉。后世借用为老师的薪水。膏火，指供给学生的津贴。清吴荣光《学录·初编·学校门》："诸生中贫乏无力者，酌给薪水，各省由府州县董理酌给膏火。"（6）重右文：崇尚文治。《宋史·选举志三·学校试》："国家恢儒右文，京师郡县皆有学。"（7）课艺：课，考查，考核。凡定有程序而试验稽核，均曰课。课艺即考查诸生学艺情况。（8）义法：义理法则。后亦指桐城派古文家，亦称著文应遵循的准则。清方苞《书〈货殖传〉后》："《春秋》制义法，自太史公发之，而后之深于文者亦具焉。"（9）孳孳，通"孜孜"，勤勉努力。（10）丰腴：丰厚，丰富。（11）评骘（zhì）：评定。（12）各予楮毫：楮毫，纸与笔。因楮皮可造纸，故用为纸的别称。（13）肄业：修习学业。（14）食饩：公家按月供给粮食等物资。（15）严先生：指严锡绶。详见李文藻《严先生诔》。(16) 其志不在温饱处：宋代名相王曾青少年时就读于青州矮松园，后来参加州试、省试、殿试，连考三个第一，一举夺得解元、会元、状元，即"连中三元"。王曾中状元后，翰林学士刘子仪跟他开玩笑说："状元试三场，一生吃著不尽。"王曾正色作答："平生之志，不在温饱！"体现出王曾宠辱不惊的平和心态和志存高远的宽广胸怀。(17) 不亟亟于科目：不在科举之路上急切追求。"亟亟"即"汲汲"，急切追求的样子。科目，分科取士的项目。唐制，取士之科，有秀才，有明经，有进士，有俊士，有明法，有明字，有明算等。又有大经小经之目，故称科目。明清虽仅有一科，仍沿用科目。(18) 方未有艾：即方兴未艾。正在发展，没有终止。(19) 剧谈：流畅的谈吐。后来用作畅谈的意思。《汉书·扬雄传》："口吃不能剧谈，默而好深湛之思。"(20) 惓惓 (quǎnquǎn)：同"拳拳"，诚恳，深切之意。《论衡·明雩 (yú)》："区区惓惓，冀见答亨。"(21) 衔：心中怀着。

第四节　松林书院部分课卷

学校图书馆收藏《同课翼萃》①、《同科翼萃》②，均系课卷汇集，粗线装订成册，现作简要说明：(本内容参考青州一中原副校长 左景仁 先生考证，有改动。《同科翼萃》③集考卷93份，第一份有"上取第一名，奖银二钱"字样，贴红条有"童卷九十三本，上取二十三本，中五十，次二十"字样，待考。)

《同课翼萃》①集考卷44份，依次是：

1. 益都附生张钦考卷，白纸无格，封面右上方书"古取弟叁名"，中间下书写"益都附生张钦"，封里右边批语："雅有赋材尚少工夫"，钤"统阅"章。正文两篇：《孔北海荐祢正平赋　以鸷鸟累不如一鹗为韵》，赋文第一页8行，二、三页各9行，四页2行。接《齐桓公塞九河辨》，近三页共24行，文章有圈点、修改；眉批三条："以下作接笔"，"郑氏大儒"，"以上作起段"。文后批语："详明可观。"钤"统阅"章。批语、修改文字系院师一人笔迹。

2. 益都童张恒寿考卷，白纸无格，封面右上方"古取第拾伍名"，中间下书"益都童张恒寿",封里右边批语"赋太饤饾解论是而笔又拖查不合",钤"统阅"章。正文用红格纸,每页9行,行25格。《花信风赋·以初春至夏五日—风为韵》,文3页又2行。《辰牡解》,文13行。《有纪有堂解》,文7行。《四家诗论》,文22行。

3. 考卷一份,无封面,从笔迹看,当为张恒寿所作。用红格纸,页8行,行21格,留较宽的天、地,中缝印有红字,上为"状元及第",下为"文德友杨"。《汉文帝赐南粤王赵佗书赋·以愿奉明诏长为藩臣为韵》,文30行。《赋得老木经霜万窍空·得经字五文言八韵》。

4. 益都附生张钦考卷,封面印蓝色框边,中上印蓝色长方形框,其中印蓝字"松林书院",其下印一蓝圆圈,中书"古"字,下书"益都附生张钦";右上方印蓝字"第　等第　名",空间依次书"超""壹"。封里右边批语"清华朗润"。正文用红格纸,同上述张恒寿作《花信风赋》所用。《东方朔为岁星赋·以题为韵》,文3页29行。《赋得竹荫寒苔上石梯·得苔字五言八韵》。

5. 生王立中考卷,所用卷纸、封面,同上张钦所用,所作赋、诗题目,同上张钦所作赋、诗题目。此卷批为"第特等第壹名",封里右边批语:"机局近古尚少练力。"

6. 益都受业童赵云和考卷,封面印有蓝色边框,左上方印蓝字"云门书院斋课",之右印一蓝圆圈,中书"古"字,其下书"益都受业童赵云和",右上方书"次取贰名",印有蓝字"第　名"。

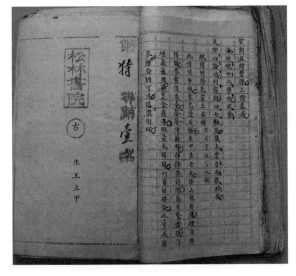

生员王立中课卷

封里右边书批语"再求工切"。正文用印淡紫色格纸,页8行,行24格,每纸中缝偏阳面边际处,印淡紫色字"旌贤书院"。赋、诗题目,同上王立中,张钦所作题目。

7. 益都童史毓瑁考卷，无格白纸，封面左上方贴一长方形红条，内书"古"字；中间下书"益都童史毓瑁"，右上方书"上取第贰名"。封里右侧书批语"亦有作意惜未能粹然无疵耳"。赋、诗题目同上三人所作题目。

8. 童宋徽芳考卷，用纸同以上史毓瑁所用，封里右边书"古取弟柒名"，中下书"童宋徽芳"。封里右侧批语"三段出韵粗心"。正文《左氏大官厨赋·以不好公羊而好左氏为韵》，第一页7行，二、三页均8行，四页4行。

9. 益都受业附生王立中考卷，用纸同宋徽芳、史毓瑁所用，封面长方形红条内书"古"字，中下书"益都受业附生王立中"，右上方书"古取弟捌名"。封里右侧书批语"赋笔再蕴藉经解与论引证颇是而笔少矞裁"，钤"统阅"章。《泼火雨赋·以谓清明雨为泼火雨为韵》，文有四页31行，600余字。《夕惕若厉解》，文三页13行。《宅南交解》，文二页14行。《日月为易论》，文四页265行。

10. 益都童赵云和考卷，用纸同上，封面无长方形红条，中偏中上书一"古"字，下书"益都童赵云和"，右侧上书"次取四名"；封里右侧批语"无出色处漏写诗何疏忽乃尔"。《春纲荐琴高赋·以中有鲤鱼长尺半为韵》，文三页19行475字。

11. 生张钦考卷，用纸同上，封面左上方贴长方形红条，右侧书"古取弟叁名"，中间书一"古"字，下书"生张钦"。封里右侧批语"非无妙句可赏而未尽圆惬"。《左氏大官厨赋·不好公羊而好左氏为韵》，文七页36行，710字。

12. 生张钦考卷，用纸同上。封面中下书"生　张钦"，右侧书"古取第二名"，其左另笔书"奖银贰钱"。封里右侧批语："著意知字造句亦俱老当唯单句太多于律赋体裁尚不甚宜。"《岁寒知松柏赋·以故须岁寒而后别之为韵》，文六页32行650余字。

13. 生王立中考卷，封面左上贴长方形红条，内书"古"字；右侧上书"古取第壹名"，中下书"生　王立中"。正文用印红格纸，页6行，行22格。《同学少年多不贱赋·以题为韵》，计六页31行。文后批语"词旨宏大笔气圆通"。

14. 生王立中考卷，用纸同上，封面中下书"生　王立中"，右侧上方书

"古第叁名"。《归去来兮赋·以问征夫以前路为韵》，文五页25行。文后批语："古调虽自爱今人多不弹况层次亦未见清楚务以律赋揣摩之为是勿自惧也。"

15. 益都生王立中考卷，用纸同上，封面右侧上方书"五名"，中下书"益都生王立中"。封里批语："诗失粘本宜置下卷然连成二艺足见苦心录之以为惮于用思者劝。"《诸葛武侯上出师表赋·以神武赫然威震八荒为韵》，文十页54行。《赋得短芦刺水抽玉簪得簪字五言八韵》诗。

16. 接上卷，《以虫鸣秋赋·以如助予之叹息为韵》，封面白纸，文用纸如上，笔迹比较，为王立中作。文后批语"极力作以字颇见笔气"。

17. 生王立中考卷，封面如4益都附生张钦卷所用，印制，右侧填写（第）"古取"（等第）"肆"（名），中间蓝圆圈内书"古"字，下书"生王立中"。封里右侧批语："自属圆妥而语多雷同恐有蓝本。"正文用纸也同4张钦卷纸，《大富贵亦寿考赋·以题为韵》，四页27行。《雪藕·七律》，《雕爪·七律》。

18. 益都生张钦考卷，封面如上王立中卷所用，蓝圈内书"古"字，下书"益都生张钦"，右侧"第 等第 名"无填写。封里批语："赋再求风韵 论须统韩信一生论其为人何如果能高出前人（古人论淮阴者亦多）自抒所见方能出色第辩其谋反真假殊无意味。"正文用淡紫色格纸，页9行，行25格。《归教于闾里赋·以古之教者家有塾为韵》，三页24行。《韩信论》，三页20行。

19. 受业生王立中考卷，封面印制如上张钦所用，右侧填写（第）"古取"（等第）"五"（名），蓝圈下书"受业生王立中"。正文用纸也如18张钦卷所用。《黜异端以崇正学赋·以题为韵》，文四页28行。文末紧接以小字"添註柒字塗改叁字"。另起一行书"通共添註塗改拾字"。依次眉批"圣人代兴句场屋中切忌之"，"笔意充沛流利"，"笔力精锐"，"振作勇为势笔尤超忽之至"，"发挥切实笔意强健"，"行云流水"。文后总批："首段欠清畅外入后意旺神流笔力夭矫局势奇特但此究非正格须仍按律赋法则而以活泼之机简圆之笔神而明之自可横扫一切矣。"

20. 受业童宋徽芳考卷，封面如19王立中所用，右侧填写（第）"古"

（等第）"六"（名），蓝圈内书"古"字，其下书"受业童宋徽芳"。正文用纸也同 19。《黜异端以崇正学赋·以题为韵》，文四页 39 行。文后批语："前段清晰以字一段尤胜入后俱欠切当。"该批与 19 王立中卷之批，同出另一院师之手。

21．受业童秦凌云考卷，封面印蓝色边框，中上方印有蓝色长方形边框内"云门书院"，下印蓝色圆圈，内书"古"字，其下书"受业童秦凌云"；右侧上方印有蓝字"取列　等第　名"，"第　名"内填写"壹"字。封里大字批语"赋有巧思再求匀妥"。正文用纸同 4 张钦、5 王立中考卷所用。《鱼枕为之丁赋·以题为韵》，文三页 19 行。《赋得水面鱼吹柳絮行·得吹字五言八韵》，诗四行不足。

22．益都生王立中考卷，封面印有蓝色边框，中间上印有蓝色长方形框内"旌贤书院"，下一蓝色圆圈，中书"古"字，其下书"益都生王立中"，右侧上方印有蓝色字：第　等第　名，依次填书："古"，"叁"。正文用纸同 21 秦凌云卷所用。《万里悲秋常作客赋·以题为韵》，文三页 24 行，文末接小字"添註贰字塗改柒字"。另起一行书"又"字，另起一行作赋文，再四页 22 行，文末接小字"添註陆字塗改拾贰字"。另起一行"通共添註捌字塗改拾玖字"。文后批语："首篇清朗而欠警策次作词意峭利音韵古苍然亦须再以紧炼出之可也又场中不可用四字句切记之。"此批与 19 王立中卷、20 宋徽芳卷之批同出一院师之手。

23．受业童张恒寿考卷，封面印蓝色边框，中上印有蓝色长方边框内"柳泉课舍"，下印蓝圈，内书"古"字，其下书"受业童张恒寿"，右侧上印蓝字"第　等第　名"，中填写"古""拾叁"。"柳泉课舍"用卷纸小条粘贴。正文用纸同 22 王立中卷所用。《万里悲秋常作客赋·以题为韵》，文三页 21 行。文后批语"措词用笔俱欠谐叶"。

24．受业童宋徽芳考卷，封面为印蓝字边框"松林书院"所用，中下书"受业童宋徽芳"，右侧上（第　等第　名）内填书"七名"。正文用纸同上。《诸葛武侯上出师表赋·以神武赫然威震八荒韵》，文三页 25 行。《赋得短芦刺水抽玉簪·得簪字五言八韵》，《登云门山·五古用谢灵运登石门最高顶韵》，诗 20 句。

25. 益都受业童张恒寿考卷，用印蓝边框"松林书院"所制封面，古取第拾壹名。封里粘一长方纸条，书有批语："亦知选词设色未能合拍应弦局势笔机诸须简炼为要。"钤姓名章，字迹不清。《班超投笔赋·以安能常事此毛锥子为韵》，文三页 23 行 520 余字。

26. 受业童张恒寿考卷，封面为印有"松林书院"者，第古等第叁名。正文用淡紫色格纸。《毛义捧檄而喜赋·以题为韵》，文三页 22 行 500 余字。文后批语"局势笔机诸尚清畅惟于法多欠紧炼再加精进可也"。

27. 乐安受业童秦凌云考卷，封面印蓝边框，右侧蓝色"第 名"中间填写"贰"字；左侧上挖掉部分，应印有蓝字"旌贤书院斋课"；中间一蓝色圆圈，其下书"乐安受业童秦凌云"，右侧"名"字下书写"奖二钱"。封里右侧书写批语"气机尚畅句有不稳"。《公惭卿卿惭长赋·以题为韵》，文三页 23 行 500 余字。用红格纸，页 8 行，行 24 格，每张中缝编阳面（页）边际处，印有红字"云门书院"。

28. 生王立中考卷，封面为印有蓝字"松林书院"者，四字有蓝框边，在中间上。"第 等第 名"内填写"十一"，蓝圈内书"古"字。封里批语"笔意流动语未尽妥适"，"一诗一赋方算完场不作诗何也"。《公惭卿卿惭长赋·以题为韵》，文四页 28 行 600 余字。卷纸同上印有红字"云门书院"者。

29. 益都童赵明东考卷，封面同 28 王立中卷所用，蓝圈内书"古"字，右侧"第 名"空间填写"中"字涂抹，旁更填"一"字。卷面纸同 4、5 等卷面纸。《公惭卿卿惭长赋·以题为韵》，文三页 22 行。封里批语"句法未尽妥适"。29、28、27 三卷同一院师阅批。

30. 益都生张钦考卷，封面为印蓝字"松林书院"者，蓝圈内书"古"字，右侧"第 等"空间填写"壹"字，"第 名"空间内填"四"字。卷面用纸同上 29 所用。《定交杵臼间赋·以与语大惊遂共定交为韵》，文四页 30 行 690 余字。《赋得落花风飐读书声·得声字五言八韵》诗。封里批语"再求匀净"。

31. 生王立中考卷，封面同上 30 所用，第壹等第三名，"古"字。卷面纸也同 30 所用。《定交杵臼间赋·以与语大惊遂共定交为韵》，文三页 26 行 590 余字。《赋得落花风飐读书声·得声字五言八韵》诗。封里批语"于杵臼二字尚少点染中幅牵拉公孙杵臼于题何涉"。

32. 童赵云和考卷,用无格白纸,封面左上方粘长方形红纸条,内书"古"字,中间上墨色印字"松林书院斋课",框以长方形黑边,右侧上方书写"次取"(第)"三"(名)。《定交杵臼间赋·以与语大惊遂共定交为韵》,文四页 25 行 500 字。《赋得落花风飐读书声·得声字五言八韵》诗。封里批语"不点句勾段于场规未合"。

33. 生王立中考卷,无格白纸,封面中间下书"生 王立中",右侧上书"第六"。《贾逵对神雀赋·以帝给笔札使作颂为韵》,文三页 28 行 640 余字。《赋得茅屋采椽·得文字五言八韵》诗。封里批语"调未妥帖"。

34. 生王立中考卷,封面为中间印蓝色"松林书院"者,"古",第古取等第贰名。《乘风破浪赋·以愿乘长风破万里浪为韵》,文四页 35 行 800 余字,有圈点,批语曰:"词宏气壮实大声宏真有乘风破浪之势。"

35. 童张恒寿考卷,封面用中间印蓝字"松林书院"者,第古取等第贰名。《归去来兮赋·以问征夫以前路为韵》,文三页 19 行 430 余字。文后批语:"气清词畅声调谐和惟末段宜用推原之笔乃用翻笔而又未转正尚欠清晓也勉之。"

36. 《伏不斗赋·以世传经学清静无竞为韵》,文四页 25 行 550 字。《赋得三能齐色·得能字五言八韵》诗。卷用红色格纸,页 8 行,行 24 格,每纸中缝印有红字"旌贤书院"。无封面,比较字迹,或为张恒寿所作。

37. 诸城受业童张毓杰考卷,封面为中上印蓝字蓝边框"松林书院"者,蓝圈内书"古"字,右侧填书"六"字,即第六名。《潍水囊沙赋·以囊沙以壅水上流为韵》,文三页 23 行 520 余字。《赋得水清石出鱼可数·得鱼字五言八韵》诗。封里批语"赋语意芜杂诗中有当避字"。诗末二句"诗脾泓足沁,碧过雁峰滁",其中"泓"字旁画一细长方框,眉批"此字不得用"。

38. 诸城受业童张毓杰考卷,封面印有蓝色边框,左侧上印蓝色大字"旌贤书院斋课",中间印一蓝色圆圈,内书"古"字,右侧印蓝字"第 名"。卷纸为淡紫色格纸,页 8 行,行 24 格,每纸中缝印有与格同色四字"旌贤书院"。《霜钟赋·以夜半钟声到客船为韵》,文四页 26 行 560 余字。《赋得菊残犹有傲霜枝·得残字五言八韵》诗。无阅批。

39. 益都生张钦考卷，封面为"松林书院"者，蓝圈内书"古"字，右侧填"特"、"一"，即第特等第一名。《司马相如慕蔺相如赋·以少时好读书学击剑为韵》，文四页30行690字。《赋得梅炎藻夏·得炎字五言八韵》诗。封里批语"通幅稳惬笔意亦生动"。

40. 益都童赵云和考卷，封面为"松林书院"者，圈内"古"字，右侧书"次取（第）一（名）"。《湖目赋·以雾冷莲房坠粉红为韵》，文三页23行520余字。《赋得合綦组以成文·得文字五言八韵》诗。封里批语"亦有作意再求精警"。

41. 益都受业童史毓珊考卷，封面为"松林书院"者，"古"字，右侧书"次取"（第）"七"（名）。《湖目赋·以雾冷莲房坠粉红为韵》，文三页23行530字。《赋得合綦组以成文·得文字五言八韵》诗。封里批语"未尽稳惬"。

42. 益都童赵云和考卷，封面为"松林书院"者，"古"字，右侧书"次取"（第）"一"（名）。《桃曰胆之赋·以去毛拭治清滑如胆为韵》文三页26行590余字。《赋得稀疏小红翠·得花字五言八韵》诗。封里批语"再求细切"。

43. 生张钦考卷，封面印有蓝色边框，左上方印有蓝色字"旌贤书院官课"，中间蓝圈内书"古"字，右侧填写"特等"（第）"壹"（名）。红格卷纸。《春纲荐琴高赋·以中有鲤鱼长尺半为韵》，文三页21行460余字。《赋得孔门用赋·得门字五言八韵》诗。封里批语"大致秀润"。

44. 益都生王立中考卷，封面、卷子均用白纸。封里中间书"古"字，其下书"益都生王立中"，右侧上方书"特等贰名"。《春纲荐琴高赋·以中有鲤鱼长尺半为韵》，文四页29行660余字。《赋得孔门用赋·得门字五言八韵》诗。诗里批语"时有秀句可采诗欠妥"。

《同科翼萃》②**集考卷31份，依次是：**

1. 受业童张钦考卷，封面为中上印有蓝字、边框"松林书院"者，书"古"字，右侧（第）"上"取（此红色印字）（第）"壹"（名）。其下偏左书写"奖银贰钱"，"贰"字处黔方形章，红底阴文，字迹不清。卷纸印淡紫色格，页7行，行24格。《花压阑干春昼长赋·以题为韵》，文四页28行。题目上方细小字书"三月十二日"。《叔向论》，文四页25行。《衡王宫·七古》

诗。封里批语"有典有则题蕴毕宣诗可学"。"学"字上钤章。眉批有："闲字宜删"，"於字不妥"。划出错字，并在行上端书正字。

2. 受业童张钦考卷，白纸封面，左侧上粘一红纸条，内书"古"字。《拟泮安仁籍田赋》，文四页32行760余字。《论韩信》，文三页21行500余字。有眉批"闲字可删"，"层次分明"，"添一侯字方合""凡作文闲字均宜删"。《浴蚕词》七绝四首。（其一：迟迟化日暖风生，水满前川一派清。好是红桥斜阳里，蚕娘浴种趁春晴。其四：汲起清流涤垢污，青衫缓躲怕沾濡。蚁形生处侬知否，一箔茧丝一贯珠。）封里批语"赋有古意论雄透诗可交卷太晚可惜"。"惜"字处钤章，红底阴文，不清。

3. 受业童张钦考卷，白纸封面，左侧上贴一红纸条，右侧下书"受业童张钦"。封里批语"核形势以立言如伏波聚米为山有扪虱而谈旁若无人之慨惜乎交卷太晚也"，"晚也"处钤章。《城濮邲鄢陵三大战论》，文四页28行700余字。眉批二处。

4. 受业童张钦考卷，封面为中上印有蓝色边框、蓝字"松林书院"者，书"古"字，第上取第壹名，其下偏左书"奖银贰钱"，"贰"字处黔章，字迹与章同1。封里批语"赋清晰记有古气诗可"。"可"字处钤章。《众仙同日泳霓裳赋·以题为韵》，题目上边书有"八月廿二"，文四页28行，三处眉批。《重修武成王庙记》，文四页。（青郡城内西南旧有武成王庙，渐倾圮，协戎高公莅任，商诸太守李公，捐俸倡僚属士民襄成其事，自五月兴工，历两月余而工竣，轮奂一新，遂与城隍庙松林院焕然并岐。）眉批五处，如"国字本应单抬武成王既单抬则国字当双抬矣体裁不可不知"。《秋声》七律二首。

5. 受业童张钦考卷，右侧上取第（红色印字）叁（书写）名（红色印字）卷纸为印淡紫色格纸，页7行，行24格，中缝下端有淡紫色印字"听雨草堂"。《龙池春水绿生波赋·以题为韵》，题目上端书"二月廿二"，文五页31行，眉批"押池字别致"。《陈仲子论》，文四页20行。《拟谢元晖游东田·五古步原韵》诗。封里批语"赋妥论尚允诗佳"，"佳"字处钤章。

6. 受业童张钦考卷，封面、卷纸同一白宣纸，封面右侧"上"取第"叁"名。《红入桃花嫩赋·以题为韵》，题目上书"闰三月廿二日"，文三页18行430余字。《拟陶渊明桃花源记》，文三页15行360字。《赋得蓼尾春·

限春字五排十六韵》诗。封里批语"赋妥切记平诗可","可"字上钤章。

7. 受业童张钦考卷，封面中间："上"取第"贰"名，"上"、"贰"填书，"取第　名"为红色印字，旁书"奖银贰钱"，"贰"字处钤章。卷纸为印淡紫色格纸，页 9 行，行 25 格，每纸中缝上端印有淡紫色字"云门书院"。《科名草赋·以腾龙矞凤金相玉质为韵》，文四页 27 行 610 字，有圈点，有眉批"快、有二字可删"，"连茹典弟五段又用故易之"，"既已知道古人之字何必点其名"。《采桑歌七绝四首》，其二："忽闻拍拍唱鸣鸠，遮地青桑色似油。妾鬟蓬松郎莫笑，迩来一月不梳头。"其四："斫尽江头十亩阴，紫山看火叫林禽。缫车响处君知否，一寸新丝一寸心。"封里批语"赋妥切诗有佳句"。"句"字上钤章。

8. 受业童张钦考卷，封面右侧印红字"取第　名"，书"上"、"叁"，即"上取第叁名"；中间下书"受业童张钦"。《学道爱人赋·以君子学道则爱人为韵》，题目上边记有"五月十二日斋课"，文三页 26 行，眉批"成句不宜改且考字亦碰"，"化字忌用从前会试有因用化日二字已中而被斥者不可不知"。《伍员论》，文三页 19 行 470 余字，眉批"作古文闲字宜汰"，"剖肝杀身等字刺目"。《莺簧·七律》《蛙鼓·七律》。封里批语"赋妥论明晰诗近笨"。"笨"字上钤章。

9. 受业童张钦考卷，封面右侧：上取第贰名，中间偏上书"古"字，其下"受业童张钦"，左旁书"奖银贰钱"，"贰"字上黔章，章同上述"奖银贰钱"者所黔相同。《多竹夏生寒赋·以题为韵》，题目上边记"五月廿二日"，文三页 20 行 460 字。《狐偃论》，三页 22 行，在"从来人君之孝与匹夫异，匹夫以爱亲为孝，人君则以安社稷定国家为孝"句上眉批"断得确"。《拟陆士衡招隐·用原韵》诗。封里批语"赋妥论有断制五言可"，"可"字处钤章。另笔加批："论笔颇痛快惟指乞食观胁为辞秦以后事恐亦无所考。"

10. 受业童张钦考卷，"中取第六名"在封面近中间处，"受业童张钦"写在右侧下端。题目上方记："二月十二日"，《红杏尚书赋·以红杏枝头春意闹为韵》，文三页 23 行 500 余字。眉批"梧陛二字无典"。《春色来何处·五律四首》。封里批语"赋有佳句惜未粹论欠平允诗粗"，"粗"字处钤章。本卷有剪断处，论文未见。

11. 受业童张钦考卷，中取第二名。卷纸用中缝下端印有"听雨草堂"并淡紫色格卷纸，同 5 所用。题目上边记书"三月廿二"。《无一诗中不说山赋·以须知我是爱山者为韵》，文四页 23 行 500 余字，赋写欧阳永叔"列部曹于青郡，赏灵秀于名区"，"但视群山若友，屡切印须"，"谁不颂治世贤人，为乐山之仁者"。圈点批阅，改"修"为"永叔"，眉批"不宜斥前贤之名"。眉批"押须字有心思"，以激励启迪。《楚令尹优劣论》，文四页 24 行 520 余字。《春柳·七律二首·限咸盐二首》。封里批语"赋欠轻园论尚可诗平"，"平"字上钤章。

12. 受业童张钦考卷，上取第肆名。卷纸同 7 所用，中缝上端印有淡紫色字"云门书院"。题目上边记书"四月廿二斋课"。《芍药为花相赋·以合把黄楼列上公为韵》，文三页 18 行 410 余字，眉批"押合字虽有心裁然不熨帖"，"押把字佳"，有圈点。《拟陶渊明读山海经·步原韵》诗，其中"闲寻田家乐，更读先圣书。奇观披山海，不劳马与车。浏览多妙趣"，透露在书院受业学子追求知识浏览山河的心境。封里批语"赋尚切诗粗"，"粗"字上钤章。

13. 受业童张钦考卷，上取第肆名，淡紫色格子卷纸，页 9 行行 25 格者。题目上边记书"六月十二日"。《竹中饮赋·以吾思乡转深矣为韵》，文三页 20 行。《向戌弭兵论》，文三页 22 行，圈点删加阅批，眉批："此事向戌作不到"，"前已点过以后可去其姓此史例也"，"语意不园到"，"崩字刺目犯大忌"。《消夏词·七绝四首》。封里批语"赋未细腻论有警处诗粗"，"粗"字上钤章。

14. 受业童张钦考卷，上取第肆名。卷纸同上所用。题目上边记书"六月廿二日"。《秋光先到野人家赋·以题为韵》，文三页 24 行 550 余字。于"秋容一带分"旁批"不成句法"；于"挽怨"旁批"二字忌用"；于"水岸"句旁批"此处说到秋末夹杂不清"。眉批三处"上题只宜就夏说方点出先字来说到春上已属欠紧再说到秋末更不清晰"，"松菊四句不似初秋光景"，"此段不知说到何处去题太远"。《郑庄赦许论》，文二页 20 行，有圈点删改或加旁批，眉批有"作古文句真简练"，"掉转方顺"，"此论不允庄公身后忽突争立国有内变安能御外侮"，"于字不合"，"透极"。《范公亭茗话·五古用梗韵》，其中"讵知仁人泽，醍醐灌来永"，"寄语同盟人，莫随露华冷。先忧复后乐，百代名彪炳""书绅还自警",可见自我教育之一斑。封里批语"赋不妥论有笔力诗可","可"字上钤章。

15. 受业童张钦考卷,封面如4所用,第上取第三名。《远山晴更多赋·以题为韵》,文三页23行520字。《孔文子论》,文三页20行。《七夕词·七绝四首》。眉批"七绝用仄韵须有古音一参以嫩句便不合"。封里批语"赋清腴论乏古气诗平","平"字上钤章。

16. 受业童张钦考卷,中取第一名。题目上边记书"七月廿二日"。《十里秋风红菡萏赋·以题为韵》,文三页25行,眉批"押里字佳小字可删","十幅十洲失大拈不合"。《不贪为宝论》,文三页26行,旁批"语太不祥犯大忌","去此二字较妥"。《拟陆士衡齐讴行·用原韵》五言诗一首。封里批语"赋妥顺论充畅而未遒警五古句多不稳处","处"字上钤章。

17. 受业童刘琴考卷,封面为中间印有蓝色长方形边框内蓝字"松林书院"者,下蓝圈内书"古"字,右侧上印第 等第 名,内填书"中"取(红色印字,钤在"等"字上)"一",即中取第一名。卷纸用无格宣纸。《轮甲为橹赋·以诗所谓有力如虎者为韵》,文三页25行570余字,旁批四处,"语未稳","句近俗","二字不现成","句亦拙";眉批"膺字不妥","擎来执去字拙","虚字不妥",或加以修改。《范文子鄢陵不欲战论》,文三页19行,眉批"首段句法多嫩弱","崩字忌用","晋之患与后世何干"。《食蟹·限盐韵五排十二韵》。封里批语"赋未尽妥论平弱诗亦平","平"字上钤章。

18. 缺封面。《岁寒三友赋·以松竹梅是为三友为韵》,文三页22行500余字,眉批"暮字去声古作莫莫字在十药韵","怀字在九佳韵","桃园结义乃小说家言不见正史何得据为典实"。《佛手柑·限柑字五排十六韵》。

19. 缺封面,无阅批,无格宣纸为卷纸。《止子路宿赋·以明日子路行以告为韵》,文三页18行400字。《赋得黄鸡紫蟹堪携酒·得携字五言八韵》。

20. 缺封面,印格卷纸,中缝上端印有"状元及第",下端印有"庆文斋"。页6行,行22格。《布衣屦而牧羊赋·以非独羊也治民犹是为韵》,文四页23行。无批语无圈点修改。

21. 无封面。《贾太傅上治安策赋·以题为韵》,文三页24行,眉批"运用事实词旨尚稳适","压题颂扬得法"。《赋得谦受益·得谦字七言十二韵》。

22．益都童张钦考卷，封面为中上印"松林书院"者，蓝圈内书"古"字，右侧第上取（二字红色印字）等第壹名。其下偏左书"奖银贰钱"，"贰"字上钤章。《数点梅花天地心赋·以题为韵》，文三页 24 行，眉批"句法稳饬"，"接叙灵紧"，"切当语"。《敲冰·七律》，《曝日·七律》。封里批语"诠题清切词笔轻园律有作意"，"意"字上钤章。（从笔迹、钤章看，从此篇始另有院师批阅。1—17 为同一位院师批阅。）

23．益都童张钦考卷，封面同 22 所用，第上取（等）第贰名，"奖银贰钱"，"贰"字上钤章。《中秋月赋·以冷露无声湿桂花为韵》，文三页 24 行550 余字，眉批"用意在此句"，"妥谐"，"千秋未合"，"待月志锐句末调字法亦未妥"。《赋得月饼·得园字七言十二韵》。封里批语"有可采处未能通体顺适七排欠园稳"，"稳"字上钤章。

24．益都童张钦考卷，封面用如 23，中取第一名。《廉泉让水赋·以臣所居在廉让之间为韵》，文三页 27 行，有圈点无批改。《雁字·七律》一首，《雁阵·七律》一首。封里批语"笔致轻倩律诗无出色句"，"句"字上钤章。

25．益都童张钦考卷，封面用如 23、24，中取第壹名。《运甓赋·以至于众人当惜分阴为韵》，文三页 23 行，眉批"国家对军国欠细"，"人字新颖"。《敲棋·七律》一首，《读画·七律》一首。封里批语"语有敷佐再求琢炼诗欠秀"，"秀"字上钤章。

26．受业童张钦考卷，封面用如上 25 等，上取第伍名。《黄绵袄赋·以日出则煖如挟纩为韵》，文三页 24 行，眉批："笔致轻倩"，"韵稳"。《赋得灯花·得花字七言十二韵》。封里批语"大致妥贴间有佳联诗字法韵脚再加斟酌"，"酌"字上钤章。

27．益都童张钦考卷，封面用如上，次取第二名。《郭子仪拜织女星赋·以题为韵》，文三页 27 行。《乞巧词·七绝四首》。封里批语"赋未尽妥贴绝句过纤"，"纤"字上钤章。

28．益都童张钦考卷，封面用如上，中取第二名。《去害马赋·以但去其害马者而已为韵》，文三页 22 行，眉批"起句未妥"，"运用新颖"，"有心思语意欠醒"。《蝉琴·五律》一首，《蛙鼓·五律》一首。封里批语"间有佳联未尽园稳律有好句"，"句"字上钤章。

29. 益都童张钦考卷，封面用如上，中取第二名。《骑竹马赋·以童子争迎郭细侯为韵》，文三页 21 行。眉批"胡地未妥"，"运用灵活"，"活马未妥"。《赋得敬胜怠·得铭字七言十二韵》。封里批语"尚有思致未尽融炼七排平妥"，"妥"字上钤章。

30. 益都童张钦考卷，封面用如上，中取第壹名。《烧梨联句赋·以请联句为他年故事为韵》，文三页 27 行。《蕉扇·限轻字七律》，《纨扇·限园字七律》，《羽扇·限麈字七律》，《摺扇·限凉字七律》。封里批语"语多艰涩。律有妥句多作多看幸勿懈志"，"幸勿懈志"右旁连笔五个圈，"志"字上钤章。

31. 益都童张钦考卷，封面用如上，中取第壹名。《心正则笔正赋·以柳公权举笔不忘规为韵》，文四页 28 行，有圈点，眉批"句法园稳"。《无稽之言勿听论》，文四页 27 行，眉批"立言须得体"。《消夏词·七绝四首》。《又集古四首》。封里批语"赋有可采处未尽园稳论立言不得体词有好句"，"句"字上钤章。22—31 为同一位院师批阅。

上列课卷中，有记月日时间者，如：二月十二日（10）、二月廿二（5）、三月十二（1）、三月廿二（11）、闰三月廿二日（6）、四月廿二斋课（12）、五月廿二（9）、六月十二日（13）、六月廿二日（14）、七月廿二日（16）、八月廿二（4）。而八月廿二日课卷为《重修武成王庙记》，位于城内西南的武成王庙，也称太公庙（其址当在今烟草中专学校大门以北处）。《宋史·真宗纪》：大中祥符元年（1008 年）冬十一月幸曲阜，追谥齐太公曰昭烈武成王，令青州立庙。历代修葺，光绪五年重修，八月初竣工。光绪五年闰三月，由此推断这批课卷为光绪五年间的。部分课卷封面上书有"奖银贰钱"，并钤章。

第五节　松林书院部分古籍文献

青州一中图书馆珍藏大量古籍线装书。从内容看，有清朝童生或生员的课卷，有松林书院的教材或学生用书，也有书院藏书或个人捐赠书院的藏书、珍贵的碑帖拓片等。从版本看，有石印本，有手抄本，有善本甚或有珍本、孤本。从钤章看，课卷上大部分钤有松林书院章，也有个别钤云门书院或旌贤书院章。古籍封面均钤青州一中在不同时期的印章，如有的钤山东省立青州中学或山东省立益都中学或山东省益都中学印章，有的兼有二章或多枚印章。从时间跨度看，从明朝至清末，从民国到新中国成立前，几乎涵盖了每个朝代的每个阶段，很好地体现了书院文化传承的连续性，说明不管朝代更迭、风云变幻，书院文化精神之传承从未中断。

以下所录古籍根据笔者与闫玉新先生 2012 年于校图书馆调查拍照整理，兹作简要介绍，有待详考。

1. 《秉兰录》：作者清初著名文人安青士，由清末举人邱琮玉手抄。邱琮玉，字锦方，益都人，光绪二十九年（1903）举人，青州府官立中学堂国文教员，著有《修竹草堂诗集》《青社琐记》等，参编光绪《益都县图志》。安青士，名翼（改竹头真），寿光安家庄人，著名文学家安致远次子，康熙三十七年拔贡，后屡试不第，遂弃举业，以诗文为乐，著有《绮树阁诗赋稿》《青社先贤咏》，纂修《康熙青州府志》。其父安致远（1628—1701）字静子，一名如磐，字拙石，寿光人，贡生，自顺治二年至康熙二十三年（1646—1684年），应举十五次，卒不售，偃蹇以没。周亮工任青州海防道时，与安丘张贞、乐安李焕章同受周之褒扬。著有《静子集》十三卷，《凡为文集》九卷，《曰玉皑集》四卷，《纪城文稿》四卷，《蛮音》一卷，诗集四卷，曰《柳村杂咏》二卷，《岳江草》《倦游草》各一卷，总名之曰《纪城诗草》，词集一卷，曰《吴江旅啸》，《四库总目》传于世。2010 年，其手抄本《青社遗闻》收入由丁昌武等编校的《青州史料笔记四种》，青岛出版社出版。

2. 徐增锦《札记册》：徐增锦所用札记本，记录每天所学。封面左上

"山东师范学堂札记册"，右下手写"速成甲班徐增锦"。首页内容："九月十四日，韩昌黎再试宏词科不第，三上宰相书不报，世谓文人少达多穷，信然哉！""王沂公骑驴归郡，少年亦至青云；范文正励志读书，先忧非不后乐，自来文人学士或以德进，或以言扬，或以事举者，大抵如是，乌得以昌黎再试不第三书不报遂信少达多穷之语为文人之定评耶？"等等。其后每日所学均有所记。

3. 徐增锦课卷：多份，左上"山东师范学堂课卷"。第一份"等第十一名"，老师的评语"气机动岩，入理莹然"，卷内有圈点。第二份"等第十二名"，老师的评语"气疏远，言明且清"。

4. 徐增锦《考问册》：计一册，师范生学生徐增锦所用，山东师范学堂册页。线装，90页，页10行，竖红线分行；中缝上印红字"山东师范学堂"。封面空白，左上角书"考问册"三字，中偏下书"乙班师范生徐增锦"。内容详细记录每日所学知识，写随笔札记，不乏老师的圈点肯定。仅摘录第1页所记，供参考。第一行：顶天写"光绪癸卯十月初六日上班"。第二行："上午八点至九点作伦理一段，十点至十一点作地理一段，十一点至十二点习东文字母十字。"第三行："下午三点至四点阅通鉴，自伏羲氏起至葬桥山止。"第四行：空两字书"札记二条"。第五行"立市廛"下札记，双行小字，与第六行共计四行，文略。第七行："作盖天"，札记小字占七、八行，文略。第九行，同第四行格式，书"抄录兼札记一条"。第十行"教民蚕"，下为双行小字："西陵氏之女嫘祖为帝元妃，始教民育蚕治丝茧，以供衣服，而天下无皴瘃之患，后世祀为先蚕。"

5. 徐增锦藏《曾益不能》：手抄，钤徐增锦印，民国十七年三月舒国民，扉页粘贴"总理遗嘱"和总理事略（孙中山年谱），反面贴"总理的三民主义"图表，尾页贴"国民政府建国大纲"。手抄内容多书信往来，如吴锡麒的信。

6. 金工术：（普通）文部省编纂委员会，大日本图书株式会社。钤山东省立益都第一中学章，印刷精美。日伪政府办学时课本，也是日本侵华对国民进行奴化教育的见证。

7.《松林文萃》（第四期）：民国时期省立十中的学生优秀作文选，是省立十中国文教员钟伯卿（中共党员，曾就读中国大学，1925 年曾被李大钊任命为中大党支部书记，领导中大、女师大、艺术学院等三校党组织）等人1931 年在济南参加山东左翼作家联盟成立大会后筹办的学生优秀作文选编，每学期一期，在全省范围内发行。1932 年 6 月出版的《松林文萃》第二期朱骏声校长所作《题词》曰："本刊原定每学期一编印，今一年矣，方始成册，人事难以预期，有如是也！诸生当不待予赘言，自能明其故，盖前学期终以'九·一八'，今学期始以'一二·八'，其惨痛之在人心腑，必非浅鲜，而影响所及，逐令本刊亦累于'处变衔哀'，不获顺序发展耳。予因是有勉焉：国势式微，拯溺有待，但愿诸生开廓胸志，益励前程，异日跻入群于至泰之域，责莫旁贷也已。"《松林文萃》发行了数期，几经战火，学校只留存下来第四期。该书共 272 页，收录了 1934 年省立十中优秀学生作文 189 篇。每一篇文章都有民国深深的烙印，从中可窥见那个特定时代中学生身上体现出的知识分子的思想情怀、精神气度与责任担当。

8.《春鹇（疑"鹂"）集》卷一、卷二：清代书院诸生益都王焴诗文集，疑李昔吾手抄本。王焴，字晚初，道光间岁贡，嘉庆五年举人王承基之子，有《春鹂集》四卷。杨滇《邑先辈纪略》有载。此本内有"考云门书院，即矮松园，时太守方公董其事，公讳用仪，江西人。"（据《光绪益都县图志》载："方用仪，江西南昌人，进士。道光十八年任青州知府。"又见二十二年修儒学碑。其篇目有《元宵灯四绝》《松柏歌》《遣闷》《游云门山》《考书院课日冷甚》，写景抒怀记事，内容丰富，对于研究松林书院诸生学习状况有很重要的参考价值。

9.《春秋大事表钞略》：宣统四年手抄本，封面有"重光大渊献"字样，内含文章包括《齐楚争盟》等共计 43 篇。

10.《春秋经传集解》：书院课本，明清本，内有红笔圈点标注。

11.《慈杏堂母训》：（清）希太夫人口述（清）崇恩笔述。封面左上角为书名，右下角为收藏者"增福堂徐记"，封面图书编号182，扉页篆书书名。首篇文章署"道光二十年岁在庚子正月初吉秋潭居士文孚拜手撰"，后为母训正文，母口授，儿崇恩笔述，孙四人校对，文末署"咸丰四年岁在甲寅闰月二十一日崇恩谨识"。

12. 《大唐温公墓志》：欧阳询小楷精品《温公墓志》是贞观十一年（637年），欧阳询81岁时撰文并书写，为欧书中《虞恭公温公碑》同一墓主的另一块墓志刻石。区别在于碑立于墓前，墓志随枢埋入墓穴，一墓两刻石，碑与志都为顶尖书家一人所书，足见书家与墓主感情非同一般。此志贞观十一年随葬于昭陵东侧的温彦博墓中，何时出土并传拓于世已无从考证，但却传世有序。全志有清晰方界格，共36行，每行32格，方界格尺寸为1.6×1.6厘米，除去空格和蚀损，可辨之字共1025字。篇首题《大唐故特进尚书右仆射上柱国虞恭公温公墓志》，篇末落款"银青光禄大夫欧阳询撰并书"。《温公墓志》是欧阳询小楷的精品。宋朝欧阳修在《集古录》里说："吾家率更所书《温彦博墓志》亦为绝笔。"宋代大鉴赏家赵希鹄的《洞天清禄集》及清代杨宾的《大瓢偶记》中都有过记载，之后销声匿迹。1999年第6期《中国书法》曾发表文章，披露安徽黄山发现欧阳询佚书拓片温公墓志，有的专家认为是过去商贾依据剪裱本上石的拓片，但也不失为欧体的韵味。

13. 《御制翻译四书》：图书馆藏满文《大学》《中庸》。清高宗弘历敕译清鄂尔泰等译，版本：清京都琉璃厂东门内圣经博古堂刻本；分类：经部四书类。正四书是儒家经典著作，即《大学》《中庸》《论语》《孟子》的合称。汉代以来，四书就一直为统治者所重视。清入关之后，满族作为少数民族入主中原的统治者，也意识到儒家思想对于巩固统治的重要作用，孔孟经书和程朱理学著作几乎全被译成满文。满文四书版本众多。最早的满文译文可追溯到康熙朝，而后乾隆皇帝命儒臣重新厘定，形成了满汉合璧武英殿本《御制翻译四书》，对后来四书的满文译文影响深远。满文四书的诸多版本中，最独具特色的便是乾隆皇帝御批的满文四书稿本。

14. 《定庵全集》：民国九年石印。《定庵全集》共13卷，包括文集2卷，续集4卷，补5卷（文1卷、诗2卷、《己亥杂诗》1卷、词1卷），作者是清代龚自珍。龚自珍（1792—1841），字尔玉，又字璱人；更名易简，字伯定；又更名巩祚，号定庵，又号羽琌山民；浙江仁和（今杭州）人，清朝中后期思想家、文学家。龚自珍的文学创作，表现了对清王朝腐朽统治的不满和批评，对庸碌无能的官僚充满厌恶之情，强烈要求个性解放，追求理想，对后世影响很大。一中图书馆藏一函册，完整，编号489。

15. 法伟堂乡试朱卷：松林书院最后一任山长法伟堂先生考取举人的试卷。其中包括法伟堂履历，如族谱、受业师、受知师官员等，及科举考试举人试卷，山东乡试硃卷，光绪己卯科，庚午考取优贡第三名，乡试中试第十九名，考官姓名及评语，三篇文章加一首诗，皆有评语。计34页。法伟堂：字容叔，一字济廷，号小山，胶州人，松林书院最后一任山长。光绪《益都县图志》总编，历十余年编写而成，纲举目张，翔实详尽，具有很高的资料价值，受到现代方志学家的高度评价。本卷对于研究清代科举制度有着极为重要的价值。

16. 《高厚蒙求》（四卷）：嘉庆乙亥（1815年）镌，云间徐氏藏版。首篇《天学入门自序》。清人徐朝俊（徐光启的五世孙）的《高厚蒙求》，是一部讲天文学的书，也是清代唯一的钟表专著，是中国学者自己编撰的一部最早记述有拉美史内容的著作。校管珍藏一函四册。

17. 《公羊传》：扉页后有圣旨"同治六年六月十一日准"，校刊者官绅职名。《公羊传》亦称《春秋公羊传》《公羊春秋》，是专门解释《春秋》的一部典籍，其起讫年代与《春秋》一致，即公元前722年至前481年，其释史十分简略，而着重阐释《春秋》所谓的"微言大义"，用问答的方式解经。《公羊传》与《春秋》起讫时间相同。相传其作者为子夏的弟子，战国时齐人公羊高。起初只是口说流传，西汉景帝时，传至玄孙公羊寿，由公羊寿与胡母生（子都）一起将《春秋公羊传》着于竹帛。《公羊传》有东汉何休撰《春秋公羊解诂》、唐朝徐彦作《公羊传疏》、清朝陈立撰《公羊义疏》。

18. 孤本张黑女志：魏碑极品《张黑女》天下孤本。张黑女，书法的一种碑体。这种字体首次出现在《张黑女墓志》上。《张黑女墓志》全称为《魏故南阳太守张玄墓志》，又称《张玄墓志》。张玄，字黑女，清人因避讳康熙皇帝讳，故又称《张黑女》《黑女志》《黑女碑》。北魏普泰元年（531年）刻。原石早佚，清道光初，何绍基得此志旧拓，号称"天下孤本"，始知名于世。清书法家何子贞评之曰："化篆分入楷，遂尔无种不妙，无妙不臻，然遒厚精古，未有可比肩者。"我们所熟悉的第四套人民币上的"中国银行"就属于"张黑女体"。钤徐增锦印章，为保存者。

19. 《古唐诗合解卷》三、八、十：作者茂苑王尧衢翼云注；门人李模宏远，桓广心同校；线装；年代：清代；纸张：竹纸；刻印方式：木刻；装帧：线装；尺寸：16cm×24cm；《古唐诗合解》是成书于清雍正年间的一部诗歌选集。全书凡16卷，其中古诗4卷，唐诗12卷，作者为长洲（今江苏苏州）人王尧衢。王尧衢，字翼云，长洲（今江苏苏州）人，《古唐诗合解》有尧衢自序，写于雍正壬子年季春之月，即雍正六年（1728年），推算起来，当生活在康熙、雍正年间。王尧衢的《古唐诗合解》是明清以来诸多选本中流布较广的一种。然而，是书虽流传较广，王氏的诗学思想却较少有人加以关注，这与相关材料的匮乏不无关系。因此，通过对读书选诗标准的审视来考察王氏的诗学思想便成了一个重要而可行的途径。

20.《古文辞类纂》：扉页篆书"古文辞类纂""曹笃光署首"，光绪二十年夏月湖南重刊。清代桐城派古文家姚鼐编的各类文章总集。全书七十五卷，选录战国至清代的古文，依文体分为论辩、序跋、奏议、书说、赠序、诏令、传状、碑志、杂记、箴铭、颂赞、辞赋、哀祭等十三类。所选作品主要是《战国策》《史记》、两汉散文家、唐宋八大家及明代归有光、清代方苞、刘大櫆等的古文。书首有序目，略述各类文体的特点、源流及其义例。

21.《古佚小说丛刊》：民国铅印本，海宁陈氏，慎初堂校印《古佚小说丛刊：游仙窟，三国志平话三卷，照世盃四卷》，线装。"古佚小说"之名始自1928年海宁陈乃乾氏校印《古佚小说丛刊初集》，所收小说凡三种，为《游仙窟》《三国志平话》《照世杯》，皆系久经散佚国外（日本）而在国内早已失传的孤本古代小说。

22.《固有草堂拟古》：清宣统元年（1909年）济南国文报馆石印本，"胶州王葆崇次山甫著"。

23.《管窥录》：乾隆三十五年版本，有王琅印章，有"太史公好著书以自娱"字样。

24.光绪《益都县图志》：图书馆藏光绪三十三年全刻本，木夹装。清张承燮等修，法伟堂等纂。五十四卷。张承燮，字云心，陕西平利人，举人，益都知县。法伟堂，字容叔，号小山，山东胶州人，进士。著有《校勘经典释文》《听训馆韵书》。是书始修于光绪十三年，历经二十余年，于光绪三十三年始成书。卷首有序、凡例。全书分图、志两大部分。图有天象、地形、道里开方、水道诸图；志分大事、疆域、山川、风土、古迹、营建、官师、食货、典礼、学校、选举、武备、艺文、金石、人物、杂志诸志，凡五十四卷。其中，诸图于本地疆域、地形、城郭、乡社、河流等，均采比例绘图方法，按图以稽，了然在目；诸志考索史籍，订讹补遗，记人记事，翔实具体。是一部图文并茂、收载丰富的志书佳作。

25.《皇清经解》：即《清经解》，又名《学海堂经解》，清道光九年（1829年）广东学海堂刻咸丰十年（1860）补刻本，15586页，作者阮元。阮元（1764—1849），字伯元，号芸台。江苏仪征人。乾隆五十四年进士。历任户、礼、兵、工等部侍郎，两湖、两广、云贵总督等要职，加太子少保衔，擢体仁阁大学士。谥文达。生平持躬清慎，奖掖笃学之士。博览群书，学识渊博，尤精经学。主张用经于书，遗经于世。督广时创设学海堂，罗致学者从事编书刊印。道光五年八月，始刻《清经解》，至道光九年九月，全书辑刻完毕，共收73家，183种著作，凡1400卷。此书是汇集儒家经学经解之大成，是对乾嘉学术的一次全面总结。后由夏修恕、阮福等编辑、校勘、监刻、出版。咸丰七年九月，英军攻粤，书版毁失过半。咸丰十年，两广总督劳崇光等人，捐资补刻数百卷，并增刻冯登府著作7种，计8卷，此即"咸丰庚申补刊本"。同治九年，广东巡抚李福泰刊其同里许鸿磐《尚书札记》四卷，附诸《清经解》之后，是为"庚午续刊本"。一中图书馆存一函　册，完整，编号507。

26.《花谱贞部》：钤山东省益都中学图书馆章，明代王象晋辑，纸张：竹纸；刻印方式：木刻；装帧：线装；尺寸：长25.7厘米×宽16.4厘米×高1厘米。汇集16世纪以前的古代农学大成。全书分元亨利贞四部，按天、岁、谷、蔬、果、茶、竹、桑麻葛、棉、药、木、花、卉、鹤鱼等谱分类，并且对每一种植物都详叙形态特征、栽培、利用、典故和艺文。

27.《绘图增批西游记》：一函数册，完整，扉页有"光绪癸巳年上海焕文书局印"字样，西游记人物描画精彩。

28. 汲古堂文集（1954）：疑李昔吾手抄稿，有《请修府学公呈》《郡诸生朱梅林行略》《重修普恩寺记》《答杨迈公书》等若干篇目。汲古堂文集卷一：《摹汉建初铜尺跋》（益都杨峒书）《论语端章甫解》《周易郑本序》等文若干篇。汲古堂文集卷之二：清代手抄稿，大本，《重修青州府学记》《重修南阳桥记》《重修北阳桥记》（嘉庆六年八月）《重修宋三贤祠记》《重修安丘县修学记》《青州重修忠烈庙碑》《青州府重修八腊庙记》等若干篇目，其中《张莱峰先生墓表》中赞先生："前后主讲书院，待诸生如家人子弟然，问业者趾相错也。寒畯以行卷投谒，虚心延接，有一善称之不容口，由是为后进所归。"汲古堂文集卷之三：以行状、墓表、墓志铭为主，如《刘彬州事略》（同年弟益都杨峒撰）。

29. 嘉靖《青州府志》影印本：1965年5月上海古籍书店据宁波天一阁藏明嘉靖刻本影印。此编卷前有序及凡例，正编分图、表、志、传共18卷：卷一图、沿革表；卷二封建表；卷三职官表；卷四选举表；卷五天文志；卷六、七地理志；卷八至十一人事志；卷十二至十六传；卷十七艺文；卷十八遗文、杂志。该书是山东保存至今最早的一部府志。内记明代青州府所辖十四州县的建置沿革、山川风土、户口田赋、名胜古迹及历代人物等，皆广采群书，详细考核，保存了大量有价值的历史资料，特别是在不少地区的明代志书已佚的情况下，该书尤显珍贵。为广流传，1965年上海古籍书店据天一阁原刻本影印出版。明杜思等修，冯惟纳等纂。杜思，浙江鄞县人，进士，青州知府。冯惟纳（1513—1572），字汝言，号少洲，冯裕第五子。官陕西右布政使、江西布政使等职。冯惟纳一生著述颇丰，辑录的《古诗纪》156卷和《风雅广逸》8卷，并收入《四库全书》，被时人称为《昭明文选》的并辔之作。

30. 《见闻补》：民国时期山东省立十中教师或学生札记本，有《池鱼》《丁丁碑》《一窍不通》《文人》《人日》《屠苏》《三竿》《张黑女墓志》等文。见闻补卷一：民国时期手抄本。包括《勿勿》《苦口师》《王孙》等篇目。

31. 蒋士铨《冬青树》：清容外集，红雪楼藏版《冬青树》。蒋士铨，清乾隆著名曲谱古籍善本，红雪楼九种曲8册全白纸精印善本。蒋士铨（1725—1785），字清容，一字心余，号苕生，又号藏园，江西铅山人。乾隆进士，授编修。居官八载，乞假归里。复历任绍兴蕺山、杭州崇文、扬州安定三书院山长。晚年为国史馆纂修。诗与袁枚、赵翼齐名，称三大家。兼工南北曲，所作杂剧、传奇存16种。是编收《冬青树》《雪中人》《四絃秋》《一片石》《第二碑》《香祖楼》《空谷香》《桂林霜》《临川梦》九种杂剧、传奇剧本。作品注重辞章和曲律，题材广泛，既有歌颂民族英雄之作，亦有取材文人故事之笔。结构及人物塑造上有一定成就，语言风格颇似汤显祖，并有所创新，唯演出不多，是当时最有影响的戏曲家。有乾隆中红雪楼刊本。其他诗文等作品收入《忠雅堂会集》。

32. 蒋士铨《雪中人》：清刻《清容外集》《雪中人》作于乾隆三十九年（1774 年），有清乾隆红雪楼原刊单行本。《红雪楼九种曲》，一名《清容外集》或《藏园九曲》《蒋士铨著九种曲》等。戏曲总集。

33. 蒋士铨《一片石》：作者蒋士铨，清代，木刻，线装，长 28 厘米 × 宽 16.6 厘米，1 册。

34.《胶西辛酉殉难事略》：光绪甲午心谷社藏版，咸丰辛酉年（1861 年）捻军入侵胶州三十多年后的光绪二十年甲午（1894 年），由邑绅徐宗勉撰。对于研究"捻匪"历史、清朝混乱状况及人民所受的苦难有一定参考价值。

35. 胶西乡先生诗稿萃编：有"光绪乙未，后学胡逢恩拜序"字样。

36. 金石图（2 册）："乾隆十年六月卅有三日邵阳褚峻"，65 页，金石图四卷。清褚峻（字千峰）撰，牛连震释文。此图是取周、汉碑碣，绘其形，记其尺寸，缩摹其字，为《金石图》。成书二卷。又取三国至隋唐，择其碑碣之精好者，亦绘成图，而摘取碑中数字，使观者大概知其体势，与前图之缩全碑者，略有区别，也成二卷。昔曾有宋代洪文惠《隶续》，也绘汉碑形状作图，其书已不全。今褚千峰将其形与字同摹，而记其剥蚀残缺，使观者历历如睹，不亚于坐卧石下。王澍、徐金光皆为作序。序中说，自清乾隆以来，古碑捶拓者众，日就剥损，褚氏作图时字尚明晰，今则已不可见，而点画之漫浊尤甚，古此图为考古学家所珍视云云。有命阳褚氏本。

37. 九成宫碑帖：有"娱堂藏"字样，钤山东省益都中学图书馆章。《九成宫醴泉铭》是唐贞观六年（632）由魏征撰文、书法家欧阳询书丹而成的楷书书法作品。《九成宫醴泉铭》叙述了"九成宫"的来历和其建筑的雄伟壮观，歌颂了唐太宗的武功文治和节俭精神，介绍了宫城内发现醴泉的经过，并刊引典籍说明醴泉的出现是由于"天子令德"所致，最后提出"居高思坠，持满戒盈"的谏诤之言。《九成宫醴泉铭》结体修长，中宫收紧，四边开张，左敛右纵，化险为夷。字形随势赋形，左右结构作相背之势，上下结构上窄下宽，间架开阔稳定，气象庄严。其布白匀整，字距、行距疏朗，为九宫最准者，全碑血脉畅通，气韵萧然。《九成宫醴泉铭》是欧阳询晚年经意之作，历来为学书者推崇，视为楷书正宗，被后世誉为"天下第一楷书"或"天下第一正书"。

38. 康熙字典：钤山东省立益都中学图书馆隶书印章和山东省立青州中学图书馆隶书印章，扉页《御制康熙字典序》。《康熙字典》是清朝康熙年间出版的图书，作者是张玉书、陈廷敬等，该书的编撰工作始于康熙四十九年即公元1710年，成书于康熙五十五年即公元1716年，历时六年，因此书名叫《康熙字典》。由总纂官张玉书、陈廷敬主持，修纂官凌绍霄、史夔、周起渭、陈世儒等合力完成。字典采用部首分类法，按笔画排列单字，字典全书分为12集，以十二地支标识，每集又分为上、中、下三卷，并按韵母、声调以及音节分类排列韵母表及其对应汉字，共收录汉字47035个，为汉字研究的主要参考文献之一。

39. 《礼记疏意》：四卷，明秦继宗撰，是对儒家经典著作《礼记》的阐释。有"道光己亥（1839年）新镌，玉天，蕴辉堂藏版"字样，万历庚子三月甲子黄冈秦作序。

40. 李南涧藏书印记：蓝皮线状，扉页有"原一——三册（87—89号）1957年10月1日县政协范雪莹代原编者领去第一、二册（87、88）见登记册及报销册附注字样）内页，扉页《李南涧藏书印记》末有"民国三十二年五月二十日邑后学徐宝昌识"字样，中间为14枚李文藻的印章并有阐释。

41. 李南涧藏书掌故：手抄，南涧访碑轶事、南涧题壁佳话、南涧先生家世、先生藏书散失经过、南涧先生故宅、张希贤李文藻诗、哭李南涧先生十首有注（杨峒）等文。

42. 李南涧诗抄：民国三十二年手抄本。

43. 李南涧先生遗迹：民国三十二年辉圃收藏，内有南涧先生藏书印记，介绍数十枚印章，南涧先生曾祖墓碑，李文藻写给朱廷基的信等，周书昌致李南涧手札，受业门人梁鸿翥《送李文藻夫子归益都序》。周书昌（1730—1791）：名永年，字书昌，清代著名学者、藏书家，山东历城人，祖籍浙江余姚。收藏者辉圃：徐宝昌，字辉圃，金岭镇侯皋人。

44. 李南涧掌故（手抄）：有《李南涧先生故宅》《杨峒哭李南涧先生十首》《李南涧先生挽诗》等。李昔吾记。

45. 青未了集：益都李文藻素伯著，民国手抄稿。

46. 李昔吾手稿《雪蓑迹考及其他》：青州一中档案室 1954 年整理，有重要的研究价值。雪蓑，本名苏州，自号雪蓑子、雪蓑道人、五湖散人兼三十六洞天牧鹤使者等，世人称为雪蓑。原籍河南杞县，后徙居唐县。明代大书法家、诗人、道人、杰出的思想家，虽没有载入正史，但无论他的思想还是诗词、书法，一致被世人默认。一生勤奋好学，但不得志。晚年在愤世、厌世、痛苦、失望中度过的。去世后，崇古好道的李中麓为雪蓑撰写了祭文，并含着泪水给雪蓑立传。其书《雪蓑道人传》，在明、清期间广为流传。如今此书虽已失传，但雪蓑的故事、雪蓑的书法、雪蓑的诗词至今流传。李昔吾，清末民国早期教育家、书画家、收藏家，尧王山东侧上庄村人。原名李有经，字习五，又更名昔吾。清末邑庠生。曾经加入过同盟会，参加过辛亥革命诸城战役。毕业于济南师范学堂。归，与邑中豪俊创办青州私立中学堂，还曾经在山东省立师范学堂长教务，省立农林学堂任庶务，担任过益都劝学所所长。

47. 李昔吾书《模范学校记碑帖》：《新建第六区模范学校》碑位于青州邵庄刘镇小学院内。碑末署"李有经撰并书，中华民国八年十月"。

48. 李昔吾书《夏辛酉祭文》：夏辛酉（1843—1908），字绍襄、庚堂，山东郓城（今郓城县夏庄村）人，系清朝云南提督。同治七年（1868 年）在左宗棠部下当兵，随军进驻陕西，因战功升任守备。同治十三年（1874 年），奉命参与平定新疆乱。光绪二十年（1894 年），中日甲午战争中，驻防登州，任水师长官，曾击沉日舰 2 只，先后任兖州镇总兵、登州镇总兵、武卫军先锋左翼长、云南提督兼帮办北洋大臣、帮办南洋大臣。病卒于巨野行营，归葬郓城西郊夏庄。

49.《历朝名媛诗集》：乾隆癸巳新镌，红树楼藏版，图文并茂。

50.《列子》（晋张湛注）：光绪十九年鸿文书局明世德堂本校印。张湛：字处度，高平（郡治在山东金乡西北）人，东晋学者、玄学家、养生学家。

51.《律例七言通览》：同治九年正月版本，清代书院课本。

52.《论语》（上）：清代书院课本，《论语》是孔子及其弟子的语录结集，由孔子弟子及再传弟子编写而成，至战国前期成书。全书共 20 篇 492 章，以语录体为主，叙事体为辅，主要记录孔子及其弟子的言行，较为集中地体现了孔子的政治主张、伦理思想、道德观念及教育原则等。此书是儒家学派的经典著作之一，与《大学》《中庸》《孟子》并称"四书"。

53.《论语》（颜渊第十二）：清代书院课本，共计 24 章。其中著名的文句有："克己复礼为仁，一日克己复礼，天下归仁焉""非礼勿视，非礼勿听，非礼勿言，非礼勿动""己所不欲，勿施于人""死生有命，富贵在天""四海之内，皆兄弟也""君子成人之美，不成人之恶""君子以文会友，以友辅仁"。本篇中，孔子的几位弟子向他问怎样才是仁。这几段研究者经常引用。孔子还谈到怎样算是君子等问题。

54.《论语直解》：正志中学讲义，青州府官立中学堂课本。

55.《明伦大典》：藏一本，印制清晰、精美。《明伦大典》24 卷，8 厚册，是明嘉靖七年有政府官方刊布的一本政书性质的史书，属于内府刻本，为正德十六年至嘉靖七年关于"大礼仪"事件的全部记录。该书历经 4 年编纂，其编纂过程有着复杂的社会政治背景。现由于该书存量少而不广，对研究明嘉靖朝代历史，特别是研究明嘉靖"大礼仪"在当时政治背景下具有十分重要的意义。《明伦大典》现存四个版本：一是明嘉靖七年的内府刻本；二是明嘉靖时期镇江府刻本；三是嘉靖八年四月湖广刊本；四是嘉靖经厂本。

56.《诗经》：卷一、二、三本，清光绪间刻本，《诗经》是中国古代诗歌开端，最早的一部诗歌总集，收集了西周初年至春秋中叶共 300 多首诗歌，是书院诸生必读课本。

57.《书岩杨先生偶忆草目录》：清代杨峒诗文，疑李昔吾抄本。目录中包含《正月五日同李云皐段赤亭郊游还饮赤亭家》《哭李南涧先生十首》《云门山书朱梅林廷坊诗后二首》《李南涧先生挽诗》等 50 余首诗，首篇《书岩杨先生偶忆草》中云："余久疏吟咏，少作遗忘……"杨峒（1748—1804），字书岩，又字嵩室，益都人，回族。清乾隆三十九年举人，文学家，一代通儒，曾主讲松林书院。著述颇丰，有《律服考古录》《齐乘考证》《汲古堂稿》《师经堂存诗》《书岩剩稿》《杨书岩先生古文钞》《毛诗古韵》《周两塍先生行状》等。

58.《随园诗话》：道光四年新刊，三让堂藏版。作者为清代袁枚。本书所论及的，从诗人的先天资质，到后天的品德修养、读书学习及社会实践；从写景、言情，到咏物、咏史；从立意构思，到谋篇炼句；从辞采、韵律，到比兴、寄托、自然、空灵、曲折等各种表现手法和艺术风格，以及诗的修改、诗的鉴赏、诗的编选，乃至诗话的撰写，凡是与诗相关的方方面面，可谓无所不包。

59. 孙文楷手稿《老学斋杂著》：孙文楷手稿，扉页有"愚弟鲍心增（清末青州知府）拜读"字样。有《崇俭论》《廉颇论》《扶字考》《杂志三则》《重修郡城南门碑铭并序》《祭孙佩南先生文》《神道碑跋》《益都县志书后》《老学斋稿自序》等篇目，稿末有"辛亥三月廿七日午刻文楷自记"文字。孙文楷，字模卿，山东益都人。同治癸酉举人。潜心著述，尤精金石之学，以收藏贫其家，力耕自养，恒屡岁不入城市。有《适野集》《一笑集》，皆咏田事诗也。逊位诏下，家人秘不以闻。经月，忽入城访友归，即仰药自尽。将死，嘱其子曰："吾行吾所安耳，毋谓我死节也！"著有《老学斋文集》二卷，《今吾吟草》四卷，《稽庵古印笺》四卷，《古钱谱》等书。图书馆还藏有孙文楷《老学斋稿》民国抄本一册。

60. 太平兴国禅寺碑：民国王怀坚收藏。元代赵孟頫行楷书法《太平兴国禅寺碑》收录于三希堂法帖。《太平兴国禅寺碑》由皇帝敕授，元四朝名臣程钜夫撰文，元大书法家赵孟頫书并篆，记录袁州仰山禅寺重建之事。赵孟頫（1254—1322），字子昂，吴兴（今浙江湖州）人，是元代著名画家，与欧阳询、颜真卿、柳公权并称楷书四大家。赵孟頫博学多才，能诗善文，懂经济，工书法，精绘艺，擅金石，通律吕，解鉴赏。特别是书法和绘画成就最高，开创元代新画风，被称为"元人冠冕"。书法上善篆、隶、真、行、草书，尤以楷、行书著称于世。

61.《唐诗合解笺注》（清·王尧衢）：在明清两代众多的唐诗总集中，王尧衢编《古唐诗合解》是一部流行传布较广的本子。王尧衢，字翼云，长洲（今江苏苏州）人，事迹不详，《古唐诗合解》有尧衢自序，写于雍正壬子年（1728 年）季春之月。

62.《渭南文集目录》：图书馆编号 471，宋版翻雕，明末刻本。明末著名藏书家、出版家、文学家毛晋重新刊刻，署"湖南毛晋记"，正文前还有一序，署"淳熙十年（1183年）郑师尹谨识"。正文为"剑南诗稿"，有后代学子红笔圈点痕迹。《渭南文集》是南宋诗词大家陆游自编的一部词文集，嘉定十三年（1220年）陆游幼子遹知溧阳县，始刻《渭南文集》五十卷于学宫。前有序一篇，称"嘉定十有三年十月壬寅幼子承事郎知建康溧阳县主管劝农公事子遹谨书"。

63.《文学兴国策》两卷：清末书院课本，光绪二十二年（1896年）五月广学会译印，作者是驻美的日本公使森有礼。森有礼（1847—1889）出生在萨摩藩（今鹿儿岛县）。1863年英国舰队袭击鹿儿岛，"萨英战争"爆发，战争打开了当地的封闭状态。次年藩内设讲授洋学的开成所，森有礼在此学习英文。译者是来华传教士林乐知，在序文中，林乐知由万物变化才会有活路的观点开始阐述，清朝的衰落是由教育方法数百年来没有变化，教育方法必须随着国家的发展而变化。中国要变强应该采取西欧的教育制度，采用新的学制，以变法自强。并指出了日本的富国强兵就是因为教育制度的革新，中国应该迅速地向日本学习。

64.《西湖志》：雍正九年新纂。《西湖志》号称"西湖第一书"，是关于古代西湖和西湖文化历史的珍贵孤本。雍正年间由浙江总督李卫主持修纂。"天下西湖三十六，就中最胜是杭州"杭州西湖以独特"文化"取"最胜"桂冠。《西湖志》是"西湖文化学"的起点，是有关古代西湖最具权威的一部"百科全书"。清雍正初年，朝廷对西湖进行了大规模的疏浚治理，拨银浙江专款专用，且在西湖旧景之外，增修新景点。雍正九年（1731年）由浙江总督李卫主持修纂《西湖志》，当时共有47人参加了这项工作。这47人同时也是编修雍正版《浙江通志》的班子，是著名的专家学者。

65.《峡猿草》：清康熙丙申（1716年）九月廿有九日族叔南村凤翰序，胶西未亡人周淑履著，有诗歌数十首。周淑履，生卒年不详，侍卫周世佑女，胶州高荫枺之妻。幼工诗，婚后夫妇如师友，丈夫早殁，家道中落，母家亦败，贫苦无依，以织纴为生，教三子读书，皆得成名，远近以女师尊之。

66.《孝经》：同治六年（1867年）六月镌刻，书院课本。中国古代儒家的伦理学著作。传说是孔子自作，但南宋时已有人怀疑是出于后人附会。清代纪昀在《四库全书总目》中指出，该书是孔子"七十子之徒之遗言"，成书于秦汉之际。自西汉至魏晋南北朝，注解者及百家。现在流行的版本是唐玄宗李隆基注，宋代邢昺疏。全书共分 18 章。

67.《偕园诗草》：诗歌集，山东益都明末清初大臣房可壮先生著，后学清末邱方鑑书签，为学生徐增锦收藏，钤山东省益都中学章，光绪丁未房氏家塾重刊，孙文楷作序，收录房可壮诗 143 首，在文末房可壮九世孙房来鹤作后记，叙述重刊经过：益都知县李揩臣先生设局续修《益都县图志》，聘孙文楷主笔，房来鹤参与，第二年即将竣工之时，因仰慕先祖房海客先生，请孙文楷细加校正，重刊《偕园诗草》。文末署"九世孙房来鹤谨识"。此书对于研究明末清初历史人物有重要的参考价值。房可壮（1578—1653），字阳初，一字海客，明末清初大臣，山东益都人。万历三十五年（1607 年）进士，官至御史，史称"弹劾奸邪，不遗余力"。邱方鑑：字新佛，一字心佛，邱琼玉族侄。清末民初诸城人。寓居青州城里，精医术。曾任光绪《益都县图志》采访。擅书法，尤长行草，学王觉斯，体势开张。

68.《徐文长全集》：徐渭作品集，明代版本，有"袁中郎先生批点，本衙藏版"，"武林黄汝亨序"字样。黄汝亨（1558—1626），字贞父，钱塘人，裳子，明万历二十六年进士，官至江西布政司参议。历史上杰出的书法家、文学家。徐渭（1521—1593），字文长，号青藤老人、青藤道士、天池生、天池山人、天池渔隐、金垒、金回山人、山阴布衣、白鹇山人、鹅鼻山侬、田丹水、田水月，中国明代文学家、书画家、军事家，山阴（今浙江绍兴）人。

69.《璇玑图序》：一册，始平苏氏著，昌乐偶山堂藏版，扉页为光绪六年昌乐阎湘蕙作的序，后有《璇玑图旧序》、唐女皇武则天的《织锦回文记》，然后是《璇玑图》作者苏若兰肖像图，璇玑图彩色正文。最后是乾隆二十八年《后言》，嘉庆十七年《织锦回文读法》。《璇玑图》作者苏蕙，字若兰，魏晋三大才女之一，回文诗之集大成者，传世之作仅一幅用不同颜色丝线绣制的织锦《璇玑图》。据《晋书·列女传》记载，苏蕙是始平（今陕西省武功县苏坊村）人，善属文，是陈留县令苏道质的三姑娘。若兰从小天资聪慧，三岁学字，五岁学诗，七岁学画，九岁学绣，十二岁学织锦。及笄之年，已是姿容美艳的书香闺秀，提亲的人络绎不绝，但所言皆属庸碌之辈，无一被苏蕙看上。后嫁于秦州刺史窦滔。《晋书．窦滔妻苏氏传》："窦滔妻苏氏，始平人也。名蕙，字若兰。善属文。滔，符坚时为秦州刺史，被徙流沙。苏氏思之，织锦为回文旋图诗以赠滔，宛转循环以读之，词甚凄婉，凡八百四十字"。唐朝武则天《璇玑图序》所述前秦时，窦滔在远地做官，妻子苏蕙因怀念丈夫，便织锦为回文诗寄赠给他，婉转回环而读，共840字，成诗数千首。据说"璇玑图"纵横八寸，五色杂布，别以三、五、七言，回环诵读成诗，远不止200首。宋元间，僧人起宗，刻意推求，得三、四、五、六、七言诗3752首，分为七图。明康万民增立一图，增读其诗4206首，合起宗所读，共成7958首（见《四库提要．别集》一《璇玑图读诗法》）。郭沫若为此有专论。后世诗文戏曲中，常以"织锦回文"的典故，寄寓女子怀念丈夫或情人的情怀。

70.《学庸》：《大学》与《中庸》的简称，本册扉页红字系同治皇帝圣旨："同治六年（1867年）六月十一日准……钦此。"首篇《山东书局校刊四书官绅职名》。

71.《荀子》：清刻本，战国后期儒家学派最重要的著作。荀子（约前313—前238），名况，战国后期赵国人，时人尊称为荀卿，汉时避汉宣帝刘询讳称为孙卿。年五十，始游学于齐国，曾在齐国首都临淄的稷下学宫任祭酒。因遭谗而适楚国，任兰陵令。以后失官家居，著书立说，死后葬于兰陵。著名学者韩非、李斯均是他的学生。《荀子》一书今存32篇，除少数篇章外，大部分是他自己所写。他的文章擅长说理，组织严密，分析透辟，善于取譬，常用排比句增强议论的气势，语言富赡警炼，有很强的说服力和感染力。荀子是一位儒学大师，在吸收法家学说的同时发展了儒家思想。他尊王道，也称霸力；崇礼义，又讲法治；在"法先王"的同时，又主张"法后王"。孟子创性善论，强调养性；荀子主性恶论，强调后天的学习。这些都说明他与嫡传的儒学有所不同。他还提出了人定胜天，反对宿命论，万物都循着自然规律运行变化等朴素唯物主义观点。

72.《杨椒山先生全集全本》：封皮反面书名《杨椒山先生全集全本》，上书"太史毛大可先生鉴定"，右署"萧山章梅溪、海陵朱芷菴先生重订"，左下为"本衙藏版"。清康熙新刻官版。作者：杨继盛（1516—1555），字仲芳，号椒山。直隶容城（今河北容城县北河照村）人。明朝中期著名谏臣。嘉靖二十六年（1547年），登进士第，初任南京吏部主事，师从南京吏部尚书韩邦奇学习律吕。后官兵部员外郎。因上疏弹劾仇鸾开马市之议，被贬为狄道典史。其后被起用为诸城知县，迁南京户部主事、刑部员外郎，调兵部武选司员外郎。嘉靖三十二年（1553年），上疏力劾严嵩"五奸十大罪"，遭诬陷下狱。在狱中备经拷打，于嘉靖三十四年（1555年）遇害，年四十。临刑前，将自书年谱交予其子，并作诗曰："浩气还太虚，丹心照千古。生前未了事，留与后人补。天王自圣明，制作高千古。生平未报恩，留作忠魂补。"天下相互涕泣传颂此诗。明穆宗即位后，以杨继盛为直谏诸臣之首，追赠太常少卿，谥号"忠愍"，世称"杨忠愍"。后人以其故宅改庙以奉，尊为城隍。有《杨忠愍文集》。

73.《杨氏族谱》：道光九年仲秋月镌，版存祠堂，蓝布包装，线装。首页《重修杨氏家谱序》，乾隆二十七年岁次壬午冬十二月上浣孝立孙乾隆二十七年重修后道光九年重修，当为明代杨锦、陕甘总督杨邦宪至清代杨涵族谱。杨锦，字尚綗，号月川，世业农，居九回山阳。明代嘉靖三十五年进士，历任汝州知州、山西河东道佥事、陕西参议、靖边道副使、山西参政兼佥事、山西按察使，旋以右佥都御史巡抚甘肃。丁岱宗先生云百壶斋藏民国《杨氏族谱》，清代道光间杨氏族谱的发现具有重要的历史意义。

74.《御纂诗义折中》：清高宗弘历敕撰清傅恒、清陈兆仑等纂，清末文成堂京都石印本；经部诗类。

75.《中庸》十九章至二十章、二十八章至末：清代版本，线装。《中庸》是中国古代论述人生修养境界的一部道德哲学专著，是儒家经典之一，原是《礼记》第三十一篇，相传为战国时期子思所作。其内容肯定"中庸"是道德行为的最高标准，把"诚"看成是世界的本体，认为"至诚"则达到人生的最高境界，并提出"博学之，审问之，慎思之，明辨之，笃行之"的学习过程和认识方法。宋代从《礼记》中抽出，与《大学》《论语》《孟子》合为"四书"。宋元以后，成为学校官定的教科书和科举考试的必读书，对中国古代教育和社会产生了极大的影响。

76.《周礼》（抄本）：《周礼》是儒家经典，西周时期的著名政治家、思想家、文学家、军事家周公旦所著，今从其思想内容分析，则说明儒家思想发展到战国后期，融合道、法、阴阳等家思想，春秋孔子时对其发生了极大变化。《周礼》所涉及之内容极为丰富。大至天下九州，天文历象；小至沟洫道路，草木虫鱼。凡邦国建制，政法文教，礼乐兵刑，赋税度支，膳食衣饰，寝庙车马，农商医卜，工艺制作，各种名物、典章、制度，无所不包。堪称上古文化史之宝库。

77. 《庄子》：又名《南华经》，是道家经文，是战国中期庄子及其后学所著。到了汉代以后，尊庄子为南华真人，因此《庄子》亦称《南华经》。其书与《老子》《周易》合称"三玄"。《庄子》一书主要反映了庄子的批判哲学、艺术、美学、审美观等。其内容丰富，博大精深，涉及哲学、人生、政治、社会、艺术、宇宙生成论等诸多方面。

78. 《状元四书》：有"道光庚子（1840）新镌，悉遵宋刊点校无讹，魁文堂藏版"字样。包括《论语》《中庸》《大学》《孟子》。

79. 《刘知远诸宫调》（金本）：《刘知远诸宫调》是我国现存最早的，也是对后来的戏剧、说唱文学有着重要影响的一部诸宫调作品。《刘知远诸宫调》刻本的发现，可见前期诸宫调这一曲艺门类的乐曲结构形式，对研究诸宫调的形式和发展以及李三娘、刘知远故事系列的发展轨迹，都提供了珍贵的史料。

80. 《菜根谭》：此本有"嘉庆元年（1796年）益都后学张玉枢谨识""青州法庆寺主持重刊"字样，书后"跋"署名为"中华民国二十四年王其昌谨识"，并附捐款人名单。《菜根谭》是明代还初道人洪应明收集编著的一部论述修养、人生、处世、出世的语录世集。儒家通俗读物具有儒道真理的结晶和万古不易的教人传世之道，为旷古稀世的奇珍宝训。对于人的正心修身，养性育德，有不可思议的潜移默化的力量。其文字简练明隽，兼采雅俗。似语录，而有语录所没有的趣味；似随笔，而有随笔所不易及的整饬；似训诫，而有训诫所缺乏的亲切醒豁；且有雨余山色，夜静钟声，点染其间，其所言清霏有味，风月无边。

81. 《中东战记本末》：由广学会成员、美国传教士林乐知主持，举人蔡尔康等辑录。光绪二十三年（1897年）上海广学会排印。全书共八卷。收录部分有关中日甲午战争的奏疏、诏令、函牍、条约、布告等文件，并摘译中外报章上的战讯和述评。

82. 《格致书院课艺》：清末格致书院印制的供学子学习之用的优秀课艺文章。由上海格致书院向公众传播书院诸生的学习心得，启发近代之新思潮。格致书院是同治十三年（1874 年）由华人徐寿和英国传教士傅兰雅共同创建，书院以"令中国人明晓西洋各种学问与工艺与造成之物"为目标，宗旨是"意欲中国士商深悉西国之事，彼此更敦和好"。连续九年编辑《格致书院课艺》，宣传改良维新思想，介绍西学。

相关研究文章

松林书院与祭祀

古代书院一般有三大功能，除去教学、藏书外，还担负着祭祀功能。书院的祭祀与宗教祭祀有着重要区别，书院的祭祀基本着眼于教育功能。青州松林书院的前身——矮松园，一代名相王曾读书处，明初曾设有社稷坛，据光绪《益都县图志》记载："社稷坛，旧在府城西北五里。明初，徙城内，以宋矮松园为祀所。"社稷坛是青州府祭祀土地神和五谷神的场所，此类祭祀属宗教性质。

松林书院创建后，在院东曾建有四书斋、文昌阁、十三贤祠、乡贤祠、四照亭等建筑，可惜在现代的校舍改造中都已拆除，留下了永远的遗憾。四书斋乃松林书院藏书之所，而文昌阁、十三贤祠、乡贤祠皆书院祭祀之所。

文昌阁，祭祀文昌帝君。文昌帝君为民间和道教尊奉的掌管士人功名禄位之神。文昌本星名，亦称文曲星，或文星，古时认为是主持文运功名的星宿。书院供奉文昌帝君，尚属宗教性质，寄寓书院多出人才的美好愿望。

书院祭祀较为隆重的首先是至圣先师孔子。祭祀孔子在古代学宫非常普遍，在松林书院尤为郑重。这一习俗一直延续到清朝末年的官立中学堂（1902年由松林书院改办）时期。据中学堂第二任监督、中国文学史上著名的鸳鸯蝴蝶派作家包天笑先生在《钏影楼回忆录》中说：

太尊（青州知府段友兰）到学堂里来拜孔，吩咐监督，率领全体教员，一同在礼堂行礼，学生亦一体参加。拜孔以后，太尊要对学生加以一番训话……除太尊外，要监督及全体教员学生一同跪拜行礼……每逢朔望，行拜孔典礼，好似串一出戏……

当然，那时的学堂监督、教员和学生大都是新潮人物，对拜孔等充满封建色彩的繁文缛节甚是厌恶，但从另一方面讲，封建社会中绝大部分祭孔仪式是庄重的，体现人们对儒家正统思想的崇拜与追求。

除去祭孔外，书院还设有名贤祠和乡贤祠，分别祭祀宋代十三位有惠政的青州知州和异地为官或治学、有所作为、颇有名望的青州知名人士。据光绪《益都县图志·卷十三·营建志》载：

名贤祠，亦曰十三贤祠，在松林书院。明成化五年，知府李昂奏请立祠，祀宋青州守寇忠愍公准、曹武穆公玮、王文正公曾、庞庄敏公籍、程文简公琳、范文正公仲淹、李文定公迪、富文忠公弼、欧阳文忠公修、吴文肃公奎、赵清献公抃、张文定公方平、刘忠肃公挚，岁时致祭。

祭酒陈鉴在《记略》中叙述说：

成化丙戌，仁和李侯文举来为守。府旧有祠，祀宋诸贤之有惠爱于青民者，后祠废，附其主于土神之祠。祠既卑隘，位亦贬损，非所以崇贤报德，侯心歉焉。既而，得隙地，高亢明爽，为浮屠所据。因撤其像，逬其徒，尽易旧规，一由新观。迁主其中，仍塑诸公之像，衣冠皆如宋制，扁其楣曰："名贤祠"。前为两斋，左曰"思齐"，右曰"仰止"，以为致斋之所。缭以周垣，而门其中。垣之外复为二轩，左曰"藏修"，右曰"游息"。延四方有学行者居之，以为师。檄属邑子弟知乡方而愤孤陋者，教育于兹。其门曰"松林书院"。即日，率僚属、师生为文以祭之，大归以崇正黜邪为陶人心之具。

此段文字详细地记载了名贤祠（即十三贤祠）和松林书院的创建过程。书院创建当天，知府李昂就率领属僚和全体师生写好祭文祭拜十三贤，以达到弘扬正气、祛除邪恶、培植人才的目的。

所祭十三贤，皆清廉爱民，居庙堂之高则为君分忧，处江湖之远则为民解愁，为大宋王朝立下赫赫功勋。

弘治十八年，青州知府彭桓修祠并作记，赞曰"诸贤德业，闻望炳炳宇宙间，长如日星，况于其故领之郡，流风余泽存而未泯"，修祠目的"昭前烈之修光而启后学之仰慕者"，并言自己到任知府三日，"谒于松林书院，得瞻十三贤之遗像而拜焉"，"所谓出于人心之公而关乎世教之大者，虽穷天地亘古今而不可废也，"于是因其旧而增华，拓其宇而加丽。嘉靖四十三年（1564年）知府杜思再修名宦、乡贤二祠，并重修松林书院，四十四年（1565年）春告成，副使陈梦鹤为之记。

世事轮回，沧海桑田，但人们对十三贤的尊崇一直未变。明朝诗人歌曰"青齐宋代十三贤，道德文章孰可肩""祠前翠柏四时秀，海内清名万古留"，高度赞扬了十三贤的道德修养以及文学才华无人可与之比肩，祠前翠柏蓊蓊郁郁，他们的英名也必将万古流传。清乾隆四十一年（1776年）秋，桂林人胡德琳奉檄摄青州知府，作《青州十三贤赞》，对十三贤丰功伟绩予以高度赞扬，由海盐人张燕昌书，刘万传刻碑，现嵌于松林书院前讲堂厦廊西壁上。2012年，青州一中110周年校庆前夕，校园内竖起多块汉白玉石雕，镌刻十三贤的炳炳功勋以及崇高精神，成为后代学子心中永远的丰碑和对十三贤永远的纪念。

关于乡贤祠，嘉靖《青州府志》记载：

乡贤祠，在松林书院，即喜雨亭改建。祀春秋成覸、战国王烛、鲁仲连，汉谏议大夫江革，博士胡母生，御史大夫倪宽，孝子董永，河东太傅征士、辕固，郡掾祭酒薛方，晋孝子王裒，唐左仆射房玄龄，孝子孙既，宋沂国文正公王曾，平江守仇念，侍郎王曙，中丞李之才，学士燕肃，冲退处士苏玉，状元苏德祥，御史张所，金尚书张行简，元金事齐郁，侍郎于钦，御史傅让，学士马愉，大学士刘珝，孝子王让、冀琮，尚书陈经，布政使黄卿，副使冯裕，凡三十四人。二祠俱在松林书院，岁以春秋上丁日各用羊一豕一爵三帛一致祭。

从以上记载看出，松林书院乡贤祠每年在春秋季上丁日用一只羊、一头猪、三大杯酒和一匹布祭祀乡贤。上丁指农历每月上旬的丁日，自唐以后，历代王朝规定每年仲春（二月）、仲秋（八月）的上丁之日为祭祀孔子的日子，以此来祭祀乡贤，可见礼仪之隆重。明万历八年（1580年），宰相张居正毁天下书院，松林书院未能幸免，名宦、乡贤二祠损坏，直到清康熙三十年（1691年）书院重建，院东修复二祠等建筑，名宦祠仍祀青州十三贤，而乡贤祠随朝代更迭，祭祀名单有所增益。据光绪《益都县图志》载：

入祠诸贤，《旧志》无文，兹依旧《府志》胪列如上。今祠，神牌多于旧者数倍，年代久远，无案牍可稽，姑依时代编录之，以俟厘定祀典者焉。

嘉靖《府志》最初载乡贤祠祀 34 人，至康熙《府志》载祀 43 人，康熙《县志》无考，咸丰《府志》载 56 人，光绪《县志》载 54 人（县乡贤祠 59 人）。增加的乡贤中较为知名者有：明兵部尚书邢玠、石茂华，兵部侍郎、赠工部尚书、端恪公冀錬，光禄司卿冯惟讷，户部尚书王基，刑部侍郎朱鸿谟，工部尚书钟羽正，工部尚书董可威，礼部尚书赵秉忠及清代的内阁大学士冯溥等。

所祭乡贤，官至宰相者房玄龄、王曾、刘珝、冯溥四人，至六部尚书等二品职位者有陈经、冯琦、石茂华、钟羽正、邢玠、王基、赵秉忠等数人，其皆科举出身，不但为官正直，膏泽斯民，颇有政绩，而且大多博学多识，工于诗文，有文集传世，可谓青州学子为官、治学、做人的表率。其中王曾、陈经、黄卿等人曾在松林书院（矮松园）读书或讲学，更成为松林学子之骄傲。

明代礼部尚书冯琦在《维世教疏》说："祠祀名宦，义在报功；祠祀乡贤，义在崇德。因以表扬前哲，亦以风励后来。"康熙《益都县图志》载："祀典，用以崇德报功，为民请命，奠终古之天地，淑万世之人口，功德尊隆，祀典特首重焉。山川林麓，高城神池，神物所凭。先贤名宦咸著功德于兹土，其有威灵赫奕，人心向往，虽疆域各异，亦并祀之。"这些都很好地说明了建名宦和乡贤祠的目的和意义。

松林学子、明代名儒陈梦鹤对书院中祭祀的名宦乡贤充满了仰慕之情。在《副使郡人陈梦鹤记》中说："予自童子时辄闻吾青有名宦、乡贤二祠，心窃慕之，稍长，为诸生，习举子业于松林书院，二祠巍立院中，因见所谓名宦者有若人焉，为乡贤者有若人焉，乃历指而究之……"明代都御使、诗人陈凤梧有诗道"名宦勋华高北斗，乡贤声价重南金"，对书院祭祀的名宦乡贤的功勋和声誉给予了极高的评价。

如今，延续了千年的书院教育已经淡出人们的视野，古老的祭祀仪式早已不复存在，但书院文化中崇圣重道、化育人生的流风余韵必将永世不衰。千百年来，作为具体而形象的教育资源，松林书院所祭祀的名宦乡贤，供代代士子景仰学习：启迪师生敬道崇德，见贤思齐，培养崇高的人格操守；激励学子进德修业，经邦济世，实现儒家"修身、齐家、治国、平天下"的远大理想。

（原载 2013 年 3 月《大众日报》，原题为《祭祀在青州松林书院》，有改动）

孝义传家远，清正写人生

——"铁面公"冀錬和其门生钟羽正

明清时期，青州府重臣辈出。据清代文人安致远《青社遗闻》记载："明末青郡鼎盛，中朝诸巨公，并以三甲起家。司理县令、跻位六卿者，不下数十人，皆列第城中。"作为治学、为官和做人的楷模，百年后他们很多被请进青州府乡贤祠供后人瞻仰，兵部侍郎冀錬及其门生、工部尚书钟羽正即为典型代表。

（一）严正自持"铁面公"

冀錬（1513—1587），字纯夫，号康川，青州郑母人。"生而歧嶷，风骨端重，向学纯笃"，"六经"及诸大儒经典，无不成诵。嘉靖二十三年（1544年）进士及第，历任知县、户部郎中、兵部侍郎等职。

冀氏家族，以孝德闻名乡里

冀氏家族世有厚德，以孝悌传家，冀錬曾祖贞义，分家时把肥沃的田地让给兄长，自取贫瘠者。每月会见族人，教导他们要孝敬父母、夫妻和睦，乡间百姓也深受教化，知府表彰其乡名曰"孝悌乡"。

叔祖公冀琮，少承家法，非常孝顺。曾任三河县知县，清慎自持，俸禄外不苟取，政绩考核最佳，已报升霸州知州。一日忽心痛，急弃官归家，而母已卒，琮捶胸顿足，悲痛欲绝。一年后父又卒，哀毁益甚。既葬，于墓侧建庐守孝，朝夕悲号，感动路人。常有万鸟绕树而啼，又有灵芝白兔奇异现象，人以为孝心感动所致。知府表彰其事，与侍郎王让并称"青州二孝"。据曹安《冀孝子传略》曰："孝子抵家，哀毁骨立。时，天久旱，葬之日，大雨如注，时成化二十年六月也。孝子欲庐墓，以父年八十有四，恐违孝养，不果，犹朝夕造墓哭。明年六月，父卒，天又久旱，比葬，亦大雨。襄事后，结庐墓侧，负土筑坟，高丈余。是年十月九日，坟左突生异草，一本十有七茎，红紫可爱，聚观者如市，皆曰芝也。又有鸦鹊鸠鸽等千百为群，绕墓栖止，晨则哀鸣，顷刻然后去，自冬至明年二月乃散。又有白兔屡过坟前，莹洁如玉焉。"

冀錬父冀九经亦因孝名闻乡里，正德初年，流贼过其乡，祖父年老不能奔避，父扶掖徐行。贼感其孝，终未犯其乡。冀錬深受家风影响，其学以诚敬为主，言语举动皆有法度。任知县时，主张以孝悌教化百姓，尽量减少刑罚，民风为之大变。曾曰："一家化，即一家为商周；一邑化，即一邑为唐虞。"闻者奉为至理名言。

严正自持，大有宋朝包拯之风

冀錬户部任职期间，他受命到宣化府督察军饷。兵饷一到，即如数发放。有个老吏悄悄告诉他说："这兵饷之中包含你的'羡余'，应该首先拿出来。"所谓羡余，就是回扣。冀錬回答说："既如此，就先按照旧例办理吧。"到了年终，冀錬将所有积存的羡余都拿出来分给将士，并说："今年皇上念你们守卫边疆劳苦，所以赐给年终奖赏。"将士同声呼万岁。那个老吏不解，对冀錬说："这本来是大人您应该拿取的，即便不拿，为何不明白告诉大家是您赏赐的，而托言朝廷呢？"冀錬回答："此实系兵饷，本出朝廷，今以兵饷仍归于兵，使感朝廷德惠，而且也免得显出前任之过，不两全其美吗？"

嘉靖四十四年（1566年），冀錬以右佥都御史巡抚河南，后回朝转兵部右侍郎。隆庆三年（1569年），因病请求致仕。隆庆五年（1571年），朝廷器重冀錬的德才，欲任命他为南京兵部尚书，又改北京户部尚书。但冀錬淡泊名利，都坚辞没去赴任。居家期间，只是杜门谢客，终日焚香静坐。有人劝他聚徒讲学，他回答："为人做事要看行动，不在多言也。"也有人劝他著书，他回答："世人著书太多，免不了一把火烧掉，有何用处？"他常说："人心淡然虚止，不容一物而无所不容；立志须刚，刚乃能伸万物之上。"又曾说："暧昧之事，断不可为，恐伤阴德；苟且之行，定不可蹈，恐损阴骘。"在其官府，绝无递名帖拉关系说人情办私事之事，人们称其为"铁面公"，大有宋朝包拯之风。

万历十五年（1587年），冀錬去世。因家庭贫困，子孙变卖家产方得以安葬。冀錬一生严正自持，不为虚名浮利，不作矫矫之行，而名节闻于海内，卒后谥"端恪"，并被供祀于松林书院乡贤祠和长安县名宦祠。

孜孜诱导，爱生如子，忘其为尊宿

冀錬不仅是一位治世之能臣，还是一位理学名臣。据青州政协文史委委员房崇阳先生和房永江先生考证，冀錬致仕后曾应邀凝道书院（即松林书院）讲学，不愤不启，不悱不发，耳提面命，孜孜无倦。《青州人物志》（钟羽正）载："公严肃自持，言笑不苟，及接后生晚进，孜孜引诱，盎然坐春风中，忘其为尊宿也。"冀錬爱生如子，子弟对其感情极深。去世后，门生工部尚书钟羽正曾写有《祭端恪冀老师文》，其中曰："方其任事也，国家社稷之重，不在长城之险、武库之藏，而倚公胸中之兵甲。及其悬车也，荐绅逢野之望，不在岱岳之崇、渤澥之广，而仰公元老之风仪。爵致而道益彰，身退而名益随。"对老师绝尘高蹈的才能、风范、品行予以高度评价，并深情追忆了自己早年从师学习的情形，表达了对恩师的痛悼之情："某束发游学，在公炉锤，开我颛蒙，面命耳提，凡以启发其愤悱而鼓舞其意气者，真所谓为视予犹子。乃一行为吏，阔焉六期，病弗祷，殓弗及，丧不得与哭泣之哀，而葬弗获助执绋也，徒悲良木而莫之追千里驰奠。泛滥涕洟，呜乎哀哉，尚飨！"

（二）清修如鹤钟羽正

钟羽正（1554—1637），字淑濂，号龙渊，明代青州府益都县钟家庄人，"生而警拔，凝然卓立"。冀錬致仕后在凝道书院讲学，"一见深器之，授以濂洛心传，尽得其旨"。明万历八年（1580年）进士。

敢于进谏，严惩贪蠹，竭尽言官之责

初授滑县县令，滑县向来号称难治。钟羽正到任，"公取积案，断绝如流，三日而毕，远近神之"。因政绩突出，擢礼部给事中。当时皇帝长期不上朝，不接见大臣，对大臣的奏章有的置而不览，有的览而不用。钟羽正甘冒天威，上疏

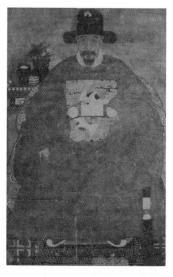

工部尚书钟羽正

建言："天下之治成于勤励，废于因循。治一方者，精神必振于一方；理万国者，精神必周于万国。皇上励精图治十九年于兹，方其初政，旬日三朝，既无愆期矣。乃今静摄日久，黼座稀临，朝廷百执事之臣不睹耿光者数月矣。……伏乞皇上励初政之心，思计典之重，夙兴临朝，引见群吏，亲询疾苦，综核名实，使四海九州之臣兢兢奉令。……贤者以劝，不肖者以惩，由此尽心民事以绥四方。"从中看出钟羽正的胆识与勇气。

改任工科给事中期间，钟羽正曾代表朝廷出巡视察宣化府边防事务，发现当地将领冒领军饷，中饱私囊达 27 万钱之多，遂坚决予以裁减。他不畏权势，严惩贪官。兵部左侍郎许守谦镇抚宣化府，收受贿赂，臭名昭著，被钟羽正弹劾罢官。副总兵张充实等人侵盗军资，也被钟羽正弹劾罢免。钟羽正视查上谷时，有个官员隐占屯粮、侵吞军饷，惧怕钟羽正，便托人送礼。钟羽正严词拒绝，查实罪行，立即法办。

擢升吏科都给事中。他坚持原则，除恶扬善，对贪官污吏严厉打击。当时朝政腐败，送礼之风盛行，地方官员进京朝觐时，都要向京官馈赠。对这种不良风气，钟羽正上疏皇帝，力陈其弊曰："臣罪莫大于贪。然使内臣贪而外臣不应，外臣贪而内臣不援，则尚相顾畏莫敢肆。今内以外为府藏，外以内为窟穴，交通赂遗，比周为奸，欲仕路清、世运泰，不可得也。"意思是说：为官的最大罪孽是贪。杜绝贪的办法就是京官想贪而外官不送礼，外官贪而京官不包庇，互相有所顾忌而不敢放肆。如今则是京官把外官当作自己的财源，外官把京官当作庇护所，勾结赂遗，朋比为奸，要想使吏治清明，社会安定，是不可能的。皇帝认为他的话很有道理，便敕命阁部大臣，一切公事均在朝房计议，不准在私人宅邸接待宾客。又命外官不得与京官私通，有事照章办理，办完即日出城，不得擅自逗留。

闲居乡里，孝义著称，为"天下第一贤人"

万历二十年（1592 年），因册封、教育太子的所谓"国木""豫教"之争，钟羽正被削职为民，即日便身着村装野服，骑一毛驴，踏上了返归故里的道路。初回家乡，杜门读书，士大夫往来其地，坚辞不见。此后，"居家潜心理学，博览坟籍，郡中名士，负笈门墙，登甲第、跻尊显者先后不绝"，或优游山水，修身养性，闲居近 30 年。海内称"四大贤人"，钟羽正为第一。

他事亲至孝，母病，三年侍养，不论朝夕。为双亲服丧期间，"哀毁几于灭性"。他乐善好施，经常救济百姓。万历四十三年（1615 年），青州大饥荒，钟羽正倾资赈济，救活 1500 余人。使者核实上奏，朝廷赐"代天育物"门匾以示表彰。又于驼山下出资购置土地，作为"义田"，置一庄，用来赡宗族当中贫困无助者。同年，吏部尚书郑特上疏，要求起用钟羽正，说："废弃诸臣，事关国本，抗言得罪、禁锢终生如钟羽正等作速起用。"次年，朝廷任他为光禄寺少卿，但他看到朝政腐败，一直未到任。

其弟钟羽教，受家风影响，性情忠直狷介，人有过错，常当面斥之，而他人从不怨恨。尚勤俭，好施予。荒年，借粮给亲族，谷价上涨，羽教曰："我不能广施恩惠以济贫，却乘人之危而赚取利润，与奸商何异？"焚毁借据不让人还。乡里有残废者，辄收养之，久而不厌。羽正曾让弟参加恩贡选拔，应入试，羽教辞曰："吾若选中，人以为我侥幸，会玷污了兄长的清德。"遂不赴。

直道清节，名重海内，卒时青人奔走号泣

万历四十八年（1620 年），明熹宗即位，再次起用钟羽正，任命为太仆卿。太仆卿是个肥缺，有很多"羡金"即额外收入。钟羽正上任后，当晚便起草文件，把"羡金"全部上交，增加库银 30 万两。又追加别项近两万两，也充实到国库。有些人便借此事倡议，想搜刮各种财物都纳为国用，钟羽正一并严词制止。天启三年（1623 年）春，钟羽正官拜工部尚书，四年（1624年）因忤逆专横跋扈的阉党被削职夺官。

安致远在《青社遗闻》中对钟羽正归乡后所居宅第的简陋有所记载："益都钟大司空羽正，直道清节，名重海内。所居宅在衡藩后宰门外，其厅事梁栋仅受椽瓦，傍舍卑陋，具体不及中人之居。于厅事后堆石为小山，洞壑窈窕，亦有野趣。今已倾圮殆尽，而名德重望，过者徘徊不忍去。"并叹道："吾青多鼎贵之家，华堂壮宇，甲第相望，无德可称，而公之名隐然若山岳焉。一第之零落，何足道哉！"

先生平生好骑一驴，着白布衫，带一蓬头童仆，往来仰天山之道中。饿了与村夫野老炊藿相饷，欣然共饱，见者以为田叟。钟羽正归乡后，魏忠贤气焰

更加嚣张，干儿义孙几遍朝绅。先生元宵节看灯，作七言律诗一首，其后四句云："应知色界同空界，才见开花又落花。漫引儿童齐鼓掌，可能顷刻怜繁华。"讽刺魏阉不要一时得意忘形，繁华即将过去，万事终会成空。临终前子弟侍疾云："莫要糊涂了。"先生应声曰："糊涂了，糊涂了，莫要闹，休要吵，舍却臭皮囊，往外只一跑。"遂晏然而暝。

据康熙《益都县志》记载："复珰（dāng，指宦官魏忠贤）祸大起，杨涟劾魏忠贤二十四大罪，中有'钟羽正清修如鹤，逐之使去，其罪一也'。崇祯戊辰（1628 年），珰败，起废清流，犹首列羽正之名。丁丑（1637 年）冬，公偶尔违和（指患病），家人聚候，执笔谈笑而终，年八十三。生平方严清介，而未尝失色于邻党，自诸生至登八座（尚书之类高官），未尝与一人构怨涉讼，自奉淡泊，身服布素，常食不过二器。居恒手不释卷，藏书百箧，丹黄（旧时点校书籍用朱笔书写，遇误字，涂以雌黄，故称点校文字的丹砂和雌黄为丹黄）殆遍。卒时，青人奔走号泣，焚香祷祝者不可胜计。"

（原载于 2014 年 4 月《大众日报》，原题为《"铁面公"冀錬和门生钟羽正》，有改动）

"松林书院"与"云门书院"名称考

松林书院东北角廊壁上，镶嵌着光绪八年的一重要碑刻《特授青州府正堂加三级纪录七次李札》，高 106 厘米、宽 220 厘米。记载了青州知府李嘉乐针对当时青州云门书院经费缺乏，竟致每月课试优秀生员奖赏膏火不能遍给的弊端，自捐官俸白银八百两作为书院经费的事迹，此举赢得了山东巡抚等省级要员们一致肯定和交口称道。问题是，云门书院如此大型的碑刻缘何出现在松林书院内？2006 年 8 月文化艺术出版社出版的《青州石刻文化》也有疑问："不知为何原因，这方（云门书院）碑刻移到松林书院？"2009 年 8 月青州政协《青州碑刻文化》判断为"此碑原在云门书院内，后为松林书院收藏"。总之都未厘清云门书院碑刻却收藏在松林书院的真正原因。又据 2002 年版《山东省青州第一中学校史》云"松林书院曾更名为云门书院，甚谬；或认为道光前后，云门书院在松林书院内，尚缺考证"。对松林和云门这两个名字也未说清楚。

想起宋代王安石的一句话："盖儒者所争，尤在于名实。名实已明，而天下之理得矣。"事物的名称和实际如果搞不明白，就容易引起误解纷争；如果是做学问，就容易产生方向性的错误。松林书院和云门书院名称亦然，只有弄清楚，研究起来才不至于得出过于偏颇的结论。近年，笔者考证认为，云门书院在乾隆末嘉庆初逐渐徙并至松林书院，二书院统称云门书院，但习惯上仍保留了松林书院这一名称。考证如下：

首先谈谈松林书院名称的由来及变迁。

松林书院的名称源自明成化五年（1469 年），青州知府李昂将宋代矮松园改办为"松林书院"。据明嘉靖《青州府志》（以下简称《嘉靖府志》）卷九"学校"记载，"松林书院，在府治西南，宋代王文正公读书处，名矮松园"。明隆庆年间，易名为凝道书院。据光绪《益都县图志》（以下简称《光绪县志》）"营建志"中"试院"所载赵秉忠《云门书院记》说："青州旧有凝道书院，在郡治西南，堂室严翼，桧柏环拱，每青蘋自龙鳞起，若万壑喷巨浪，题曰'书院松涛'，其创垂题咏载《郡志》。"《嘉靖府志》云："青州有八景，书院松涛居其一。"可见状元所写的凝道书院就是松林书院。万历八年，阁臣张居正废天下书院，松林书院被毁。

清康熙三十年（1691 年），观察使陈斌如、知府金标重建并恢复松林书院之名，现书院内有《重建松林书院碑记》，碑文收录在康熙六十年《青州府志》（以下简称《康熙府志》）卷二十二"艺文"中。四十三年（1704 年），知府张连登主持增修书院，一度改为社学，后改称"张公书院"。《康熙府志》卷七"学校"载："张公书院，在松林院。"五十一年（1712 年）赵执信所撰《黄崑圃政绩碑》中称"青州之松林书院"。乾隆二十二年李文藻《青州太守裴公遗爱碑记》载，为纪念青州知府裴公，师生们"即松林书院而立石焉"。乾隆四十年（1775 年）山东学政黄登贤在《松林书院记》碑中称"青郡向设松林书院"。至此，松林书院从重建后的近百年时间里名称除"张公书院"外没有变化。

乾隆末年，松林书院名称始有较大变化。据清代文人冯浩《安肃县知县沈君可培传略》曰："（沈可培主讲洙源书院）凡五载，移青州云门书院，院为宋王沂公矮松园，故址松柏八百馀株，长夏阴翳，居甚适，辑《云门书院志》四卷，年老辞归，远近争执经问业。……适鸳湖书院虚席，即请为山长，……痰症陡发，扶回，阅年余以卒。实嘉庆四年九月廿六日，年六十有三。"由沈可培先生主讲云门书院并辑《云门书院志》四卷推知，此时的宋王沂公矮松园（松林书院）被称作云门书院。文中所记沈可培卒于嘉庆四年（1799年），主讲鸳湖书院一年多去世，那么主讲云门书院大约在 1797 年之前，可推知嘉庆初（或乾隆末），松林书院已经被称作云门书院了。沈先生离青之时，在路上与弟子朱沆相遇，弟子为其送行，并作诗一首，诗前云"沈向斋（沈可培的字）先生主讲云门未期年而归，余自江南来，相值兰山道上，先生握手歌蔓草，出留别青州诗及郡人士和作以示，即于道旁次韵为别，怆然久之"，其中也称"云门"之名，朱沆曾有诗《读书矮松园》，是地道的松林书院学子，这与本《传略》相互印证，表明沈可培先生主讲书院时已称作云门书院了。

那么，松林书院缘何后来被称作云门书院？

对于这个问题，地方志书给出了很好的答案。《咸丰府志》卷二十八"学校考"云："松林书院，在府治西南隅，即宋王沂公矮松园故址也。今匾其门曰云门书院，非明云门书院地也。"看来，咸丰年间云门书院已徙至松林书院处而大门统称云门书院了。那么，原来的云门书院呢？《康熙府志》载：云门书院：在卫街，原旧布政分司。万历四十年（一说四十一年），副使高第、知府王家宾等改建，即督学使校士之所。《咸丰府志》云："云门书院，在卫街，明万历四十年副使高第、知府王家宾改建，即今之试院也。"《光绪县志》载：试院，在卫街，颜曰"考院"。明初，为布政分司。万历四十一年，按察司副使高第、知府王家宾等改为云门书院。学道试士，亦即在此。国初因之。顺治、康熙，知府夏一凤、陶锦皆有修葺。雍正以来，以为学使按临之所，遂专"考院"之名。综上信息可知，位于卫街的云门书院自雍正以来已成为专门的考院，即山东学使专门考查士子之所、青州府所辖属县童生秀才之地，原书院的教学功能已完全转移至松林书院，所以云门书院迁徙至松林书院就不难理解了。时人或许认为青州云门山文化底蕴更深，名气更大，故而大门统题曰"云门书院"。

由上可知，云门书院在乾隆末嘉庆初年逐渐徙并至松林书院，二书院统称云门书院。这一结论为我们解开了很多困惑。如本文开头提到的收藏在松林书院的《特授青州府正堂加三级纪录七次李札》碑中云："青郡云门书院为合属十一县生童肄业之所，每值月课之期，人文繁盛，只以经费无多，不足以资鼓励"，"合属十一县生童肄业之所"的"青郡云门书院"就是松林书院无疑。再如，光绪二十八年（1902年），松林书院改办为青州府官立中学堂。中学堂第二任监督（校长）、著名报人、教育家、白话小说作家包天笑先生在《钏影楼回忆录》中曾说过："这个中学堂，是此地的云门书院改造的，云门书院不知何时建造，我未考据，大约甚古。因为距离非远，就有一座云门山，在青州是著名的。……傍侧又有一园子，园虽荒废，但是里面古木参天，都是百余年前大可合抱的柏树。"又"青州府中学堂的前身是云门书院，地方上的公产，算是借给府中学堂的"云云。时任青州知府曹允源也对包天笑说："这里本来有个云门书院，我把它改办了一个中学堂。"明明是松林书院，堂堂青州知府和中学堂的监督为何说成是云门书院！原来，在这之前早就称云门书院了！

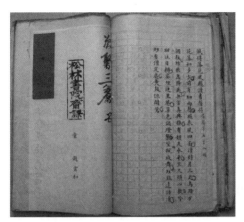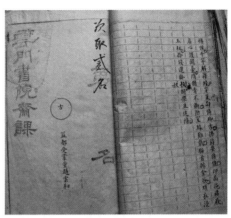

松林书院斋课童赵云和课卷，评定为"次取第三名"，云门书院斋课益都受业童赵云和课卷，评定为"次取第二名"。

又据青州一中图书馆所藏百余份书院课卷，大部分钤"松林书院"蓝色印章，而且有的同一生徒的不同课卷印章不一样，如"松林书院斋课，童赵云和""云门书院斋课，益都受业童赵云和"等课卷，这说明当时松林、云门两个书院并存，原云门书院并进了松林书院，但同时两个书院的印章仍独立使用，而且盖有"松林书院"印章的课卷远远多于"云门书院"。青州市政协文史委员房崇阳先生也为笔者提供了一份青州董氏后人珍藏的松林书院课卷复印件，盖有"松林书院"印章，课卷系书院廪生董锴所书，评定为"超等三名"，课卷之末有题为"德重乡评"的董公墓碑碑文，立碑时间为同治九年（1870年）。碑文中说，董锴去世时"年方半百"，推知其大约生于1820年前后，而他"21岁入郡庠（指松林书院）为诸生"，"24岁擢超等第一名"，可推知课卷时间大约1844年前后。说明这段时间"松林书院"的名称依然存在。总之，书院虽号曰"云门"，但千年松林的文脉一直弦歌不绝，绵延不断。

补记：青州地方志书等多种资料俱载清乾隆五十四年（1789年）陕西武功人张玉树（张荫堂）任青州知府，聘杨峒主"松林书院"；又据杨福利先生等整理编辑的清代《杨峒诗文集》中《赠奉直大夫张诚斋先生神道碑铭》云"（张荫堂）甫受事，顾峒于里舍，坐语移日，延主云门书院"。说明此时云门书院已迁入松林书院，两书院并存而合称云门书院了，进一步说明本文推论是正确的。

与"十三贤"比肩的山左督学黄崑圃

康熙五十一年，青州松林书院发生了一件颇有纪念意义的事情。山左（即山东）督学任期将满，还朝之日，青州士子"皇皇如失所恃"，于是纷纷跑到山东巡抚都御史那里请求督学留任。在奏请未果的情况下，"则相与树丰碑于青州之松林书院"，将督学先生的大名跻身于名垂千古的"青州十三贤"之间，以表达一方学子对他的感激之情。

这位深受百姓爱戴的山东督学名字叫黄崑圃。据《清史稿》等文献记载，黄崑圃，名叔琳，顺天大兴县人。康熙三十年一甲三名进士，清代著名学者。授编修，累迁侍讲、鸿胪寺少卿、刑部侍郎、浙江巡抚等职，历康熙、雍正、乾隆三朝。康熙年间，曾督学山东，毅然以兴学育才为己任，为山东的教育特别是松林书院人才的培养做出了很大贡献。

青州士子所树丰碑被称作"黄崑圃政绩碑"，历经数百年战火风雨，半个多世纪前由青州一中原校长阎石庵派人砌在书院后院西厢房北墙上，"文革"中免遭粉身厄运，至今保存完好。碑文详细介绍了黄崑圃先生兴贤育才的政绩以及高尚人格。

"先生视事三年，清惠翔洽，政教修明"，与"前政之以尤异著者"相比，"皆有过之无不及焉"。先生"于诸生两试乎定高下，毫发无所苟"。先生在任期间，刚正不阿，清正廉明，对上不负朝廷重托，遴选人才，一丝不苟；对下又不失士子之心，公平稳正，一视同仁。最值得称道的是先生让诸生"聚而饮食，教诲之于历下（白雪书院）、于兹书院（松林书院），皆能有所成就"。先生对待士子十分宽容，对于那些"文义卑陋者"不轻易降黜；有时因小故被郡守县令剥夺诸生资格的，"一无所听"，因而"士咸畏而爱之"。

对于先生当政期间松林书院培养的人才，另一重要碑刻《松林书院记碑》（现藏青州博物馆）有所记载。此碑是黄崑圃之子黄登贤于乾隆四十年（距"政绩碑"已经过去了六十年）任山东学政时，受青州知府陈诏和知县周嘉猷之请，莅临松林书院考察后而撰写的碑文。其中写道：

　　康熙戊子、己丑间，先大夫视学山左，兴复济南白雪书院，时远迩翕集，至不能容。而松林书院日久就芜，乃复，慨然捐俸，重加修葺，进诸生而教诲之，饮食之。所成就者，如徐君士林、李君元直、丁君士称、陈君有蓄、马君长淑、辛君有光、李君志远、刘君轶政、秦君宏、林君仲懿、王君瀛、孙君果、董君思恭，皆知名士也。先大夫之拔擢人材、振兴士气，类如此矣。

　　碑文对黄崑圃任学政期间的政绩特别是培养的人才作了更详细的说明：兴复济南白雪书院，修复松林书院，"教诲之，饮食之"，"拔擢人材，振兴士气"，成就了诸多人才。其中，徐士林，山东文登人，康熙五十年（1711 年）举人，五十二年（1713 年）进士，官至江苏巡抚，被乾隆皇帝封为"一代完人、千秋典范"；李元直，山东高密人，癸巳科进士，官至四川道监察御史；董思恭，山东寿光人，康熙五十六年（1717 年）举人，六十年（1721）进士，官至湖南粮储道；其余亦皆这一时期考中的举人、进士，"皆知名士也"。短短数年，松林书院就培养了 10 多名举人、进士，办学盛况空前，而这一盛况的出现离不开山东督学黄崑圃。

　　黄崑圃先生不仅政绩显著，而且具有高尚的人格。他一身正气，坚决抵制歪风邪气，对于"非意干请"（不合理的求取），"先生毅然持之，贲育不可夺也"，即使战国时期的勇士孟贲和夏育也不能改变他。官府中的小吏起初办事心怀私念，"久则无私可挟尔"。他"好推崇先达，表章幽隐"，"于文行可宗者，立檄守令祀之学宫"，注重古圣先哲对后世学子的教化作用。

　　《黄崑圃政绩碑》的撰文并书丹者为清代诗人赵执信，他对先生的评价甚高，认为先生精敏明辨是非善恶，学问功力造诣深厚，更可贵的是他的"皦然不滓之节，挺然不挠之气"，都寄寓于温厚和平的性情之中。"以是跻十三贤之列，又何让焉！"——跻身十三贤之列，又有何辞让呢！

　　碑文又写道："松林书院者，在州城内西南隅。有宋先贤王沂公丁其地赋古松，后人因建书院，祀沂公及富文忠、范文正而下十有三君子。迄今六百年矣，而未益一贤者，非无人也，有其人而无关于斯土，或斯土有人而未尝莅政如沂公者，则不可以祀也。书院于明中叶而芜废，近岁修复之。修复之者遂欲自列于诸贤之间，是殆不自知者也。不自知者，人亦不之知。"赵执信认为，松林书院中的名贤祠（俗称十三贤祠）祭祀王曾、富弼、范仲淹等"十三贤"，六百多年来未添一位，并不是没有这样贤能的人，只是有这样的人却无关乎青州本乡本土，或本乡本土有这样的人却没有名相王曾那样的政教伟绩。松林书院的修复者欲跻身十三贤之列，是没有自知之明的，这样的人人们也不会记住他。"若黄先生可以十有四而无愧者矣！夫无愧于往代名贤，乃可以归报圣天子，而有炜于国史，则其为一省一郡之所尸祝（"崇拜"义）而勿替（停止）也，岂不宜哉！"至于黄先生可以成为"十四贤"而当之无愧！无愧于古圣先贤，也无愧于当今天子，他将为一省一郡的人们所尊崇，其美名当在史册大放异彩！

作为"政绩碑"，这样的评价是否有溢美之嫌？让我们来看一下碑文作者赵执信的个性。

赵执信（1662—1744），清代诗人、诗论家、书法家。字伸符，号秋谷，晚号饴山老人，益都县颜神镇（今博山）人。其岳父是内秘书院大学士兼吏部尚书孙廷铨的长子，岳母是刑部尚书王士禛的从妹。他既是孙廷铨的孙婿，又是王士禛的甥婿。在这样的家族环境中，他自幼受到良好教育，九岁提笔为文，"辄以奇语惊其长老"，十四岁中秀才，十七岁中举人，十八岁中进士，后任右春坊右赞善兼翰林院检讨，名噪京师。二十八岁因佟皇后丧葬期间观看洪升所作《长生殿》戏剧，被劾革职。赵执信虽为一代诗宗王士禛甥婿，然论诗与其异趣，不善官场逢迎、趋炎附势，不愿结交权贵，恃才傲物，颇负狂名。陈恭尹《观海集序》中说："士以诗文贽者，合则投分订交，不合则略视数行，挥手谢去，是以大得狂名于长安。"黄崑圃《赵执信墓表》中称其"朝贵皆愿纳交，而先生性傲岸，耻有所依附，落落如也。故才益著，望益高，忌者亦益多"。在观剧革职之祸中，赵执信表现了过人的胆气和宁为玉碎、矢志不移的品质。事件发生之后，他把罪责全部承担起来。刑部官员索要关于洪昇的口供，他断然拒绝；索要贿赂，他置之不理。这种勇气和傲骨，在当时确乎罕见。他拒绝再仕，态度决绝而又彻底。他从罢官后到八十三岁去世，五十五年中一直未再涉官场。

就是这么一位傲骨铮铮、孤高自赏、绝不结交权贵趋炎附势逢迎巴结的文人，对山左督学黄崑圃先生却充满了仰慕之情并给予高度评价。是什么打动了这位骨子里写满了清高的文人？是山左督学黄崑圃先生的政教伟绩，是他的人格魅力，是他堪与永垂千古的"青州十三贤"比肩的业绩和精神……

（原刊于2014年4月《大众日报》，有改动）

一日遇知己，终生念旧恩

——蒲松龄与山东学政

青州博物馆藏有蒲松龄的一幅珍贵书法作品，上书一首七言绝句："志士山居恨不深，人知己是负初心。无须更说严光辈，直自巢由错到今。"诗歌借南宋诗人陆游之口，抒写了作家人生失意、壮志难酬的悲愤之情。

蒲松龄（1640—1715）字留仙，一字剑臣，号柳泉，世称聊斋先生，自称异史氏，清代淄川蒲家庄人，其著名的文言短篇小说集《聊斋志异》被鲁迅先生称为"专集之最有名者"，郭沫若先生赞曰"写鬼写妖高人一等，刺贪刺虐入骨三分"，老舍评价"鬼狐有性格，笑骂成文章"，马瑞芳教授称其为"世界短篇小说之王"，诺贝尔文学奖得主莫言说："尽管（我们）不是一个朝代的人，但我认为，他就是我的导师。"

然而，这位被现代文坛巨擘极度尊崇的作家一生饱经科考的折磨，"惨淡经营，冀博一第，而终困于场屋。"（蒲箬《柳泉公行述》）"在贫困线上挣扎了一辈子，在科举考试的路上落魄了一辈子，在写小说的路上奋斗了一辈子。到了康熙五十四年正月二十二日酉时，这位大作家坐在他清冷的聊斋的窗前永远地离开了人世，蒲松龄穷秀才出将入相飞黄腾达这个梦想终于成为泡影。"（马瑞芳语）蒲松龄的一生可谓落魄凄凉，但就在这样的人生境遇中，值得注意的是，有两件事给他带来了一辈子的感恩与慰藉，这两件事都与青州试院及主持府试、院试的两位大人物有关。

19 岁参加院试连取三个第一，施闰章慧眼识才

第一件事是其科考生涯中唯一一次令他扬眉吐气、一举成名的童子试。山东大学马瑞芳教授在"百家讲坛"中说："蒲松龄在 19 岁的时候，参加秀才考试，他在淄川县、济南府、山东省，三试第一，成了秀才。"而据盛伟先生的《蒲松龄年谱》记载："顺治十四年丁酉（1657 年），十八岁，蒲松龄、张

笃庆、李希梅参加青州府试。山东学使施愚山校士青州。顺治十五年戊戌（1658 年），十九岁，应童科之试，以县、府、道三第一，补博士弟子员，受知于山东学使施愚山，文名籍籍诸生间。"蒲松龄究竟参加的是济南府还是青州府的考试呢？

据光绪《益都县图志》记载，（青州）试院，颜曰"考院"。其中"梦愚堂，顺治十三年督学施闰章所题额也"。施闰章在《梦愚堂铭并序》中说："施子返自粤西……一夕，宿青州官舍……其明年，督学山东，驻青州……"据《济南府志》记载："康熙二十七年，升提学道为提督学院，始移驻历城。"又据光绪《益都县图志》中乾隆朝青州知府李涛《重修试院记》记载："往时，提学以按察司金事为名，曰'学道'，驻节青州，平居视事于海防道署，至期则就书院而校士焉。雍正四年，官制既定，移驻济南以此为行台。"这两个记载对学道始驻济南的时间略有出入，但共同点是康熙二十七年之前学道驻青州，故顺治十四年作为山东督学的施闰章来青校士并长驻于此就不难理解，使蒲松龄来青"受知于山东学使施愚山"成为可能，这与《年谱》的说法是吻合的。另从常理推测，淄川距青州七八十里，蒲松龄为考秀才，参加一个小小的童子试大可不必跑到二百五十里之遥的济南，倒是参加那个令他苦苦追求了一辈子却始终名落孙山的举人的考试——乡试，必须到省城济南，因青州试院只是考取秀才的府级考院。

而恰恰是这个小小的府级考院，用其宽广而温暖的怀抱接纳了这个终生落魄的穷书生。而此时赏识他、让他感激了一辈子的恩师就是施闰章。

施闰章（1618—1683），安徽宣城双溪人，字尚白，一字记云，号愚山，顺治六年（1649 年）进士，曾任刑部主事、山东学政、江西参议分守湖西道，晚年奉诏纂修《明史》，官终翰林院侍读。他是清初杰出的文学家，与当时山东诗人宋琬齐名，被清代诗坛领袖王士禛推崇为"南施北宋"。督学山东时，拒绝权相请托，曰："循一情，失一士，吾宁弃此官，不忍获罪于名教。"他勤于吏政，关心民间疾苦，去职返乡时，湖西"父老夹道焚香泣送数十里"。其人品、文品、官品俱佳，对后世产生了深远的影响。

蒲松龄应童子试的试题为《蚤起》《一勺之多》。其《蚤起》开头这样写道："尝观富贵之中皆劳人也。君子逐逐于朝，小人逐逐于野，为富贵也。至于身不富贵，则又汲汲焉伺候于富贵之门，而犹恐其相见之晚。若乃优游晏起而漠无所事者，非放达之高人，则深闺之女子耳。"凭借文学家独有的敏感，施闰章对蒲松龄的文章大为激赏，写下这样一段批语："首艺空中闻异香，下笔如有神，将一时富贵丑态，毕露于二字之上，直足以维风移俗。次，观书如月，运笔如风，有掉臂游行之乐。"于是蒲松龄连取三个第一，补博士弟子员，一时名声大噪。

一日遇知己，终生念旧恩。施闰章的知遇之恩为蒲松龄一生科场上屡败屡战的毅力提供了巨大的精神支持，使其在科举路上更加踌躇满志，义无反顾，"日夜攻苦，冀博一第"。然而，在童生试场上风头出尽的蒲松龄却在乡试中江郎才尽，屡战屡败，"虽名宿宗工，乐交倾赏。然数奇，终身不遇，潦倒于荒山僻隘之乡。"（蒲立德《聊斋志异跋》）受恩师的影响，不断科考的同时，乡间塾师生涯直至70岁高龄才结束，"引腋后进，则又不独于受业门墙者，耳为提，面为命，循循善诱，无倦色无惰容也"（蒲箬《清故显考岁进士、候选儒家训导柳泉公行述》）。"蒲松龄对恩师是感激涕零、刻骨铭心的。"（马瑞芳《蒲松龄评传》）《聊斋志异》的《胭脂》篇中称"闻学使施公贤能称最，又有怜才恤士之德"，又在篇末深情地回忆道："愚山先生吾师也，方见知时，余犹童子。窃见其奖进士子，拳拳如恐不尽，小有冤抑，必委曲呵护之。曾不肯作威学校，以媚权要，真宣圣之护法，不止一代宗匠，衡文无屈已也；而爱才如命，尤非后世学使虚应故事者所及。"

72 岁高龄再次踏进青州试院的大门，被选拔为岁贡生

"卞和抱荆璞，献上章华台。楚王愤不顾，弃之等尘埃"（蒲松龄《送喻方伯》），康熙五十年（1711年）冬十月，蒲松龄不顾72岁的高龄，冒着严寒，再次踏进了青州试院的大门，参加了贡生的选拔。沿途诗歌《青州杂咏》云："行李萧条马首东，山川寥廓霸图雄。重城连亘规模远，想见当年大国风。"蒲箬在《柳泉公行述》中详细地回忆了父亲去青州考取岁贡的过程："岁己丑，我父食饩二十七年，例应预考，庚辰（应为辛卯）岁贡，冬十月，一仆一骑，别无伴侣，奔驰青州道中，六日归来，不至恚病。"最终蒲松龄总算得了个岁贡生的头衔，相当于举人的副榜，心理上多少得到了一定的慰藉。

其实，这次选贡的顺利直接得益于另一位大人物——黄崑圃。

黄崑圃，名叔琳，顺天大兴县人。康熙三十年进士，清代著名学者，官至刑部侍郎、浙江巡抚等职。康熙四十七年（1708 年）至五十一年（1712 年）任山东学政。他刚正不阿，清正廉明，对上不负朝廷重托，拔擢人才，一丝不苟；对下又不失士子之心，公平稳正，一视同仁。诗人赵执信在《黄崑圃政绩碑》（现藏青州松林书院）中盛赞他"清惠翔洽，政教修明"，有"皦然不滓之节，挺然不挠之气"。康熙五十一年，先生督学任期将满，还朝之日，青州士子"皇皇如失所恃"，于是纷纷跑到山东巡抚都御史那里请求督学留任。在奏请未果的情况下，"则相与树丰碑于青州之松林书院"，将先生的大名跻身于名垂千古的王曾、范仲淹等"青州十三贤"之列，以表达学子对他的感激之情。

对黄崑圃感恩的背后更多的是辛酸与泪水

出于对黄崑圃先生的高度信赖和敬仰，蒲松龄曾修书一封——《上崑圃黄大宗师》，其中说："文章宗匠，词翰仙曹。墨渖流传，遥散芝兰之馥；毫端培覆，并含霜露之仁。霁月光风，无减冬日；吹生拂物，俱载春和。咳唾垂恩，荣遂拟于华衮；昒睐成饰，价已贵于连城。山公未临，共切南斗之望；孙阳一顾，全空冀北之群。"蒲松龄对督学大人的文采极尽恭维敬仰之词。还说："凤窥秀婉之章，每读则遐思风采；及接温文之诲，既归则缅诉友朋。耿光之炙既亲，私淑之情已慰。"这说明，蒲松龄不仅很早就仰慕并拜读过其"秀婉之章"，在青州还亲自聆听了督学大人的教诲。在信中蒲松龄吐露怀才不遇的苦闷："每恨薛卞之门，无由定价；尤惭子云之貌，未足惊人"，常恨自己无人赏识，更觉才华不足以惊人。"斜景萧条，无求风帆之助，诸雏谫陋，喜沾化雨之荣。"蒲松龄谦虚地说晚景萧条，自己已经老了，不再有什么希求，而儿孙们虽然学识浅陋，但期望能够得到督学大人的垂青。黄崑圃对蒲松龄及其创作的《聊斋志异》早有耳闻，对其文才非常赏识，曾向蒲松龄索阅《聊斋志异》。所以蒲松龄的顺利出贡实乃意料之中，后来长孙蒲立德也以道试第一名考中秀才，与黄崑圃的栽培不无关系，只可惜蒲松龄的心愿再次落空，孙儿最后仍重蹈了祖父"空白头"的覆辙。

在青州试院被选拔为岁贡生，蒲松龄的心情是复杂的，因为与当初"跃龙津"的远大抱负和一辈子的付出相比，这样的头衔实在是太不成比例。当亲朋好友闻讯前来祝贺时，蒲松龄反而感到有些难为情，他在《蒙朋赐贺》诗中写道："落拓名场五十秋，不成一事雪盈头。腐儒也得宾朋贺，归对妻孥梦亦羞。"尽管如此，蒲松龄对黄崑圃还是十分感念的，毕竟打拼了一辈子，身份基本得到了社会的认同，获得了一个候补儒学训导的头衔，特别是每年朝廷还会发给贡生四两银子，大约相当于蒲松龄任塾师时的半年收入。

蒲松龄对督学大人的感恩始终铭记在心，在《又呈崑圃黄大宗师》中说："某，破砚生涯，寒缸灰烬。营巢抱卵，拙似春鸠；衔草随阳，劳同秋雁。卧袁安之雪，户少行迹；坐子桑之霖，家无爨火。场屋中更更闻漏，未解谜于'休哉'；风檐下岁岁镂心，初窜名于'康了'。……瞻召伯于棠树，望元礼于仙舟。宁冀出涸辙之枯鳞，升天而假以翼？惟祈哀穷途之落魄，拾骨而吹其魂。幸蒙华衮之褒，兼荷瑶章之赐。开芙蓉之匣，七宿交辉；出明月之珠，五衢异色。芸香满案，知咳嗽之皆恩；薇露沾巾，觉牙齿之并馥。……云光喜其下覆，应怜倾日之诚。墨渖贻芳，歌思不已；蹄涔引手，翘切曷穷！"

对栽培过他的恩师的感恩背后，笑中也有泪，乐中也有哀，此中滋味，谁能解得开？

（原载 2014 年 12 月《大众日报》，有改动）

兴学重教的青州知府裴宗锡

据咸丰《青州府志》记载，清代乾隆年间有位青州知府，为政以身作则，坚持原则，宽缓不苛，清明正直。特别喜欢结交文人雅士，曾聘请进士、原安邱县知县严锡绥主讲松林书院，凡遇课期必亲临主持考试，一时修习学业诸生常数十百人。数年间，考中举人、进士或进国子监读书者达十余人。乾隆二十二年调任济南府，青州人攀辕遮留，纷纷请求留任，未果，人们遂在北城立碑，题曰"清正仁明"。松林书院诸生又在书院内为其立"去思碑"。这位深受人们感念爱戴的青州知府名叫裴宗锡。

裴宗锡（1712—1779），原名二知，字午桥，山西曲沃人。历任济南同知，青州、济南知府，直隶按察使，安徽、云南等地巡抚。他每到一地，政绩卓著，多次受到嘉奖，颇受皇帝器重。早在乾隆三年（1738年），皇帝巡幸五台山，诏其觐见，特赐"宗锡"之名，并认做义子。官至巡抚后，乾隆皇上准备用其为封疆大吏，因积劳成疾，于乾隆四十四年（1779年）卒于云南任上。

兴学重教，惠及学子

据乾隆二十五年进士、清代藏书家、目录学家、金石学家李文藻在其《南涧文集》记载，裴宗锡担任青州知府期间，特别重视松林书院教育，奠定了松林书院在青州府乃至山东省突出的办学地位。

松林书院办学在明代正德、嘉靖年间曾一度辉煌，可惜万历八年（1580年）阁臣张居正毁天下书院，直到111年后康熙三十年（1691年）青州兵备海防道陈斌如和青州知府金标主持重建松林书院，后观察使沈廷芳、知府王如玖、董承勋等，加以修茸，选拔青州府所辖十一县的品学兼优的士子，诵读其中，又言于上官，售府学闲田若干，将所得资金赠给书院，用十分之一之利，充作山长的薪水以及生徒的学习津贴。李文藻认为，在裴公之前的几任官员，令书院规模初定，而真正使书院有所成就的，非裴公莫属。裴公没有所谓的轰轰烈烈的政绩工程，他所做的都是实实在在的小事。当时的松林书院，每月都要考查诸生学艺情况，到规定的日期，即使遇到大风雨，裴公也一定要亲临书院，主持考试事宜，授以义理法则，孜孜无倦。为书院师生准备丰盛的饭菜，委派官府中的文书小吏做好服务，让院师严格监考。评定完毕，按照甲乙等次，分别给予奖励。在裴公的重视之下，又有每月四次的小型学业考查，由三位山长主持，所以生徒们都激励奋进，毫不懈怠。在裴公当政的数年之间，在书院修习学业的生徒百余人，考中举人、进士以及进国子监读书的贡生多人。难怪裴公离任之时，师生感念其德，在书院为其树碑立传，详叙其崇尚文治、惠及书院学子之事。

选聘山长，多所造就

裴公对教育的又一重大贡献是选聘了当时颇有名望的原安邱知县严锡绶做松林书院的山长。乾隆二十三年（1758年），严先生病卒于书院。当时，在院生徒"各服吊服加麻，哭甚恸"，既而远近僚宾、受知于严先生的举贡生童，包括在云门书院读书而曾来松林书院听过严先生之课的生徒，也来祭奠，哭于灵前，"靡有不恸"，一时被传为尊师的佳话。

严先生缘何受到如此隆重的悼念？据李文藻《南涧文集》记载，严锡绶为浙江余杭人，进士，曾任安邱县知县，乾隆十八年（1753年）至二十三年（1758年）任松林书院山长。严先生主讲期间，肄业附课于书院的"举贡生童"多达八十余人，几年间，考中举人、进士十多人。据碑刻考证，康熙五十一年（1712年）和五十二年（1713年），从松林书院考出的进士分别就有两名，举人更是多名，松林书院在康熙乾隆年间办学盛况之大、培养人才之众，在整个山东省名列前茅。严先生主讲松林书院的乾隆十八年，弟子刘宝璐中举；乾隆二十四年，即严先生去世后的第二年，弟子李文藻、朱廷基、张希贤三人同时中举，而且李文藻考取第二名，被著名学者钱大昕称作"天下才也"；二十五年、二十六年、二十八年，三人又分别考中进士，后弟子王周山中举，弟子刘文远、毕发，也升入京师的国子监读书，被选拔为贡生，弟子们相继金榜题名，成为国家栋梁，严先生若地下有知，当甚为欣慰！

而选聘严先生做山长的正是青州知府裴宗锡。裴公可谓慧眼识真才的伯乐！正因为裴公重用严先生这样德高望重的名师，才使青州的科举取士发挥得如此成功，这对科举制度下人才的培养是多么大的贡献！

必先德行，而后文艺

倘使仅仅抓好了科举取士，就如同今日仅仅搞好了应试教育一样，这还不值得炫耀。而裴公还践行了书院教育敬道崇德之核心精神，极为重视诸生德行的培养，而且超过了科举之路上举人进士的培养，这才是他最值得称颂之处！

众所周知，中国古代书院往往把德业并重作为目标追求，而把德行放在比学业更为重要的位置上来对待，这是书院教育的特色所在。南宋朱熹认为书院是一个学者带领学者从事学术研究以及涵养道德人格的场所，其著名的《白鹿洞书院揭示》中所说"修身、处事、接物"之要，无不包含着涵养道德人格的意义和思想。作为以"化育人才"为己任的一种教育组织形式，书院教育始终践行以道为核心的人文精神。这种"德业并重"的思想为后代的书院所传承和发展。松林书院自开办起，即立"十三贤"（指宋朝寇准、王曾、富弼、范仲淹、欧阳修等十三位有惠政的青州知州）和阁老刘珝、将军邢玠、状元赵秉忠、宰相冯溥等乡贤为表率，启迪诸生"仰止"并"思齐"。

据《南涧文集》记载，知府裴宗锡教育生徒，"必先德行，而后文艺"。他曾经说过："王沂公乡贡、礼部、廷对皆第一，亦不足传，其志不在温饱处，可法也。"王沂公，指宋代名相王曾，他是青州郑母人，青少年时就读于松林书院的前身——青州矮松园，后来参加州试、省试、殿试，连考三个第一，一举夺得解元、会元、状元，即所谓的"连中三元"。王曾中状元后，翰林学士刘子仪跟他开玩笑说："状元试三场，一生吃著不尽。"王曾正色作答："平生之志，不在温饱！"这体现出王曾宠辱不惊的平和心态和志存高远的宽广胸怀。王曾官至宰相，为大宋江山立下了赫赫功勋。而对于松林书院这位永远的骄傲——连中三元的宰相王曾，在青州知府裴宗锡看来，也不值得传扬，真正值得效法的是"曾辞温饱"（该词后来演变为儿童启蒙读物中的著名故事）的远大志向。这才是教育者的远见卓识！裴公与严先生对生徒总是循循善诱，春风化雨，润物无声。青州作为齐鲁大地礼仪之邦，至明清时期，教化非常显著。而此时书院诸生得到裴公之教，皆以笃实相勉，浮薄相戒，追求以德行为根本的学问，而不汲汲追求于功名利禄。

离别之际，青人攀辕遮留

正当松林书院发展蓬蓬勃勃、方兴未艾之时，裴公调任济南府，即将离开他为之付出几多心血的书院了。调任前，裴公轻车简从，"单骑至院"，"与严先生剧谈松树下，犹为生等手画筑屋地，徘徊不忍别"。剧谈，"畅谈"义，裴公与严先生在书院松涛下畅谈书院前景，而且亲手绘就书院建设的蓝图。面对松林书院熟悉的一草一木，面对亲自选聘的书院名师严先生，即将离任的裴公内心怎能割舍！

对于重视民生、兴学重教的官员，在史册上总会有留下重重的一笔。据咸丰《青州府志》记载，早在裴宗锡之前的康熙年间，陕西咸阳人、湖北巡抚张连登，出任青州知府期间，重视赈灾，惩治恶人，恩威并重，颇有政绩，又"修学宫，松林书院，范公亭，官廨，仓厫，民赖以苏"。后因事牵连罢职，"百姓号呼罢市"，奉特旨复职以后，"民皆踊跃如归父母"。松林书院也因此一度被称作张公书院。

而这一幕，在数十年之后的乾隆二十二年（1757 年）再度上演，而主角是青州知府裴宗锡，"青人攀辕遮留"，立碑于北郭，曰"清正仁明"。诸生衔恩刻骨，思公不能已，复于松林书院为立'去思碑'以示思念与爱戴之情……

对此情形，诗人冯愿有《送裴午桥太守移任济南》一诗赞道："七年化雨普春荣，福曜惊移济水城。剩有琪珉垂大雅，携惟琴鹤识真情。讴歌已听街衢满，知遇难忘肝胆倾。云路嶙峋须步稳，盐梅指日待和羹。"

（原刊于 2014 年 6 月《大众日报》，有改动）

"隐藏的大师"顾随在青州

"我不说顾先生是教育家，那太一般了。顾先生讲课不是照本宣科，顾先生一到讲堂上，全副精神投入，那是怎样一个境界？就是一个好角儿登台，就是一个大艺术家，具有那样的魅力！"这位被红学大家周汝昌高度赞誉的老师叫顾随。

顾随（1897—1960），原名顾宝随，字羡季，别号苦水，晚号驼庵，河北省清河县人。1920年北大英文系毕业，初受聘于山东省立第十中学，后相继任教于山东省第一女子中学、青岛私立胶澳中学、天津女子师范学院，1929年10月开始陆续任教于燕京大学、北京大学、中法大学、辅仁大学、北京师范大学、天津师范学院（河北大学的前身）等多所高校，1960年9月病逝。

顾随是中国韵文、散文作家，理论批评家，美学鉴赏家，禅学家，书法家，文化研究专家。周汝昌这样评价他："一代名师，京津高校，无人不知，桃李满天下"、"近现代教育史上少见的

二十世纪三十年代初
顾随摄于北平中法大学

全才"、"一位正直的诗人，而同时又是一位深邃的学者，一位极出色的大师级的哲人巨匠"。名师出高徒，他的弟子如今个个如雷贯耳：周汝昌、叶嘉莹、黄宗江、吴小如、史树青、郭预衡、沉樱、颜一烟、侯仁之、邓云乡，学生早已是名满海内外、扛鼎中国文化研究的大家，他却安于寂寞，被学界人士称为"隐藏的大师"。

事业从省立十中起飞

位于山东青州的省立十中是顾随教坛生涯的第一站，对此顾随女儿顾之京有回忆：

1920 年夏，父亲结束了大学生活，走出了北大校园。他谋到的职业是山东省青州中学的教员。9 月，他到达青州，开启了一生教书生涯的头一站。青州中学是省立中学，历史较久，父亲这个刚迈出校门的 24 岁的青年，在这所学校里，教国文和英语两门课程。那时的国文课主要是学古文，像父亲这样身兼两种不同语种的语言文学课，不仅在当时，就是在后来的学校里，恐怕也是极为罕见的。他在青州中学，除教书、改作业，每日不外写字、作文、看书。

一个精通中英文两种语言的北大毕业生，踏上 20 世纪 20 年代中学的讲坛，呈献给学生的是完全不同于旧式教书先生的教师风采。好友冯至晚年回忆说："羡季是国文教员，由于他熟悉英语，又喜读鲁迅小说和周作人当时的散文，所以在课堂上古今中外旁征博引，很能开拓学生的眼界，受到学生们的欢迎……"

1921 年 6 月末，顾随来到济南做《民治日报》的记者、编辑。10 月，受聘于济南女子职业学校，重上讲坛。1922 年 12 月，又应省立十中新任校长周世明之请，返校担任教务主任。然济南女职的百余名学生诚恳挽留再三。经协商，顾随不得不经常于风天雪地间往返于青州、济南之间，直到 1923 年 3 月，十中的课由卢伯屏代上才结束。

创作在青州起步

这期间，顾随的创作已经起步。1921 年，他积极筹划组织通信社，跟志同道合的文友通过信件互相交流，互相切磋。

他在给友人的信中说："我对于胡适之的新诗，固然欢喜，也不免怀疑。他那些长腿、曳脚的白话诗，是否可以说是诗的正体。至于近来自命不凡的小新诗人的作品，我更不耐看。诗是音节自然的文学作品，他们那些作品，信口开河，散乱无章，绝对不能叫做诗。我的主张是用新精神做旧体诗，该说一句话便是用白话表示新精神，却又把旧诗的题材当利器"。

据书法家欧阳中石先生回忆，顾随曾经说过，在诗歌创作上，青年时期曾与诗人冯至有过一个很有意味的"约定"，二人的诗都不含糊，为了逊让，二人把旧体与新体分划领域，各守一体，冯先生不再写旧体，顾先生不再写新体。这一说法，也很好地印证了顾随最初对于新旧体诗歌的看法。

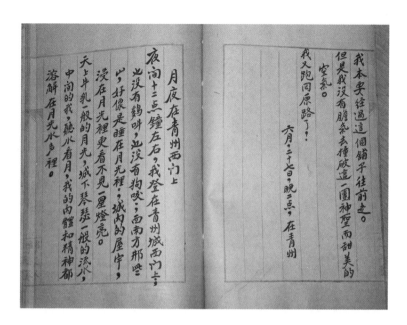

顾随手稿《月夜在青州西门上》

顾随在青州期间的作品有散文《月夜在青州西门上》《梦想一》《梦想二》，小说《夫妻的笑》《爱疯人的慰藉》，新诗《送伯屏晋京》，旧诗《偶成二绝句》《游冯园》等，细细品味，可以窥见大师细腻而独到的审美情趣，发现大师早年对爱与美的追求与向往：

夜间十二点钟左右，我登在青州城西门上；也没有鸡叫，也没有狗咬；西南方那些山，好像是睡在月光里；城内的屋宇，浸在月光里更看不见一星灯亮。

天上牛乳一般的月光，城下琴瑟一般的流水，中间的我，听水看月，我的肉体和精神都溶解在月光水声里……

散文《月夜在青州西门上》描绘的境界，使人很难与风雨如磐的旧中国、1920 年的旧青州联系起来。牛乳一般的月光、琴瑟一般的流水，使作者忘掉了白天人事的纷扰，静谧的月夜和作者宁静的心境合二为一，使作者达到了物我两忘的境界。正如朱自清先生 1927 年在荷塘月色之中偷来片刻的逍遥，"什么都可以想，什么都可以不想，便觉是自由的人"。

省立十中是大师教坛生涯第一站，也是其创作的起点。顾随居青州时间虽然不长，但对其人生的意义是重大的。顾随离青抵济后，在给十中任教的同事也是平生最好的朋友卢伯屏信中多次提到青州，对青州的那段生活经历流露出浓浓的思念之情："弟连日办稿子上课，忙得不亦乐乎！回想在青州时登山临水饮酒赋诗，如在天上。""弟近日亦苦神经衰弱，不能读书作文，更无人可以晤谈，殊觉寡欢！回思在青州日，颇以为该地为僻陋，今则求之而不可得矣。得之则厌，不得则思：物莫不然也……""昨夜十时，接得像片六张，至以为乐，使弟破岑寂不少也。谢谢！共计1. 紫藤、紫荆花下振千、枨生合影。2. 阳河北望图。3. 振千与公子、女公子合影。4. 枨生啜茗、读书照像。5. 伯屏阅《国耻刊》照像。6. 范公祠全景。"

收获真诚而有诗意的友谊

在青州，除了教学和创作，顾随收获最大的可以说是一份值得他珍藏一生的真诚朴实而充满诗意的友谊。

1921年春季，顾随结识了刚刚到十中任教、长他数岁的涿州人卢伯屏。卢伯屏是位仁厚长者，忠诚正直而谦和，他们在省立十中虽只相处三个月，却从此开启了他们终其一生、情逾同胞的情谊。

1921年6月25日，在青州分别前，顾随作了四首白话诗《送伯屏晋京》，每一首都以"伯屏要走了！三个月的聚会、往来，而今要分手了！"为开端，表达对挚友的惜别之情。自1921年至1930年，他们虽时时相聚，彼此间却仍是书函往来不断，10年之间顾随致伯屏的书函就达475封。

女儿顾之京回忆道："卢伯屏先生我的姐姐们都亲切地唤他'卢大爷'，卢季韶先生我们姊妹唤他'卢四叔'，卢大爷和卢四叔保存我父亲的全部信函共563通。'七七事变'后，卢大爷和卢四叔自北平奔赴大后方，家具衣物以至书籍俱弃置旧都，唯早已粘贴成册的好友顾随书信随身携带，自北平至河南而陕西再辗转至四川。卢大爷1939年病逝于四川，书信全由其弟卢四叔一人保管。卢四叔晚年退休于西北大学，谢世前两年20世纪80年代初将全部信札重新整理，辑为十四册，由后辈自西安携至北京，交给我的三姐之惠。仅是珍存好友书信的这一份诚笃之情，就值得在中国知识分子的交往史上大书一页。"

在青州，经卢伯屏介绍，顾随开始与当时同在北京大学就读的卢伯屏的四

1941 年与辅仁大学国文系教授及研究生摄于恭王府花园，前坐为顾随、余嘉锡，后排右一为郭预衡，右二为周祖谟，右三为刘乃荣，右四为启功，右五为葛信益

弟卢季韶以及被鲁迅称为"中国最为杰出的抒情诗人"的河北同乡冯至认识，从此结下了终生的友谊。1922 年 11 月冯至给顾随的信中写道："伴小灯，夜凉透肌，远远犬吠……此时怀人，何须秋雨！"而顾随给冯至回信道："冬初的大风啊，我该如何感谢你，又怎样的恨你啊！你增加了我们朋友间的感情，却又增加了我们相思的情怀和孤独的悲哀。"

1990 年 9 月，为纪念顾随逝世 30 周年，年逾八旬的冯至撰写《怀念羡季》一文，深情记述他们之间早已无人知晓的早年交往：（我们之间的信）"如泉水喷涌，又如细水长流"，"尽量把心里想的、眼前看的、读书获得的告诉对方，对方也以此相报。"1924 年，顾随和冯至二人在济南和青岛一同度过了 40 天的暑假。冯至这样诗意地描绘这次齐鲁之游："我和羡季几次大明湖上泛舟，历下亭前赏雨，品尝鲜嫩的蒲笋和某饭馆院内活水养育的鲜鱼，至今记忆犹新。我们于 7 月初到青岛。晴日我们去海滨游泳，雨时在室内读书谈天。

美季从前写诗，这时致力填词，也读西方的小说诗歌；我则写诗，写散文，写不像戏剧的戏剧，杂乱无章，想到什么就写什么。有时也沾染旧文人的习气，我们出游到太平山顶，在石壁上题诗，致使一年后美季在一首《蝶恋花》前半阕里写：'一自故人从此去，诗酒登临，都觉无情趣，怕见太平山上路，苍苔蚀遍题诗处。'"

的确，冯至走后，顾随顿感落寞空虚。在给卢伯屏的信中，8月23日说："我自君培（冯至的字）去后甚懒，不能作长信。"8月26日说："弟自冯至去后，勇气消沉，百无聊赖。"9月1日说："君培去后，如失魂魄，日日茫茫然饮食出入，在五里雾中，书不能读，文更不能作。别离之情，日久而愈深。始知古人之词'别恨正如春草，更行更远还生'真掏心窝语也。"

那时的中国正处在风雨飘摇、人们苦闷彷徨的时代。顾随与卢伯屏、季韶、冯至之间的这一段交往，正如诗人冯至所说"其中一片深情仿佛还延续着2500年前《诗经·小雅》里'嘤其鸣矣，求其友声'的歌唱"。

经师易得，人师难求

顾随学识渊博，教学有方，无论执教中学还是大学，讲课都十分精彩。弟子杨敏如回忆："顾先生讲课像海绵吸水一样吸引着学生。燕京当时是学分制，每学期学生要选课，课程表一贴出来，顾先生的课同学们争着选，很快就满员了。每到上课的时候，没有选上顾先生课的学生就搬着小凳来听课，不少人甚至就坐在窗台上。"

弟子叶嘉莹说："先生之讲课往往旁征博引，兴会淋漓，触绪发挥，皆具妙义，可以予听者极深之感受与启迪。我自幼诵读古典诗歌，却从未聆听过像先生这样生动而深入的讲解。因此自上过先生之课后，恍如一只被困在暗室之中的飞蝇，蓦见门窗之开启，始脱然得睹明朗之天光，辨万物之形态……我以为先生平生最大之成就，实在还并不在其各方面之著述，而更在其对古典诗歌的教学讲授……纯以感发为主，全任神行，一空依傍。'奇外无奇更出奇，一波才动万波随'，先生讲课，真可说是飞扬变化，一片神行。是我平生所接触过的讲授诗歌最能得其神髓，而且也是最有启发性的一位非常难得的好老师。"

经师易得，人师难求。顾随凭借着自己丰厚的学识和鲜明的人格魅力深深

顾随与弟子叶嘉莹（二排右一）等在家中合影

影响着学生，他以叶嘉莹为传法弟子，但绝非小儒式的把弟子拘囿于自己门下。顾随在 1946 年致叶嘉莹的信中有一段堪称经典的话语："年来足下听不佞讲文最勤，所得亦最多。然不佞却并不希望足下能为苦水传法弟子而已。假使苦水有法可传，则截至今日，凡所有法，足下已尽得之……不佞之望于足下者，在于不佞法外，别有开发，能自建树，成为南岳下之马祖，而不愿足下成为孔门之曾参也。"

顾随以马祖与曾参为喻，深愿弟子超过自己，"别有开发，能自建树"。叶嘉莹自 1948 年离开北平后，再也没有机会见到自己的老师，但她实现了老师对她的期望，以出蓝之青告慰老师的在天之灵。近年，叶嘉莹以老师晚年名号"驼庵"在南开大学设立了"叶氏驼庵奖学金"，奖励后辈学子，也表达对恩师的深深纪念之情。

顾随在古典文学研究方面是有独见卓识的学者，他还发表了大量的散文、小说，特别是词的创作，更是独步文坛，与著名词曲学家吴梅并称"南吴北顾"，被称作继王国维之后的又一座高峰。他还是中国文学史上最后一位杂剧作家，其剧作最大的成就是使中国旧传统剧曲在内容方面有了一个崭新的突破。顾随精于书法艺术，师从书法大家沈尹默，草楷皆工，为现代书法名家。

2009年11月7日，中华诗词研究院在北京举办了以"缅怀恩师品德，传承文化精髓"为主题的顾随诗词研讨会，海峡两岸及海外著名学者参加，会上提出顾随现象值得中国教育界思考的话题，倡议创立顾随先生学术研讨会。海峡两岸和谐文化交流协进会会长陆炳文先生受托当场赠送中国国民党荣誉主席吴伯雄的题词"随缘和谐"以志纪念。

顾随先生做过包括山东省立十中在内的多所中学的教员，当过记者，执教过多所大学，更是登上了中国最高学府——北京大学的讲坛，成为桃李芬芳、高山仰止的大师，为世人树起了一座文化和教育的丰碑。

（原载2013年4月《大众日报》，有改动。感谢顾之京教授及郭伟红、闫玉新老师提供线索和部分资料。）

附录二

松林书院大事年表

1000 年，宋真宗咸平三年之前

宋朝青州先后为京东路首府、京东东路治所所在，号称"东夏都会""海岱名都""三齐重镇"，"十三贤"相继知青州。青州城西南有一书塾，名矮松园，少年王曾在此读书，聪明伶俐，善为文辞，远近闻名，曾写《早梅》一诗："雪压乔林冻欲摧，始知天意欲春回。如今未问和羹事，且向百花头上开。"赞颂凌霜傲雪、芳冠百花的早梅，表现不畏艰苦、进取争先的雄心壮志。大臣薛奎阅罢此诗说："足下殆将状元了，做宰相也！"据《行状》云："年十五，时郡有田讼久不质，将佐患之。公偶与典校者坐，亟闻其昧语，谓不可白，公立为发其奸隐，讼者气索，狱遂判，理人服其幼悟。尝适江左，护外丧，度京口，大风起，舟子请急舣焉。公念赴丧事宜不得缓，促遂行。顾前后舟皆欲覆，公所乘独安然以济，闻者叹异之。"其聪慧神明若此。王曾成年，博学强记，与众多老先生结成忘年交。《墓志铭》："甫冠，与乡士游。泛博书记，不为章句儒，诸老先生皆折辈行以交。"

1001 年，宋咸平四年

秋，24 岁的王曾参加了青州的州试，以第一名的成绩中举，夺得"解元"。

1002 年，宋咸平五年

春，25 岁的王曾参加了礼部主持的省试，以一篇《有教无类赋》技压群雄，一举夺冠，成为"会元"。3 月 12 日，又参加了由皇帝亲自主持的殿试，高中第一甲第一名，一举夺得"状元"。其殿试卷《有物混成赋》写得气势恢宏，志趣不凡，赢得了阅卷官的青睐，名臣杨亿抚掌叹曰："真乃王佐之

器也!"

1022 年，宋真宗乾兴元年

王曾四十五岁升任宰相，成为社稷重臣。

1029 年，宋天圣七年

五十二岁的王曾因得罪皇室，罢相知青州。

1031 年，宋天圣九年

王曾到矮松园故地重游，作《矮松赋并序》。捐薪助学，并把家中大量藏书捐献母校。创办青州州学，天子赐学名且颁公田三十顷，建房 120 间，岁入学钱 31 万。帝赐青州州学《九经》，自是，凡州郡立学者帝皆赐《九经》。帝诏令全国各州要以青州为榜样，大办儒学，成为宋代理学的滥觞。光绪《益都县图志》："宋仁宗初立州学，而青、兖为最先。天圣九年，从知州事王曾之请，颁州学九经，濂洛关闽之渊源，有来矣。"

1034 年，景祐元年

王曾建州学后三载，夏竦知青州，作《青州州学后记》，盛赞王曾"恢教化之源，崇学校之美""明大道之本，观三千之奥，将欲佐人主，庇生民，经纬天地，制作礼乐""得天下英才而教育之"。

1041 年，庆历元年

青州知州赵概在南阳城选取空地扩建州学成功，"太守赵集贤广公之意，取南城隙地，又作屋八十三间，别为旁舍六十二间，岁入于学，通六十七万。"州学公田经费非常充足，办学兴盛，育人之道备受赞誉。石介《青州州学公田记》有载。

1053 年，宋皇祐五年

矮松园办学兴盛，海内知名。皇祐五年（1053 年），黄庭坚之父黄庶始任青州通判，携妻及年幼的黄庭坚游矮松园写《携家游矮松园》诗感慨："矮松名载四海耳，百怪老笔不可传。左妻右儿醉树下，安得白首巢其巅。"

1071 年，宋熙宁四年

参知政事、资政殿学士赵抃知青州，视察王曾母校，写《青州劝学》一诗"学欲精勤志欲专，鲁门高第美渊骞。文章行业初由己，富贵荣华只自天。

一箦为山先圣戒，寸阴轻璧古人贤。沂公庠序亲模范，今日诸生为勉旃。"诗歌劝勉年轻人要追随圣贤，精勤志专，珍惜光阴，勤奋攻读，完成学业，也反映出当时的"沂公庠序"办学之兴盛。

1469 年之前，明成化五年之前

元明之际，衲子窜入，办学兴盛的矮松园一度变为寺庙。

1469 年，明成化五年

青州知府李昂驱逐僧众，移建名宦祠，祀北宋十三贤，又建遗爱堂。建"思齐""仰止"二斋和"藏修""游息"二轩。聘请四方有学行者为师，下令属邑中那些品行端正、崇尚仁义之道、聪明好学之子弟，教育于此，食宿于此。大门统题曰"松林书院"。书院创建过程详载《祭酒陈鉴纪》一文，原刻于石，今存嘉靖《青州府志》中。是年前后，江西白鹿洞书院、湖南岳麓书院相继修复并恢复讲学。

1505 年，明弘治十八年

青州知府彭桓同益都知县金禄修松林书院和二祠，彭桓亲自作《记》纪念。

1507 年，明正德二年

学子黄卿中举。

1508 年，明正德三年

黄卿中进士，官江西布政使。曾作《矮松园》诗。是年，大学士刘珝之孙刘澄甫中进士，官广西道监察御史，致仕后曾在书院讲学。

1510 年，明正德五年

学子杨应奎、陈经中举。是年，青州设兵备道，牛鸾以知县升山东佥事、兵备青州，作《松林书院怀古》。

1511 年，明正德六年

杨应奎中进士，官南阳知府，诗歌有《书院松涛》《谒王沂公墓》等。其子杨铭也曾在松林书院习儒学，万历间岁贡生，官襄垣训导，故地重游后作《再游松林书院》。

1512 年，明正德七年

进士朱鉴任青州知府，有《松林书院》诗。

1514 年，明正德九年

学子陈经中进士，历官户部尚书、礼部尚书、兵部尚书，加太子少保。

1535 年，明嘉靖十四年

"海岱诗社"成立。成员有陈经、蓝田、刘渊甫、刘澄甫、石存礼、黄卿、杨应奎、冯裕和蓝田共八人，皆社会名流，多位曾在书院读书或讲学，其诗歌创作《海岱会集》被收入清乾隆帝编纂的《四库全书》。嘉靖《青州府志》中载有胡缵宗、冯裕、刘澄甫、黄卿同科进士在松林书院的数首宴集诗。

1537 年，明嘉靖十六年

冯惟敏师从于刘澄甫，是年中举，后成著名的散曲大师，被称作明朝北曲第一人。

1540 年，明嘉靖十九年

陈经之子陈梦鹤中举。是年，胡宗宪知益都县，重视教育，积极支持和参与海岱诗社活动，与"海岱七子"有诗词唱酬，官至兵部尚书和右都御史。

1544 年，明嘉靖二十三年

冀錬中进士，官至兵部右侍郎。致仕后，应邀凝道书院讲学，门生钟羽正，成一代名臣。

1547 年，明嘉靖二十六年

陈梦鹤考中进士。

1556 年，明嘉靖三十五年

明"后七子"、江苏太仓人王世贞出任山东按察司副使兵备青州，在青任职四年，关注文教事业。

1558 年，明嘉靖三十七年

学子张焕与蒋春芳"居同里，学同术，日夕攻读，更无暇刻"，考取举人第一名即解元。

1563 年，嘉靖四十二年

杜思知青州，温文好学，人称综雅，谈经课艺，名士奋起，科第亦自此称盛。

1564 年，明嘉靖四十三年

知府杜思修名贤、乡贤二祠和松林书院。

1565 年，明嘉靖四十四年

春，松林书院修复落成，副使陈梦鹤为之《记》。是年，张焕中进士；嘉靖《青州府志》成书，青州知府杜思主修，冯惟讷为第一总纂。

1566 年，明嘉靖四十五年

王阳明学派的代表人物、著名理学家邹守益之子、山东督学者邹善来青州视学。

1567 年，明隆庆元年

邹善将松林书院易名凝道书院，授"致良知"之学，"时与诸生讲学"。是年，邹善拜谒范公祠，作诗《谒范文正公祠酌泉有感示诸生》。状元赵秉忠在《云门书院记》开头追述了凝道书院的办学盛况："隆庆丁卯，督学者邹公善讲明良知，羽翼圣道，设皋比函丈于此。一时贤者师济景从，造士作人之盛，学士、先生迄今数能言。"凝道书院为省重点书院。

1568 年，明隆庆二年

学子党馨中进士，官至宁夏巡抚。

1570 年，明隆庆四年

学子朱鸿谟中举。书院读书期间，邹善授"良知之旨"，而鸿谟却"心仪冀端恪公"，"尊濂洛关闽矩旧如护要领"。是年前后，蒋春芳从邹善习良知之学，贡生房如矩从邹善在凝道书院讲"良知之学"，敝衣不饰，秉礼敷教，出其门多为名士。

1571 年，明隆庆五年

朱鸿谟中进士，后官至刑部侍郎。

1580 年，明万历八年

蒋春芳与冀鍊门生钟羽正俱中进士。是年，张居正下令毁天下书院，松林书院被毁。

1582 年，明万历十年

21 岁的曹璜中举，在迎宾、拜贺之余，仍谦虚地到当年的书院老师、只是贡生身份的房如矩处让布置诵读任务，翌日凌晨向老师背诵，恭敬如小童。

1613 年，明万历四十一年

按察司副使高第、青州知府王家宾议复松林书院，而故址已破败不堪，十分荒凉，遂将原山东布政司衙门改造为书院，名曰"云门书院"，并请状元赵秉忠作《云门书院记》。

1689 年，清康熙二十八年

陕西华州人陈斌如以山东按察司佥事出为青州兵备道，面对书院"胜迹仅存遗址于荒烟衰草之中"，欲思重建。山东巡抚佛伦大力支持，布政使卫既齐跃然捐俸，陈斌如倾赀佐之，诸僚绅各闻风捐款，积极筹备重建书院。

1691 年，清康熙三十年

陈斌如与青州知府金标主持重建书院成功。请赵执信代作《重修青州松林书院碑记》而未用，此文收入《饴山文集》；陈斌如亲作《重建松林书院碑记》立碑书院。有人编《松林书院志》未流传，李焕章为之作《松林书院志序》收入《织水斋文集》。

1704 年，清康熙四十三年

知府张连登主持增修书院，一度改为社学，后改称张公书院。

1708 年，清康熙四十七年

黄崑圃任山东学政，兴复济南白雪、青州松林两处书院，延名师，选才俊；山左文教，一时称盛。松林书院为省重点书院。

1711 年，清康熙五十年

学子文登人徐士林、栖霞人林仲懿、昌乐人刘轶政、临淄人王瀛中举；是年，在黄崑圃栽培下，72 岁的淄川蒲松龄在青州贡院考取贡生。是年前后，进士赵执信执教松林书院。

1712 年，清康熙五十一年

刘轶政中进士，官直隶饶阳知县。王瀛中进士，官河南郾城知县。黄崑圃任山东学政任期将满，还朝之日，青州士子向山东巡抚都御史请求留任未果，赵执信撰《黄崑圃政绩碑》，"树丰碑于青州之松林书院"以示赞誉。

1713 年，清康熙五十二年

徐士林中进士，官至江苏巡抚。高密人李元直中进士，官至四川道监察御史。寿光人李志远中举。

1717 年，清康熙五十六年

寿光人董思恭乡试第一名，为解元。

1718 年，清康熙五十七年

李志远中进士，后官至广西溶县知县。

1720 年，清康熙五十九年

寿光人孙果中举。

1721 年，清康熙六十年

董思恭中进士，官至湖南粮储道。

1723 年，清雍正元年

孙果中进士，官湖南湘潭知县。莒州人陈有蓄是年拔贡。

1730 年，清雍正八年

安邱人马长淑以第三甲中进士，官至直隶磁州知州。

1733 年，清雍正十一年

雍正帝诏天下立书院，有司延山长择士子读书其中，赐金以资膏火，以兴贤育材而纠正官学只重科举应试之弊端。

1736 年，清乾隆元年

上谕明确要求书院学规"酌仿朱子白鹿洞规条，立之仪节，以检束其身心"。是年，陈有蓄中副榜举人。

1737 年，清乾隆二年

日照人辛有光中进士。

1737 年，清乾隆二年后

张云会开始在松林书院讲学，"亲受业者有三进士、六举人，为生员食饩者不计其数"。

1741 年，清乾隆六年

学子丁际隆学诗于赵执信，是年拔贡。

1747 年，清乾隆十二年

朱承煦中举。

1749 年，清乾隆十四年

山东按察使沈廷芳巡视松林书院，见"讲堂久圮"，与青州知府王如玖、益都知县李时乘修葺松林书院并考查士子，写《重葺松林书院记》一文。

1750 年，清乾隆十五年

江苏无锡陈先生、浙江仁和成先生，相继为松林书院山长。

1753 年，清乾隆十八年

原安丘知县、浙江余杭人、进士严锡绶被青州知府裴宗锡聘为松林书院山长。"一时肄业诸生常数十百人。数年之间，登贤、书贡、成均者十余人"。是年，刘宝璐中举。

1756 年，清乾隆二十一年

司马梦祥（本姓沈）中举，后主松林书院。

1757 年，清乾隆二十二年

青州知府裴宗锡调任济南，青人攀辕遮留，于北郭立"清正仁明"碑，书院诸生复于松林书院立"去思碑"以纪念。裴在任期间重视书院建设，重视道德教化，教育生徒"必先德行，而后文艺"。

1758 年，清乾隆二十三年

山长严锡绶病卒于松林书院，在院生徒"各服吊服加麻"，十日后，受知于严先生的举贡生童、远近僚宾上百人会哭灵前，"靡有不恸"，一时被传为尊师佳话。

1759 年，清乾隆二十四年

李文藻以第二名中举，主考官钱大昕对他极为赞赏，曾对按察使沈廷芳说"此子天下才也，君得人矣！"是年，同学张希贤中举。

1760 年，清乾隆二十五年

李文藻会试中式。

1761 年，清乾隆二十六年

李文藻中进士，其殿试卷"为读卷官交口叹赏"，后官桂林府同知，成为藏书家、目录学家、金石学家、方志学家。是年同学朱廷基中进士，任江西吉水县知县等。

1763 年，清乾隆二十八年

张希贤中进士，官阳湖县知县。

1768 年，清乾隆三十三年

王周山中举。

1774 年，清乾隆三十九年

杨应奎后裔杨峒中举，"平生淹贯经史，工古文词，韵学尤精"，为一代通儒。

1775 年，清乾隆四十年

山东学政黄登贤视学青州，莅临其父黄叔琳（崑圃）六十余年前任山东学政时捐俸重修的松林书院，对父亲恩泽青州士子，为国育才的政教伟绩感慨不已，决心继承、光大父业，撰写并书丹《松林书院记》碑以记之。

1776 年，清乾隆四十一年

桂林人胡德琳知青州，到松林书院拜谒十三贤祠，立《十三贤赞》碑以表敬仰之情。

1777 年，清乾隆四十二年

顺天宛平举人李涛知青州，先后聘陕西渭南人、广西象州知州程士范，江苏震泽人钱巽斋为松林书院山长。

1787 年，清乾隆五十二年

江苏扬州人、益都县令、进士姚龙光主讲松林书院。

1788 年，清乾隆五十三年

皇帝东巡时召试能诗赋者，赐蒋天枢二等第一，贡生身份。

1789 年，清乾隆五十四年

陕西武功人张玉树任青任知府，聘杨峒主书院讲席，为山长。

1794 年，清乾隆五十九年

朱沆、李廓、卞厚庵中举，朱沆有诗《沂公园夜听松涛歌》《过箕山草堂感怀李晓岩（李廓）同年》《天津道中寄卞厚庵》等。

1797 年，清嘉庆二年

是年前后，浙江嘉兴进士沈向斋先生主松林书院。先生离青之时，弟子朱沆为其送行，并作诗一首。

1798 年，清嘉庆三年

杨绍基幼从叔父杨峒在书院读书，是年中举。

1800 年，清嘉庆五年

汝阳人李星渠任青州知府，聘杨峒主书院讲席。

1813 年，清嘉庆十八年

杨峒弟子李章甫中举。

1820 清嘉庆二十五年

青州知府汪彦博主持修松林书院，杨绍基督工，三月而成。

1837 年，清道光十七年

李协中中举。

1838 年，清道光十八年

李协中中进士。

1843 年，清道光二十三年

福建兴泉永道兼金厦兵备道、安丘进士刘耀椿主讲松林书院。

1846 年，清道光二十六年

青州知府李廷扬主持修松林书院。

1849 年，清道光二十九年

王煏拔为恩贡，入成均肄业。

1853 年，清道光三十三年

江苏金陵人、曾任山东盐运使、廉访使、户部主事等职的进士何其兴主云门书院（即松林书院），时其南京府宅被太平军东王杨秀清所侵占。益都人刘瑸亭有诗《何祥垣先生移主云门书院讲习卜筑云门山下喜而有作》。是年，青州驻防旗兵奉命到南京参加镇压太平天国起义军。

1881 年，清光绪七年

青州知府李嘉乐捐官俸白银八百两作为云门书院（即松林书院）经费。是年，英国浸礼教会神甫怀恩光创办青州"培真书院"，为齐鲁大学神学院前身。

1882 年，清光绪八年

书院肄业生童公立《特授青州府正堂加三级纪录七次李札》碑，表彰知府李嘉乐捐俸事迹。是年，学子邱端玉中举。

1893 年，清光绪十九年

胶州人、进士法伟堂任松林书院山长，所编《益都县图志》受到现代方志学家的高度评价。校图书馆藏《法伟堂乡试朱卷》。

1902 年，清光绪二十八年

随着清政府书院改制诏书的下达，松林书院改办为青州府官立中学堂，成为山东省最早的国办中学，开启了青州一中现代教育的序幕。校舍逐渐由松林书院向四周扩建，书院遂成为"校中之校"。

1903 年，清光绪二十九年

易名青州府公立中学堂，学子邱琼玉中举，被聘为中学堂教员。是年，青州旌贤书院改办为青州府桑蚕学堂；德国兴建的胶济铁路铺轨至青州，建益都火车站并通车。

1904 年，清光绪三十年

青州知府曹允源聘苏州名士包天笑为中学堂监督，设置西学格致、英语，改课堂授课法，确立了近代学校的办学模式。

1907 年，清光绪三十三年

留日学生、同盟会会员齐树棠到校任科学教习，秘密发展同盟会员，赵魏、丁训初、李曰秋、赵太侔、刘次溪、苏紫澜等三分之二的学生加入了同盟会，筹款购枪，准备举行反清起义。

1912 年，民国元年

随着辛亥革命的枪声在武昌打响，同盟会骨干赵魏被推举为鲁东革命军总司令，1 月，联络党人举行武装暴动，组织攻打青州城，事泄，不幸被暗杀。国民政府追赠为"山东革命军总司令"，赠中将衔；新中国成立后，山东省人民政府追认为革命烈士。是年，中华民国建立，撤青州府，学校易名青州中学校。

1913 年，民国二年

编列为山东省立第十五中学。是年，学子、同盟会会员李曰秋在反袁斗争中英勇就义，被国民政府追赠为"陆军中将"。

1914 年，民国三年

易名山东省立第十中学，简称"青州十中"。松林书院成为师生集会的重要场所，更成为重要的革命策源地。

1918 年，民国七年

王尽美投奔省立十中进步教师、同乡王振千，8 月考入省立第一师范。

1919 年，民国八年

当丧权辱国的"二十一条"签订的消息传来，省立十中的全体师生群情激愤。5 月 24 日，在进步教师王其惠、王振千等的带领下，在法庆寺组织万人大会，声援北京学生并成立"青州学生救国联合会"，第六级学生丁忠基被推选为会长。学生、安丘人杨同煦登台演说，义愤难当，咬破手指，血书"赤心救国，身死志存"八个大字。7 月 17 日，"联合会"副会长、第十级学生回族人马忠怀被车站日本守备队逮去，激起全县人民的愤慨，学生、工人、市民、农民近万人义愤填膺，涌向县政府，日本人不得不释放马忠怀，全县挂出"欢迎马回回"的横幅，在十中召开欢迎大会。此事载于国内期刊《东方杂志》。

1921 年，民国十年

中国共产党成立，党的创始人王尽美、邓恩铭相继来青州传播马列主义，宣传革命。

1922 年，民国十一年

10 月，共产党员王翔千来省立十中任国文教员，向学生宣传马克思主义思想，引导学生关心国家的前途命运。

1923 年，民国十二年

年初，王翔千介绍学生李殿龙加入中国社会主义青年团，李殿龙成为青州第一名团员。不久，李殿龙又发展刘俊才、卜荣华、赵文秀、王元昌等入团。5 月，赵文秀在偶园发起成立党的外围组织——青州平民学会，骨干成员有李殿龙、王元昌、刘序功、石尧阶、祝绍芸等。10 月，中国社会主义青年团青州小组成立。12 月，学校为"侨日惨死之华侨开追悼会"，声讨日寇暴行。同月，赵文秀、王元昌又发起为北洋政府国会议员郭广恩（益都劣绅，在曹锟贿选时受贿 5000 元，被称为"猪仔议员"）"铸猪"活动，因县政府阻挠未果。

1924 年，民国十三年

4 月，王尽美来省立十中大教室演讲，指导成立了共产党领导的青州第一个基层组织——社会主义青年团青州特别支部，直属团中央领导。不久，邓恩铭到十中国文教员王振千家发展省立四师进步学生王蔚明为团员。9 月，王尽美再赴青州，又在大教室内对300余名学生作旅欧考察报告，报告由"特别团员"王振千主持。12月，王尽美以孙中山特派员的身份再来省立十中，先在王振千家召开团支委会议，又在松林书院明伦堂召开国民党员会议，拜访各界人士，动员成立"青州国民会议促成会"。省立十中成为王尽美宣传、组织革命的大本营。

1925 年，民国十四年

1月，《民国日报》刊登《青州国民会议促成会宣言》。在王尽美指导下，团青州特别支部的赵文秀、王元昌、王良栋、王懋坚、李春荣等转为中国共产党党员，中共青州支部成立。2月，社会主义青年团改称共产主义青年团。6月，青州支部组织集会、游行，声讨帝国主义制造的"五卅惨案"。7月，康有为游览云门山、松林书院、四松园、范公亭与法庆寺。

1928 年，民国十七年

日本帝国主义在济南制造了惨绝人寰的"五三惨案"，在后来校刊《松林文萃》中有11篇题为"五三纪念"的学生作文，表达对日本侵略者的痛恨和对国家命运的高度关注。是年，省政府拨不下经费，学校拖欠教职员薪金，校长隋星源变卖家产得五千大洋补发教职员薪金，辞校长之职。

1931 年，民国二十年

省立十中国文教员、"左联"成员钟伯卿等开始主编《松林文萃》杂志，每学期一期，全省发行。

1932 年，民国二十一年

北大学子、省立十中第八任校长朱骏声请北大老校长蔡元培先生题写"勤朴公勇"四字。是年，学子赵太侔出任国立山东大学校长。省立十中兼容并包、思想自由，加强国民教育，传授文化知识，培养健全人格，学生全面发展。名师有于明信、顾随、隋星源、朱骏声、朱冀阶、朱树屏、罗竹风等，名生有李殿龙、刘俊才、赵文秀、王元昌、李春荣、金明、唐璞、于道泉、冯毅之、彭飞、胡可、胡旭、彭瑞林、崔嵬、刘书琴、刘兆吉等。

1933 年，民国二十二年

学校易名山东省立益都初级中学，习惯称"青州十中"或"十中"。隆冬时节，山东省教育厅厅长何思源来校在松林院做"求生教育"报告，并承诺将为我校建一所"大礼堂"。

1934 年，民国二十三年

大礼堂建成，李昔吾题名。5 月 30 日，著名爱国将领冯玉祥到松林院为广大师生作抗日演讲，并题词"还我河山"，大大鼓舞了全体师生抗日爱国热情。是年，全省中学会考，省立十中夺得第一名。

1935 年，民国二十四年

安丘人周贵德在《青州纪游》中记载矮松园王沂公读书台保存完好。是年，全省中学会考，学校夺得第二名。

1936 年，民国二十五年

省立十中童子军训练成绩一直居全省前茅。十月，学校童子军代表队，由教练员徐振华带领，赴南京参加全国大检阅。

1937 年，民国二十六年

5 月，山东省教育厅厅长何思源到校视察，为十级毕业《同学录》题词"敬业乐群"。后把"勤朴公勇、敬业乐群"确定为校训。"七·七事变"爆发后，11 月，校长朱骏声、体育教员毛修儒、美术教师石泊夫率部分师生南下流亡。37 名学生到中共"西北青年训练班"，贾锋戈等 5 名学生跟随石泊夫奔向革命圣地延安。

1938 年，民国二十七年

日伪政府以"山东省立益都初级中学"之校名办学，后改称"山东省立益都中学"。有名师蔡致远、名生地下党员许林等。

1942 年，民国三十一年

由学校国文老师李吉眉作词，音乐老师孟秀峰谱曲的校歌《松林之歌》诞生。是年，日伪军对我根据地疯狂扫荡，11 月 9 日，马鞍山战斗中，八路军副团长王凤麟和冯毅之父亲冯旭臣一家六口等 30 余名伤病员和家属同 2000 多日伪军殊死战斗，弹尽粮绝，跳崖殉难。

1943 年，民国三十二年

12 月，国民党政府在昌乐常家庄以"益都初级中学"名义办学，以延续"十中"的学校教育。

1945 年，民国三十三年

8 月，日本投降，学校又从昌乐迁回松林书院，与校本部合二为一；八路军解放青州城，陈锡德任中共市委书记，冯毅之任市长。9 月，国民党部队占领青州城，11 月，八路军再次解放青州城。

1946 年，民国三十六年

青州市人民政府接管学校，命名为青州中学。是年，学子赵太侔再次执掌山东大学。

1948 年，民国三十七年

3 月，中共华东局机关进驻青州闵家庄。9 月，华东局重新办学，易名山东省立青州中学，为当时全省唯一的省直属中学。任命罗竹风为校长，因服从组织安排南下而未就职，由副校长陈叔俊主持学校工作。

1950 年

11 月，山东省立青州中学之中学部、师范部分别办学，中学部为山东省立益都中学。阎石庵被山东省人民政府任命为副校长（后为校长），全面主持学校工作。

1951 年

4 月，学校易名山东省益都中学。

1952 年

易名山东省益都第一中学。阎石庵校长为学校正规化建设，教育教学，松林书院碑刻、古籍、古树的保护做出了重大贡献。益都一中时期学子有马瑞芳、尹忠显、国家森、李云鹤、丁宁原、宗传明、舒庆等。

1977 年

恢复高考，"老三届"学生张文瑞考中山东省理科状元。

1986 年

青州撤县改市，学校定名为山东省青州第一中学，陈云同志题写校名。是年，著名古典园林建筑学家、同济大学教授陈从周米书院考察，建议保护书院。

1991 年

青州一中校长王骏华等提请保护松林书院，得到了山东省省长赵志浩的重视，后经省、市政府拨款，按康熙三十年重建的格局，重修松林书院。原山东省委书记苏毅然题写"松林书院"匾额悬于门楣之上。

1992 年

9 月，作家刘白羽在校友、山大教授马瑞芳陪同下到松林书院参观、看望师生并题词。10 月，学校成功举办建校九十周年校庆大会，金明、胡可、姜春云、赵志浩、宋法棠、谭启龙、苏毅然、梁步庭等校友或领导来电或题词祝贺。

2002 年

松林书院大门、南垣墙按原格式重建。10 月，青州一中百年校庆大会隆重召开，何鲁丽、钱伟长、马万祺、陈至立、柳斌、顾明远等领导题词或发来贺电、贺信祝贺。

2007 年

12 月，山东省委宣传部副部长张全新在青州市委常委、宣传部长田素英陪同下到青州一中参观考察，为松林书院举行了"塑造论哲学书院"挂牌仪式。

2008 年

11 月，松林书院被青州市纪委授予廉洁文化教育基地。

2012 年

青州市委、市政府规划扩建书院，在大门南建牌坊一座，上书"敬道崇德，知行合一"；校园甬路两旁立汉白玉雕塑十四块，镌刻十三贤事迹介绍。10 月，学校成功举办建校 110 周年校庆大会，郑万通、邹家华、欧阳中石、袁贵仁等领导专家题词或发贺信祝贺，12 月，青州一中松林书院文化研究中心、青州市松林书院文化研究会相继成立，青州市第一届松林书院文化研讨会召开。

2013 年

10 月，松林书院被山东省人民政府评定为第四批山东省重点文物保护单位。

2018 年

5 月，青州市关工委授予松林书院为青州市关心下一代教育基地。7 月，经省政府拨款，青州市文物局委托专业公司对前讲堂、明伦堂、北院东西厢房进行维修保护。

参考文献

［宋］石介：《徂徕石先生文集》，中华书局 1984 年版

［元］脱脱等：《宋史》，中华书局 1985 年版

［明］钟羽正：《青州人物志》，2012 年版

钟安信等：《钟羽正诗文集》，青岛出版社 2010 年版

［明］李宗元：《嘉靖沈丘县志》，上海书店 1990 年版

《嘉靖青州府志》，天一阁藏明代地方选刊，影印本

《嘉靖青州府志》，青州市政府史志办公室点校，2010 年版

［明］石存礼等：《海岱会集》，青州古籍文献编委会编，刘序勤、隋同文点校，2008 年版

［清］毕沅：《续资治通鉴》，中华书局 1957 年版

［清］周硕勋：《潮州府志》，潮州市地方志办公室编，2001 年版

王艳玲：《南涧文集校注》，广西大学出版社 2007 年版

《李文藻诗文集》，青州市政协文史委编，丁昌武、隋同文校勘，2013 年版

白新良：《明清书院研究》，故宫出版社 2012 年版

季啸风：《中国书院辞典》，浙江教育出版社 1996 年版

邓洪波：《中国书院史》，东方出版中心 2004 年版

陈谷嘉、邓洪波：《中国书院史资料》，浙江教育出版社 1998 年版

王炳照：《中国古代书院》，中国国际广播出版社 2009 年版

曹华清、别必亮：《中国书院的故事》，山东画报出版社 2011 年版

李国钧等：《中国书院史》，湖南教育出版社 1998 年版

李兵：《书院与科举关系研究》，华中师范大学出版社 2005 年版

夏永军、王岩：《松林书院及其文化传承》，社会科学文献出版社 2015 年版

肖永明：《儒学·书院·社会》，商务印书馆 2012 年版

张曜等：《山东通志》，上海古籍出版社 1991 年版

安作璋：《山东通史》，人民出版社 2009 年版

［清］岳濬修，杜诏等纂：《雍正山东通志》，刻本

［清］陶锦修：《康熙六十年青州府志》，刻本

《咸丰青州府志》点校本，2011 年版

［清］法伟堂：《光绪益都县图志》，光绪三十三年益都县刻本

《光绪益都县图志》，中国文史出版社 2006 年版

［清］陈食花：《康熙益都县志》，康熙十一年刻本

［清］陈食花：《康熙益都县志》，青州文献点校本，2011 年版

［清］曹贞孺：《云门辑旧》，青州文献点校本，2011 年版

［清］冯钤：《蕉砚录》，青州文献点校本，2011 年版

［清］段松苓：《益都先正诗丛钞》，青州文献点校本，2011 年版

［清］杨滇：《邑先辈纪略》，青州文献点校本，2011 年版

［清］安志远：《青社遗闻》，青州古籍文献编委会编，2008 年版

［清］邱琮玉：《青社琐记》，青岛出版社 2010 年版

［清］邱端玉：《益都丁壬集》，光绪十九年刻本

丁汉三：《百壶斋拾遗》，青州文献点校本，2011 年版

周贵德：《青州纪游》，青州古籍文献编委会编，王瑞霞、徐清华编校，2008 年版

杨爱东：《杨峒诗文集》，济南出版社 2020 年版

［清］张廷玉等：《明史》，中华书局 1997 年版

［清］张履祥：《杨园先生全集》，中华书局 2002 年版

刘希伟：《明代山东进士的区域分布研究》，《教育与考试》，2007 年第 6 期

［清］夏燮撰：《明通鉴》，中华书局 2009 年版

赵尔巽等：《清史稿》，中华书局 1977 年版

钱实甫：《清代职官年表·巡抚年表》，中华书局 1980 年版

《赵执信全集》，赵蔚芝、刘聿鑫校点，齐鲁书社 2010 年版

钱仲联：《清诗纪事明遗民卷》，江苏古籍出版社 1987 年版

《四库全书存目丛书》集部二〇八，齐鲁书社 1997 年版

包天笑：《钏影楼回忆录》，中国大百科全书出版社 2009 年版

隋同文：《青州通史》，山东教育出版社 2007 年版

隋同文：《青州上下五千年》，青州政协文史委编，2005 年版

刘序勤：《青州石刻文化》，文化艺术出版社 2006 年版

房永江：《状元宰相王曾》，青岛出版社 2010 年版

［宋］王曾：《王文正公笔录》，中华书局 2017 年版

后　记

　　松林书院的历史人物和事件如同散落在浩瀚历史长河中的一粒粒珍珠，我的责任就是要从这历史长河中找寻并捡拾起这一粒粒可贵的珍珠，把它们串成一挂不一定非常美丽但一定是非常真实的项链。

　　——这是多年来萦绕心头的真实想法。

　　一直打算编写一本有关松林书院的"志"书，将资料分类汇编，供研究之用，后在搜集资料的过程中，与松林书院有关的资料逐渐丰富起来，书院办学的特点及历史脉络逐渐明晰起来。通过研究发现，松林书院的办学一直受到山东学政的垂青与眷顾，也受到山东按察使、布政使乃至山东巡抚的高度重视和大力支持。松林书院在古青州乃至山东全省地位非同一般，其办学之盛、培养人才之众，非一般官学所能比。去年我曾在一篇文中说过："而今欣逢盛世，吾辈当重任在肩，'书院史志'的编写责无旁贷！裨益学林，是所愿也。"随着研究的深入，加之责任驱使，索性编撰起了《松林书院史略》。

　　然而令人尴尬的现实是，从宋代矮松园时期至明清松林书院时期，有关松林书院的一本志书和史书都未存留下来。2012 年夏，笔者与病重中的刘序勤先生晤面，获知明末清初著名文人李焕章《织斋文集》中有篇佚文《松林书院志序》，这引起了我们的极大兴趣，因为意味着或许有《松林书院志》一书传世。但遗憾的是，经查阅，只发现了"序文"，未觅得"志书"踪影。直到 2019 年夏，笔者欣喜地查到清代松林书院山长沈可培先生主讲书院期间曾编写过《云门书院志》，据笔者考证，此时的云门书院即松林书院，也就是说沈先生编写的就是《松林书院志》，有消息说国家图书馆有手抄本，于是兴奋地请弟子博亮同学帮忙查找，未果；又请在京的显菊同学亲自到国图查阅，亦未果。没有现成的史志可参考，只能从浩如烟海的古籍和仅存的书院碑刻中寻找线索和零星的资料了。

笔者研究松林书院始于 2011 年，当时青州一中正积极筹备学校 110 年校庆，校长夏永军先生和副校长赵习功先生总体筹划校史展，将青州一中的古代教育史——松林书院历史展的重任交付于我。当时能查到的松林书院的历史资料十分有限，青州一中校史 1992 版、2002 版中，只记载了宋代矮松园时期三元宰相王曾曾在此读书，明清松林书院时期陈经、陈梦鹤、杨应奎、黄卿等有限的几个名生和清代诗人赵执信所撰碑刻等有限资料，此外未有更多记载。

我先从松林书院碑刻研究做起，松林书院清光绪八年（1882 年）的《特授青州府正堂加三级纪录七次李札》碑记载的是云门书院之事，缘何碑刻在松林书院内？在好奇心的驱使下，我广泛查找资料，发现了一个真相：乾隆末嘉庆初云门书院已经徙并至松林书院，二书院统称云门书院，但课卷中"松林书院"的印章依然存在，书院虽号曰"云门"，但千年松林的文脉一直绵延不断，弦歌不绝。此后，通过研究书院碑刻，查阅大量的古籍文献及历史遗文，逐渐厘清了松林书院创建、变迁的历史脉络及明清时期辉煌的办学成就。探索发现的过程是辛苦的，但却是充满乐趣的，有时沿着一条线索，可以得到许多有效信息，不断会有令人惊喜的新发现。如在研究状元赵秉忠时，其《云门书院记》载："青州旧有凝道书院，在郡治西南，堂室严翼，桧柏环拱，每青蘋自龙鳞起，若万壑喷巨浪，题曰'书院松涛'，其创垂题咏载《郡志》。隆庆丁卯，督学者邹公善，讲明良知，羽翼圣道，设皋比函丈于此。一时贤者师济景从，造士作人之盛，学士、先生迄今数能言。"从状元所描绘的"郡治西南"的地理位置和"书院松涛"一词看，凝道书院一定就是松林书院，因为嘉靖《青州府志》载松林书院时云"青州有八景，书院松涛居其一"。这说明，隆庆丁卯年（1567 年），山东督学邹善在书院亲自讲授"致良知"的阳明心学，一时英才汇聚，书院育人盛况空前，由此发现了山东督学亲自办学的史实及成就的人才；通过解读书院碑刻发现，康熙朝黄崑圃先生任山东学政时修复松林书院并培养了徐士林、董思恭等多位名生；再如，清代杨滇《邑先辈纪略》中有一段文字："（张云会）亲授业者有三进士、六举人，为生员食饩者不计其数。三进士：李南涧文藻、朱荆园廷基、木斋希贤；六举人：叔祖书岩公（杨峒）、王周山、李维华也，其三则他邑学者，忘其名氏矣。"由张云会一人牵出乾隆时期松林书院成就的李文藻等一大批书院名人，同时理清了他们的关系：张云会和李文藻是师生关系，李文藻和朱廷基、杨峒等人是同学关系。这与介绍进士朱廷基时称"少与李文藻、张石渠、毕子长、张志伊、刘湘皋、刘若愚、王周山同肄业矮松园（即松林书院）"又相互印证。顺着这些线索，反复查阅《邑先辈纪略》《益都先正诗丛抄》《李南涧文集》《李文藻诗文集》等多部古籍资料，进而明确了乾隆时期严锡绥、张云会等书院名师讲学和李文藻、朱廷基等书院名生读书和交往的历史，等等。

在研究过程中遇到不少问题，曾请教青州市政协原副主席隋同文先生、乡贤刘序勤先生，并获赠多本有关青州文化的书籍。近年来，青州市原常务副市长、政协原副主席孟庆刚先生，青州市人大常委刘振州先生，中国社科院世界宗教研究所赵法生先生，山东大学李森先生，及王瑞霞、张景孔、有令衡、房崇阳、房永江、阎星年、冯殿佐、江玉坤、孙凤瑛、王骏华、王明永、夏永军、史振平、赵习功、潘有德、曲端章、左景仁、刘方田、杨玉圣、崔永胜、李守力、赵建永、张国钟、李宗宪、门立伟、李金良、丁岱宗、闫玉新、王同海、徐清华、郭伟红、潘光珠、李瑞之、李亮亮、李民刚、杨福利、朱国涛、李博亮、徐显菊等专家、学者、领导、同仁、好友，都给予了我莫大的帮助。赵法生先生积极推动民间儒学复兴，以儒家道德重建乡土文明，使我获益良多；李森先生对家乡文化的深刻见解、对松林书院碑刻的深入解读让我深受启发；闫玉新先生是一位忠厚朴实的兄长，满怀对文化研究的热心和文化传承的责任，同我一起钻进校古籍珍藏馆对古籍拍照研究，我对地方文化的兴趣很大程度上得益于闫兄的引领；本书照片部分由闫兄提供，部分由青州市摄影协会主席阎星年先生提供。在此谨向诸位致以由衷地谢忱！在编撰过程中，著名教育改革家魏书生先生百忙之中欣然为本书题写书名，我校校长史振平先生从松林书院文化的高度做出统筹安排并提出了诸多宝贵意见，同时青州市委市政府、宣传部、教体局、文旅局、博物馆、园林局等单位也给予了大力支持，在此一并表示衷心的感谢！

书院文化，博大精深。编撰史书，谈何容易？教书之余，笔者不揣谫陋，姑妄述之，因水平所限，错误之处在所难免，敬请方家批评指正！

王　岩

2020 年 7 月 20 日

于王沂公读书台畔